姜维公 主编

魏晋南北朝将军制与都督制论稿

张鹤泉 著

图书在版编目(CIP)数据

魏晋南北朝将军制与都督制论稿 / 张鹤泉著. -- 长春：长春出版社，2022.10
（松江丛书 / 姜维公主编）
ISBN 978-7-5445-6819-7

Ⅰ.①魏… Ⅱ.①张… Ⅲ.①官制-研究-中国-魏晋南北朝时代 Ⅳ.①D691.42

中国版本图书馆CIP数据核字(2022)第165300号

魏晋南北朝将军制与都督制论稿

著　　者　张鹤泉
责任编辑　孙振波
封面设计　宁荣刚

出版发行　长春出版社
总 编 室　0431-88563443
市场营销　0431-88561180
网络营销　0431-88587345
地　　址　吉林省长春市长春大街309号
邮　　编　130041
网　　址　www.cccbs.net

制　　版　佳印图文
印　　刷　三河市华东印刷有限公司

开　　本　710毫米×1000毫米　1/16
字　　数　456千字
印　　张　26.75
版　　次　2023年1第1版
印　　次　2023年1月第1次印刷
定　　价　128.00元

版权所有　盗版必究
如有图书质量问题，请联系印厂调换　　联系电话:13933936006

目 录

略论曹魏国家的将军制度 …………………………………………… 001

西晋将军兼任都督诸军事问题的考察 …………………………… 015

东晋时期刺史加领将军号问题的考察 …………………………… 034

北魏前期封授诸王爵位加拜将军号制度试探 …………………… 052

北魏"假"授将军制度试探 ………………………………………… 078

北魏孝文帝官制改革后州军府问题的考察 ……………………… 098

曹魏都督诸州军事制度试探 ……………………………………… 119

孙吴军镇都督论略 ………………………………………………… 133

蜀汉镇戍都督论略 ………………………………………………… 144

西晋大都督考略 …………………………………………………… 156

西晋都督诸州军事制度试探 ……………………………………… 168

西晋永嘉、建兴年间都督诸州军事制度探讨 …………………… 181

东晋都督诸州军事设置的特点及其权力问题试探 ……………… 193

东晋都督诸州军事与所领军号将军关系探讨 …………………… 211

东晋时期的都督区 ………………………………………………… 227

南朝都督诸州军事与所领军号将军关系探讨 …………………… 248

北魏都督诸州军事制度试探 ……………………………………… 265

北周总管的权力及与国家军事征讨关系问题考略 …………………… 283

东晋征讨都督探讨 …………………………………………………… 298
南朝征讨都督探讨 …………………………………………………… 312
北魏征讨都督考略 …………………………………………………… 324
北魏末年的大都督 …………………………………………………… 337
论北魏后期的征讨行台 ……………………………………………… 353
北魏后期行台僚佐考略 ……………………………………………… 371
东魏、北齐征讨都督考略 …………………………………………… 388
西魏北周军事征讨制度试探 ………………………………………… 401
后　记 ………………………………………………………………… 421

略论曹魏国家的将军制度

曹魏国家的将军制度是承袭东汉而来的。关于东汉时期的将军制度，廖伯源先生做了细致的考证。他将东汉的将军分为征伐将军、中朝将军和名誉将军三类。① 可以说，廖伯源先生对东汉将军的分类是很正确的。曹魏国家所设将军，一方面继承了东汉的制度，但又出现一些变化，与东汉的将军制度并不完全相同。本文不准备全面探讨曹魏国家的将军制度，只对曹魏将军制度与东汉不同的一些问题做一些阐释，以就教于方家。

一、大将军的特殊地位

曹魏国家设置大将军始于延康元年。《三国志·魏书·文帝纪》："（延康元年）以前将军夏侯惇为大将军。"魏文帝的这种做法承袭的是东汉的制度。《续汉书·职官志一》："掌征伐背叛。比公者四：第一大将军，次骠骑将军，次车骑将军，次卫将军。"可是，曹魏国家可以称"公"的将军，已经没有骠骑、车骑和卫将军，只有大将军。洪饴孙考证，曹魏的大将军，实际上，已经与司空、司徒、太尉、太保、大司马、太傅具有同样的品级，也就是为最高的一品级。② 曹魏国家只保留东汉时期的大将军称为"公"的规定，自然也就突出了大将军的地位。

从东汉国家设置大将军的目的来看，是"掌征伐背叛"③。曹魏国家开始

---

① 廖伯源：《东汉将军制度之演变》，《历史与制度——汉代政治制度试释》，台湾商务印书馆，1998年，第205页。
② 洪饴孙：《三国职官表》，《二十五史补编（第二册）》，中华书局，1955年。
③ 《续汉书·职官志一》，中华书局，1965年。

魏晋南北朝将军制与都督制论稿

设置的大将军，正是继承东汉国家确定的这种职掌。魏文帝"拜（夏侯）惇大将军"①"以车骑将军曹仁为大将军"②，都是要使他们成为征讨军的最高统帅。其实，使大将军具有这种职掌，在曹操统治后期，就已经实行了。《晋书·职官志》："建安中，魏武为相，始遣大将军督之。二十一年，征孙权还，夏侯惇督二十六军是也。"魏文帝不过是继续采取曹操的做法，并且进一步将这种职掌固定化而已。实际上，在曹魏一朝，大将军一直都具有统军征伐的权力。为说明问题，将曹魏时期的大将军统军作战的记载移录如下：

1. 《三国志·魏书·明帝纪》："（太和二年）遣大将军曹真都督关右，并进兵。"

2. 《三国志·魏书·明帝纪》："（太和四年）秋，七月，武宣卞后祔葬于高陵。诏大司马曹真、大将军司马宣王伐蜀。"

3. 《三国志·魏书·明帝纪》："（太和五年）三月，大司马曹真薨。诸葛亮寇天水，诏大将军司马宣王拒之。"

4. 《三国志·魏书·三少帝纪》："（正始）五年，春，二月，诏大将军曹爽率众征蜀。"

5. 《三国志·魏书·三少帝纪》："（正元）二年，春，正月，乙丑，镇东将军毌丘俭、扬州刺史文钦反。戊戌，大将军司马景王征之。"

6. 《三国志·魏书·三少帝纪》："（甘露）三年，春，二月，大将军司马文王陷寿春城，斩诸葛诞。"

很显然，从魏文帝开始，直到曹魏末年，任大将军者都可以担任国家征讨军的最高统帅。不过，应该指出的是，在魏文帝时，都督制度已经开始实行。《晋书·职官志》："魏文帝黄初三年，始置都督诸州军事，或领刺史。又上军大将军曹真都督中外诸军事、假黄钺，则总统内外诸军矣。"这说明，在魏文帝黄初三年，曹魏国家不仅设置了都督诸州军事，同时还设置了都督中外诸军事。都督中外诸军事成为曹魏国家所设都督的一种，实际是统率

---

① 《三国志》卷九《魏书·夏侯惇传》，中华书局，1959年。
② 《三国志》卷二《魏书·文帝纪》。

略论曹魏国家的将军制度

中、外军的最高统帅。那么,曹魏国家设置都督中外诸军事,是否就使大将军掌管军事征伐的权力有所减弱呢?实际情况并非如此。从曹魏国家采取的做法来看,一方面使一些任大将军者,可以兼任都督中外诸军事。例如,魏明帝拜曹爽为"大将军,假节钺,都督中外诸军事,录尚书事"①。这样也就更加重了曹爽统率国家中、外军的权力。可是,曹魏国家设置都督中外诸军事的制度刚刚开始,还不是十分健全的,因而,曹魏国家进行大规模的征伐作战,主要还是要由大将军来承担。《三国志·魏书·毌丘俭传》:"大将军(司马师)统中外军讨之,别使诸葛诞督豫州诸军从安风津拟寿春,征东将军胡遵督青、徐诸军出于谯、宋之间,绝其归路。"又《三国志·魏书·诸葛诞传》:"(甘露元年)六月,车驾东征,至项。大将军司马文王督中外诸军二十六万众,临淮讨之。"这些记载说明,即使到曹魏统治后期,任大将军的司马师、司马昭都是可以直接统率中军和外军的。他们对中、外军地统率并不需要他们一定兼任都督中外诸军事。

因为曹魏国家可以使大将军直接统率中军、外军进行征伐作战,因而,就使大将军在军事上具有最高的权力。从曹魏国家军事力量的构成来看,已经与东汉时期不同,发生了重大的变化。当时国家重要的军事力量是中军和外军。何兹全先生考证,中、外军的区分形成于汉建安时代,到曹魏黄初年间都督制成立,中、外军的区分及中、外军的名称也就正式成立。② 曹魏国家的中军,并不只是防卫首都的军事力量。外军也不只是镇戍地方的军队,在曹魏国家需要时,随时可以征调这些军队参加征伐作战。而对这些征调的中军、外军的统率权,只有大将军可以把握。正因为大将军具有这种最高的军事权力,就使其在国家军事活动中占有最高的地位。

固然,曹魏国家设置的大将军的主要职掌为军事征伐,可是,大将军并不只是与军事活动有关系。实际上,曹魏国家的大将军在国家的政治决策中也占有不可忽视的重要地位,也就是说,大将军还具有中朝将军的特征。所谓中朝将军,廖伯源先生认为作为中朝将军的必要条件是在京师参与政事。③

---

① 《三国志》卷九《魏书·曹真传附曹爽传》。
② 何兹全:《魏晋的中军》,《读史集》,上海人民出版社,1982年,第258页。
③ 廖伯源:《东汉将军制度之演变》,《历史与制度——汉代政治制度试释》,第230页。

魏晋南北朝将军制与都督制论稿

东汉时期，国家已经开始使一些大将军参与政务。汉和帝朝的大将军窦宪、汉安帝朝大将军邓骘、汉安帝、少帝朝大将军耿宝、汉顺帝朝大将军梁商、汉桓帝朝大将军梁冀、汉灵帝朝大将军窦武都曾经把控过朝政。由此来看，曹魏国家使大将军可以参与朝政，应该是从东汉沿袭而来的。然而，曹魏国家使大将军参与朝政，更为重要的是，是由内部不同政治势力的斗争促成的。

如前所述，魏文帝开始设置大将军，主要目的是使其作为中、外军的最高统帅进行征讨作战。这种情况直到魏明帝时，基本没有改变。《三国志·魏书·明帝纪》："（太和二年）遣大将军曹真都督关右，并进兵。""（太和四年）诏大司马曹真、大将军司马宣王伐蜀。""（太和五年）三月，大司马曹真薨。诸葛亮寇天水，诏大将军司马宣王拒之。"很明显，魏明帝任用曹真、司马懿担任大将军，主要是让他们统率军队征伐。也就是说，在这一时期，大将军主要表现出征伐将军的特征。而大将军开始参与国家政务，则是从魏明帝临终托孤开始的。《三国志·魏书·曹真传附曹爽传》："帝寝疾，乃引爽入卧内，拜大将军，假节钺，都督中外诸军事，录尚书事，与太尉司马宣王并受遗诏辅少主。"魏明帝使大将军曹爽"录尚书事"，表明大将军不仅可以参与军事活动，也能够直接控制朝政。这应该是曹魏国家设置的大将军具有中朝将军职能的开始。

众所周知，在魏明帝统治时期，曹真与司马懿两派政治势力就存在很大的矛盾。曹真死后，其子曹爽与司马懿的斗争就更为激烈。两派斗争的中心，就是对国家朝政控制权的争夺。在高平陵事件后，曹爽势力被司马懿消灭，司马懿全面控制了曹魏的朝政，原来为曹爽担任的大将军也为司马氏夺取。嘉平四年，魏帝使抚军大将军司马师"为大将军"①。甘露元年，魏帝又赐大将军司马昭"衮冕之服，赤舄副焉"②。司马师、司马昭兄弟二人利用大将军可以参政的权力，完全控制了曹魏的朝政。为了表示承认司马氏兄弟在朝廷的显赫地位，正元元年，高贵乡公假司马师"黄钺，入朝不趋，奏事不

---

① 《三国志》卷四《魏书·三少帝纪》。
② 《三国志》卷四《魏书·三少帝纪》。

名，剑履上殿"①。甘露元年，高贵乡公加大将军司马昭"大都督，奏事不名，假黄钺"。甘露三年，又命司马昭"为相国，封晋公，食邑八郡，加之九锡，文王前后九让乃止"②。高贵乡公对司马氏兄弟的这些特别优崇的做法，就使大将军司马师、司马昭，成为曹魏皇帝的主宰，实际掌控了曹魏国家的大权。这种情况的出现，当然是司马氏兄弟对曹魏皇帝权力侵夺的结果。可是，这正是由司马师、司马昭牢牢控制大将军职权，并以此为基础，不断扩大他们的政治势力所造成的。可以说司马氏兄弟正是凭借大将军能够干预国家朝政的权力，才使他们获得权倾朝野的地位。

综上可见，曹魏国家设置的大将军是地位极为特殊的职官。曹魏的大将军不仅职官品级为一品，并且，在职掌上，还具有征伐与参与国家政务的双重职能。大将军的征伐职能，使其可以成为统率曹魏中、外军的最高统帅；参与国家政务的职能，使其成为制定国家重大决策的重臣。特别是，在曹魏后期，由于曹魏皇权的衰落，司马氏兄弟对曹魏政权的攫夺，就使大将军具有的威震朝野的特殊地位，更加显赫了。

二、征伐将军的设置与军号将军的征伐职责

在曹魏国家所设的将军中，还有专门掌管军事征伐事务的。这种征讨将军在曹魏没有建国时，就已经开始设置。当时曹操通过设置征伐将军统率军队作战。《三国志·魏书·夏侯渊传》："（建安）十七年，太祖乃还邺，以渊行护军将军，督朱灵、路招等屯长安，击破南山贼刘雄，降其众。"又《三国志·魏书·曹仁传》："太祖讨马超，以仁行安西将军，督诸将拒潼关，破超。渭南苏伯、田银反，以仁行骁骑将军，都督七军讨银等，破之。"夏侯渊、曹仁所任的将军，实际上都是为了军事征伐而临时设置的。当征伐作战结束后，他们所任的将军职也就取消了。曹魏建国后，尽管国家实行都督制，以都督统率军队，可是，并没有废除征伐将军的设置。《三国志·魏书·明帝纪》："（太和六年）冬十月，殄夷将军田豫帅众讨吴将周贺于成山，

---

① 《三国志》卷四《魏书·三少帝纪》。
② 《三国志》卷四《魏书·三少帝纪》。

魏晋南北朝将军制与都督制论稿

杀贺。"又《三国志·魏书·夏侯渊传》："（夏侯）霸，正始中为讨蜀护军右将军，进封博昌亭侯。"田豫所担任的殄夷将军、夏侯霸所担任的讨蜀护军右将军都是曹魏国家专门为军事征伐才设置的。他们担任这些将军职是与征伐作战联系在一起的，并不是长期设置的官职。

其实，曹魏国家设置的这种征伐将军，也是从东汉的将军制度承袭而来的。《续汉书·百官志一》："世祖中兴，吴汉以大将军为大司马，景丹为骠骑大将军，位在公下，及前、后、左、右杂号将军，众多，皆主征伐，事讫皆罢。"这一记载说明两个问题：一是东汉国家所设将军的主要目的是统军征伐；二是在这些征伐将军完成征伐任务后，就要立即撤销其官职设置。曹魏国家所设的征伐将军正具有这些特点。《三国志·魏书·曹休传》："帝征孙权，以休为征东大将军，假黄钺，督张辽等及诸州郡二十余军，击权大将吕范等于洞浦，破之，拜扬州牧。"又《三国志·魏书·卫臻传》："诸葛亮寇天水，……乃以臻为征蜀将军，假节督诸军事，到长安，亮退。还，复职，加光禄大夫。"这里提到曹休所担任的征东大将军、卫臻所担任的征蜀将军，在征伐作战结束后，他们担任的将军职也就随之撤销了。由此可见，曹魏国家设置的这种将军与东汉时期的征伐将军是基本相同的，就是说，这些征伐将军，并不是曹魏国家长期、固定的设置。

然而，需要注意的是，曹魏国家不仅设置专门的征伐将军统率征讨军队作战，还使一些具有将军职衔的官员也能够统军作战。《三国志·魏书·张郃传》："文帝即王位，以郃为左将军，进爵都乡侯。及践阼，进封鄚侯。诏郃与曹真讨安定卢水胡及东羌，召郃与真并朝许宫，遣南与夏侯尚击江陵。郃别督诸军渡江，取洲上屯坞。"又《三国志·魏书·明帝纪》："（青龙二年）六月，征东将军满宠进军拒之。宠欲拔新城守，致贼寿春。"又《三国志·魏书·三少帝纪》："（嘉平四年）冬，十一月，诏征南大将军王昶、征东将军胡遵、镇南将军毌丘俭等征吴。"按：张郃任左将军，还在曹丕没有称帝之前。太和四年，魏明帝"拜宠征东将军"[①]。正始年间，齐王曹芳任命毌丘俭为"左将军，假节监豫州诸军事，领豫州刺史，转为镇南将军"[②]。嘉

[①] 《三国志》卷二六《魏书·满宠传》。
[②] 《三国志》卷二八《魏书·毌丘俭传》。

平二年，齐王曹芳"迁昶征南大将军、仪同三司，进封京陵侯"①。只有征东将军胡遵任职时间不详。从这些事例可以看出，曹魏国家为这些人加拜将军职衔，开始不是为了军事征伐，只是为了能够起到象征其身份地位的作用，并没有实际的职掌。很明显，这类将军负责征伐事务与国家专门设置的征伐将军是大不相同的。

事实上，在曹魏还没有建国之前，就已经开始使用将军职来区分身份地位了。曹魏建国后，国家让更多的官员来担任这类将军。例如，太和四年，魏明帝使"辽东太守公孙渊为车骑将军"②。景初三年，齐王曹芳"冬，十月，以镇南将军黄权为车骑将军"③。曹魏国家授予这些官员将军职，应该说只是一种表现官员荣誉地位的军号。当然，曹魏国家设置的这种将军也并不是与东汉时期的将军制度没有承袭关系。实际上，曹魏国家的这种将军是从东汉时期的名誉将军发展而来的。廖伯源先生考证，东汉初年，已经开始出现名誉将军。至东汉末，朝廷为安抚示惠于割据地方者，授予将军之官衔。④ 廖伯源先生又指出：朝廷为嘉赏大臣，提高其身份地位，有授予将军之官号而不使领将军之职事者，此类将军可称为名誉将军。⑤ 廖伯源先生针对东汉时期的情况，将这种有称号，但无职事的将军称为名誉将军，是正确的。因此，应该说曹魏国家建国后，加拜了很多具有将军职衔者，正是对东汉名誉将军制度的继承。可是，曹魏国家设置的可以起到象征身份地位的将军，则与东汉的名誉将军并不完全相同。

因为曹魏时期，战争频繁，需要数量众多的将军统军作战，因而，当时国家为了适应征战的需要，并没有使具有将军职衔者只将其作为身份名誉的象征，而是经常使一些领有将军职衔者统军参战。《三国志·魏书·曹真传》："黄初三年，还京都。以真为上军大将军，都督中外诸军事，假节钺。与夏侯尚等征孙权，击牛渚屯，破之。转拜中军大将军，加给事中。"又

---

① 《三国志》卷二七《魏书·王昶传》。
② 《三国志》卷三《魏书·明帝纪》。
③ 《三国志》卷四《魏书·三少帝纪》。
④ 廖伯源：《东汉将军制度之演变》，《历史与制度——汉代政治制度试释》，第245-246页。
⑤ 廖伯源：《东汉将军制度之演变》，《历史与制度——汉代政治制度试释》，第245页。

《三国志·魏书·明帝纪》："(太和元年)十二月,封后父毛嘉为列侯。新城太守孟达反,诏骠骑将军司马宣王讨之。"从这些记载来看,领有将军职衔者表现出两个特征:一是他们在战争需要时,要统率军队作战。他们拥有的将军职衔正是其可以统率军队的保证。二是他们由国家所授的将军职衔,不会因为征伐作战结束而被撤销,仍然可以作为其身份名誉的体现。所以,曹魏国家所设的这类将军与东汉的名誉将军还存在明显的差别。

由于曹魏国家设置的这类将军既可以在需要时统军作战,同时又能够象征领有将军职衔者的身份地位,并且,国家设置这些将军职,也不受员额和任职时间的限制,因而,它不同于东汉的征伐将军,也不同于东汉的名誉将军。实际上这类将军是适应曹魏时期的形势而出现的具有时代特征的将军职衔。从这方面来看,应该称为军号将军。

总之,曹魏国家在军事征伐上,继续设置专门的征伐将军。这种征伐将军仍保持东汉时期的特征。同时,曹魏国家还改造了东汉名誉将军的设置,使这种将军职一方面可以表现任职者的身份地位,另一方面在需要时,还能够统领军队,负有军事征伐的责任,因而,可以说这种将军职衔并没有虚化,而是可以行使征战职责的军事职官。

三、军号将军与中央和地方职官

(一) 军号将军与中央的诸"公"

曹魏国家所设最高品级的中央职官为"公"。可是,曹魏国家所设的"公"已经与东汉不同。据洪饴孙考证,曹魏国家所设的一品公有:司空、司徒、太尉、大将军、太保、大司马、太傅,有时还设置丞相。[①] 这些"公"在中央的地位很高。曹魏国家为了体现出所设军号将军的地位,确定一些军号将军可以升任"公"职。《三国志·魏书·明帝纪》:"(黄初七年)十二月,以太尉钟繇为太傅,征东大将军曹休为大司马,中军大将军曹真为大将军,司徒华歆为太尉,司空王朗为司徒,镇军大将军陈群为司空,抚军大将军司马宣王为骠骑大将军。"这就是说,征东大将军可以升任大司马;镇军

---

① 洪饴孙:《三国职官表》,《二十五史补编(第二册)》,中华书局,1955年。

大将军也可以升任司空。当然，曹魏国家使军号将军升任"公"职的事例尚不限于此。诸如，景初三年，齐王曹芳"以征东将军满宠为太尉"①。正始六年，齐王曹芳"以骠骑将军赵俨为司空"②。正始九年，齐王曹芳"以车骑将军王凌为司空"③。甘露三年，高贵乡公曹髦"以骠骑将军王昶为司空"④。景元四年，陈留王曹奂"以征西将军邓艾为太尉，镇西将军钟会为司徒"⑤。咸熙元年，陈留王曹奂以"征北将军何曾为司徒"⑥。咸熙二年，陈留王曹奂"以骠骑将军司马望为司徒"⑦。这些事例说明，领有车骑将军、骠骑将军、征东将军、征西将军、征北将军、镇西将军者，都可以晋升为"公"职。洪饴孙在《三国职官表》中考证，这些军号将军的品级，均为二品。⑧ 可见，二品军号将军升任"公"职，是曹魏职官升迁的正常途径。

曹魏国家确定军号将军这种晋升原则，应该有两个原因：一是以改变的方式，承袭东汉的将军与三公的联系。前引《续汉书·职官志一》："掌征伐背叛。比公者四：第一大将军，次骠骑将军，次车骑将军，次卫将军。"可见东汉国家是使大将军、骠骑将军、车骑将军、卫将军都可以在秩级与地位上与三公相同。可是，曹魏国家进行职官改革，使具有"公"地位的将军，只有大将军一职，因而这种改革降低了一些将军的地位。曹魏国家为了适应新的职官体制，同时，也不能使骠骑、车骑等将军职衔与东汉差别明显，所以，只有规定领有这些将军职衔者能够直接晋升为"公"职，这样才能够显示二品将军职衔实际地位并没有完全降低。

二是尽管曹魏所设的诸"公"大部分没有实际的权力，可是，诸"公"仍然可以成为最高身份地位的象征。曹魏国家任命军号将军的重要目的，就是要表现其身份地位。曹魏国家规定二品军号将军可以直接晋升为诸"公"，

---

① 《三国志》卷四《魏书·三少帝纪》。
② 《三国志》卷四《魏书·三少帝纪》。
③ 《三国志》卷四《魏书·三少帝纪》。
④ 《三国志》卷四《魏书·三少帝纪》。
⑤ 《三国志》卷四《魏书·三少帝纪》。
⑥ 《三国志》卷四《魏书·三少帝纪》。
⑦ 《三国志》卷四《魏书·三少帝纪》。
⑧ 洪饴孙：《三国职官表》，《二十五史补编（第二册）》，中华书局，1955年。

自然这种晋升的规定也就可以充分体现出二品军号将军的重要身份地位。

(二) 军号将军与都督诸军事

曹魏建国后，开始实行都督制。其中设置都督诸军事是都督制的重要内容。《晋书·职官志》："魏文帝黄初三年，始置都督诸州军事，或领刺史。"曹魏国家设置的都督诸州军事有：都督扬州诸军事、都督徐州诸军事、都督青州诸军事、都督雍、凉州诸军事（都督陇右诸军事）、都督南方诸军事（都督荆州诸军事）、都督荆、豫诸军事、都督豫州诸军事、都督河北诸军事。何兹全先生认为，魏晋时期正是都督制由设立到转化的时期，因之在魏晋时，尤其在曹魏时，我们还可以把都督诸军事看作是驻在各地的中央官。① 曹魏的都督诸军事不仅是中央派驻各地的中央官，并且也是军号将军的兼领职。关于军号将军兼领都督诸军事的情况，在文献中多见记载。《三国志·魏书·曹真传》："文帝即王位，以真为镇西将军，假节，都督雍、凉州诸军事，录前后功，进封东乡侯。"《三国志·魏书·夏侯尚传》："文帝践阼，更封（夏侯尚）平陵乡侯，迁征南将军，领荆州刺史，假节，都督南方诸军事。……顷之，（夏侯玄）为征西将军，假节，都督雍、凉州诸军事。"《三国志·魏书·刘馥传》："（刘馥）后迁镇北将军，假节都督河北诸军事。"《三国志·魏书·吴质传》："吴质，济阴人，以文才为文帝所善，官至振威将军，假节都督河北诸军事，封列侯。"这些任都督诸军事者，他们具有的实际将军职应该为本官，而都督诸军事则是他们的兼领职。由此看来，军号将军与都督诸军事的这种结合，就更充分表现了曹魏时期都督诸军事的中央职官特征。

不过，曹魏时期，由于都督诸州军事制度刚开始形成，因而，还很难实现军号将军与都督诸军事职的完满结合。这主要表现在，由于都督诸军事的等级不同，就使军号将军与都督诸军事的结合出现差异。《晋书·职官志》："及晋受禅，都督诸军为上，监诸军次之，督诸军为下。"这就是说，西晋国家是将都督诸军事分为"都督""监""督"三等级。不过，西晋对都督诸军事的这种等级划分，是从曹魏沿袭而来的。实际上，在曹魏设置都督诸军事

---

① 何兹全：《魏晋的中军》，《读史集》，第260页。

时，就已经开始划分三等级。①

关于军号将军兼任"都督"等级的都督诸军事的情况，在《三国志》中多见。《三国志·魏书·臧霸传》："文帝即王位，（臧霸）迁镇东将军，进爵武安乡侯，都督青州诸军事。及践阼，进封开阳侯，徙封良成侯。"《三国志·魏书·陈矫传》："子本嗣，历位郡守、九卿。……（陈本）迁镇北将军，假节都督河北诸军事。"这些记载说明，曹魏国家基本是以二品将军兼任"都督"等级的都督诸军事。

对"监"等级的都督诸军事，军号将军兼职的情况就比较复杂。《三国志·魏书·毌丘俭传》："（毌丘俭）迁左将军，假节监豫州诸军事，领豫州刺史，转为镇南将军。"显然曹魏国家可以使二品军号将军兼任"监"等次的都督诸军事。可是，曹魏国家对军号将军的这种兼职并没有固定化。《三国志·魏书·赵俨传》："文帝即王位，（赵俨）为侍中。顷之，拜驸马都尉，领河东太守，典农中郎将。黄初三年，赐爵关内侯。孙权寇边，征东大将军曹休统五州军御之，征俨为军师。权众退，军还，封宜土亭侯，转为度支中郎将，迁尚书。从征吴，到广陵，复留为征东军师。明帝即位，进封都乡侯，邑六百户，监荆州诸军事，假节。会疾，不行，复为尚书，出监豫州诸军事，转大司马军师，入为大司农。齐王即位，以俨监雍、凉诸军事，假节，转征蜀将军。"赵俨的任职情况说明，一些"监"等级的都督诸军事，并不一定必须由军号将军来兼任。当然，"督"等次的都督诸军事就更是如此了。《三国志·魏书·田豫传》："乃使豫以本官督青州诸军，假节，往讨之。"又同传："初，豫以太守督青州，青州刺史程喜内怀不服，军事之际，多相违错。"可见"督"等次的都督诸军事，是不需要由军号将军兼职的。应该说这种情况正是曹魏时期都督诸军事制度的规定尚不完善，才出现的。由于曹魏国家使军号将军与都督的结合存在这些不完善之处，因而，使都督诸军事的军事行动受到影响也就很难避免了。

（三）军号将军与州刺史

曹魏国家为刺史加拜将军职，在曹丕没有称帝之前，就已经开始进行。

---

① 张鹤泉：《曹魏都督诸州军事制度试探》，《魏晋南北朝史研究》，湖北人民出版社，1996年。

魏晋南北朝将军制与都督制论稿

《三国志·魏书·曹休传》："文帝即王位，（曹休）为领军将军，录前后功，封东阳亭侯。……迁征东将军，领扬州刺史，进封安阳乡侯。"在曹丕称帝后，继续实行这一做法。《三国志·魏书·夏侯尚传》："文帝践阼，更封（夏侯尚）平陵乡侯，迁征南将军，领荆州刺史，假节，都督南方诸军事。"说明曹魏国家为州刺史加拜将军职，开始成为一项重要的措施。下面将《三国志》中所载曹魏国家为刺史加拜将军的情况列表说明：

表1 《三国志》载曹魏国家刺史加拜将军情况

刺史姓名	领州情况	加拜将军职	史料出处
吕虔	徐州	威虏将军	《三国志》卷一八《魏书·吕虔传》
钟毓	青州	后将军	《三国志》卷一三《魏书·钟繇传附钟毓传》
杜恕	幽州	建威将军	《三国志》卷一六《魏书·杜恕传》
孟建	凉州	征东将军	《三国志》卷一五《魏书·温恢传》
陈泰	并州	振威将军	《三国志》卷二二《魏书·陈群传附陈泰传》
陈泰	雍州	奋威将军	《三国志》卷二二《魏书·陈群传附陈泰传》
孙礼	扬州	伏波将军	《三国志》卷二四《魏书·孙礼传》
孙礼	并州	振武将军	《三国志》卷二四《魏书·孙礼传》
田豫	并州	振威将军	《三国志》卷二六《魏书·田豫传》
徐邈	荆州	振威将军	《三国志》卷二七《魏书·徐邈传》
王昶	兖州	扬烈将军	《三国志》卷二七《魏书·王昶传》
王基	荆州	扬烈将军	《三国志》卷二七《魏书·王基传》
毌丘俭	幽州	度辽将军	《三国志》卷二八《魏书·毌丘俭传》
诸葛诞	扬州	昭武将军	《三国志》卷二八《魏书·诸葛诞传》
邓艾	兖州	振威将军	《三国志》卷二八《魏书·邓艾传》

由表1可知，曹魏国家为州刺史所加将军职是不一致的。即使为同一人，在不同州担任刺史，加拜的将军职也不相同。统计表中的记载，为州刺史加拜的将军职有：征东将军、后将军、度辽将军、振威将军、奋威将军、振武将军、伏波将军、扬烈将军、威虏将军、昭武将军。据洪饴孙考证：征

东将军为二品；后将军为三品；度辽将军为三品；振威将军为四品；奋威将军为四品；振武将军为四品；伏波将军为五品；扬烈将军为五品；威房将军为五品；昭武将军为五品。① 由此可见，曹魏国家为州刺史加拜将军职，没有统一的规定。只是在将军职的品级上，还有限定。也就是说，将军职的最高品级不能超过二品，最低品级不可以低于五品。

曹魏国家为州刺史加拜将军职，具有很明确的目的性。不过，要说明曹魏国家这种做法的目的，需要提及领有将军职与没有将军职的州刺史的区别。尽管曹魏国家实行了为一些刺史加拜将军职的制度，可是，在具体实行上还没有普遍化。在文献中，一般将没有将军职的刺史称为单车刺史。曹魏国家任命的单车刺史，应该说存在的数量是不少的。例如，《三国志·魏书·梁习传》："文帝践阼，复置并州，（梁习）复为刺史，进封申门亭侯，邑百户，政治常为天下最。"《三国志·魏书·裴潜传》："文帝践阼，（裴潜）入为散骑常侍。……迁荆州刺史，赐爵关内侯。"《三国志·魏书·崔林传》："文帝践阼，（崔林）拜尚书，出为幽州刺史。"《三国志·魏书·胡质传》："（胡）威，咸熙中官至徐州刺史。"《三国志·魏书·方技·朱建平传》："夏侯威为兖州刺史，年四十九。"虽然这些刺史没有加拜将军职，可是，他们不仅在州中具有行政权力，也具有军事权力，也就是说，可以统率州兵。《三国志·魏书·徐邈传》："明帝以凉州绝远，南接蜀寇，以邈为凉州刺史，使持节领护羌校尉。至，值诸葛亮出祁山，陇右三郡反，邈辄遣参军及金城太守等击南安贼，破之。"《三国志·魏书·王凌传》："文帝践阼，（王凌）拜散骑常侍，出为兖州刺史，与张辽等至广陵讨孙权。"《三国志·魏书·曹真传》引《魏略》："毕轨，字昭先。……黄初末，出为长史。明帝即位，入为黄门郎，子尚公主，居处殷富，迁并州刺史。其在并州，名为骄豪。时杂房数为暴，害吏民，轨辄出军击鲜卑轲比能，失利。"《三国志·魏书·蒋济传》引司马彪《战略》曰："太和六年，明帝遣平州刺史田豫乘海渡，幽州刺史王雄陆道，并攻辽东。"这些事例说明，虽然这些州刺史没有加拜将军职，但都可以统率州兵作战。曹魏的州刺史对州兵地统率是与将军职没有关系的。

---

① 洪饴孙：《三国职官表》，《二十五史补编（第二册）》。

尚不只如此，在曹魏国家需要时，无将军职的刺史还可以被任命为都督。《通典·职官十四》："魏晋为刺史，任重者为使持节都督，轻者为持节，皆铜印墨绶，进贤两梁冠，绛朝服；领兵者武冠。……自魏以来，庶姓为州而无将军者，谓之单车刺史。凡单车刺史，加督进一品，都督进二品，不论持节、假节。"显然刺史被任命为统军作战的都督，也是与将军职没有关系的。这些情况表明，曹魏国家为州刺史加拜将军职，并不是完全出于军事目的，而是与政治目的具有密切的联系。因为曹魏国家设置的军号将军为中央职官，可以起到提高领有将军职官员政治地位的作用。由此来看，曹魏国家为一些州刺史加拜将军职，最明显的目的就是要加重他们的身份和地位。实际上，这正是曹魏国家为州刺史加拜将军职的重要意义之所在。

（原载襄阳及三国历史文化研究所编：《中国三国历史文化国际学术讨论会论文集》，湖北人民出版社，2010年）

西晋将军兼任都督诸军事问题的考察

西晋时期，国家承袭曹魏的制度，继续设置将军和都督诸军事。但西晋国家所设的将军进一步虚化，成为一种名誉军号。而西晋国家设置的都督诸军事，则是镇戍都督区的军事长官。虽然这两种职官是独立的，但是西晋国家却将这两种职官结合起来进行设置，使都督诸军事实际上成为将军的兼任职。虽然严耕望、何兹全、宫崎市定等先生皆提及西晋都督诸军事的这种设置情况，但是，尚没有做进一步的较为深入的探讨。因此，本文拟对将军兼任都督诸军事的相关问题做一些考察，希望能有助于认识西晋将军兼任都督诸军事职的特点。

一、都督诸军事是将军的兼任职

在探讨西晋将军兼任都督诸军事问题之前，首先需要对西晋将军和都督诸军事的主要特征做一些阐释。

西晋国家将军的设置，是承袭曹魏国家的将军制度，而曹魏国家的制度是从东汉将军制度沿袭来的。廖伯源先生对东汉的将军制度做了比较系统的研究。他认为东汉的将军可以分为征伐将军、中朝将军和名誉将军。[①] 东汉的征伐将军主要职责是统率征讨军队作战。中朝将军不领兵征伐，而在京城任职，不是因有战事的临时任命，所以任期较长。作为中朝将军的必要条件是在京师参与政事。[②] 东汉国家设置的名誉将军，则与征伐将军、中朝将军

---

① 廖伯源：《历史与制度——汉代政治制度试释》，台湾商务印书馆，1998年，第205页。

② 廖伯源：《历史与制度——汉代政治制度试释》，台湾商务印书馆，1998年，第230页。

不同，国家授予名誉将军，只是表明任职者的身份地位，并没有需要承担的职责。① 至东汉末年，东汉国家任命的名誉将军的人数开始增多。至曹魏时期，虽然国家设置的将军还承担一些征伐和国家的重要政治事务，但是，与东汉比较，这些将军承担的实际职事已经逐渐减弱。曹魏国家任命的大部分将军，只是表明任职者的身份地位。因此，曹魏国家主要是将东汉名誉将军的特征承袭下来。西晋国家承续曹魏国家的将军制度，因此，西晋国家所设的将军也就主要表现为名誉将军的特征。

从西晋将军承担职事的情况来看，较之曹魏时期更加弱化。西晋国家将设置的大将军列为"八公"之一。可是，"八公"只是任职者荣宠地位的象征。正如晋惠帝时，庾旉等人上表说："假台司虚名为隆宠也。"② 当然，作为"八公"之一的大将军也是如此。

西晋国家设置的大将军以下的诸将军，很少有承担实际事务的。《晋书·文六王·齐献王攸传》："（司马攸）迁骠骑将军，开府辟召，礼同三司。……转镇军大将军，加侍中，羽葆、鼓吹，行太子少傅。"《晋书·宣五王·平原王幹传》："赵王伦辅政，以幹为卫将军。惠帝反正，复为侍中，加太保。"可见，西晋国家授予司马攸、司马泰的骠骑将军、卫将军是不需要承担征伐职责的，因而都是荣誉称号。这表明，西晋设置的将军已经没有征伐将军的特征。不过，西晋国家还是使一些将军负有较少的职事。当时少数的将军还可以领录尚书事。从晋武帝至西晋末年，西晋国家以王沉为骠骑将军"录尚书事"③；梁孝王司马肜为卫将军"录尚书事"④；成都王司马颖为大将军"录尚书事"⑤。这就是说，西晋国家还可以使少数的将军通过"录尚书事"来参与国家的政治事务。然而，这些情况的出现，只能说明西晋国家所设的将军还残留着一些中朝将军的特征。

实际上，西晋国家使重要官员领录尚书事，进而参与国家事务，其大多

---

① 廖伯源：《历史与制度——汉代政治制度试释》，台湾商务印书馆，1998年，第245－249页。
② 《晋书》卷五〇《庾纯传附庾旉传》。
③ 《晋书》卷三九《王沉传》。
④ 《晋书》卷三八《宣五王·梁孝王肜传》。
⑤ 《晋书》卷五九《成都王颖传》。

数并不是将军。据《晋书》记载，贾充以太尉①、汝南王司马亮以太尉②、王浑以司徒③、陈准以太尉④录尚书事。傅畅《晋故事》："何劭、王戎、张华、裴楷、杨济、和峤，为愍怀太傅，通省尚书事。"⑤很显然，西晋国家主要是以"文官公"领录尚书事。这与东汉国家主要以不同名号的大将军领录尚书事的情况明显不同。因此可以说，西晋国家使将军可以参与国家的政治事务的人数很少，并且，他们承担的职责也已经明显地削弱了。

西晋国家在削弱将军承担实际事务职责的同时，却使将军作为名誉称号的特征日益增强。表现最明显的就是，西晋国家以将军号来奖励功劳。例如，晋武帝因陈骞有"佐命之勋，进车骑将军，封高平郡公"⑥。西晋国家不仅以提升将军号来奖励尽职的官员，并且还能够以将军号奖励投降西晋的孙吴将领。例如，晋泰始六年孙吴夏口督、前将军孙秀"帅众来奔，拜骠骑将军、开府仪同三司"⑦。晋咸宁二年，孙吴京下督孙楷"帅众来降，以为车骑将军"⑧。晋武帝授予孙吴将领的将军号，是对投降的孙吴将领的奖励，当然这些将军也只是一种荣誉称号而已。

由于西晋国家所设将军的征伐职责的消失及参与国家政治事务职责的弱化，因而，就使西晋国家设置的将军只是一些军号。宫崎市定指出，西晋以来，将军号作为加官，开始单纯用作荣誉称号。⑨宫崎氏认为西晋以来将军成为加官的看法，尚需要讨论。但是，他认为将军从西晋以来成为荣誉称号的意见，是符合西晋实际情况的。尽管西晋国家使所设的将军成为一种名誉称号，但是这些将军号仍然有明确的品级规定。《晋官品》载，西晋将军最

---

① 《晋书》卷四〇《贾充传》。
② 《晋书》卷五九《汝南王亮传》。
③ 《晋书》卷四二《王浑传》。
④ 《晋书》卷四《惠帝纪》。
⑤ 《艺文类聚》卷四八引傅畅《晋故事》。
⑥ 《晋书》卷三五《陈骞传》。
⑦ 《晋书》卷三《武帝纪》。
⑧ 《晋书》卷三《武帝纪》。
⑨ 宫崎市定：《九品官人法研究》，韩昇译，中华书局，2008年，第186页。

魏晋南北朝将军制与都督制论稿

高品级为一品，最低品级为五品。① 并且，可以按品级享有俸禄。西晋国家还使三品以上的将军可以开府置佐。② 由于西晋国家设置的将军的名誉化，自然也就使将军号可以成为领有者的身份地位的象征。

西晋的都督诸军事则是承袭曹魏制度而设置的。《晋书·职官志》："魏文帝黄初三年，始置都督诸州军事，或领刺史。……及晋受禅，都督诸军为上，监诸军次之，督诸军为下；使持节为上，持节次之，假节为下。"正说明了西晋的都督诸军事的设置与曹魏的设置之间的继承关系。不过，需要明确的是，曹魏国家开始设置都督诸军事并不是独立的职官，只是国家所设将军附带的职官。③ 实际上，都督诸军事是以将军的身份驻在各地的中央官。④ 然而，至西晋时期，都督诸州军事已经开始由将军的附带职官演变为独立的职官。《晋书·职官志》："四征镇安平加大将军不开府、持节都督者，品秩第二，置参佐吏卒、幕府兵骑如常都督制，唯朝会禄赐从二品将军之例。"这里提到的"四征、镇、安、平"，就是西晋国家所设的将军；而"持节都督"则是西晋国家设置的都督诸军事。很明显，西晋国家已经把将军与都督诸军事区分开，视为两个独立的职官。正因如此，西晋国家为都督诸军事规定了明确的品级。《晋官品》："第二品……诸持节都督。"⑤ 并且，西晋国家还将都督诸军事划分了等级，"都督诸军为上，监诸军次之，督诸军为下"⑥。也就是将都督诸军事分为"都督""监""督"三等级。

西晋国家设置都督诸军事的目的主要是镇戍都督区。严耕望先生考证：西晋经常设置的都督诸军事有八：豫州都督、邺城都督、幽州都督、关中都

---

① 《通典》卷三七《职官十九》。
② 阎步克：《品位与职位——秦汉魏晋南北朝官阶制度研究》，中华书局，2002年，第442-443页。
③ 阎步克：《品位与职位——秦汉魏晋南北朝官阶制度研究》，中华书局，2002年，第132页。
④ 何兹全：《魏晋中军》，《何兹全文集（第二卷）》，中华书局，2006年，第642页。
⑤ 《通典》卷三七《职官十九》。
⑥ 《晋书》卷二四《职官志》。

督、沔北都督、荆州都督、青徐都督、扬州都督。① 都督诸军事所辖的这八处区域，实际都是固定的都督区。除此之外，西晋国家还设置了一些不固定的都督区。西晋国家设置的都督诸军事，正是作为最高军事长官负责镇戍固定的和不固定的都督区。

西晋时期，尽管将军与都督诸军事都是独立的职官，可是二者并没有截然分开，实际都督诸军事的任职与将军的任职并未完全脱离。《晋书·陈骞传》："（陈骞）迁侍中、大将军，出为都督扬州诸军事，余如故，假黄钺。"又《晋书·惠帝纪》："（永兴二年）壬子，以成都王颖为镇军大将军，都督河北诸军事，镇邺。"显然，在陈骞、司马颖出任都督诸军事前，西晋国家已分别任命他们为大将军、镇军大将军，实际他们是以将军的身份出任都督诸军事的。西晋国家为了使将军职与都督诸州军事职联系在一起，还对一些没有将军号的官员，在其出任都督诸军事时，一定要为他们授予将军号。如下邳献王司马晃"更拜尚书，迁右仆射。久之，出为镇东将军、都督青徐二州诸军事"②。这说明，西晋国家是使担任都督诸军事者必须以领有将军号作为前提的。因此，在《晋书》记载中，当时国家设置的都督诸军事没有一例没有将军号，实际全部都是领有将军号的。

固然，西晋国家要使都督诸军事的任职与将军的任职密切结合在一起，但这种结合不是简单的，实际上是通过使将军兼领都督诸军事的方式实现的。如前所述，曹魏国家设置的都督诸军事开始只是将军的加带职。虽然西晋国家使都督诸军事成为独立的职官，但还是具有开始设置时的加带职官的痕迹，因而，都督诸军事任职也就表现为将军的兼领职的特点。《晋书·宣五王·梁王肜传》："太康中，代孔洵监豫州军事，加平东将军，镇许昌。顷之，又以本官代下邳王晃监青、徐州军事，进号安东将军。"由此可以看出，出任都督诸军事的梁王司马肜的本官是他所领的平东将军，而不是监豫州军事。这说明，西晋国家在任命官员出任都督诸军事时，是将所任的将军视为本官，而所任的都督诸军事则不是本官，只是将军的兼领职，并且还将二者

---

① 严耕望：《中国地方行政制度史（乙部）——魏晋南北朝地方行政制度（上册）》，台北"中央研究院"历史语言研究所专刊之四十五B，1990年，第35页。

② 《晋书》卷三七《宗室·安平献王孚传附下邳献王晃传》。

魏晋南北朝将军制与都督制论稿

加以严格区分。

西晋的都督诸军事是将军的兼任职，还可以从开府置佐的情况中看出。关于西晋时期出镇地方长官的开府情况，严耕望先生考证，刺史加将军且加都督（或监、督）者，固置府，其仅带将军不加都督（或监、督）者亦置府，惟加都督者又有督府之称。[①] 这就是说，自曹魏、西晋以来，将军府与都督府是合一的。宫崎市定认为，东晋时将军府与都督府分离。[②] 尽管严耕望与宫崎市定的意见不一致，但他们的共同认识是，在西晋，将军府与都督府为一共同的军府。不仅如此，将军与所任都督诸军事在僚佐的设置上也具有一致性。《晋书·职官志》：

> 诸公及开府位从公者，品秩第一，食奉日五斛。……置长史一人，秩一千石；西东阁祭酒、西东曹掾、户仓贼曹令史属各一人；御属阁下令史、西东曹仓户贼曹令史、门令史、记室省事令史、阁下记室书令史、西东曹学事各一人。给武贲二十人，持班剑。……诸公及开府位从公为持节都督，增参军为六人，长史、司马、从事中郎、主簿、记室督、祭酒、掾属、舍人如常加兵公制。

这里提到的"诸公"，就是"八公"；"开府位从公者"就是"文官公"和"武官公"。西晋的"武官公"包括大司马、太尉、大将军以及"骠骑、车骑、卫将军、伏波、抚军、都护、镇军、中军、四征、四镇、龙骧、典军、上军、辅国等大将军"[③] 加开府仪同三司者。这就是说，一品的大将军以及"武官公"可以开府置僚佐。但他们出任持节都督，则要增加参军的人数以及僚佐的官职类别。从一品将军出任都督诸军事开府置僚佐的情况来看，实际将军开府置僚佐的规定，正是他们出任都督诸军事开府置僚佐的基础。在一品将军出任都督诸军事后，只能够在原来将军开府置僚佐的基础上增加僚佐官的类别和数量，但不能改变原来将军开府置僚佐的情况。不仅一

---

① 严耕望：《中国地方行政制度史（乙部）——魏晋南北朝地方行政制度（上册）》，第118页。

② 宫崎市定：《九品官人法研究》，韩昇译，中华书局，2008年，第133页。

③ 《晋书》卷二四《职官志》。

品将军出任都督诸军事是如此，就是二品将军出任都督诸军事的情况也大体相同。《晋书·职官志》："骠骑已下及诸大将军不开府非持节都督者，品秩第二，其禄与特进同。置长史、司马各一人，秩千石；主簿，功曹史，门下督，录事，兵铠士贼曹，营军、刺奸、帐下都督，功曹书佐门吏，门下书吏各一人。其假节为都督者，所置与四征、镇、加大将军不开府为都督者同。"很明显，二品将军出任都督诸军事开府置僚佐，也是以将军的开府置僚佐的规定为保证的。

其实，如下节要讨论的，西晋国家设置"都督""监"等级的都督诸军事，主要是以三品将军兼任的。实际上，西晋的将军开府置佐以三品为其下限。①《晋书·职官志》："三品将军秩中二千石者，著武冠，平上黑帻，五时朝服，佩水苍玉……置长史、司马各一人，秩千石；主簿，功曹，门下都督，录事，兵铠士贼曹，营军、刺奸吏、帐下都督，功曹书佐门吏，门下书吏各一人。"说明西晋国家也同样授予三品将军开府置佐的权力。因为三品将军具有这种权力，所以在兼任都督诸军事时，也就能使将军府与都督府的僚佐的设置统一起来。这正是西晋国家主要使三品将军兼任都督诸军事的重要原因。由此可见，西晋将军出任都督诸军事，不仅使将军府与都督府合二为一，并且，都督府的僚佐设置不能改变原来将军府的僚佐设置，只可以在原来的基础上增加僚佐。这正说明，由于都督诸军事是将军的兼任职，所以才使将军开府置佐成为都督诸军事开府置佐的基础，并且可以使将军府与都督府共同组成统一的军府。

总之，西晋国家设置的都督诸军事已经成为独立的军事职官。不过，由于都督诸军事在曹魏时期只是将军的加带职官，所以，尽管西晋国家使都督诸军事具有了独立性，可是在都督诸军事的任职上，仍然与将军的任职是联系在一起的。也就是说，都督诸军事的任职实际是将军的兼领职，领有将军号正是都督诸军事任职的前提。从这一点来看，虽然西晋国家已经使将军成为名誉的称号，可是还可以通过兼任都督诸军事来行使军事权力。只不过将军的军事权力，是以兼任都督诸军事的方式间接实现的。当然，如果将军不

---

① 严耕望：《中国地方行政制度史（乙部）——魏晋南北朝地方行政制度（上册）》，第442页。

兼任都督诸军事职，也就只能是一种象征身份地位的虚衔。

二、兼任都督诸军事的将军号的品级规定

西晋时期，国家设置的都督诸军事已经成为独立的职官。这一职官被明确规定为二品。① 西晋国家不仅确定了都督诸军事的品级，并且还将它划分为"都督""监""督"三个等级。不过，西晋国家仅对都督诸军事有品级规定，没有再对"都督""监""督"三个等级做品级区分，因此，似乎可以认为这是在都督诸军事的同一品级规定中的等级划分。由于西晋国家使都督诸军事有等级的区分，所以在任命将军兼任都督诸军事时，就使将军的品级因所任都督诸军事的等级不同而出现不一致的情况。这样，就需要对将军兼任"都督""监""督"三个等级的都督诸军事的品级情况分别加以说明。

"都督"是都督诸军事的最高等级。西晋国家任命将军兼任这一等级的都督诸军事时，注意到要让所任将军的品级与这一最高等级相适应。《晋书·陈骞传》："（陈骞）以佐命之勋，进车骑将军，封高平郡公，迁侍中、大将军，出为都督扬州诸军事，余如故，假黄钺。"陈骞所任都督扬州诸军事就是"都督"等级的都督诸军事。这说明"都督"等级的都督诸军事是可以由"八公"之一的大将军兼任的。西晋的八公为一品，是职官中的最高品级。② 这就是说，最高品级的大将军兼任都督诸军事，其品级已经超过都督诸军事的品级。不过，西晋时期国家以大将军兼任"都督"等级的都督诸军事的情况并不多见。除了晋武帝使陈骞以大将军兼任"都督"等级的都督诸军事之外，还有晋怀帝下诏，使苟晞任大将军"大都督、督青徐兖豫荆扬六州诸军事"③。晋怀帝的这种做法，是在"八王之乱"之后为了收拾残破的政局而实行的笼络重臣的做法。西晋末年，晋愍帝也拜刘琨为大将军，兼任"都督并州诸军事，加散骑常侍、假节"④。很显然，这时西晋政权已经岌岌

---

① 《通典》卷三七《职官十九》。
② 《通典》卷三七《职官十九》。
③ 《晋书》卷六一《苟晞传》。
④ 《晋书》卷六二《刘琨传》。

可危，晋愍帝的这种做法只不过是为了拉拢地方势力的一种应急措施。由此来看，尽管西晋国家可以使大将军兼任"都督"等级的都督诸军事，但是由于大将军是具有最高荣宠地位的职官，所以西晋国家很少使大将军职兼任都督诸军事。至于晋怀帝、晋愍帝的做法，则完全是为了拉拢重臣和地方势力而采取的临时措施。因此，可以说西晋国家能够使大将军兼任"都督"等级的都督诸军事，但是实行这种做法却是很有限度的。

在西晋设置的职官中，尚有"位从公"者。① "位从公"者还可以分为"文官公""武官公"。② 武官公的品级为一品。③ 西晋国家也任命一些武官公兼任"都督"等级的都督诸军事。《晋书·宣五王·扶风王骏传》："太康初，（司马骏）进拜骠骑将军、开府、持节、都督如故。"这里提到的"骠骑将军、开府"，正是指骠骑将军以开府仪同三司为加官。显然扶风王司马骏正是以武官公的身份兼任"都督"等级的都督诸军事的。由于武官公的品级与"八公"相同，具有很高身份地位，因而西晋国家也就很少使武官公兼任都督诸军事。实际上，西晋国家在正常的情况下，使武官公兼任"都督"等级的都督诸军事只有这一例。在通常情况下，西晋国家使武官公兼任都督诸军事，实际都是有明确的目的性的。《晋书·宣五王·扶风武王骏传附新野庄王歆传》："赵王伦篡位，以（司马歆）为南中郎将。……迁使持节、都督荆州诸军事、镇南大将军、开府仪同三司。"赵王司马伦控制西晋朝政，是在"八王之乱"时。很显然，司马伦使新野庄王司马歆以武官公兼任都督诸军事，正是出于政治、军事目的而对他的拉拢和利用。司马越控制朝政时，也以苟晞为"征东大将军、开府仪同三司，加侍中、假节、都督青州诸军事，领青州刺史"④。司马越使苟晞以武官公身份兼任都督诸军事，也与赵王司马伦一样，是出于同样的目的。可见，在"八王之乱"时，控制朝政的诸王使一些官员以武官公兼任都督诸军事，实际是通过加重这些官员的身份地位而对他们实行拉拢的一种手段。因此，西晋国家使武官公兼任"都督"等级的都督诸军事，也是一种有限度的做法。

---

① 《晋书》卷二四《职官志》。
② 《晋书》卷二四《职官志》。
③ 《通典》卷三七《职官十九》。
④ 《晋书》卷六一《苟晞传》。

魏晋南北朝将军制与都督制论稿

西晋国家使将军兼任"都督"等级的都督诸军事，尚有二品将军。西晋的二品将军，正如《晋书·职官志》载："骠骑已下及诸大将军不开府非持节都督者，品秩第二，其禄与特进同。"这里提到的"骠骑以下"，应当是骠骑将军、车骑将军、卫将军。而"诸大将军"，则应该是《职官志》所载："伏波、抚军、都护、镇军、中军、四征、四镇、龙骧、典军、上军、辅国等大将军。"统计《晋书》记载，以二品将军的身份兼任"都督"等级的都督诸军事者，晋武帝时有贾充、卫瓘、司马伷、司马骏、杜预、司马亮、司马允，共7人；晋惠帝时有司马彤、司马伦、司马颖、王浚、司马虓，共5人；晋怀帝、晋愍帝时有司马简、司马模、司马腾，共3人，合计15人。这些人所领的二品将军号有：骠骑将军、车骑将军、征东大将军、征西大将军、镇军大将军、镇东大将军、镇西大将军、镇南大将军。其中以四征、四镇大将军为多。从西晋国家以将军兼任"都督"等级的都督诸军事的情况来看，在人数上是占有比较高的比例的，因而这应该是西晋国家通行的做法。西晋国家所以使二品将军兼任"都督"等级的都督诸军事，一方面是要使将军的品级与都督诸军事的品级保持一致；另一方面则是二品将军在品级上仅次于大将军与武官公，因而也是任职者具有很高身份地位的体现。因此，西晋国家使二品将军兼任出镇地方的"都督"等级的都督诸军事，无疑具有加重其身份地位的意义。

西晋国家设置的三品将军也能够兼任"都督"等级的都督诸军事。《晋官品》载："第三品……诸征、镇、安、平、中军、镇军、抚军、前后左右、征虏、辅国、龙骧等将军"。这些应当为西晋国家设置的主要的三品将军。统计《晋书》中记载，以三品将军兼任"都督"等级的都督诸军事者，晋武帝时有胡奋、张华、司马晃、司马权、司马泰、司马京、司马泰、司马京、王浑、王濬、唐彬、滕修、司马亮、司马玮、周浚等15人；晋惠帝时有司马伦、司马茂、裴楷、司马榦、司马虓、周馥等7人；晋怀帝、晋愍帝时有司马睿、山简、苟晞、刘乔、司马端等5人，合计27人。这些兼任"都督"等级的都督诸军事所领的将军号有：征南将军、征东将军、镇南将军、镇东将军、镇西将军、安南将军、安东将军、安西将军、平南将军、平东将军、左将军、右将军。很明显，西晋国家以三品将军兼任"都督"等级的都督诸军事的人数最多。这说明，西晋国家主要是以三品将军兼任"都督"等级的都督诸军事的，这应该是固定化的规定。

此外，西晋国家使兼任"都督"等级的都督诸军事的将军还有四品将军。《晋书·王沉传附王浚传》："（王浚）寻徙宁朔将军、持节、都督幽州诸军事。"王浚所任的宁朔将军正是四品将军。① 除此之外，西晋国家使兼任"都督"等级的都督诸军事的将军还有宁北将军。《晋书·惠帝纪》载，司马模任宁北将军"都督冀州，镇于邺"。又《晋书·宗室·高密文献王泰传附新蔡武哀王腾传》载，司马腾以宁北将军"都督并州诸军事、并州刺史"。在曹魏、刘宋时都不见有宁北将军的设置。因此，宁北将军当为晋朝设置的将军。但是关于宁北将军的品级，《晋官品》中没有记载。不过，通过西晋官员任职的迁转情况，可以明确宁北将军的品级。《晋书·惠帝纪》："东中郎将模为宁北将军、都督冀州，镇于邺。"可见司马模原来任中郎将，出任冀州都督后，才迁转为宁北将军。中郎将在《晋官品》中被列为四品。又《晋书·王沉传附王浚传》："（王浚）迁宁北将军、青州刺史。寻徙宁朔将军、持节、都督幽州诸军事。"王浚任刺史所任的宁北将军可以徙任为宁朔将军，所以两个将军号的品级应该相同。西晋的宁朔将军为四品。② 这就是说，西晋国家能够以四品的宁北将军兼任"都督"等级的都督诸军事。可是，由于四品将军的品级较低，所以西晋国家以这一品级的将军兼任"都督"等级的都督诸军事的人数很少，实际只有王浚、司马模、司马腾三人。因此，可以说西晋国家使四品将军兼任"都督"等级的都督诸军事只是少数特例。

西晋国家的将军兼任最高品级的"都督"等级的情况表明，这些兼职将军的品级，最高可以是一品大将军和武官公；最低则为四品将军。在这个品级范围内，实际二品将军的兼职占有相当的比例的，但多数是以三品将军兼任"都督"等级的都督诸军事，因而这应该是西晋国家的固定制度。与二品、三品将军兼职情况不同，西晋国家以一品的大将军和武官公或四品将军兼任"都督"等级的都督诸军事，只是在特殊情况下才实行的做法。

"监"等级的都督诸军事低于"都督"等级的都督诸军事，所以，西晋

---

① 《通典》卷三七《职官十九》。
② 《通典》卷三七《职官十九》。

魏晋南北朝将军制与都督制论稿

国家使将军兼任这一等级的都督诸军事也与兼任"都督"等级的都督诸军事的情况形成差别。从兼职将军的品级来看，以二品将军兼任"监"等级的都督诸军事的情况并不多见。《晋书·周访传》："时梁州刺史张光卒，愍帝以侍中第五猗为征南大将军，监荆、梁、益、宁四州，出自武关。"西晋国家使第五猗任征南大将军兼任监荆、梁、益、宁四州军事，是晋愍帝在政权岌岌可危的情况下，不得已才采取的应急做法。这说明在正常的情况下，西晋国家一般是不会使二品将军兼任"监"等级的都督诸军事的。

西晋国家可以使三品将军兼任"监"等级的都督诸军事。据《晋书》记载，以三品将军兼任"监"等级的都督诸军事者，晋武帝时有：石崇、司马肜、王濬、王浑、唐彬、胡威，共6人；晋惠帝时有：阮坦、孟观、王虔，共3人，合计9人。这些兼任"监"等级都督诸军事者所领的将军号有：安南将军、安东将军、平东将军、右将军、征虏将军、龙骧将军。这种情况说明，西晋国家主要是以三品将军兼任"监"等级的都督诸军事。但是在兼任这一等级的将军中，已经不见有"四征""四镇"将军。这说明，兼任"监"等级的三品将军在位次序列上是居后的。

此外，西晋国家还使四品将军兼任"监"等级的都督诸军事。《晋书·唐彬传》："寻又诏彬监巴东诸军事，加广武将军。"唐彬所任的广武将军，《晋官品》中定为第四品。① 除此之外，西晋国家还使中郎将兼任"监"等级的都督诸军事。例如，太原成王司马辅"出为东中郎将，转南中郎将。咸宁三年，徙为太原王，监并州诸军事"②。河间王司马颙，"元康初，为北中郎将，监邺城"③。南、东、西、北中郎将为四品。④ 并且，"银印青绶，服同将军"⑤。这就是说，西晋的南、东、西、北中郎将不仅品级与四品将军相同，而且在印绶、服饰上也与四品将军一致。实际上，西晋国家以中郎将兼任"监"等级的都督诸军事与四品将军的兼任，在表明任都督者的身份地位上，是具有同样的意义的。

---

① 《通典》卷三七《职官十九》。
② 《晋书》卷三七《宗室·安平献王孚传附太原成王辅传》。
③ 《晋书》卷五九《河间王颙传》。
④ 《通典》卷三七《职官十九》。
⑤ 《通典》卷二九《职官十一》。

这些情况说明，西晋国家的"监"等级的都督诸军事的兼职将军的最高品级为二品，最低品级为四品。实际上，西晋国家主要是以三品将军兼任这一等级的都督诸军事，但兼职的这些将军在位次序列上是居后的。因此，西晋国家使三品将军兼任"监"等级的都督诸军事是相对固定的规定。需要指出的是，西晋国家使四品将军与中郎将兼任这一等级的都督诸军事人数已经占有比较高的比例。而西晋国家使二品将军兼任"监"等级的都督诸军事，则是在危急形势下的特殊做法。

西晋国家所设"督"等级的都督诸军事是最低等次的，所以兼任这一等级的都督诸军事的将军的品级，是与兼任"都督""监"等级都督诸军事的将军品级是有明显差别的。《晋书·赵王伦传》："咸宁中，（司马伦）改封于赵，迁平北将军、督邺城守事，进安北将军。"显然西晋国家可以使领有三品将军号者兼任"督"等级的都督诸军事。不过，从晋武帝直到晋怀帝、晋愍帝时，以三品将军兼任"督"等级的都督诸军事的，只有一例。这说明，西晋国家使三品将军兼任"督"等级的都督诸军事只是特殊的情况。实际上，西晋国家使兼任"督"等级的都督诸军事者多为中郎将。例如晋武帝时，彭城穆王司马权任北中郎将，"督邺城守诸军事"①。梁孝王司马肜任北中郎将，"督邺城守事"②。王浑任东中郎将，"督淮北诸军事，镇许昌"③。山涛"转北中郎将，督邺城守事"④。特别是山涛出任"督邺城守事"之前，曾经"为冀州刺史，加宁远将军"⑤。也就是领有将军号，可是在其任"督邺城守事"时，就转任为中郎将。很明显，西晋国家一般使中郎将兼任"督"等级的都督诸军事。这应该是西晋国家的固定的制度规定。

由上述可见，在"督"等级的都督诸军事的兼职将军中，虽出现三品将军，但是这完全是特殊的情况。西晋国家主要以四品的中郎将兼任这一等级的都督诸军事，并且在晋武帝时就已经制度化了。

西晋将军兼任"都督""监""督"三等级的都督诸军事的情况说明，兼

---

① 《晋书》卷三七《宗室·安平献王孚传附彭城穆王权传》。
② 《晋书》卷三八《宣五王·梁孝王肜传》。
③ 《晋书》卷四二《王浑传》。
④ 《晋书》卷四三《山涛传》。
⑤ 《晋书》卷四三《山涛传》。

职将军的品级是受到都督诸军事的三等级制约的。实际西晋国家基本上是依照都督诸军事的等级对兼职将军的最高品级加以限定的。也就是说，从最高等级的"都督"至最低等级的"督"，兼职将军的品级从一品依次递减为三品。但对三等级的都督诸军事的兼职将军的最低品级都规定为四品。这说明，西晋国家主要通过对兼职将军最高品级的限定来使都督诸军事的三等级得到明显的体现。

不过，还应该看到，虽然西晋国家使四品将军可以兼任"都督""监""督"三等级的都督诸军事，但在这三等级的都督诸军事中，四品将军兼职的情况是有差异的。应该说，西晋国家使四品将军兼任"都督"等级的都督诸军事，是应付西晋末年特殊军事事务的需要，并不是常制。而西晋国家使四品将军兼任"监"等级的都督诸军事则不同，实际是比较常态化的做法，并且在用四品将军兼职之外，有时还用三品中郎将兼任这一等级的都督诸军事。对于兼任"督"等级的都督诸军事，西晋国家则主要任用中郎将。从西晋国家的这些做法来看，就是在以四品将军或中郎将兼任都督诸军事时，也要体现出都督诸军事三等级的差别。

还需要指出的是，由于在西晋国家设置的都督诸军事中，以"都督""监"等级最多，因而为了保证这两个等级的都督诸军事有效地镇戍地方，实行了主要以三品将军兼任这两个等级的都督职。西晋国家采取这种做法，是因为三品将军具有特殊的地位。《晋书·职官志》："伏波、抚军、都护、镇军、中军、四征、四镇、龙骧、典军、上军、辅国等大将军。"《职官志》所列西晋二品大将军位次序列，实际也是三品将军的位次序列。黄惠贤先生认为西晋的重号将军以辅国将军为限。[①] 而辅国将军以下，则为小号将军。这就是说，西晋国家主要是以重号将军兼任"都督""监"二等级的都督诸军事，自然是要加重这些任都督职者的身份地位。

此外，西晋的将军开府置佐以三品为其下限。就是说，西晋国家授予三品将军开府置佐的权力。西晋国家使将军兼任都督诸军事，也就是出镇地方，所以必须设置都督府。而兼职将军可以开府置佐，正是在镇戍都督区的都督诸军事设置都督府的基础。因此，三品重号将军可以开府置佐，是西晋

---

① 黄惠贤：《中国政治制度通史（四卷）》，人民出版社，1996年，第371页。

国家主要使这一品级将军兼任都督诸军事的重要因素之一。由此可见，西晋的将军兼任都督诸军事的品级规定，不仅受到都督的等级的限制，并且当时国家所设将军能否开府置佐，也影响到兼任都督诸军事的将军的品级规定。因此，西晋国家使兼任都督诸军事的将军的品级，实际主要是由都督诸军事的等级以及将军本身具有的开府置佐权力来决定的。

当然，尽管四品的小号将军不能开府置佐，但在国家使这些将军出任都督诸军事时，也就授予了他们开府置佐的权力。清人钱大昕考证："'冠军'以下，皆小号将军也。若出镇方州，则亦开府置官属，罢州则止。"① 因此可以说，小号将军开府置佐的权力是不固定的。正因为如此，西晋国家使四品将军兼任都督诸军事也就是很有限度的。

然而，还要注意的一个问题是，西晋国家设置的将军最低品级为五品。《晋官品》："鹰扬、折冲、轻车、武牙、威远、宁远、虎威、材官、伏波、凌江等将军"，② 都是五品将军。可是，西晋国家却不使五品将军兼任任何等级的都督诸军事。西晋国家为何不使五品将军兼任都督诸军事？这需要比较都督诸军事所领将军号与为领兵州刺史所加将军号的差别，才能够说明。

实际上，西晋国家不仅使将军兼任都督诸军事，并且还为领兵州刺史加将军号。统计《晋书》载，西晋国家为领兵州刺史所加的将军号主要有：镇南将军、镇西将军、平南将军、后将军、振威将军、扬威将军、建威将军、鹰扬将军、轻车将军、宁远将军、折冲将军、威远将军等。在为领兵州刺史所加的这些将军号中，镇南将军、镇西将军、平南将军、后将军为三品；扬威将军、振威将军、建威将军为四品；鹰扬将军、轻车将军、宁远将军、折冲将军、威远将军则为五品。③ 可见西晋国家为领兵州刺史所加的将军号是在三品至五品之间，并且也是有限定的。而为领兵州刺史所加的最低的将军号为五品，这与都督诸军事有所不同。之所以出现这种差别，主要的原因在于都督诸军事与领兵州刺史的品级差异。《晋官品》载"州刺史领兵者"为第四品。而都督诸军事的品级则为二品。④ 西晋国家为了表现都督诸军事与

---

① 钱大昕：《钱大昕全集（二册）》，江苏古籍出版社，1977年，第554页。
② 《通典》卷三七《职官十九》。
③ 《通典》卷三七《职官十九》。
④ 《通典》卷三七《职官十九》。

领兵州刺史的品级差别，不仅在为领兵州刺史所加的将军号的上限加以限定，并且将下限的将军号的品级规定为五品。由此来看，西晋国家将都督诸军事所领将军号下限的品级限制在四品，正是要通过这种限定表明都督诸军事的地位高于领兵的州刺史。

三、兼任都督诸军事的将军号迁转

如前所述，西晋国家设置的都督诸军事必须由将军来兼任。可是，西晋国家使兼任都督诸军事的将军号不是固定不变的。在西晋国家需要时，可以使兼任都督诸军事的将军号迁转。当时兼任都督诸军事的将军号迁转的做法有提高原将军号的品级以及"进位"，或者"进号"两种做法。

先看西晋国家使兼任都督诸军事将军号的品级的提升。《晋书·羊祜传》："帝将有灭吴之志，以祜为都督荆州诸军事、假节，散骑常侍，卫将军如故。……后加车骑将军，开府如三司之仪。"可见羊祜开始是以卫将军兼任都督荆州诸军事的。他所领的卫将军为二品。但西晋国家将他原来的将军号迁转为车骑将军，并加开府仪同三司，实际改为以武官公兼任都督荆州诸军事。西晋的武官公为一品。[①] 就是说，羊祜在任都督荆州诸军事期间，他所领将军号提升到一品级。西晋国家提高兼任都督诸军事的将军一品级的做法，并不只有一例。《晋书》记载，卫瓘以征东将军兼任都督青州诸军事，后"加征东大将军"[②]；王浑以安东将军兼任都督扬州诸军事，后"转征东大将军"[③]；司马允以镇东大将军兼任都督扬江二州诸军事，后"为骠骑将军、开府仪同三司、侍中，都督如故"[④]。这都是说明在都督诸军事任职期间，他们所任的将军号得到了提升。西晋国家采取这种做法，显然是要加重这些都督诸军事的地位，以便使他们更有效地行使其军事权力。

当然，西晋国家在都督诸军事的等级改变时，也要提高他们所领将军号

[①]《通典》卷三七《职官十九》。
[②]《晋书》卷三六《卫瓘传》。
[③]《晋书》卷四二《王浑传》。
[④]《晋书》卷六四《武十五王传》。

的品级。《晋书·唐彬传》："寻又诏彬监巴东诸军事，加广武将军。……其以彬为右将军、都督巴东诸军事。"唐彬任监巴东诸军事所领的广武将军为四品，而任都督巴东诸军事所领的右将军则为三品。① 很显然，由于西晋国家使都督诸军事等级改变，因而也要使他们所领将军号品级随之提升。西晋国家采取这种做法的目的，正是要使兼职将军号的品级适应都督诸军事等级变化的需要。

西晋国家在改换一些都督诸军事的镇戍地区时，也要提升他们所领将军号的品级。《晋书·汝南王亮传》载司马亮以镇西将军"持节、都督关中雍凉诸军事。……（咸宁）三年，徙封汝南，出为镇南大将军、都督豫州诸军事"。司马亮出镇关中所领镇西将军号为三品，而出镇豫州时所领镇南大将军号则为二品。② 显然西晋国家改变了司马亮的都督地区，同时也将他所领的将军号提升了一级。西晋国家使都督诸军事改换镇戍地区而提升他们的将军号并不限于一个品级。《晋书·苟晞传》载苟晞以抚军将军"假节、都督青兖诸军事。……乃迁晞征东大将军、开府仪同三司，加侍中、假节、都督青州诸军事，领青州刺史"。可见苟晞由出镇青、兖州改换为出镇青州，他所领将军号，由抚军将军提升为征东大将军加开府仪同三司。可见他的将军号提升了两个品级。不过，西晋国家采取这种做法已经是在西晋末年，因此，超级提升都督诸军事所领将军号，只是为了笼络镇戍地方的都督诸军事而采取的特殊做法。

在西晋国家改换都督诸军事的镇戍地区，使他们所领都督职的等级发生变化，这也要影响到他们所领将军号的品级。《晋书·宣五王·琅邪王伷传》："（司马伷）拜右将军、监兖州诸军事、兖州刺史。……入为尚书右仆射、抚军将军，出为镇东大将军、假节、徐州诸军事，代卫瓘镇下邳。"显然司马伷任监兖州诸军事所领的只是三品的右将军，但改任都督徐州诸军事后，都督的等级由"监"提高为"都督"，因而他所领将军号则提升为二品的镇东大将军。这说明，西晋国家在改换都督诸军事的镇戍区时，如果他们所任都督的等级提高，一般也要提升他们所领将军号的品级。

---

① 《通典》卷三七《职官十九》。
② 《通典》卷三七《职官十九》。

魏晋南北朝将军制与都督制论稿

由此可见，西晋国家为了加重都督诸军事的身份地位，实行了在他们任职期间可以提升他们所领将军号的品级的制度。即使都督诸军事镇戍地区的改变也不影响将军号品级的提升。也就是说在任都督诸军事期间，都督诸军事等级提高的同时，西晋国家都要使他们所领的将军号随之提升。

再看西晋国家使兼任都督诸军事的将军号的进位。西晋时，所谓将军号的进位，是指在同一品级的将军号中位次的晋升。实际上，西晋国家对每一品级将军号的位次都是有明确规定的。前引《晋书·职官志》："骠骑、车骑、卫将军、伏波、抚军、都护、镇军、中军、四征、四镇、龙骧、典军、上军、辅国等大将军。"这里记载的正是二品将军的位次序列。《晋官品》："诸征、镇、安、平、中军、镇军、抚军、前后左右、征虏、辅国、龙骧等将军。"①则记载的是三品将军的位次序列。西晋国家对不同品级和同一品级将军的位次都是很重视的，有严格序次规定。当时对所领将军号位次的提前，一般称为进位。《晋书·宗室·范阳康王绥传附司马虓传》："（司马虓）出为安南将军、都督豫州诸军事、持节，镇许昌，进位征南将军。"这里提到司马虓开始是以安南将军兼任都督诸军事，后进位征南将军。司马虓所领的两个将军号的品级没有改变，只是征南将军的位次在安南将军之前。这说明，西晋国家也把将军号的进位视为一种晋升。因此，在《晋书》还将这种进位称为"进号"。前引《晋书·宣五王·梁孝王肜传》："太康中，代孔洵监豫州军事，加平东将军，镇许昌。顷之，又以本官代下邳王晃监青、徐州军事，进号安东将军。"西晋的安东将军的位次在平东将军之前。西晋国家采取这种做法的目的，正是为了通过使兼任都督诸军事的将军号的位次改变，作为提高其身份地位的一种体现。正因为如此，西晋国家在都督诸军事任职时，多有使所领将军号进位的记载。例如，扶风武王司马骏以征南大将军加开府仪同三司兼任都督诸军事，"太康初，进拜骠骑将军，开府、持节、都督如故"②。又如楚隐王司马玮以平南将军兼任都督诸军事，"转镇南将军"③。不仅如此，在一些都督诸军事的等级改变后，西晋国家也要采取使将

---

① 《通典》卷三七《职官十九》。
② 《晋书》卷三八《扶风武王骏传》。
③ 《晋书》卷五九《楚隐王玮传》。

军号进位的做法。《晋书·王浑传》："转征虏将军、监豫州诸军事、假节、领豫州刺史。……迁安东将军、都督扬州诸军事,镇寿春。"王浑迁转后所任的安东将军的位次,正是在征虏将军之前的。① 很明显,西晋国家在都督诸军事任职期间使其所领将军号进位,自然是为了加重任职者地位的需要才实行的措施。

综上所述,西晋国家在都督诸军事任职期间,可以使所领将军号迁转。当时国家无论是采取提升将军号品级的措施,还是实行进位的做法,不仅仅是要适应都督诸军事等级改变的需要,更重要的是为了加重都督诸军事的地位。因此,西晋国家使都督诸军事所领将军号的迁转,正是与都督诸军事身份地位的提高密切联系在一起的,因而也就明确地体现了其所领将军号作为一种名誉军号的重要作用。

(原载《河北学刊》2013年第2期)

---

① 《通典》卷三七《职官十九》。

东晋时期刺史加领将军号问题的考察

东晋时期，国家设置刺史治理行政州。但在东晋国家所设的刺史中，有些是领有将军号的。这些刺史所领的将军号是加官。东晋国家为刺史加授将军号是有明确目的的，实际是要使将军号成为刺史身份地位的体现和作为领兵的标志。前人严耕望、唐长孺、宫崎市定先生已注意到这一问题，[①] 可是，对这一问题还有继续研究的必要。因此，本文拟对东晋刺史加领将军号的相关问题再做一些探讨，以就教于方家。

一、刺史与将军号的特征及加授将军号的意义

考察东晋时期刺史加领将军号问题，首先需要对当时刺史与将军号的特征做一些阐释。先看东晋国家设置的刺史。实际上，东晋国家设置的刺史是治理行政州的最高长官。而东晋的州则是在郡、县之上的行政区。严耕望先生考证，在州之上尚有都督区。[②] 东晋国家确实设置了都督区，但是都督区只是军事镇戍区，并不是行政区，因而东晋国家所设的州，应该是地方最高行区。因此，可以说刺史才是地方的最高行政长官。

不过，需要看到的是，东晋行政州的设置是承袭西晋而来的，可是又与西晋所设的州有不同之处。最明显的就是，东晋国家设置的州已经有了实州

[①] 严耕望：《中国古代地方行政制度史（乙部）——魏晋南北朝地方行政制度（上）》，台北"中央研究院"历史语言研究所专刊之四十五B；唐长孺：《魏晋南北朝史论拾遗》，中华书局，1983年版；宫崎市定：《九品官人法研究》，韩昇译，中华书局，2008年。

[②] 严耕望：《中国古代地方行政制度史（乙部）——魏晋南北朝地方行政制度（上）》，台北"中央研究院"历史语言研究所专刊之四十五B，第7页。

与侨州的区分。① 清人徐文范考证：晋元帝初年，设有扬、江、荆、湘、交、广、宁、梁、益、徐、豫十一实州。至孝武帝太元四年，设有扬、江、荆、湘、交、广、宁、豫、徐九实州；还设幽、燕、冀、青、并、雍、秦、梁、益九侨州。② 今人胡阿祥教授考证：东晋设置的侨州有：司州、兖州、豫州、冀州、幽州、平州、并州、雍州、秦州、梁州、青州。③ 较之清人徐文范的考证更为精进、明晰。东晋国家不仅对实州设置刺史进行治理，对侨州也设置刺史。《晋书·郗鉴传附郗昙传》："（郗恢）孝武帝深器之，以为有藩伯之望。会朱序自表去职，擢恢为梁秦雍司荆扬并等州诸军事、建威将军、雍州刺史、假节，镇襄阳。"孝武帝时所设雍州为侨州，显然郗恢担任的是侨州刺史。

由于东晋国家设置的实州和侨州交错在一起，这就需要国家对州的治理进行妥善的安排，所以，国家设置的刺史不仅可以管辖一州，而且还出现一些刺史管辖二州或三州的情况。《晋书·陶侃传》："（陶）侃舆车出临津就船，明日，薨于樊溪，时年七十六。成帝下诏曰：'故使持节、侍中、太尉、都督荆江雍梁交广益宁八州诸军事、荆江二州刺史、长沙郡公，经德蕴哲，谋猷弘远。'"显然陶侃所治的荆、江二州，都是实州。《晋书·穆帝纪》："郗昙为北中郎将、持节、都督徐兖青冀幽五州诸军事，徐兖二州刺史，镇下邳。"郗昙所治的徐、兖二州，徐州为实州，兖州则为侨州。《晋书·毛宝传附毛璩传》："（毛璩）为持节、监梁秦二州军事、征虏将军、梁秦二州刺史、略阳武都太守。"毛璩所治的梁、秦二州，都为侨州。由此可见，东晋国家设刺史治理二州，实际对实州和侨州是不加区分的。东晋国家设置刺史治理三州，也是如此。《晋书·刘乔附刘柳传》："（刘柳）出为徐、兖、江三州刺史。"刘柳所治的徐、江二州为实州，兖州则为侨州。《晋书·庾亮传》："（庾亮）都督江、荆、豫、益、梁、雍六州诸军事，领江、荆、豫三州刺史，进号征西将军、开府仪同三司、假节。"庾亮所治的江、荆二州为实州，

---

① 严耕望：《中国古代地方行政制度史（乙部）——魏晋南北朝地方行政制度（上）》，第112页。
② 徐文范：《东晋南北朝舆地表》，《二十五史补编（第五册）》，中华书局，1955年。
③ 胡阿祥：《东晋南朝侨州郡县与侨流人口研究》，江苏教育出版社，2008年，第161－273页。

魏晋南北朝将军制与都督制论稿

而豫州则为侨州。这些情况都说明,由于当时存在实州和侨州的设置,东晋国家出于管理的需要,也就使一些刺史治理的州不能只以一州为限。这正是东晋刺史设置的一个重要的特点。

东晋国家设置的刺史不仅有所治州多少的不同,而且他们在地位上也是存在差别的。造成这种情况的主要原因是,东晋国家设置的州所处地理位置以及经济发展状况的不同。清人吴廷燮说:

> 东晋疆域广狭无恒,扬、荆、徐、豫皆为重镇。扬本畿甸,谷、帛所出,领以宰辅。荆居上流,甲兵所萃,号曰分陕。徐曰北府,豫曰西藩。江、兖、雍、梁,亦称雄巨。益、宁、交、广,斯为边寄。冀、幽、青、并,名存而已。①

据吴廷燮所论,东晋国家所设州存在差别是很明显的,所以也就使刺史的地位不可能完全相同。

东晋国家除了授予州刺史行政权力之外,还使一些刺史具有统兵的权力。严耕望先生认为,晋、宋时期,刺史之任有不领兵者,称为单车刺史;有领兵者;有领兵且加都督者,凡三等级。② 这是正确的意见。由此来看,除了不领兵的单车刺史之外,东晋可以领兵的刺史是分为两个等级的,也就是领兵刺史和都督兼任领兵刺史。《晋书·卞壶传附卞敦传》:"(卞敦)拜太子左卫率。时石勒侵逼淮泗,帝备求良将可以式遏边境者,公卿举敦,除征虏将军、徐州刺史,镇泗口。"即为领兵刺史的设置。《晋书·庾亮传》:"(庾)亮乃求外镇自效,出为持节、都督豫州扬州之江西宣城诸军事、平西将军、假节、豫州刺史,领宣城内史。亮遂受命,镇芜湖。"则是都督兼任领兵刺史的设置。事实上,在东晋国家设置的刺史中,以领兵刺史或都督兼任领兵刺史为多。尤其是在东晋重要的扬、荆、徐、豫四州任刺史者,大多数都是领兵刺史,或者都督兼任领兵刺史。

---

① 吴廷燮:《东晋方镇年表》,《二十五史补编(第三册)》,中华书局,1955年。
② 严耕望:《中国古代地方行政制度史(乙部)——魏晋南北朝地方行政制度(上)》,第112页。

再看东晋将军的设置。东晋国家设置将军，也是承袭西晋的制度。只是东晋国家所设将军与西晋相比，更加虚化，已经成为不担任职事的一种名誉军号。因此可以说，东晋国家所设的将军主要表现为名誉军号的特征。尽管如此，东晋国家所设的将军却有明确的品级。在设置的将军中，最高品级为大将军。大将军为"八公"之一，官阶为一品。① 大将军以下，东晋国家设置的将军尚有：骠骑、车骑、卫将军、伏波、抚军、都护、镇军、中军、四征、四镇、龙骧、典军、上军、辅国等将军。② 这些将军品级的规定是明确的。《晋官品》：骠骑、车骑、卫将军为二品；诸征、镇、安、平、中军、镇军、抚军、前后左右、征虏、辅国、龙骧等将军为三品。③ 但是，如果为骠骑、车骑、卫将军以及伏波、抚军、都护、镇军、中军、四征、四镇、龙骧、典军、上军、辅国等大将军加"开府仪同三司"，则成为官阶为一品的"武官公"。④ 在东晋国家所设的将军中，又有重号将军和小号将军的区别。黄惠贤先生认为，两晋的重号将军以辅国将军为限。⑤ 也就是辅国将军以上，都是重号将军。《晋书·职官志》："三品将军秩中二千石者，著武冠，平上黑帻，五时朝服，佩水苍玉，食奉、春秋赐绵绢、菜田、田驺如光禄大夫诸卿制。置长史、司马各一人，秩千石；主簿，功曹，门下都督，录事，兵铠士贼曹，营军、刺奸吏、帐下都督，功曹书佐门吏，门下书吏各一人。"这说明，这些三品以上的重号将军可以开府、领取俸禄和设置僚佐。东晋的小号将军的品级要低于重号将军。大多数小号将军为四品以下的将军。《晋官品》载，东晋国家设置的四品将军有：宁朔、建威、振威、奋威、广威、建武、振武、扬武、广武等将军；设置的五品将军有：鹰扬、折冲、轻车、武牙、威远、宁远、虎威、材官、伏波、凌江等将军。⑥ 一些研究者认为小号将军除了可以领有俸禄之外，一般是不能够开府和设置僚佐的。可是，在特殊情况下，小号将军也是可以开府置僚的。清人钱大昕考证："'冠军'以

---

① 《通典》卷三七《职官十九》。
② 《晋书》卷二四《职官志》。
③ 《通典》卷三七《职官十九》。
④ 《晋书》卷二四《职官志》。
⑤ 黄惠贤：《中国政治制度通史（四卷）》，人民出版社，1996年，第371页。
⑥ 《通典》卷三七《职官十九》。

下,皆小号将军也。若出镇方州,则亦开府置官属,罢州则止。"①

东晋国家一般都把将军号作为加官来授予。宫崎市定认为,西晋以来,将军号作为加官,开始单纯用作荣誉称号。② 当然,东晋时期国家所授将军号的加官特征也就更加明显。东晋国家可以把将军号加授给中央职官。如咸和九年,司马岳"拜散骑常侍,加骠骑将军"③。也可以把将军号加授给地方职官。如太兴元年,东晋国家"加广州刺史陶侃平南将军"④。尽管东晋国家为中央和地方官员授予的将军号为加官,但是如果官员获得将军号,不仅能够象征身份地位,还可以领取俸禄。如果加授的是重号将军还可以开府设置僚佐。因此,东晋时期,官员获得加授的将军号并不只是与其本官无关的荣誉称号。

此外,东晋国家不仅为将军号规定了明确的品级,还将中郎将与不同品级的将军号编制在统一的序列中。关于中郎将的设置,《晋书·职官志》:"四中郎将,并后汉置,历魏及晋,并有其职,江左弥重。"东晋国家将中郎将与将军号置于同样的位置,授予一些官员。《晋书·桓彝传附桓石民传》:"(桓石民任)荆江豫三州之十郡军事、振武将军,领襄城太守,戍夏口……冲薨,诏以石民监荆州军事、西中郎将、荆州刺史。"《晋书·荀崧传附荀羡传》:"(荀羡)寻迁建威将军、吴国内史。除北中郎将、徐州刺史、监徐兖二州扬州之晋陵诸军事、假节。"显然东晋国家对外任官员授予中郎将与加授将军号的目的是相同的。

虽然东晋时期的刺史与将军号职事各不相同,但是东晋国家在任命刺史时,却多为他们加授将军号。也就是说,东晋国家在所设的刺史中,没有加授将军号的单车刺史是很少的。据清人吴廷燮考证:东晋国家先后在扬州设置州刺史 16 人,没有领有将军号的刺史只有 3 人;在荆州设置的州刺史共有 24 人,这些刺史全都领有将军号;在徐州设置的州刺史有 24 人,没有领有将军号的只有 2 人;在豫州设置的州刺史共有 27 人,没有领有将军号的

---

① 钱大昕:《钱大昕全集(二册)》,江苏古籍出版社,1977 年,第 554 页。
② 宫崎市定:《九品官人法研究》,韩昇译,中华书局,2008 年,第 186 页。
③ 《晋书》卷七《康帝纪》。
④ 《晋书》卷六《元帝纪》。

只有1人。① 至于在东晋国家所设的其他州，多数刺史也都领有将军号。

东晋国家为所任命的刺史加授将军号，具有多重的意义。当然，为刺史加授将军号，是要通过将军号的不同品级来体现其身份地位。然而对州刺史来说更重要的是，将军号是其领兵的标志。就是说，东晋国家使刺史或都督兼任刺史领兵，是必须加授将军号的。《晋书·孝武帝纪》："（宁康三年）以中军将军、扬州刺史桓冲为镇北将军、徐州刺史，镇丹徒。"桓冲出任徐州刺史加授镇北将军，正表明他是可以领兵的刺史。《晋书·何充传》："建元初，出为骠骑将军、都督徐州扬州之晋陵诸军事、假节，领徐州刺史，镇京口。"何充任都督徐州扬州之晋陵诸军事，并兼任徐州刺史加授骠骑将军，显然将军号也是都督兼任刺史能够领兵的体现。

实际上，东晋国家为刺史加授将军号作为其领兵标志的做法，在西晋就已经开始实行了。在晋武帝平吴前，一般刺史都是可以领兵的，所以他们都领有将军号。如司马泰"武帝受禅，封陇西王，邑三千二百户，拜游击将军。出为兖州刺史，加鹰扬将军"②。当然，当时也有为都督兼任刺史加将军号的。如王沉"寻迁尚书，出监豫州诸军事、奋武将军、豫州刺史"③。又如卫瓘"泰始初，转征东将军，进爵为公，都督青州诸军事、青州刺史"④。可是，晋武帝平吴之后，情况发生了变化。太康初年，晋武帝开始罢除州郡兵，使刺史不领兵，军民分治。⑤ 正如《南齐书·百官志》说："晋太康中，都督知军事，刺史治民，各用人。"由于西晋国家实行刺史不领兵的措施，因而与领兵相联系的将军号也随之取消。王隐《晋书》："太康三年，罢刺史将军官。刺史依汉制，三年一入奏事。"⑥ 晋武帝的这种做法实行的时间并不长久。《南齐书·百官志》："惠帝末，乃并任，非要州则单为刺史。"所谓"并任"，就是刺史既可以治民，也能够领兵。也就是说，西晋国家又恢复了刺史领兵的制度。正因为如此，西晋国家为领兵刺史又都加授了将军号。

---

① 吴廷燮：《东晋方镇年表》，《二十五史补编（第三册）》，中华书局，1955年。
② 《晋书》卷三七《宗室·高密文献王泰》。
③ 《晋书》卷三九《王沉传》。
④ 《晋书》卷三六《卫瓘传》。
⑤ 唐长孺：《魏晋南北朝史论拾遗》，中华书局，1983年，第145页。
⑥ 虞世南：《北堂书钞》卷七二引王隐《晋书》，中国书店，1989年。

魏晋南北朝将军制与都督制论稿

《晋书·王沉传附王浚传》："（王）浚承贾后旨，与黄门孙虑共害太子。迁宁北将军、青州刺史。"就是明证。因此，可以说东晋国家以加授将军号作为刺史可以领兵的标志的做法，实际正是晋惠帝以后做法的沿袭。

东晋国家以加授将军号作为刺史领兵的标志，主要表现在三个方面：一是东晋国家为刺史加授将军号，是要表明他们可以设置军府。严耕望先生考证，刺史之任惟单车者不置府，其余加将军者及加将军且加督者均置军府。① 这就是说，领兵刺史除了可以设置州府之外，还可以设置军府，军府也就是将军府。东晋国家一般使三品以上的重号将军可以设置军府，但是如果外任领兵刺史加任将军号，则将军号的品级也就不以三品为限。《晋书·祖逖传》："（元）帝乃以逖为奋威将军、豫州刺史，给千人廪，布三千匹，不给铠仗，使自招募。"祖逖任豫州刺史加授的奋威将军，为四品级。② 《晋书·王舒传》："太宁初，（王舒）徙廷尉。敦表舒为鹰扬将军、荆州刺史、领护南蛮校尉、监荆州沔南诸军事。"王舒任荆州刺史加授的鹰扬将军，则为五品级。③ 这些领兵刺史虽然是领有四品、五品的小号将军，但是还是可以设置将军府的。

二是东晋国家为刺史加授将军号，是要表明他们可以设置军府僚佐。实际上，东晋领兵刺史或都督兼任领兵刺史的僚佐是分为两个系统的，即州佐系统和府佐系统。东晋的州佐为刺史辟用的本州人，府佐则需中央任命。东晋时代府佐之职尚偏重军事，地方行政仍归州佐。④ 东晋国家为刺史加授将军号，正表明他们是能够设置府佐系统的僚佐。《晋书·职官志》："骠骑已下及诸大将军不开府非持节都督者，品秩第二，其禄与特进同。置长史、司马各一人，秩千石；主簿，功曹史，门下督，录事，兵铠士贼曹，营军、刺奸、帐下都督，功曹书佐门吏，门下书吏各一人。"又《职官志》："三品将军秩中二千石者，著武冠，平上黑帻，五时朝服，佩水苍玉，食奉、春秋赐

---

① 严耕望：《中国古代地方行政制度史（乙部）——魏晋南北朝地方行政制度（上）》，第118页。

② 《通典》卷三七《职官十九》。

③ 《通典》卷三七《职官十九》。

④ 严耕望：《中国古代地方行政制度史（乙部）——魏晋南北朝地方行政制度（上）》，第118页。

绵绢、菜田、田驺如光禄大夫诸卿制。置长史、司马各一人，秩千石；主簿，功曹，门下都督，录事，兵铠士贼曹，营军、刺奸吏、帐下都督，功曹书佐门吏，门下书吏各一人。"很显然，东晋的二品、三品重号将军所置府佐的情况是大体相同的。长史是可以代将军行军府事；司马能够为将军掌管军事事务。可见，当时二品、三品重号将军设置僚佐，是东晋国家的明确规定。然而，东晋国家在需要时，也可以使刺史所领的小号将军设置僚佐。《晋书·刘隗传》："（宋）挺又割盗官布六百余匹，正刑弃市，遇赦免。既而奋武将军阮抗请为长史。"《晋书·王舒传附王彬传》："（王彬）后与兄廙俱渡江，为扬州刺史刘机建武长史。"《晋书·陆晔传附陆纳传》："（陆纳）初辟镇军大将军、武陵王㻛，州举秀才。太原王述雅敬重之，引为建威长史。"这里提到的奋武、建武、建威将军都是小号将军，其品级为四品。① 东晋国家为这些小号将军设置的长史，正是他们的僚佐。《晋书·毛宝传附毛穆之传》："（庾）翼等专威陕西，以子方之为建武将军，守襄阳。方之年少，翼选武将可信杖者为辅弼，乃以穆之为建武司马。"《晋书·杨佺期传》："（杨佺期）归于洛阳，进号龙骧将军。以病，改为新野太守，领建威司马。"《宋书·刘怀肃传》："（刘怀肃）初为刘敬宣宁朔府司马，东征孙恩有战功，又为龙骧司马、费令。"在这些记载中提到的建武司马、建威司马、宁朔府司马，就是为建武将军、建威将军、宁朔将军设置的司马。建武将军、建威将军、宁朔将军也都是小号将军，其品级都为四品。② 这些情况说明，尽管东晋国家为一些刺史所加的将军号是小号将军，但是并不影响他们军府僚佐的设置。当然，在设置僚佐的人数上，自然与重号将军有一些差别。

三是东晋为刺史加授将军号，便能够以将军府的名义统领军队。《晋书·刘毅传》："（刘）毅上表曰：……犹置军府文武将佐。"在将军府的将佐中，不仅有统军的将领，当然还有作战的士兵。而且，一些将军府所统士兵人数众多。《宋书·庾悦传》："（庾悦）为督江州豫州之西阳新蔡汝南颍川司州之松滋六郡诸军事、建威将军、江州刺史。……于是解悦都督、将军官，以刺史移镇豫章。毅以亲将赵恢领千兵守寻阳，建威府文武三千悉入毅府。"

---

① 《通典》卷三七《职官十九》。
② 《通典》卷三七《职官十九》。

这说明，将军府管理的军队，一般是不会低于千人的。甚至一些刺史如果任职时间较长，则将军府的军队可以追随他们而调往新任职的地方。如桓伊"迁都督江州荆州十郡豫州四郡军事、江州刺史，将军如故，假节。……在任累年，征拜护军将军，以右军府千人自随，配护军府"①。很显然，东晋国家为刺史加授将军号之后，将军府的军队与刺史的联系是很密切的。

总之，东晋国家将设置的刺史分为单车刺史、领兵刺史和都督兼任领兵刺史三等级。东晋国家在实州和侨州都可以设置刺史。但在所设刺史中，多数为领兵刺史和都督兼任领兵刺史。虽然东晋国家所设将军已经荣誉化，但是，东晋国家所设的将军依然有品级的区分，并且还把将军分为重号将军和小号将军。东晋国家可以为刺史授予不同品级的重号和小号将军号。东晋州刺史所领的这些将军号，实际都为加官。东晋国家为刺史加授将军号之后，军号就成为其领兵的标志，因而能够在州府之外，再设置将军府和将军府的僚佐，并且可以通过将军府统领军队。因此可以说，刺史领兵或都督兼任刺史领兵都与加授将军号具有密不可分的关系。

二、国家加授刺史将军号的方式

东晋国家为刺史加授将军号，主要是为了作为他们可以领兵的标志，并体现他们的身份地位。然而，由于东晋担任刺史者的具体情况不同，因而为刺史加授将军号的具体做法也不尽相同，实际采取了多种方式。

（一）以为无将军号者加授军号的方式出任刺史

东晋时期，国家选任的刺史一些来自中央职官，另一些则是由郡太守晋升的。并且，一些州的刺史也可以转任其他州为刺史。尽管东晋国家选任的刺史的来源不同，但是在他们任职之前，却存在着有将军号和无将军号的区别。《晋书·庾亮传附庾翼传》："（庾翼）除振威将军、鄱阳太守。转建威将军、西阳太守。抚和百姓，甚得欢心。迁南蛮校尉，领南郡太守，加辅国将军、假节。……及亮卒，授都督江荆司雍梁益六州诸军事、安西将军、荆州刺史、假节，代亮镇武昌。"显然庾翼被任命为荆州刺史前，就先后领有振

---

① 《晋书》卷八一《桓宣传附桓伊传》。

威将军、建威将军、辅国将军号。《晋书·阮籍传附阮孚传》:"咸和初,(阮孚)拜丹杨尹。……会广州刺史刘颙卒,遂苦求出。王导等以孚疏放,非京尹才,乃除都督交广宁三州军事、镇南将军、领平越中郎将、广州刺史、假节。"可见,阮孚出任广州刺史前,就没有被加授将军号。对这些没有将军号的官员,东晋国家要任命他们为可以领兵的刺史,也就需要加授他们将军号。

东晋国家选任无将军号的职官担任领兵刺史,一般是将刺史的任职与将军号的加授同时进行的。《晋书·祖约传》:"(祖约)自侍中代逖为平西将军、豫州刺史,领逖之众。"《晋书·穆帝纪》:"(永和二年),以前司徒左长史殷浩为建武将军、扬州刺史。"这就是说,祖约和殷浩在任刺史前,都是无将军号者,但在任刺史的同时,也就加授了将军号。《晋书·殷仲堪传》:"(殷仲堪)复领黄门郎,宠任转隆。……帝以会稽王非社稷之臣,擢所亲幸以为藩捍,乃授仲堪都督荆益宁三州军事、振威将军、荆州刺史、假节,镇江陵。"可见殷仲堪任刺史前也无将军号,但在被任命为刺史时,不仅被授予都督诸军事职,还一并加授了将军号。这些事例说明,东晋国家可以选任无将军号的官员外任刺史或都督兼任刺史,但同时也为他们加授将军号,以此表明他们是领兵刺史或都督兼任领兵刺史。由此可见,东晋国家选任领兵刺史或都督兼任领兵刺史,并不受选任前是否有将军号的限制。并且,因为东晋国家使这些官员出任刺史与加授将军号是同时进行的,所以在任命这些刺史时,实际也就授予他们领兵的权力。

(二) 以保留原将军号的方式出任州刺史

这是东晋国家为所任命的刺史加授将军号的重要方式。所谓保留原将军号,就是官员在出任刺史前就有将军号,但在出任刺史后,他们原来所领的将军号并不改变。《晋书·周访传附周抚传》:"(周抚)寻迁振威将军、豫章太守,后代毌丘奥监巴东诸军事、益州刺史、假节,将军如故。"《晋书·甘卓传》:"元帝初渡江,授卓前锋都督、扬威将军、历阳内史。其后讨周馥,征杜弢,屡经苦战,多所擒获。以前后功,进爵南乡侯,拜豫章太守。寻迁湘州刺史,将军如故。"显然周抚、甘卓在任郡太守、内史时分别领有振威、扬威将军,可是在他们晋升为刺史后,仍然保留了原来的将军号。不仅如此,由郡太守、内史晋升为都督兼任刺史的,也有继续保留原领将军号的事例。如桓豁"督沔中七郡军事、建威将军、新野义成二郡太守,击慕容屈尘，破之，进号右将军。温既内镇，以豁监荆扬雍州军事、领护南蛮校尉、荆州刺史、假节，将军如故"①。又如诸葛长民"以功拜辅国将军、宣城内史。……转督豫州扬州之六郡诸军事、豫州刺史，领淮南太守"②。东晋的领兵刺史和都督兼任领兵州刺史的品级不同，后者高于前者，是有明确等级区分的。可是，他们被晋升为领兵刺史或都督兼任领兵刺史后，东晋却可以使他们继续保留原来所领的将军号。由此可以看出，由郡太守或内史晋升为领兵刺史和都督兼任领兵刺史后，尽管二者的品级有高低差别，但这种品级差别对保留原来所领的将军号，并没有太明显的影响。

当然，还有一些刺史原来领有将军号，但东晋国家将他们转任至其他州任刺史后，原来的将军号依然保留。如刘毅"为冠军将军、青州刺史，与何无忌、刘道规蹑玄。……以毅为使持节、兖州刺史，将军如故"③。都督兼任刺史的转任也有这种情况。如桓冲"改授都督徐兖豫青扬五州之六郡军事、车骑将军、徐州刺史。……俄而豁卒，迁都督江荆梁益宁交广七州扬州之义成雍州之京兆司州之河东军事、领护南蛮校尉、荆州刺史、持节，将军、侍中如故"④。由此可见，东晋国家在使一些刺史或都督兼刺史转任其他州任职，也会实行保留原来所领将军号的做法。

（三）以提升、改变和贬降原将军号的方式出任州刺史

这就是说，东晋国家使一些原来领有将军号的官员在出任刺史时，要改变他们所领的将军号。当时国家改变将军号的做法有三种：一是提高原来所领将军号的品级。《晋书·谢安传附谢琰传》："太元末，（谢琰）为护军将军，加右将军。会稽王道子以为司马，右将军如故。王恭举兵，假琰节，都督前锋军事。恭平，迁卫将军、徐州刺史、假节。"可见，谢琰出任徐州刺史时，他所领的将军号为卫将军，为二品级。⑤而他原来的将军号则为右将军，只为三品级。⑥很明显，东晋国家能够以提高原来将军号的品级，使官

---

① 《晋书》卷七四《桓彝传附桓豁传》。
② 《晋书》卷八五《诸葛长民传》。
③ 《晋书》卷八五《刘毅传》。
④ 《晋书》卷七四《桓彝传附桓冲传》。
⑤ 《通典》卷三七《职官十九》。
⑥ 《通典》卷三七《职官十九》。

员外任州刺史。东晋国家使一些刺史转任其他州时,也有提高他们将军号品级的事例。《晋书·郗鉴传附郗恢传》:"(郗恢)为梁秦雍司荆扬并等州诸军事、建威将军、雍州刺史、假节,镇襄阳。恢甚得关陇之和,降附者动有千计。……(郗)恢以功进征虏将军,又领秦州刺史,加督陇上军。"郗恢原来所领的建威将军为四品级,转任秦州刺史后,加授的将军号则为三品级。① 很显然,尽管刺史的任职没有变化,可是所领将军号的品级却提升了。

二是任命的刺史只保留原将军号的品级,却改变原将军号的职称。也就是说,东晋国家使一些官员出任刺史,在保留原将军号品级基础上,要将原将军号的职称改变。《晋书·卞壶传附卞敦传》:"(卞敦)为镇南将军、假节。事平,更拜尚书,以功封益阳侯。徙光禄勋,出为都督安南将军、湘州刺史、假节。"卞敦原来所领的镇南将军和出任刺史所领的安南将军都为三品,② 显然卞敦出任刺史后,所领将军号只有职称的变化。《晋书·桓彝传附桓石民传》:"(桓石民任)荆江豫三州之十郡军事、振武将军,领襄城太守,戍夏口。……复领谯国内史、梁郡太守。冲薨,诏以石民监荆州军事、西中郎将、荆州刺史。"东晋的振武将军和西中郎将都为四品。③ 就是说,桓石民由梁郡太守晋升荆州刺史,军号的品级没有改变,但将军号的职称却改变了,只是东晋中郎将的地位要重于同品级的将军。

不过需要指出的是,当时出现更多的情况是,刺史转任他州时保留原将军号的品级而改变原来将军号的职称的做法。《晋书·庾亮传》:"(庾亮)出为持节、都督豫州扬州之江西宣城诸军事、平西将军、假节、豫州刺史,领宣城内史。……陶侃薨,迁亮都督江、荆、豫、益、梁、雍六州诸军事,领江、荆、豫三州刺史,进号征西将军、开府仪同三司、假节。亮固让开府,乃迁镇武昌。"《晋书·谢尚传》:"(谢尚)出为建武将军、历阳太守,转督江夏义阳随三郡军事、江夏相,将军如故……会庾冰薨,复以本号督豫州四郡,领江州刺史。俄而复转西中郎将、督扬州之六郡诸军事、豫州刺史、假节,镇历阳。"庾亮原领的平西将军为三品级,谢尚所领的建武将军为四品

---

① 《通典》卷三七《职官十九》。
② 《通典》卷三七《职官十九》。
③ 《通典》卷三七《职官十九》。

级。他们转任其他州的刺史后，庾亮所领征西将军仍然为三品级，谢尚所领西中郎将则仍为四品级。① 可见这些刺史所领将军号的职称变化了，但将军号的品级都没有变化，与转任前是完全相同的。

三是任刺史后，原来所领将军号的品级降低。东晋国家在任命州刺史后，并不是只对原来所领将军号的品级进行提升，或者保持原来所领将军号的品级。《晋书·陶侃传》："（陶侃）迁龙骧将军、武昌太守……即表拜侃为使持节、宁远将军、南蛮校尉、荆州刺史，领西阳、江夏、武昌，镇于沌口。"《晋官品》载龙骧将军为三品，宁远将军则为五品。② 又《晋书·庾亮传附庾冰传》："（庾希）迁侍中，出为辅国将军、吴国内史。希既后之戚属，冰女又为海西公妃，故希兄弟并显贵。太和中，希为北中郎将、徐兖二州刺史。"《晋官品》载辅国将军为三品，北中郎将则为四品。③ 这些情况说明，东晋国家任命刺史后，也可以降低他们原来所领将军号的品级。

综上可见，东晋国家任命刺史时为他们所加将军号的方式表现出多样性。但从这些加授将军号的方式中可以看出，东晋任命刺史的品级与加授将军号的品级没有明显的联系。也就是说，东晋国家将郡太守、内史晋升为刺史或都督兼任刺史，原来所领的将军号的品级可以提升，也可以保留原将军号的品级，甚至降低原将军号的品级；在东晋国家迁转刺史或都督兼任刺史时，可以提升和保持这些刺史原来所领将军号的品级，而且也可以使原将军号的品级降低。这些情况说明，东晋国家使刺史所领将军号的品级，只是在作为加官的将军号的品级序列中变动，与刺史的本官品级序列，显然是明显分开的。

三、国家加授刺史将军号的品级及所领将军号品级的改变

如前所述，东晋国家为刺史加授将军号是要作为他们领兵以及身份地位的标志，因而加授将军号的品级对刺史的地位与权力是有重要影响的。可

---

① 《通典》卷三七《职官十九》。
② 《通典》卷三七《职官十九》。
③ 《通典》卷三七《职官十九》。

是，刺史所领将军号是一种加官，并且将军号本身有明确的品级以及重号和小号的区分，授予刺史将军号的品级要受到多方面因素的影响，因而，也就使刺史所领将军号具有不同的品级区分。下表统计《晋书》的记载，分为刺史和都督兼任刺史两种情况，说明所领将军号的品级和人数情况：

表 1　东晋国家为领兵刺史加授将军号表

将军品级	将军号	加授将军号的刺史	人数小计	人数总计
二品	骠骑将军	司马道子	1	2
	卫将军	谢琰	1	
三品	安南将军	卞敦、孔愉	2	19
	安西将军	袁宏	1	
	平北将军	桓宣、桓温	2	
	平南将军	王廙	1	
	前将军	桓石生、王彬	2	
	左将军	王蕴	1	
	征虏将军	郗愔、卞敦、王述、桓温	4	
	龙骧将军	郗鉴、桓脩、毛璩、吴隐之	4	
	辅国将军	庾亮、庾翼	2	
四品	冠军将军	赵诱、谢玄、刘毅、庾翼	4	15
	建威将军	庾翼、蔡豹、刘敬宣	3	
	振威将军	桓冲	1	
	奋威将军	祖逖	1	
	扬威将军	甘卓、周颛	2	
	建武将军	周琼、魏咏之、褚裒	3	
	振武将军	丁穆	1	
四品	南中郎将	王允之	1	9
	北中郎将	刁彝、庾冰、刘遐	3	
	西中郎将	郭默、刁逵、庾亮、王翼、庾楷	5	
五品	宁远将军	陶侃、王翼、周颛、桓石秀、王羲之	5	5

表 2　东晋国家为都督兼任领兵刺史加授的将军号表

将军品级	将军号	加授将军号的都督兼任刺史	人数小计	人数总计
二品	骠骑将军	何充	1	9
	车骑将军	庾冰、桓冲、郗鉴	3	
	卫将军	王述、刘毅、褚裒、王敦	4	
	镇南大将军	甘卓	1	
三品	征北将军	蔡谟	1	30
	镇西将军	桓镇	1	
	安南将军	甘卓、卞敦	2	
	安北将军	范汪	1	
	安西将军	桓温、郗鉴、庾翼、谢琰	4	
	平南将军	温峤、应詹、刘胤	3	
	平北将军	朱序	1	
	平西将军	庾亮、郗鉴	2	
	前将军	谢尚	1	
	后将军	司马元显、桓玄	2	
	左将军	褚裒、王蕴	2	
	右将军	王导、何无忌、桓豁、毛穆之、桓修	5	
	征虏将军	毛宝、毛璩	2	
	辅国将军	诸葛长民、郗愔、王恺	3	
四品	冠军将军	刘毅、桓石虔、毛璩	3	13
	建威将军	桓嗣、桓玄、郗恢	3	
	振威将军	周抚、殷仲堪	2	
	扬威将军	毛穆之、阮放	2	
	建武将军	谢尚、王忱	2	
	振武将军	周仲孙	1	
四品	南中郎将	桓豁	1	8
	北中郎将	荀羡、郗昙、王坦之	3	
	西中郎将	桓谦、桓石民、谢尚、桓伊	4	
五品	鹰扬将军	王舒	1	1

从统计的情况来看，东晋国家为领兵刺史和都督加领兵刺史所加将军号最多的为三品将军。也就是为领兵刺史加授三品将军号的共有 19 人，为都督兼领兵刺史加授三品将军号的共 30 人，合计 49 人。并且，这些三品将军都是重号将军。为领兵刺史和都督兼任领兵刺史所加最高将军号为二品将军，但都督兼任领兵刺史所领二品将军为 9 人，领兵刺史则为 2 人，前者明显多于后者。在重号将军之外，为领兵刺史加授的四品小号将军共 15 人，为都督兼任领兵刺史加授的小号将军共 13 人，共计 28 人。此外，为领兵刺史加授的四品中郎将共 9 人，为都督兼任领兵刺史加授的四品中郎将共 8 人，合计 17 人。为领兵刺史和都督兼任领兵刺史加授的最低品级的将军号为五品。其中为领兵刺史加授的五品将军共 5 人，为都督兼任领兵刺史加授的五品将军共 1 人，合计 6 人。

由为领兵刺史和都督兼领兵刺史的这种加授将军号的情况可以看出：其一，东晋国家为领兵刺史和都督兼任领兵刺史加授将军号考虑到了设置军府和僚佐的情况。因为按东晋国家的规定，只有三品以上的重号将军才可以开府置佐。尽管小号将军外任刺史或都督兼任刺史也可以开府置佐，但这只是特殊的规定。正因为如此，东晋国家为领兵刺史和都督兼任领兵刺史加授的三品以上的重号将军是最多的。其原因就在于为了更好地保证设置军府和僚佐的需要。其二，东晋国家为领兵刺史和都督兼任领兵刺史加授将军号注意到了以将军号表明领兵刺史和都督兼任领兵刺史身份地位的不同。出于这种目的，东晋国家可以为他们加授二品至五品不同品级的将军号来表明其身份地位的差别。并且，还为他们加授中郎将，因为中郎将的地位"江左弥重"[①]。其三，东晋国家为领兵刺史和都督兼任领兵刺史加授将军号也顾及了刺史本身的品级。虽然刺史所领将军号为加官，也就是加授的将军号的品级与刺史分属两个等次序列。可是，东晋国家还是注意到作为本官的刺史的品级。都督兼任领兵刺史，也即是"诸持节都督"的品级为二品。[②] 而"州刺史领兵者"为四品。[③] 由于都督兼任领兵刺史和领兵刺史的品级差别，所以

---

① 《通典》卷三七《职官十九》。
② 《通典》卷三七《职官十九》。
③ 《通典》卷三七《职官十九》。

东晋国家为领兵刺史加授二品将军号是受限制的，因而也就使领兵刺史所领二品将军号的人数明显少于都督兼任领兵刺史。而且，为都督兼任领兵刺史和领兵刺史加授五品小号将军也是有限制的，因而这两个等级刺史所领五品将军号只有6人，而都督兼任领兵刺史所领五品将军才有1人。这种情况说明，东晋国家是很少加授品级低于领兵刺史的将军号的。因此，可以说东晋国家为刺史加授将军号是受到多重因素的影响。也就是说，这些因素包括通过加授将军号作为刺史可以领兵的标志、为了以将军号体现其身份地位以及作为本官的刺史品级。实际上，这些因素都能够对刺史所领将军号品级高低产生重要的影响。

当然，还需要指出的是，东晋国家为领兵刺史和都督兼任领兵刺史所加将军号并不是固定不变的。在东晋国家为刺史加授将军号之后，还可以改变原来所领的将军号。《晋书·周访传附周抚传》："（周抚）寻迁振威将军、豫章太守，后代毌丘奥监巴东诸军事、益州刺史、假节，将军如故。寻进征虏将军，加督宁州诸军事。……升平中，进镇西将军。"显然周抚是以所领振威将军号晋升为益州刺史的。担任益州刺史后，将军号进为征虏将军，后又进为镇军将军。振威将军为四品，征虏将军为三品，镇西将军也为三品。① 这就是说，周抚由所领振威将军进为征虏将军是军号的品级的提升，而他所领征虏将军号进为镇西将军，则是将军号的品级不变，只是位次的变化。因为东晋国家对同一品级的将军号的位次规定是明确的。《晋官品》规定："诸征、镇、安、平、中军、镇军、抚军、前后左右、征虏、辅国、龙骧等将军"，就是三品将军的位次。② 可见镇西将军的位次要在征虏将军之前。周抚任益州刺史所领将军号的变化，正反映了东晋刺史所领将军号改变的两种情况。也就是说，在刺史任上，所领将军号可以有品级的变化，也能够有位次的改变。《晋书·庾楷传》："（庾楷）初拜侍中，代兄准为西中郎将、豫州刺史、假节，镇历阳。隆安初，进号左将军。"这里提到的"进号"为庾楷所领将军号品级的提升。因为东晋的西中郎将为四品，左将军则为三品。③《晋

---

① 《通典》卷三七《职官十九》。
② 《通典》卷三七《职官十九》。
③ 《通典》卷三七《职官十九》。

书·良吏·吴隐之传》载晋安帝诏："龙骧将军、广州刺史吴隐之，孝友过人，禄均九族。……可进号前将军，赐钱五十万、谷千斛。"晋安帝诏令所说"进号"，实际是使广州刺史吴隐之所领将军号的进位。因为《晋官品》中规定：龙骧将军和前将军品级相同，都为三品。① 只是前将军的位次在龙骧将军之前。由此可见，东晋国家使刺史所领将军号品级的提升和位次的提前，都可以称为"进号"。东晋国家在刺史任职期间使其所领将军号"进号"，自然是要通过军号的改变加重他们的身份地位。

东晋国家能够在刺史任职期间使他们所领将军号的品级提升和位次提前，也可以贬降他们所领将军号的品级。《晋书·卞壶传附卞敦传》："（卞敦）除征虏将军、徐州刺史，镇泗口。及勒寇彭城，敦自度力不能支，与征北将军王邃退保盱眙，贼势遂张，淮北诸郡多为所陷，竟以畏愞贬秩三等，为鹰扬将军。"东晋征虏将军为三品，鹰扬将军则为五品。② 又《晋书·郗鉴传附郗昙传》："（郗昙）仍除北中郎将、都督徐兖青幽扬州之晋陵诸军事、领徐兖二州刺史、假节，镇下邳。后与贼帅傅末波等战失利，降号建威将军。"东晋的北中郎将、建威将军都为四品。③ 由此可见，卞敦贬秩是将军号的品级的降低；郗昙降号则是将军号位次的贬降。尽管实行的做法不同，可是都表明州刺史所领将军号的降低，因而，这也就可以成为使刺史名誉受损的一种体现。很显然，东晋国家贬降刺史所领将军号的品级以及所领将军号的位次，正是要表明对有过失的领兵刺史或都督兼任领兵刺史的惩戒。

（原载《南京晓庄学院学报》2014年第1期）

---

① 《通典》卷三七《职官十九》。
② 《通典》卷三七《职官十九》。
③ 《通典》卷三七《职官十九》。

北魏前期封授诸王爵位加拜将军号制度试探

北魏孝文帝于太和十六年（492年）实行爵位改革。在爵位改革前后，北魏国家实行的爵位制度具有比较明显的不同之处。太和十六年前实行的是虚封爵制，这正是北魏前期的爵制的主要特点。并且当时国家封授爵时，还要为受爵者加拜将军号。在北魏前期实行的爵位中，王爵是最高等级的爵位，当然与其他等级的爵位一样，也要加拜将军号。不过，由于王爵是最高等级的爵位，并且被封授爵位的诸王都是具有很高地位的上层贵族，因此当时国家为诸王封授爵位加拜将军号也就具有不同于其他等级爵位的一些做法。所以，本文拟对北魏前期封授诸王爵位加拜将军号制度的相关问题做一些探讨，以就正于方家。

一、封授诸王爵位加拜将军号制度的确立与实行

北魏前期，国家统治者实行了封授诸王爵位加拜将军号的制度。这一制度的实行涉及北魏前期国家的爵位和将军号制度。所以，考察北魏前期这一制度的确立和实行情况，首先需要对当时国家实行的爵位和将军号制度做一些阐释。

北魏的爵位制度在道武帝建国后就开始实行。登国元年（386年），道武帝便"班爵叙勋，各有差"①。天兴元年（398年），道武帝又将爵制重新做了规定。《魏书·道武帝纪》："十有一月辛亥，诏尚书吏部郎中邓渊典官制，

---

① 《魏书》卷二《道武帝纪》。

立爵品。"显然道武帝任用邓渊同时制定了国家的官制与爵制。既然在文献中将"官制"和"爵品"并提,说明官制与爵制是分属两个等级系统,并且爵位的等级也是以品级来规定的。至天赐元年(404年),道武帝又将爵位等级做了调整,"减五等之爵,始分为四,曰王、公、侯、子,除伯、男二号。……王封大郡,公封小郡,侯封大县,子封小县。王第一品,公第二品,侯第三品,子第四品"①。道武帝实行的这种爵位制,正如吕思勉先生所说,当时五等之爵,多为虚封。② 对最高等级的王爵来说,也是如此。所以,北魏前期,国家封授王爵,只是使受封者获得身份地位的象征,与具有实封地的分封制不完全相同。尽管如此,道武帝对王爵的封授还是加以限制的。他明确规定"皇子及异姓元功上勋者封王"③。因而,也就限制了拥有王爵的人数。《魏书·官氏志》称:"于是封王者十人,公者二十二人,侯者七十九人,子者一百三人。"可见受封王爵者要比获得其他等级爵位的人数少得多。因此,可以说北魏前期的诸王实际是具有特殊身份地位的上层贵族,而诸王的爵位正是他们这种特殊身份和地位的标志。

在道武帝确立爵位制度的同时,还设置了职官制度,也就是一种官僚制度。在北魏初年的国家统治体制中,官僚制度占有非常重要的位置。这种官僚制度之所以重要,是因为道武帝所建的北魏政权只是一种早期的国家形态,并且道武帝还要以人数很少的鲜卑人统治人数众多的汉族人,因而最希望实行的就是官僚制,④ 而不可能选择分封制和世家大族制。正因为如此,北魏初年道武帝就很注意对官僚机构的设置。他设置的官僚机构表现出比较明显的时代特点。也就是说,在北魏前期的职官体制中,一些是拓跋鲜卑族的职官,另一些则是仿照晋制设置的职官,因此这是一种"胡汉杂糅"的官僚制度。在这种官僚制度中,将军号则是一种重要的职官设置。皇始元年(396年),道武帝"初建台省,置百官,封拜公侯、将军、刺史、太守"⑤。说明他在设置职官之初,就规定了不同品级的将军号。窪添庆文教授认为北魏初年的将

---

① 《魏书》卷一一三《官氏志》。
② 吕思勉:《两晋南北朝史》,上海古籍出版社,2005年,第1097页。
③ 《魏书》卷一一三《官氏志》。
④ 宫崎市定:《九品官人法研究》,韩昇译,中华书局,2008年,第233页。
⑤ 《魏书》卷二《道武帝纪》。

魏晋南北朝将军制与都督制论稿

军号是承袭自晋制。① 在晋制中，将军号已经只是一种戎秩，成为虚衔。② 尽管拥有将军号者没有实际的权力，可是将军号却可以体现他们在国家官僚体系中的地位。自魏晋以来，随着世家大族制的形成和发展，不同社会阶层的地位是与先辈的职官联系在一起的，所以将军号对于表现拥有军号者自身及其家族的地位具有重要的意义。当然，道武帝设置的将军号也是如此。

北魏初年，国家确立的爵位制度与官僚制度并不是孤立存在的。尽管从北魏初年爵位制与官僚制表现形式上来看，二者各有品级系统，并不是合二为一的，可是由于北魏国家选择官僚制作为统治的主导方式，而且自魏晋以来官本位体制已经形成，并在社会中产生重要的影响，所以就需要当时国家使爵位制度服务于官僚制度，并要与官僚制度结合起来。由于在北魏职官制度中的将军号是可以象征地位的虚衔，因而就很容易与爵位制结合在一起，进而起到可以表现有爵者在官僚体系中地位的作用。固然，北魏国家选择官僚制作为主导的统治方式，是实现爵位与将军号结合的基础，但是，当时国家使爵位与将军号的结合并不是自然实现的，实际是北魏初年的战争形势促进了这种结合的完成。

事实上，北魏初年，道武帝为了拓展疆土不断发动战争。这就使当时国家封授的有爵者，大部分都要参与军事活动，因而出于统军作战的需要，一般要授予这些将领将军号。当然对诸王来说，他们大多数都是军队的重要统帅，也就更需要授予他们将军号了。例如，皇始二年（397年），"以东平公元仪为骠骑大将军、都督中外诸军事、兖豫雍荆徐扬六州牧、左丞相，封卫王"③。在这一时期，由国家授予将军号的诸王不只有卫王拓跋仪一人。诸如，道武帝为常山王拓跋遵加拜大将军号④、为高凉王拓跋乐真加拜镇北将军号⑤、为毗陵王拓跋顺加拜镇西大将军号。⑥ 正是在这种情况下，北魏国家使参与军事活动

---

① 窪添庆文：《北魏初期の将军号》，《北魏官僚制度研究》，汲古书院，2003年，第113页。
② 宫崎市定：《九品官人法研究》，韩昇译，中华书局，2008年，第210页。
③ 《魏书》卷二《道武帝纪》。
④ 《魏书》卷二《道武帝纪》。
⑤ 《魏书》卷二《道武帝纪》。
⑥ 《魏书》卷二《道武帝纪》。

的诸王开始领有将军号。

然而,道武帝并没有将授予诸王将军号限制在军事行动范围内,而是以军事活动为基础,进一步将其与封授王爵活动结合起来。《魏书·道武帝纪》:"(天兴六年)(403年)冬十月,起西昭阳殿。乙卯,立皇子嗣为齐王,加车骑大将军,位相国;绍为清河王,加征南大将军;熙为阳平王;曜为河南王。封故秦愍王子觚为豫章王,陈留王子右将军悦为朱提王。"在道武帝封授的六王中,四人为皇子王,二人为宗室王。在四位皇子王中,只授予齐王拓跋嗣、清河王拓跋绍将军号,而对阳平王拓跋熙、河南王拓跋曜则没有授予将军号。宗室朱提王拓跋悦在封授王爵前,已经领有将军号,并不是封授王爵的结果。宗室豫章王拓跋觚,也没有授予将军号。尽管道武帝这一次封授皇子王与宗室王时,是有选择地为受封诸王加拜将军号,但是,为诸王加拜将军号已经与军事行动没有关系,而成为与封授王爵相联系的活动。这种活动的特点就是,在封授皇子王爵时,为获得王爵者加拜将军号。由于齐王拓跋嗣、清河王拓跋绍是第一次领有将军号,所以他们领有的将军号就是他们的起家官。自然他们与没有加拜将军号的诸王的地位也就有了比较明显的差别。不过,道武帝并没有将这一做法在封授王爵的活动中推广。《魏书·道武帝纪》:"(天赐)四年(407年)春二月,封皇子修为河间王,处文为长乐王,连为广平王,黎为京兆王。"显然,道武帝所封的四位皇子王,都没有被授予将军号。由此可见,虽然道武帝已经使诸王可以领有将军号,并且在为皇子封授王爵时,也实行了授予将军号的做法,可是,他并没有将这一做法作为固定的措施加以实行。因此,可以说道武帝只是为实行封授诸王加拜将军号做法开了端绪,但并没有使这种做法制度化。

北魏国家封授诸王爵位加拜将军号的做法开始固定化,实际是从明元帝时开始的。《魏书·明元帝纪》:

> (泰常七年)(422年)夏四月甲戌,封皇子焘为泰平王,……拜相国,加大将军;丕为乐平王,加车骑大将军;弥为安定王,加卫大将军;范为乐安王,加中军大将军;健为永昌王,加抚军大将军;崇为建宁王,加辅国大将军;俊为新兴王,加镇军大将军;献怀长公主子嵇敬,封长乐王,拜大司马、大将军。

魏晋南北朝将军制与都督制论稿

从明元帝封授的八位诸王的身份来看，拓跋焘为皇太子，嵇敬为皇亲，其余则为普通皇子。尽管他们的身份有差别，可是国家在封授他们王爵时，都为他们加拜了将军号。这就是说，明元帝在封授这些皇子和皇亲王爵时，就以将军号作为他们的起家官。明元帝采取的这种措施，是对道武帝为诸王加拜将军号的做法的继承和发展。明元帝不仅使这种做法进一步完善，并且使诸王都可以领有将军号，因而封授王爵与加拜将军号两种活动就成为固定的结合。当时国家使封授爵位与加拜将军号密切结合，并成为一种固定的制度，当然不只限于封授王爵的活动中，实际在封赐其他等级爵位时，也同样如此。《魏书·官氏志》："旧制，诸以勋赐官爵者子孙世袭军号。"这里所说有爵者的子孙可以世袭军号，应该是以有爵者都有将军号为基础的。因此北魏前期，国家使全部有爵者领有将军号制度确定下来，也应该开始于明元帝时。

自明元帝确定封授诸王爵位加拜将军号制度后，当时国家不仅要使皇子王、宗室王领有将军号，并且也要使其他身份的诸王领有将军号。《魏书·楼伏连传》："世祖征蠕蠕，伏连留镇京师，进爵为王，加平南大将军。"《魏书·陆俟传》："高宗践阼，以子丽有策立之勋，拜俟征西大将军，进爵东平王。"楼伏连、陆丽都是鲜卑勋臣，他们晋封王爵后，北魏国家便使他们领有将军号。《魏书·恩幸·王睿传》："（太和）四年（480年），迁尚书令，封爵中山王，加镇东大将军。"《魏书·阉官·张祐传》："太后嘉其忠诚，……拜散骑常侍、镇南将军、尚书左仆射，进爵新平王。"文明太后掌政时，王睿为幸臣，张祐则为宦官，在封授他们王爵后，也都为他们加授了将军号。除此之外，北魏国家封授南朝降臣王爵后，也要使他们领有将军号。例如投降北魏的刘昶"尚武邑公主，拜侍中、征南将军、驸马都尉，封丹阳王"[①]。由此可见，北魏前期，国家除了使皇子、宗室王能够领有将军号，也可以使异姓王，诸如鲜卑勋臣、外戚、皇帝幸臣、宦官和南朝降臣都领有将军号。这说明，北魏前期，国家封授诸王爵位加拜将军号是不区分同姓王与异姓王的。自北魏前期国家确立封授诸王爵位加拜将军号的制度后，直到太和十六年（492年），孝文帝爵位改革，"制诸远属非太祖子孙及异姓为王，皆降为公，

---

① 《魏书》卷五九《刘昶传》。

公为侯，侯为伯，子男仍旧，皆除将军之号"①，使授予爵位与将军号分离，自然封授诸王加拜将军号的制度也就同时取消了。

尽管明元帝开始确定封授诸王加拜将军号制度，可是在具体实行的过程中，并不是整齐划一的。清人万斯同在《魏诸王世表》《魏异姓诸王世表》《魏外戚诸王世表》②中统计，在太和十六年孝文帝爵位改革之前，北魏国家分封的皇子王、宗室王和异姓王共有95人。据《魏书》载，在这些人中，北魏国家为他们加拜将军号的有74人，没有加拜将军号的有21人，其中宗室诸王有7人，皇子、皇弟、皇叔诸王有13人，异姓诸王有8人。其中包括在明元帝正式确定封授诸王加拜将军号制度之前，道武帝没有加拜将军号的皇子王有5人，即阳平王拓跋熙、河南王拓跋曜、河间王拓跋修、长乐王拓跋处文、广平王拓跋连。③还有道武帝没有加拜将军号的宗室王有襄城王拓跋题、高凉王拓跋孤④、豫章王拓跋夔、毗陵王拓跋顺⑤，共4人。他们没有被授予将军号是在明元帝确立为诸王加拜将军号制度之前，因而，应该是这种制度没有形成时的，所以应该在统计数字中除去他们，实际没有加拜将军号的诸王只有12人。依据统计数字来看，在太和十六年孝文帝爵位改革前，没有领有将军号的诸王，只占北魏国家所封全部诸王人数的十分之一强。因此，可以说北魏前期有诸王没有被授予将军号者应该属于特殊的情况。

具体说来，这种特殊情况的出现，主要是由两个原因造成的。一是北魏国家通过加授其他的职官代替将军号，来加重诸王的地位。一如前述，北魏国家封授诸王爵位，同时为他们加拜将军号，是要作为他们的起家官，以此在职官体系中体现他们的重要地位。然而，北魏国家为诸王所加的可以作为起家官的职官，并不全都是将军号。《魏书·文成五王·广川王略传》："广川王略，延兴二年（472年）封。位中都大官。"《魏书·文成五王·齐郡王简传》："（齐郡王简）太和五年（481年）封，位中都大官。"孝文帝为皇叔拓跋略、拓跋简封授王爵后加拜的中都大官，即为三都大官之一，主要是

---

① 《魏书》卷七下《孝文帝纪下》。
② 《二十五史补编（第四册）》，中华书局，1955年。
③ 《魏书》卷一六《道武七王传》。
④ 《魏书》卷一四《神元平文诸帝子孙传》。
⑤ 《魏书》卷一五《昭成子孙传》。

魏晋南北朝将军制与都督制论稿

"听讼察狱"的职事官。北魏前期国家任命三都大官,多以具有很高荣宠地位的侍中作为加官。比如任城王拓跋云"复拜侍中、中都大官"①。也有以高品级的将军号作为加官的。比如南安王拓跋桢"皇兴二年(468年)封,加征南大将军、中都大官"②。在前《职员令》中,征南大将军为一品下。这说明北魏前期,国家设置的三都大官的地位是很高的。由此看来,孝文帝以中都大官作为广川王拓跋略、齐郡王拓跋简的起家官,明显包含加重他们政治地位的意义。除了为同姓诸王加授职事官作为起家官之外,还为同姓诸王加授表明具有很高荣宠地位的职官代替将军号。《魏书·孝文帝纪下》:"以安定王休为太傅,齐郡王简为太保。"又《魏书·文成五王·安丰王猛传》:"(安丰王拓跋猛)太和五年封,加侍中。"孝文帝封授皇叔拓跋休、拓跋简和拓跋猛王爵时,分别为他们加拜了太傅、太保和侍中。北魏前期,太傅、太保属于三师,在前《职员令》中定为一品上,获得这两种职官,其地位之高,是显而易见的。而北魏前期的侍中,名义上作为门下省长官,但一般多作为加官。为诸王加侍中职,正是要表现他们处于很高的地位。此外,还有一些宗室是因具有很高荣宠地位的职官而被封授王爵的。比如宗室拓跋目辰"高祖即位,迁司徒,封宜都王"③。他所任的司徒,在前《职员令》中列为八公之一,地位自然是很显要的。

北魏国家实行的这种做法不限于同姓王,还有异姓王。《魏书·文成帝纪》:"以辽西公常英为太宰,进爵为王。"一些学者认为北魏前期太宰可能与太师互名。④《魏书·外戚上·冯熙传》:"(冯凤)赐爵至北平王,拜太子中庶子,出入禁闼,宠侔二兄。"太子中庶子,在前《职员令》中为正三品中。北魏国家使这些异姓王担任太宰、太子中庶子,也能够成为他们在职官系统中的地位的体现,因此与将军号起到的作用是相同的。

二是北魏国家不为封授王爵的诸王加授将军号,表现与有将军号的诸王在地位上存在差别。在明元帝确定封授诸王爵位加拜将军号的制度后,当时除了采取体现荣宠地位的职官代替将军号之外,还不为一些诸王授予将军

---

① 《魏书》卷一九中《景穆十二王中·任城王云传》。
② 《魏书》卷一九下《景穆十二王下·南安王桢传》。
③ 《魏书》卷一四《神元平文诸帝子孙·宜都王目辰传》。
④ 余鹿年:《北魏职官制度考》,社会科学文献出版社,2008年,第50页。

号。在这些没有将军号的诸王中，有皇子王、宗室王，也有异姓王。从皇子王的情况来看，有太武帝所封的广阳王拓跋建闾①、南安王拓跋余②；有文成帝所封的广平王拓跋洛侯③、济阴王拓跋小新成④。其中济阴王拓跋小新成死后，被追赠大将军号。可见当时国家封授皇子、皇弟诸王爵位没有加拜将军号的，也只有三人。太武帝、文成帝打破常例，不为他们加授将军号的目的性是明确的，就是要使这些诸王不能以将军号作为起家官，因而他们的地位自然低于有将军号的皇子王。

北魏国家不为宗室诸王加授将军号目的也是如此。《魏书·官氏志》："皇子及异姓元功上勋者封王，宗室及始蕃王皆降为公，诸公降为侯，侯、子亦以此为差。"说明道武帝天赐元年（404年），对爵位做新规定时，已经取消宗室具有封授王爵的资格。可是在明元帝以后，北魏国家因政治需要，有时打破这种规定，封授有功的宗室为王。例如宗室拓跋烈因立明元帝为帝，"以功进爵阴平王"⑤。尽管北魏国家可以封宗室王爵，可是却违背了宗室不封王的规定，因而只有通过不授予将军号的做法，表现与有将军号诸王地位的差异。

北魏国家所封的异姓王中，也存在数量不多的没有将军号者。诸如襄城王韩颓、辽东王窦漏头、濮阳王闾若文、河间王闾虎皮、丹阳王李嶷、梁郡王李白。北魏国家不为这些异姓诸王加拜将军号，其目的与不为皇子、皇弟王、宗室王加拜将军号是相同的。

总之，北魏前期，国家封授诸王爵位加拜将军号的制度，是从明元帝开始确立的。这一制度直到孝文帝爵位改革后才废止。当时国家为大多数诸王都加授了将军号。其目的就是要使诸王爵位与将军号结合起来，使他们身份地位能够在国家官僚体系中得到体现，因而也就更加重了这些特权贵族的地位。不过，在北魏国家实行这一制度过程中，不免出现一些特殊情况。北魏国家对没有加拜将军号的诸王，可以通过加拜重要的职事官或体现荣宠地位的职官来代替将军号。实际上，这与为诸王授予将军号具有同样意义。当

---

① 《魏书》卷一八《太武五王·广阳王建闾传》。
② 《魏书》卷一八《太武五王·南安王余传》。
③ 《魏书》卷一九上《景穆十二王上·广平王洛侯传》。
④ 《魏书》卷一九上《景穆十二王上·济阴王小新成传》。
⑤ 《魏书》卷一五《昭成子孙·秦明王翰传》。

然，还有人数很少的皇子、宗室和异姓王只有爵位，没有加拜职官。虽然这种事例很少，但是因为北魏实行以官本位为主导的统治体制，所以就使没有将军号的诸王的地位，明显要低于有将军号的诸王。这样，北魏国家是否为所封诸王加拜将军号，也就成为区分其地位差别的一种方式。

二、封授诸王爵位加拜将军号的方式

北魏前期，国家实行封授诸王爵位加拜将军号的制度，是为了通过爵位与将军号的结合，来加重这些上层贵族的地位。但是，由于诸王的身份不同，并且在诸王受爵之前，拥有的爵位和官职也不相同，因而北魏国家为诸王授予将军号的方式也就不完全一致。大体说来，当时国家为诸王加拜将军号的方式可以分为三种：

其一，北魏国家在封授王爵之时，就为受封者授予将军号。也就是说，封授王爵与加拜将军号是同时进行的。以这种方式为诸王授予将军号是从道武帝天兴元年（398年）开始的。当时道武帝封授皇子拓跋嗣、拓跋绍王爵的同时，就分别加拜他们车骑大将军、征南大将军号。① 明元帝确立封授诸王爵位加拜将军号制度后，对分封皇室贵族，一般都采取这种方式。例如，明元帝封授皇子拓跋焘、拓跋丕、拓跋弥、拓跋范、拓跋健、拓跋崇、拓跋俊，也同时为他们加授了将军号。② 太武帝封授皇子拓跋伏罗为晋王，"加车骑大将军"③；封皇子拓跋翰为秦王，"拜侍中、中军大将军，参典都曹事"④。文成帝封皇弟阳平王新成，"拜征西大将军"；封皇弟京兆王子推，"位侍中、征南大将军"；封皇弟汝阴王天赐，"拜镇南大将军"；封皇弟乐良王万寿，"拜征东大将军"⑤；封皇弟任城王云，"拜使持节、侍中、征东大将军"⑥。献文帝封皇叔南安王桢，"加征南大将军"；封皇叔城阳王长寿，"拜征西大将

---

① 《魏书》卷二《道武帝纪》。
② 《魏书》卷二《明元帝纪》。
③ 《魏书》卷一八《太武五王·晋王伏罗传》。
④ 《魏书》卷一八《太武五王·东平王翰传》。
⑤ 《魏书》卷一九上《景穆十二王上·乐良王万寿传》。
⑥ 《魏书》卷一九中《景穆十二王中·任城王云传》。

军";封皇叔安定王休,"拜征南大将军"①。直到太和九年(485年),孝文帝"封皇弟禧为咸阳王,干为河南王,羽为广陵王,雍为颍川王,勰为始平王,详为北海王"②,也都为他们加拜了不同的将军号。由此可见,自封授诸王爵位加拜将军号制度确立后,北魏皇帝封授皇子、皇弟和皇叔王爵时,一般直接为他们授予将军号。

因为北魏国家封授这些皇子、皇弟和皇叔王爵时加拜将军号,是他们第一次被授予官职,因此,他们所领的将军号,就是他们的起家官。以高品级的将军号作为起家官,正是由这些诸王的特殊地位所决定的,所以这正是这些皇室贵族的一种特权。

北魏前期,国家为诸王封爵与授予将军号直接联系在一起的措施,不只在皇室诸王中实行,对一些异姓王也采取这种做法。例如,长孙肥"世祖即位,征还京师,进封平阳王,加安集将军"③。陆丽"兴安初,封平原王,加抚军将军"④。虽然北魏国家封授这些鲜卑勋臣王爵的同时,也授予他们将军号,但是,这些将军号并不是他们的起家官。因为这些鲜卑勋臣在受封王爵之前,已经以不同的官职作为起家官。比如穆亮"显祖时,起家为侍御中散。尚中山长公主,拜驸马都尉,封赵郡王,加侍中、征南大将军"⑤。所以,当时国家为异姓诸王封授爵位之时,所加的将军号就不是起家官,只是要实现诸王爵位与职官的结合。

其二,北魏国家封授诸王爵位后,与授予将军号不是同时进行的。当时国家以这种方式加拜将军号的诸王,既有同姓王,也有异姓王。《魏书·太武五王·临淮王谭传》:"临淮王谭,真君三年(442年)封燕王。拜侍中、参都曹事。后改封临淮王。世祖南讨,授中军大将军。"可见太武帝为其子临淮王拓跋谭封授王爵在前,而加拜将军号却在后,二者并不是同时进行的。对一些异姓诸王授予将军号,采用这种方式就更多见了。比如太武帝即皇帝位后,长孙嵩"进爵北平王,司州中正。……寻迁太尉。久之,加柱国

---

① 《魏书》卷一九下《景穆十二王下·安定王休传》。
② 《魏书》卷七上《孝文帝纪上》。
③ 《魏书》卷二六《长孙肥传附长孙翰传》。
④ 《魏书》卷四〇《陆俟传附陆丽传》。
⑤ 《魏书》卷二七《穆崇传附穆亮传》。

大将军"①。这些事例说明，北魏国家为受封诸王授予将军号，并不需要封授诸王爵位与加拜将军号必须在时间上保持一致，也就是说，国家封授诸王爵位后，加拜将军号的做法，可以根据诸王受爵后的具体情况来决定。

其三，北魏国家封授诸王爵位与加拜将军号，在先后顺序上也没有严格的限制。《魏书·慕容白曜传》："高宗崩，与乙浑共秉朝政，迁尚书右仆射，进爵南乡公，加安南将军。……皇兴初，加白曜使持节、都督诸军事、征南大将军，上党公，屯于碻磝，以为诸军后继。……以功拜使持节、都督青齐东徐州诸军事、开府仪同三司、青州刺史、济南王，将军如故。"这里提到慕容白曜被封为济南王后，依然"将军如故"。这就是说，他可以继续保留在获得王爵前的征南大将军号。这种保留的将军号，与封授王爵时被授予的将军号具有同样的意义。其实，在北魏前期国家封授诸王爵位时，以这种方式使诸王拥有将军号，并不是特殊的情况，而是很常见的做法。史载，太武帝任司马楚之"为使持节、安南大将军，封琅邪王"②。文成帝"以子丽有策之勋，拜俟征西大将军，进爵东平王"③。献文帝超拜万安国"大司马、大将军，封安城王"④。显然司马楚之、陆俟、万安国在封授王爵之前，都拥有将军号。

此外，还有一些诸王所领的将军号，是由封授他们王爵前所担任职官的加官转变来的。《魏书·陈建传》："高祖初，征为尚书右仆射，加侍中，进爵赵郡公。……迁司徒、征西大将军，进爵魏郡王。"很明显，陈建所领的征西大将军号，开始只是他任司徒的加官。在封授他王爵后，征西大将军也就可以被视为与爵位相联系的将军号了。

综上可见，北魏前期，国家封授诸王爵位加拜将军号的方式，具有多样性，因而也就表现出一定的复杂性。这表明，北魏国家使诸王爵位与将军号的结合，并不是只有一种途径，而是通过多种途径实现的。尽管当时诸王爵位与将军号结合的方式不尽相同，但是包含的实际意义都是一样的，也就是使诸王爵位与将军号能够更好地联系在一起，进而更加重诸王显赫的贵族地位。

---

① 《魏书》卷二五《长孙嵩传》。
② 《魏书》卷三七《司马楚之传》。
③ 《魏书》卷四〇《陆俟传》。
④ 《魏书》卷三四《万安国传》。

三、封授诸王爵位的品级与加拜将军号的品级

北魏前期，国家实行封授王爵加拜将军号制度，就是要使王爵与将军号密切结合在一起。可是，北魏国家使诸王爵位与将军号的结合并不是随意的，实际上是与当时国家实行的官制和爵制的特点有很大的关系。

一如前述，道武帝建国后，"诏吏部郎邓渊典官制，立爵品"[①]。实际道武帝为官制和爵制规定了两个不同的品级系统。将军号在官制系统中，而王爵则在爵制系统中。《魏书·官氏志》："（天赐元年）（404年）九月，减五等之爵，始分为四，曰王、公、侯、子，除伯、男二号。"可见道武帝将爵位分为四等级，并且，以品级划分爵位的等级，因此，文献中将其称为爵品，以此与官品相区别。北魏国家这种官品与爵品相分离的状况，一直持续到太和二十三年（499年）。在孝文帝颁行的后《职员令》中才将爵品与官品合二为一，实现了官品与爵品的一体化。既然职官与爵位属于两个不同的品级系统，因而封授王爵与加拜将军号也就要在这两个不同的品级系统中进行。尽管如此，对诸王来说，他们的爵位品级与职官品级并不是没有联系的。《魏书·文成帝纪》："（兴安元年）（452年）平南将军、宋子侯周忸进爵乐陵王，南部尚书、章安子陆丽为平原王，文武各加位一等。"这里提到周忸、陆丽进爵为王后，周忸所任的平南将军与陆丽所任的南部尚书，都要随着他们受封王爵，而使他们的职官晋升一品级。不仅诸王所任官职的晋升是如此，就是国家在为诸王加拜将军号时，也要考虑到王爵与将军号品级的对应关系。日本学者川本芳昭对北魏前期受赐五等爵者的爵品与官品的关系做了考证。他认为北魏前期，国家为有爵者加拜将军号，爵品与将军号的品级大多数是一致的。[②] 川本芳昭的看法很有启发性。然而，在封授王爵加拜将军号制度的实行上，还具有一些特殊性，所以对诸王爵位与将军号品级的对应关系，还需要做进一步的辨析。

---

① 《魏书》卷一一三《官氏志》。
② 川本芳昭：《北魏孝文帝改革前の政治・社会体制と孝文帝の改革》，《魏晋南北朝时代の民族问题》，汲古书院，1998年，第264页。

魏晋南北朝将军制与都督制论稿

在说明这一问题之前,需要提及北魏前期将军号的品级问题。在文献中对北魏前期将军号品级缺少明确的记载,这为研究北魏前期将军号的问题带来了困难。可是,对这一问题还是有线索可循的。实际上,北魏前期将军号的品级无疑受到两晋和刘宋将军号品级规定的影响。并且,太和十七年颁布的前《职员令》也提供了可以参考的信息。日本学者宫崎市定考证,前《职员令》中的高层的官品大体沿袭了魏晋旧制。前《职员令》不过只是把当时实际执行的制度原封不动地综括其中。① 不过应该看到,前《职员令》在职官品级上,实行了正、从品,这应该是孝文帝开始实行的新的官阶制度。这同孝文帝职官改革前,实行九品官阶的规定是不同的。尽管前《职员令》的官阶规定出现了变化,可是从前《职员令》的品级规定中,还是可以透视北魏前期的将军号的等级状况。

统计《魏书》《北史》中的记载,北魏前期,当时国家为诸王加拜的将军号有:大将军、骠骑大将军、车骑大将军、卫大将军、征南大将军、征东大将军、征西大将军、征北大将军、镇南大将军、镇东大将军、镇西大将军、中军大将军、镇军大将军、抚军大将军、平南大将军、辅国大将军、柱国大将军、征南将军、征西将军、镇南将军、抚军将军、安南将军、安集将军,共19种。其中只有柱国大将军、安集将军在前《职员令》中不见。

为说明上述将军号的品级情况,需要移录前《职员令》所载龙骧将军以上将军号的品级规定:大将军(一品上)、骠骑将军(一品下)、车骑将军(一品下,"二将军加大者,位在三司上")、卫将军(一品下,"加大者,次仪同三司")、四征(从一品中,"加大者,次卫将军")、四镇(从一品中,"加大者次尚书令")、中军将军(从一品中)、镇军将军(从一品中)、抚军将军(从一品中,"三将军加大者,秩次四征下")、四安(二品下,"加大者,秩次三少下。凡将军三品已下、五品已上,加大者")、前、后、左、右将军(从二品上)、四平(从二品上)、征虏将军(三品上)、辅国将军(三品上)、龙骧将军(三品上)。② 如果依据前《职员令》规定的将军号的品级来看,北魏前期,当时国家为诸王加拜将军号的品级,在一品上至二品下

---

① 宫崎市定:《九品官人法研究》,韩昇译,中华书局,2008年,第241—242页。
② 《魏书》卷一一三《官氏志》。

之间。虽然柱国大将军、安集将军的品级，在文献中没有记载，但可以对柱国大将军、安集将军号的品级做一推断。《魏书·长孙嵩传》载柱国大将军长孙嵩"子颓，善骑射，弯弓三百斤。袭爵，加侍中、征南大将军"。就是说，长孙颓承袭长孙嵩王爵后，加拜了征南大将军号。由此来看，柱国大将军号的品级不会低于征南大将军。《魏书·长孙肥传附长孙翰传》："（长孙翰）后为都督北部诸军事、平北将军、真定侯，给殿中细捉队，加旌旗鼓吹。蠕蠕每犯塞，翰拒击有功，进爵为公。世祖即位，征还京师，进封平阳王，加安集将军。"显然长孙翰在封平阳王之前，领有平北将军号。在一般情况下，北魏前期爵位晋升，将军号品级也随之提高。长孙嵩原来所领平北将军在前《职员令》中为从二品上，则封王爵后所加安集将军的品级至少为二品级。这种情况表明，北魏前期诸王所领将军号的品级存在比较明显的差别。不仅如此，在诸王所领将军号的人数分布上，也是不均衡的。如第一节所述，北魏前期，国家封授诸王爵位加拜将军号的人数总共为74人。依据《魏书》《北史》的记载，将这74位诸王所领将军号的具体品级情况列表说明：

表1　74位诸王所领将军号品级情况

诸王所领将军号官称及品级	大将军	一品上	镇东大将军	从一品上	辅国大将军、安南将军	二品下
	骠骑大将军、车骑大将军、卫大将军、征南大将军、征东大将军、征西大将军、征北大将军、镇南大将军、镇西大将军、抚军大将军	一品下	中军大将军、镇军大将军、平南大将军、征南将军、征西将军	从一品中		
	柱国大将军	一品？	镇南将军、抚军将军	从一品下	安集将军	二品？
诸王所领将军号的人数	57人(不计上、下等次)		14人(不计上、中、下等次)		3人(不计等次)	

由表1可见，为诸王加拜一品将军号的人数最多，占所授将军号总人数

的五分之四；为诸王加拜从一品将军号的人数，占所授将军号总人数的近五分之一。为诸王加拜二品将军号的人数最少，只有三人。而在天赐元年（404年），道武帝确立爵制，对各等级爵位做了明确的规定，"王第一品，公第二品，侯第三品，子第四品"①。由此可见，北魏前期，国家为诸王所加将军号的品级，大多数是与王爵的品级一致的。

当然，应该看到，在北魏国家为诸王加拜的将军号中，还存在一些从一品的情况。从表面来看，似乎北魏国家要使诸王所领将军号的品级与王爵品级不一致，实际却并非如此。《魏书·官氏志》："（天赐元年）（404年）十二月，诏始赐王、公、侯、子国臣吏，大郡王二百人，次郡王、上郡公百人，次郡公五十人，侯二十五人，子十二人，皆立典师，职比家丞，总统群隶。"道武帝确定爵位制度后，显然是将王爵分为二等，也就是有大郡王和次郡王等次的区分。所以为了区分大郡王与次郡王的等次差别，一方面要以赏赐臣吏多少来表现；另一方面也要通过所加将军号的品级体现出来。在北魏国家为诸王所加将军号中，从一品的数量占有相当比例，应该与王爵中有大郡王与次郡王的等次差别是有很大关系的。也就是说，诸王所领从一品的将军号正是要表现次郡王与大郡王的等次差别。如果从王爵划分等级来看，实际诸王所领将军号的品级与王爵的等次也具有一致性。至于在为诸王加拜的将军号中，存在三例二品将军的情况，则应视为特例。

北魏前期，当时国家在将军号的品级规定上，也使之能够使诸王的爵位与将军号的品级实现一致。在前《职员令》中，明确将大将军、骠骑将军、车骑将军、卫将军定为一品，还将四征大将军置于卫将军之后，也定为一品。可是在两晋、刘宋的将军号的品级规定中，可以列为一品将军号的只有"大将军"，而从骠骑大将军以下，至四征大将军品级都为二品。正如《晋书·职官志》："骠骑已下及诸大将军不开府非持节都督者，品秩第二，其禄与特进同。"前《职员令》采取这样的做法，是对北魏前期将军号品级规定的承袭。这样在为诸王加拜将军号时，就能够使爵位品级与将军号品级实现一致。可是太和十六年（492年），孝文帝"制诸远属非太祖子孙及异姓为

---

① 《魏书》卷一一三《官氏志》。

王，皆降为公，公为侯，侯为伯，子男仍旧，皆除将军之号"①。实际上取消了封爵与加拜将军号的联系。正因如此，"太和十八年十二月，降车、骠将军，侍中，黄门秩，依魏晋旧事"②。也就是将车骑、骠骑将军恢复晋制的品级。太和二十三年（499年），孝文帝又将这些将军号的品级在后《职员令》做了明确的规定：骠骑大将军、车骑大将军定为从一品，卫大将军、骠骑将军、车骑将军、四征将军及诸大将军则为二品。③ 孝文帝实行降低车骑、骠骑大将军以下将军号品级的做法，固然是要恢复魏晋旧制，但更重要的却是，在爵位改革后，由于实行爵位与将军号分离的措施，因而也就不需要使爵品与将军号品级相对应，所以提高所设将军号的品级也就没有必要了。

总而言之，北魏前期，当时国家为诸王所加将军号的品级并不是随意的，而是要保证王爵的品级与将军号品级的一致。为了要实现这一规定，北魏国家在将军号设置上，提高了将军号的品级，增加了一品将军号的数量。由于国家设置的王爵存在大郡王与次郡王的等次不同，在为诸王加拜将军号时，也注意到这种差别，并通过所加将军号的品级区分来体现出王爵的等次。因此，北魏国家为诸王加拜将军号，不仅加重了诸王的地位，并且还可以起到区别王爵等次的重要作用。

四、诸王所领将军号的迁转

北魏前期，国家封授王爵为诸王加拜将军号的目的，一方面要使王爵能够与将军号结合起来，使王爵的品级能够在职官体系中得到体现；另一方面，则要通过为诸王加拜将军号来加重他们的地位。由于北魏国家为诸王受爵加拜将军号起到这样的作用，所以，这也就涉及当时国家为诸王封授爵位所加的将军号是否可以迁转的问题。

实际上，北魏前期，国家在封授王爵所加的将军号，一般称为"本将军"。在当时文献中，多有这种记载。《魏书·景穆十二王上·京兆王子推传》："京

---

① 《魏书》卷七下《孝文帝纪下》。
② 《魏书》卷一一三《官氏志》。
③ 《魏书》卷一一三《官氏志》。

魏晋南北朝将军制与都督制论稿

兆王子推，太安五年封。位侍中、征南大将军、长安镇都大将……高祖即位，拜侍中、本将军、开府仪同三司、青州刺史。"《魏书·景穆十二王中·任城王云传》："（任城王拓跋云）和平五年封，拜使持节、侍中、征东大将军、和龙镇都大将。……出为冀州刺史，仍本将军。"这里提到京兆王拓跋子推、任城王拓跋云的"本将军"号，都是北魏国家在封授他们王爵时加拜的将军号。因为北魏国家为诸王所加的"本将军"号，具有加重他们地位的意义，所以在诸王担任职事官时，一般采取保留"本将军"号的做法。《魏书·刘昶传》："（刘昶）尚武邑公主，拜侍中、征南将军、驸马都尉，封丹阳王。岁余而公主薨，更尚建兴长公主。……太和初，转内都坐大官。……及萧道成杀刘准，时遣诸将南伐，诏昶曰：……乃以本将军与诸将同行。"据此，刘昶受封丹阳王所加的将军号为征南将军，这正是他的"本将军"号。在刘昶任驸马都尉、内都坐大官时都以"本将军"号作为加官，即使参加征讨作战依然也要加带"本将军"号。很明显，刘昶所领的"本将军"号是长期保留的。当然，有一些诸王受爵加拜的将军号，因需要而被迁转，可是北魏国家不久就又重新恢复他们原来的将军号。例如，任城王拓跋云始封时，加拜征东大将军，"后仇池氏反，以云为征西大将军，讨平之。除都督徐兖二州缘淮诸军事、征东大将军、开府、徐州刺史。……出为冀州刺史，仍本将军"①。南安王拓跋桢"皇兴二年封，加征南大将军。……高祖即位，除凉州镇都大将，寻以绥抚有能，加都督西戎诸军事、征西大将军、领护西域校尉、仪同三司、凉州刺史。征为内都大官，出为使持节、侍中、本将军、开府、长安镇都大将、雍州刺史"②。由此可见，北魏国家为始封诸王所加将军号，一般是不轻易改变的。北魏国家尽力保持诸王受爵加拜的"本将军"号，除了因为"本将军"号具有象征诸王地位的意义之外，也是要保证"本将军"号能够为后世继承。例如，京兆王拓跋黎受封王爵，没有加拜将军号。道武帝为继承他王爵的儿子江阳王拓跋根"加平北将军"③。又如，东平王拓跋翰"真君三年封秦王。拜侍中、中军大将军。……子道符，袭爵，中

---

① 《魏书》卷一九中《景穆十二王中·任城王云传》。
② 《魏书》卷一九下《景穆十二王下·南安王桢传》。
③ 《魏书》卷一六《道武七王·京兆王黎传》。

军大将军"①。都说明了这一点。关于此问题在下一节要详细讨论，兹不赘述。

固然，北魏国家需要长期保留诸王的"本将军"号，以此象征他们拥有的特殊地位，并使"本将军"号可以为后世继承，可是，当时国家出于使诸王出镇地方担任刺史的需要，也就不能不迁转他们的"本将军"号。《魏书·景穆十二王下·南安王桢传》："南安王桢，皇兴二年封，加征南大将军、中都大官，寻迁内都大官。高祖即位，除凉州镇都大将，寻以绥抚有能，加都督西戎诸军事、征西大将军、领护西域校尉、仪同三司、凉州刺史。"又《魏书·穆崇传附穆亮传》："（穆亮）显祖时，起家为侍御中散。尚中山长公主，拜驸马都尉，封赵郡王，加侍中、征南大将军。徙封长乐王。高祖初，除使持节、秦州刺史。在州未期，大著声称。征为殿中尚书，又迁使持节、征西大将军、西戎校尉、敦煌镇都大将。"显然南安王拓跋桢的"本将军"号是由于他任都督西戎诸军事、凉州刺史，而被迁转；长乐王穆亮的"本将军"号，则是因为他出任西戎校尉、敦煌镇都大将而被迁转。北魏国家这种迁转诸王"本将军"号做法的目的，是要使诸王所领将军号与他们出镇地方的方位保持一致，所以他们改变的将军号也就限于"四征"将军的范围之内，并没有使将军号的品级发生改变。当然，北魏国家使诸王出镇地方而迁转他们的将军号的，并不只有这一种情况。《魏故乐安王妃冯氏墓志铭》：

> 父（冯）熙，和平四年蒙授冠军将军肥如侯。到六年，进爵昌黎王。又除侍中太傅，王如故。又除使持节、征东大将军、驸马都尉、定州刺史。……又除使持节、车骑大将军、都督并雍怀洛秦肆北豫七州诸军事、开府、洛州刺史、羽真、尚书、都坐大官、侍中，王如故。②

显然昌黎王冯熙出任定州刺史，所领将军号为征东大将军，但他出任都督并雍怀洛秦肆北豫七州诸军事、洛州刺史后，原来的将军号就迁转为车骑大将军。不过，在前《职员令》中，征东大将军和车骑大将军的品级都为一

---

① 《魏书》卷一八《太武五王·东平王翰传》。
② 赵超：《汉魏南北朝墓志汇编》，天津古籍出版社，2008年，第155页。

品下。这就是说，尽管冯熙的将军号改变了，可是，这两个将军号的品级却是相同的。

北魏前期，诸王将军号出现这种迁转，并不只在诸王出镇地方时发生。其实，诸王在担任中央职官时，也有"本将军"号迁转情况的发生。《魏书·献文六王上·赵郡王干传》载赵郡王拓跋干"太和九年，封河南王，加卫大将军，除侍中、中都大官。寻授车骑将军、左光禄大夫，领吏部尚书"。又《魏书·献文六王上·广陵王羽传》："太和九年封。加侍中、征东大将军，为外都大官。羽少而聪慧，有断狱之称。后罢三都，羽为大理，加卫将军，典决京师狱讼，微有声誉。"很明显，由于赵郡王拓跋干、广陵王拓跋羽所任实职官的迁转，他们的"本将军"号也都随之改变了。不过，他们的原来所领的卫大将军、征东大将军与迁转后的车骑将军、卫将军，在前《职员令》中，都为一品下，品级却是相同的。

综上可知，北魏前期，当时国家可以迁转诸王受封加拜的将军号，但是，使诸王所领"本将军"号的改变，却是有明确前提条件的，也就是说，迁转的将军号必须同诸王的"本将军"号，在品级上是一致的。只有这样，才能够使诸王爵位的品级与改变后的将军号的品级保持一致，进而使诸王爵位与职官体系很好地结合起来。

然而，还应该指出，北魏国家为一些诸王加拜的将军号的迁转在品级不变的情况下，还是可以在将军号的等次上做一些调整。《魏书·陆俟传附陆丽传》："兴安初，（陆丽）封平原王，加抚军将军……以其父俟为东平王。丽寻迁侍中、抚军大将军、司徒公，复其子孙，赐妻妃号。"前《职员令》载抚军将军为从一品下，而抚军大将军则"秩次四征下"，为从一品中。① 可见平原王陆丽的将军号由抚军将军迁转为抚军大将军，将军号的等次发生了改变。可是，这种改变仍然是在保证与诸王所领的"本将军"号一致的前提下才出现的。

北魏前期，诸王的爵位是有等次区分的。《魏书·官氏志》："（天赐元年）十二月，诏始赐王、公、侯、子国臣吏，大郡王二百人，次郡王、上郡公百人。"这就是说，国家将王爵划分为二等次，即有大郡王与次郡王的区

---

① 《魏书》卷一一三《官氏志》。

别，实际大郡王与次郡王在地位上是有区别的。北魏国家为了表示对诸王的奖励或惩罚，有时会改变诸王爵位的等次。当时表现诸王爵位等次差别的改变，一般是通过对他们虚封地的改封实现的。《魏书·献文六王上·高阳王雍传》："（高阳王雍）太和九年，封颍川王，加侍中、征南大将军。……久之，拜中护军，领镇北大将军。改封高阳。"孝文帝将高阳王拓跋雍的虚封地由颍川郡改封至高阳郡，实际就具有改变他爵位等次的意义。因为北魏前期国家对诸王虚封地实行"以郡为国"的制度，所以诸王所封地的人口的数决定诸王是大郡王，还是次郡王。然而，由于北魏前期诸王的封国为虚封地，并且在地方基层组织实行的是宗主督护制，所以国家很难掌握各封国的人口数字。实际上，北魏前期，大郡与次郡的人口数依据的不是当时各郡的情况。严耀中先生认为，北魏前期大郡、小郡、大县、小县的大小，一般依据两晋郡的人口数字来确定。① 这是很正确的意见。依据这种看法，就可以看出孝文帝改封高阳王拓跋雍封地的目的。《晋书·地理志上》载颍川郡"统县九，户二万八千三百"，高阳国"统县四，户七千"。西晋时诸王的封国分为三等。《晋书·地理志上》："武帝泰始元年，封诸王以郡为国。邑二万户为大国，……邑万户为次国，五千户为小国。"这说明，高阳国的人口数达不到次国的标准。由此来看，孝文帝将拓跋雍的封地由颍川改至高阳，实际是将他由原来的大郡王降为次郡王，也就是降低了他王爵的等次。高阳王拓跋雍王爵等次的改变，当然要影响到他所领的将军号，因此，孝文帝改封他的封地是与改变他所领的将军号同时进行的。孝文帝将拓跋雍原来所领的征南大将军改换为镇北大将军是具有明确的意图的。在前《职员令》中，征南大将军"次卫将军"，为一品下。而镇北大将军"次尚书令"，为从一品上。② 很明显，孝文帝将拓跋雍原来的征南大将军改换为镇北大将军，正是要降低他将军号的品级。由此可见，高阳王拓跋雍所领"本将军"号的迁转，实际与国家降低他王爵的等次是联系在一起的。因此，由于诸王分为大郡王与次郡王两个等次，所以北魏国家使王爵等次的改变，也要影响到他们所领将军号的迁转。

---

① 严耀中：《北魏前期政治制度》，吉林教育出版社，1990年，第178页。
② 《魏书》卷一一三《官氏志》。

综上可见，北魏前期，国家可以改变诸王受爵时加拜的将军号，可是，迁转后的将军号与诸王受爵时加拜的"本将军"号，基本都在同一品级范围内。当然，北魏前期，由于国家逐渐对官阶不仅以品级划分，并且进一步在同一品级中细化为上、中、下不同的等次。因此，北魏国家在迁转诸王所加将军号时，也会在同一品级范围内，对将军号的等次做出调整，以此表现诸王地位的变化。然而，需要注意的是，北魏国家通过改封诸王虚封地以此来表现王爵等次的降低，这样，为他们所加的"本将军"号的品级也就要随之降低。对北魏前期诸王所领将军号的这种迁转情况，应该是不可忽视的问题。

五、诸王所领将军号的传袭

北魏前期，诸王亡故后，一般他们的王爵可以为后世继承，但将军号的传袭情况却是比较复杂的。为了说明北魏国家为诸王加拜将军号的传袭情况，需要对诸王爵位继承情况做一些说明。如前所述，北魏前期，国家封授的诸王共有95人，其中加拜将军号的有74人。可是，因为不同的原因，诸王爵位为后世继承的人数并不多。统计孝文帝改革前所封皇子王、宗室王、异姓诸王和外戚王的情况，一共有55人的王爵为后世继承。其中还有4人，即阳平王拓跋熙、河南王拓跋曜、河间王拓跋修、长乐王拓跋处文，在分封王爵时，并没有加拜将军号。这样，只有51位诸王的将军号有可能为后世继承。《魏书·官氏志》："旧制：诸以勋赐官爵者，子孙世袭军号。"依据这种说法，在这51位诸王中，他们的王爵应该与他们所领将军号都要一并为后世承袭。可是，从北魏前期诸王所领军号的传袭情况来看，并不完全如此。实际上，为诸王加拜的将军号的传袭表现出多种情况。

首先应该指出的是，一些诸王爵位与所加拜的将军号可以同时传给后世。《魏故镇远将军前将军赠冠军将军正平太守元君之墓志铭》：

（元仙）河南洛阳人也。大宗明元皇帝之曾孙，使持节、侍中、都督秦雍泾梁益五州诸军事、卫大将军、雍州刺史、内都大官、开府仪同三司、苌安镇都大将、乐安宣王之孙，使持节、侍中、都督秦雍泾梁益五州诸军事、卫大将军、开府仪同三司、苌安镇都大将、内都大官、使持节、侍中、都督冀定幽相四州诸军事、开仪同三司、定州刺史、乐安简王之第四子也。①

墓志铭中的乐安宣王正是文献记载中的乐安王拓跋范。据这一墓志铭记载，拓跋范的王爵与所领卫大将军号都被后世继承了。②诸王爵位与所领将军号同时为后世继承的事例，不仅见于墓志铭，也见于文献记载。《魏书·景穆十二王上·阳平王新成传》载，阳平王拓跋新成领征西大将军"长子安寿，袭爵。高祖赐名颐"。《魏书·孝文帝纪下》："（太和十四年）夏四月，地豆于频犯塞。甲戌，征西大将军、阳平王颐击走之。"显然阳平王拓跋新成的王爵与所领的征西大将军号都为其子拓跋颐一并继承。当然，继承王爵并承袭将军号者，并不限于乐安王拓跋范、阳平王拓跋颐。诸如东平王拓跋翰领中军大将军号，其子拓跋道符"袭爵，中军大将军"③；阳平王拓跋长寿领征西大将军号，其子拓跋鸾继承王爵，"高祖时，拜外都大官，又出为持节、都督河西诸军事、征西大将军、领护西戎校尉、凉州镇都大将"④；平原王陆丽领抚军大将军号，其子陆睿"袭爵抚军大将军、平原王"⑤；西平王源贺领征南将军号，其子源怀"受父爵，拜征南将军"⑥；琅琊王司马楚之领镇西大将军，其子司马金龙"后袭爵。拜侍中、镇西大将军、开府、云中镇大

---

① 赵超：《汉魏南北朝墓志汇编》，第133页。
② 《魏书》卷一七《明元六王·乐安王范传》："乐安王范，泰常七年封。……世祖以长安形胜之地，非范莫可任者，乃拜范都督五州诸军事、卫大将军、开府仪同三司、长安镇都大将，高选才能，以为僚佐。……长子良。……高宗时，袭王，拜长安镇都大将、雍州刺史，为内都大官。薨，谥曰简王。"《魏书》卷五《文成帝纪》："（和平元年）二月，卫将军、乐安王良督东雍、吐京、六壁诸军，西趣河西"。《魏书》中所载与"墓志铭"中的记载略有差异。墓志铭中所载，乐安王爵位和所加卫大将军号都可以被继承，而《魏书》中所载，只继承了卫将军号。卫大将军与卫将军的品级相同，但在班次上存在区别。当以墓志铭中所载为是。
③ 《魏书》卷一八《太武五王·东平王翰传》。
④ 《魏书》卷一九下《景穆十二王下·城阳王长寿传》。
⑤ 《魏书》卷四〇《陆俟传附陆丽传》。
⑥ 《魏书》卷四一《源贺传附源怀传》。

将、朔州刺史"①。可见，北魏前期无论是同姓王，还是异姓王，他们所领的将军号，在一般情况下是可以为后世继承的。

不过，应该看到，北魏前期为诸王所加拜的将军号，毫不改变地就为王爵继承者承袭的情况还是不多见的。大多数都是以改变始封王所领将军号的方式来继承的。具体说来，可以分为三种情况：

一是继承王爵者的将军号品级高于始封王将军号的品级。这一情况可以从永昌王拓跋健王爵的传袭中看出。《魏书·太武帝纪》："（延和元年）抚军大将军、永昌王健攻建德。"可是，为永昌王拓跋健加拜的抚军大将军号却没有被继承王爵的拓跋仁承袭。《魏书·太武帝纪下》："乃命诸将分道并进，使征西大将军、永昌王仁自洛阳出寿春。"可见拓跋仁继承的将军号为征西大将军。前《职员令》规定，征西大将军为一品下，而抚军大将军则为从一品中。② 很明显，永昌王拓跋仁的将军号已经高于始封王拓跋健所领将军号的品级。这种情况的出现，当与明元帝封授拓跋健王爵的等次不高有关。从拓跋健所领的"本将军"号为抚军大将军来看，他始封的王爵当为次郡王。而拓跋仁继承王爵后，国家提高了他王爵的等次，所以就将他的将军号改为征西大将军，因而也就使他所领将军号高于始封王的将军号的品级。

二是继承王爵者的将军号与始封王所领将军号的称号不同，但将军号的品级却相同。《魏书·景穆十二王中·任城王云传》："（任城王云）和平五年封，拜使持节、侍中、征东大将军、和龙镇都大将。……云长子澄，……袭封，加征北大将军。"王爵继承者拓跋澄没有继承征东大将军号，却加拜了征北大将军。然而，征东大将军、征北大将军都属于四征大将军，当然将军号的品级是相同的。

三是继承王爵者的将军号与始封王所领将军号的称号不同，并且品级低于始封王所加将军号。《魏书·景穆十二王下·城阳王长寿传》："城阳王长寿，皇兴二年封，拜征西大将军、外都大官。……延兴五年薨，谥康王。长子多侯，早卒。次子鸾……始继叔章武敬王，及兄卒，还袭父爵。"可是拓跋鸾承袭其父王爵后，所领的将军号却不是征西大将军。《魏书·李宝传》：

---

① 《魏书》卷三七《司马楚之传》。
② 《魏书》卷一一三《官氏志》。

"（李宝）寻被敕与征南将军、城阳王鸾，安南将军卢渊等军攻赭阳。"据此，拓跋鸾继承的将军号当为征南将军。前《职员令》载，征西大将军为一品下，征南将军则为从一品中。① 显然拓跋鸾的将军号低于始封的城阳王拓跋长寿所领将军号的品级。章武王拓跋太洛所领将军号的传袭情况也是如此。《魏书·景穆十二王下·章武王太洛传》："章武王太洛，皇兴二年薨。追赠征北大将军、章武郡王。……彬，字豹儿，袭爵。……出为使持节、都督东秦豳夏三州诸军事、镇西大将军、西戎校尉、统万镇都大将、朔州刺史。"前《职员令》规定：征北大将军为一品下；镇西大将军则为从一品中。显然拓跋彬所领将军号的品级低于北魏国家追赠拓跋太洛的将军号。

尽管上述诸王所领将军号为后世继承的情况不尽相同，但一致之处就是，始封王的将军号与他们的爵位都同时被后世承袭了。而与这种传袭情况不同的是，始封王的爵位为后世继承，但将军号却没有被继承。统计《魏书》《北史》中的记载，这种情况并不在少数。诸如，临淮王拓跋谭"薨，谥宣王。子提，袭"②。京兆王拓跋子推王爵"子太兴，袭。拜长安镇都大将，以黩货，削除官爵。后除秘书监，还复前爵，拜统万镇将，改封西河"③。乐浪王拓跋万寿王爵"子长命，袭。坐杀人赐死，国除"④。平阳王长孙翰进封平阳王，加安集将军，"子平成，袭爵，降为公"⑤。广陵王楼伏连"进爵为王，加平南大将军。……子真，袭，降爵为公"⑥。东安王刘尼"加侍中，进封为王。出为征南将军、定州刺史。……子社生，袭爵"⑦。魏郡王陈建"迁司徒、征西大将军，进爵魏郡王。……子念，袭爵。为中山守"⑧。安城王万安国"超拜大司马、大将军，封安城王。……子翼，袭王

---

① 《魏书》卷一一三《官氏志》。
② 《魏书》卷一八《太武五王·临淮王谭传》。
③ 《魏书》卷一九上《景穆十二王上·京兆王子推传》。
④ 《魏书》卷一九上《景穆十二王上·乐浪王万寿传》。
⑤ 《魏书》卷二六《长孙翰传》。
⑥ 《魏书》卷三〇《楼伏连传》。
⑦ 《魏书》卷三〇《刘尼传》。
⑧ 《魏书》卷三四《陈建传》。

爵。太和十五年薨"①。谯王司马文思"为假节、征南大将军,进爵谯王。……子弥陀,袭爵"②。中山王王睿"(太和)四年,迁尚书令,封爵中山王,加镇东大将军。……子袭,字元孙。年十四,以父任擢为中散,仍总中部"③。阳平王杜超"行征南大将军、太宰,进爵为王。……道生弟凤皇,袭超爵,加侍中、特进"④。此外,宦官张祐、赵黑、外戚闾毗、闾纥进封王爵后,都加拜了将军号,但后世只继承了王爵,却没有继承将军号。

这些诸王所领将军号没有为王爵继承者承袭,应该说是由多种因素造成的。因为北魏前期,国家使诸王受爵加拜将军号,是要使诸王的爵位所表现的地位在国家职官体系中得到体现,因此,诸王爵位的品级与将军号的品级基本是一致的。⑤特别是同姓诸王所领的将军号,实际正是他们的起家官。诸王后世在继承爵位的同时,继承了他们的将军号,也就能够以将军号作为起家官。但是,诸王所领的将军号大多数都是一品将军号,因而,其起家官的品级是非常之高的。这样,北魏国家就很难使全部继承王爵者都继承始封王的将军号。

从异姓诸王的继承情况来看,是与北魏前期国家限制异姓王后世继承王爵的规定有很大关系的。北魏国家对异姓王爵位的继承,一般实行降爵继承。正如《魏书·长孙道生传》:"时异姓诸王袭爵,多降为公。"就是说,大多数异姓诸王继承的不是王爵,而是公爵。异姓王只有在皇帝恩准下,才能够继承王爵。当时国家使这些异姓诸王后世以降爵的方式继承爵位,当然也就不能够承袭始封王所加的将军号。受这种因素影响,就使由皇帝恩准可以继承异姓王的王爵者,也就很难按正常规定承袭他们所领的将军号。

此外,北魏国家为异姓诸王所加最高品级的将军号,为后世继承就更困难了。《魏书·万安国传》:"(万安国)超拜大司马、大将军,封安城王。……子翼,袭王爵。"大将军在前《职员令》中为一品上。在这种情况下,北魏国

---

① 《魏书》卷三四《万安国传》。
② 《魏书》卷三七《司马休之传》。
③ 《魏书》卷九三《恩幸·王睿传》。
④ 《魏书》卷八三上《外戚上·杜超传》。
⑤ 川本芳昭:《北魏孝文帝改革前の政治・社会体制と孝文帝の改革》,《魏晋南北朝時代の民族問題》,汲古書院,1998年,第264页。

家只能够使王爵继承者承袭王爵,而无法使他们继承这种最高品级的将军号。

综上所述,尽管北魏前期国家确定"以勋赐爵者子孙世袭军号"①,可是,为诸王所封爵位是最高品级的爵位,为诸王所加的将军号也是高品级的将军号,所以,这就使诸王所领将军号的传袭具有明显的复杂性。当时诸王爵位继承者可以继承将军号,但他们继承的将军号,大多数已经与始封王所领将军号不同。并且,还有一些王爵继承者只继承爵位,却不能继承将军号。因此,在诸王爵位的传袭上,实际爵位的继承与将军号的继承是分离的。这样,在始封王爵位传袭的时候,也就很难保证使他们所领的将军号的传袭能够全部实现。

(原载《史学月刊》2012年第11期,收入论文集,略有修改)

---

① 《魏书》卷一一三《官氏志》。

北魏"假"授将军制度试探

北魏时期，国家承袭魏晋以来的做法，依然实行将军号的制度。但是在授予官员将军号上，却采取两种方式：一是正式授予将军号；二是文献记载中称为"假"的方式，也就是"假"授将军号。北魏国家不仅实行"假"授将军号制度，并且为这一制度的实施，采取了必要的保证的措施，表现出国家对这一制度实行的重视。因此，"假"授将军号是北魏国家实行的将军制度中的重要内容。然而，前人所作的研究虽然提及北魏国家实行的"假"授将军号问题，但是比较深入地考察这一制度的成果，尚不多见，因此对北魏"假"授将军号的诸问题有做进一步探讨的必要，所以，本文拟对有关"假"授将军制度的相关问题做一些探讨。

一、"假"授将军号的出现与实行

在考察北魏"假"授将军号的方式出现之前，需要提及北魏国家开始实行将军号制度的状况。事实上，北魏国家开始实行为官员加授将军号的制度，当在道武帝拓跋珪统治时期。道武帝根据国家统治的需要，已经开始对一些中央和地方官员授予不同的将军号。《魏书·和跋传》："（和跋）太祖擢为外朝大人，参军国大谋，雅有智算。频使称旨，拜龙骧将军。"和跋所任的外朝大人是道武帝时期设置的重要中央职官，道武帝为其加龙骧将军号，就使他有了适应其地位和身份的军号。道武帝不仅为中央职官加授将军号，对地方的官员也同样加授将军号。例如，卫尉卿长孙肥出任兖州刺史，道武帝"除肥镇远将军"①。又如，皇始初年，都水使者奚斤任幽州刺史，"出为

---

① 《魏书》卷二六《长孙肥传》。

晋兵将军"①。这些情况说明，道武帝为刺史加授将军号，已经是很普遍的情况。

道武帝不仅为一些官员加授将军号，还把将军号的加授与赐爵结合起来。《魏书·官氏志》："（天赐元年）九月，减五等之爵，始分为四，曰王、公、侯、子，除伯、男二号。"实际上，北魏国家对受赐爵位者，都要加授不同的将军号。例如，道武帝时，穆崇被授予征虏将军号，"诏崇即镇邺王，除豫州刺史，仍本将军"②。道武帝"赐（崔）玄伯爵白马侯，加周兵将军"③。叔孙建"为都水使者，中领军，赐爵安平公，加龙骧将军"④。邓渊"从征平阳，以功赐爵汉昌子，改下博子，加中垒将军"⑤。显然，在道武帝时，受赐不同爵位的官员，都领有将军号，而且受赐爵位者的将军号可以被继承。正如《魏书·官氏志》称："旧制：诸以勋赐官爵者，子孙世袭军号。"

道武帝统治时期，国家为官员和有爵者加授将军号还具有不同的方式。《魏书·张衮传》载，道武帝南征，"既克中山，听入八议，拜（张）衮奋武将军、幽州刺史"。可见，通常国家授予官员将军号称为"拜"。不过，还有称为"加"的。例如，登国初，尉古真随道武帝征库莫奚，救贺兰，"又从平中原，以功赐爵束州侯，加建节将军"。北魏国家为官员授予将军号称"加"和"拜"具有相同意义，都是使担任执事官者领有将军号。可是，执事官领有的将军号改变，则有特别称谓。《魏书·莫题传》："（莫题）以功拜平远将军，赐爵扶柳公，进号左将军，改为高邑公。"可见，莫题由平远将军迁转为左将军，则称为"进号"。尽管道武帝为官员加授将军号的做法略有差异，但是都是正式加授将军号。由此可见，北魏建国初年，国家不但为中央和地方官员以及受爵者加授将军号已经制度化，而且这种制度还是比较完备的。

然而，在北魏国家除了为官员正式加授将军号之外，还采取了另一种做法。《魏书·奚眷传》："（奚眷）少有将略。太祖时，有战功。太宗时为尚

---

① 《魏书》卷五九《奚斤传》。
② 《魏书》卷二七《穆崇传》。
③ 《魏书》卷二四《崔玄伯传》。
④ 《魏书》卷二九《叔孙建传》。
⑤ 《魏书》卷二四《邓渊传》。

书、假安南将军、虎牢镇将,为寇所惮。"《魏书·刁雍传》:"(刁雍)泰常二年,与司马休之等归国。上表陈诚,于南境自效,太宗许之,假雍建义将军。"这些记载,都将授予官员将军号称为"假",也就是"假"授将军号。《魏书·长孙道生传》:"(长孙)稚骠得转进。出为抚军大将军,领扬州刺史,假镇南大将军,都督淮南诸军事。"又《魏书·源贺传附源子恭传》:"(源子恭)进征南将军、兼右仆射,假车骑将军,后加散参常侍。"这些记载说明,北魏国家能够在为执事官加授将军号的同时,也可以"假"授将军号。可见,"假"授将军号与以"拜""加"和"进号"方式授予的将军号是存在差异的。可以说,北魏国家在授予将军号上,采取了两种不同的方式。

应该说,北魏国家实行"假"授将军号的时间,并不在道武帝时期。前引《魏书·奚眷传》和《魏书·刁雍传》是有关"假"授将军号做法出现的最早记载。在这两条记载中,都明确说明这一做法最早是在明元帝时开始实行的。可以说在明元帝时,出现"假"授将军号的方式,并不是偶然的。因为当时需要通过"假"授将军号的方式,进一步加重担任执事官者的身份地位,而且由于道武帝时开始使领有将军号者可以"依品开府,以置佐吏"[①],所以为适应统军作战与外镇地方的需要,也就扩大了任用僚佐官的人数。而采取"假"授将军号的做法,可以实现这一目的,并且还能够继续保留原来加授的将军号。这应该是明元帝实行"假"授将军号做法的主要原因。

自从明元帝开始实行"假"授将军号的做法,一直到北魏末年,这种做法都在实行。例如,源子雍"还洛,以葛荣久逼信都,诏假子雍征北将军,为北讨都督"[②]。刁整"普泰初,假征东大将军、沧冀瀛三州刺史、大都督,将军如前"[③]。统计《魏书》《北史》《北齐书》《周书》和墓志铭中的记载,从北魏初年到北魏末年,国家"假"授的将军号有:大将军、骠骑大将军、车骑大将军、骠骑将军、车骑将军、卫将军、征北大将军、征南大将军、征东大将军、镇南大将军、镇西大将军、征北将军、征南将军、征西将军、征东将军、镇北将军、镇南将军、镇西将军、镇东将军、中军大将军、镇军将

---

① 《魏书》卷一一三《官氏志》。
② 《魏书》卷四一《源贺传附源子雍传》。
③ 《魏书》卷三八《刁雍传附刁整传》。

军、抚军将军、安北将军、安南将军、安西将军、安东将军、前将军、左将军、右将军、平北将军、平南将军、平西将军、平东将军、征虏将军、冠军将军、辅国将军、龙骧将军、镇远将军、平远将军、立义将军、直阁将军、宁朔将军、建威将军、振武将军、扬武将军、宁远将军、陵江将军、威远将军。此外，"假"授的将军号还有：宁南将军、宁东将军、楚兵将军。但是，在孝文帝官制改革后制定的前、后《职员令》中，却没有将这些将军号列入职官序列中。

统计情况说明，北魏国家"假"授的将军号总共有51种。依据前、后《职员令》规定的将军号品级，最高为大将军，最低则为威远将军。也就是说，上至最高品级的大将军，下至威远将军，北魏国家都可以"假"授给不同职位的官员。不过需要指出的是，在前、后《职员令》的品级规定中，威远将军却不是最低品级的将军号。据前《职员令》规定：最低品级的将军号为广野将军、横野将军、偏将军、裨将军，其品级为九品上。① 后《职员令》规定：最低品级的将军号为偏将军、裨将军，其品级为从九品。② 由此可以明确，在孝文帝官制改革后，北魏国家"假"授将军号，对高品级是没有限制的。《魏故襄威将军东代郡太守尹府君墓志铭》："君讳祥，字僧庆，……假威远将军，统军，行广业郡三戍。"③ 这是从文献和墓志铭中可以看到的"假"授的最低将军号。这一军号在前《职员令》为九品上；后《职员令》为从五品。④ 尽管这一记载还不能够完全反映北魏国家"假"授将军号的最低品级的情况，但是却可以表现出一种趋势，也就是说，"假"授将军号在低品级上是有限定的。

北魏国家所以要限制"假"授低品级的将军号，实际是要对"假"授将军号加以控制。从北魏国家"假"授将军号的实施情况来看，国家一般是通过诏令的方式来实现的。例如，正始二年（505年），仇池氏反叛，"诏光禄大夫杨椿假平西将军，率众以讨之"⑤。又如，延昌四年（515年），"萧衍将

---

① 《魏书》卷一一三《官氏志》。
② 《魏书》卷一一三《官氏志》。
③ 赵超：《魏晋南北朝墓志汇编》，天津古籍出版社，1992年，第120页。
④ 《魏书》卷一一三《官氏志》。
⑤ 《魏书》卷六《宣武帝纪》。

魏晋南北朝将军制与都督制论稿

赵祖悦袭据硖石……诏定州刺史崔亮假镇南将军,率诸将讨之"①。北魏国家以诏令表现"假"授将军号的意志,正是控制"假"授将军号的一种体现。但是北魏国家这种控制"假"授将军号的意图,又与它在需要时授予一些官员"假"授官职的权力的做法相矛盾。

从北魏国家授予官员"假"授官职的情况来看,《魏书·傅竖眼传》:"朝廷以西南为忧,乃驿征(傅)竖眼于淮南。既至,以为右将军、益州刺史,寻加散骑常侍、平西将军、西征都督,率步骑三千以讨张齐。给铜印千余,须有假职者,听六品已下板之。"可见,北魏国家授予征讨都督傅竖眼可以"假"授六品以下官职的权力。这应当是北魏国家使一些国家官员"假"授官职的一般情况。由这种情况决定,就使北魏国家要控制重要官员行使权力,也就不能不对"假"授将军号的最低品级加以限制。当时国家采取这种做法,正是解决矛盾的必要方式。况且更重要的是,北魏国家"假"授将军号,大多数是为征讨军的统帅加授的,这也就决定了"假"授将军号不能够是低品级的将军号。

固然,北魏国家对"假"授将军号,不限制最高品级,只对最低品级加以限制。可是统计《魏书》《北史》《北齐书》《周书》和墓志铭中的记载,可以发现北魏国家"假"授的将军号是比较集中的,主要的将军号有:骠骑将军、车骑将军、卫将军、征北大将军、征南大将军、征东大将军、镇南大将军、镇西大将军、征北将军、征南将军、征西将军、征东将军、镇北将军、镇南将军、镇西将军、镇东将军、中军大将军、镇军将军、抚军将军、安北将军、安南将军、安西将军、安东将军、前将军、左将军、右将军、平北将军、平南将军、平西将军、平东将军、征虏将军、冠军将军、辅国将军、龙骧将军,共三十四种。然而,从北魏初到北魏末,国家"假"授的将军号有五十一种。很显然,这些将军号占全部"假"授将军号五分之三强。从这些将军号的品级上来看,最高品级,在前《职员令》中为一品下,在后《职员令》则为二品。最低品级,前《职员令》中为从三品上,在后《职员令》则为从三品。② 从这些将军地位来看,两晋时期,龙骧将军以上皆为重

---

① 《魏书》卷九《孝明帝纪》。
② 《魏书》卷一一三《官氏志》。

号将军。北魏时期，是否龙骧将军以上均为重号将军，还需要研究。但是从"假"授龙骧将军号以上的将军号的事例来看，确实与龙骧将军以下的"假"授情况存在差异。统计《魏书》《北史》《北齐书》《周书》和墓志铭中的记载，北魏国家从建国初年到北魏末，"假"授将军号的总人数为一百五十八人。可是北魏国家"假"授上述三十四种将军号的人数则为一百二十四人，几乎占全部人数的百分之八十。由此显示，从北魏建国初年到北魏末年，北魏国家为执事官"假"授的将军号，主要是高品级的将军号。从这方面来看，"假"授的将军号与加授的将军号就有很大的不同。

总之，北魏国家在明元帝时期，确切地说，也就是从泰常二年开始实行"假"授将军号。由于这一做法的实行，就使北魏国家授予将军号开始分为两种不同的方式。可以说，这两种方式有较大差异，而且由于从北魏初年到北魏末年，国家根据需要能够向官员"假"授不同的将军号，并且限定"假"授将军号的最低品级，所以，这种"假"授方式已经制度化，进而这种方式与加授将军号一样，实际也是国家将军制度实行的重要保证。

二、"假"将军号的特征及作用

北魏国家建国后，使加授将军号与"假"授将军号两种方式并行，所以也就更加重了将军号的职能。然而，尽管这两种方式都是授予将军号，可是"假"授将军号毕竟与加授将军号不同。那么，以"假"授方式授予的将军号具有怎样的特征呢？这需要从假将军职的出现来考察。

实际上，假将军职最早开始出现，是在秦末项羽的军队中。《史纪·项羽本纪》："项羽晨朝上将军宋义，即其帐中斩宋义头。……当是时，诸将皆慑服，莫敢枝梧。……乃相与共立羽为假上将军。"《史记正义》云："未得怀王命也。假，摄也。"《正义》将"假"释为"摄"，指出了项羽所任假上将军职的特点。也就是说，假上将军只是代理职，而不是正式职。

在两汉，国家对官员职务的任命上多有"假"的记载。《汉书·苏建传附苏武传》："武帝嘉其义，乃遣武以中郎将使持节送匈奴使留在汉者，因厚赂单于，答其善意。武与副中郎将张胜及假吏常惠等募士斥候百余人俱。"颜师古注："假吏，犹言兼吏也。时权为使之吏，若今之差人充使典矣。"

魏晋南北朝将军制与都督制论稿

《后汉书·光武帝纪下》："（建武七年）诏曰：'今国有众军，并多精勇，宜且罢轻车、骑士、材官、楼船士及军假吏。'"李贤注："军假吏，谓军中权置吏也。今悉罢之。"

综合颜师古注与李贤注的看法，秦汉时期的"假"官，实际上包括两方面的意义：一是代理的官职；二是暂时设置的官职。秦汉时期的"假"官制度，在南北朝时期被承袭下来。《南史·庾杲之传》："王俭仍曰：'国家以杲之清美，所以许其假职。若以其即真，当在胡谐之后。'"据王俭所说，南朝的"假"官，就不是真除，只是一种摄代职。

北魏国家也除授"假"官。所谓"假"官，包括对职官的"假"授以及对将军号的"假"授。实际上，北魏时期的文献记载中，与将军号相联系的"假"，具有两种意思：一是表示对将军号的授予方式。例如，"诏假右光禄大夫元遥征北大将军，攻讨法庆"①。二是通过特别授予方式获得"假"将军号。例如，宣武帝诏"除穆辅国将军、假征虏将军、兼尚书左丞、西北道行台"②。综合二者包含的意义，可以归结为："假"将军号是通过"假"授的方式获得的。因此，北魏时期的"假"将军号应该沿袭秦汉时期假官的特征。

从北魏的一些执事官所具有的将军号来看，可以同时领有加授的将军号与"假"将军号。《魏故镇远将军凉州刺史皮使君墓志铭》："君讳演，子荣祖，……（太和）十有五年，高祖首创流品，位置庶官，亲御宝轩，妙选英彦，复除强弩将军，假扬武将军、北征别将。"③《魏书·崔挺传附崔孝芬传》："普泰元年……除孝芬卫将军、荆州刺史，兼尚书南道行台。又除都督三荆诸军事、车骑将军、假骠骑将军。"这些记载说明，北魏国家对执事官同时拥有加授的将军号和"假"将军号，是严格加以区分的。《魏故使持节散骑常侍卫大将军尚书右仆射都督雍岐南豳三州诸军事雍州刺史南平王墓志铭》："朝廷以山西犹梗，民庶未宁，作镇班条，实伫英略，进授使持节、都督秦州诸军事、本将军、秦州刺史、假镇西将军、都督，王如故。"④据此墓

---

① 《魏书》卷九《孝明帝纪》。
② 《魏书》卷四四《费于传附费穆传》。
③ 赵超：《魏晋南北朝墓志汇编》，天津古籍出版社，1992年，第83页。
④ 赵超：《魏晋南北朝墓志汇编》，天津古籍出版社，1992年，第217页。

志可知，加授的将军号与"假"将军号的区别就在于，加授的将军号被视为"本将军"号，所以是正式的将军号；而"假"将军号，则只是摄代的军号。这应该是"假"将军号的重要特征。

北魏的"假"将军号还表现出另一个明显的特征。《魏书·献文六王下·彭城王勰传》："高祖南讨汉阳，假勰中军大将军，加鼓吹一部。……从征沔北，赐帛三千匹。除使持节、都督南征诸军事、中军大将军、开府。"又《魏书·献文六王上·赵郡王干传附元谭传》："元法僧外叛，诏谭为持节、假左将军、别将以讨之。徐州平，迁光禄少卿、行南兖州事、征虏将军、泾州刺史。"这些记载说明，北魏国家为官员"假"授将军号，都是出于征讨作战的需要。而当征讨战争结束，"假"将军号也就为正式的将军号所取代。这些取代"假"将军号的正式将军号，可以是原来的将军号，也可以是新的将军号。因此，"假"将军号只是北魏国家要适应需要而为官员所加的临时军号，并不如同正式将军号那样，具有固定性。

尽管北魏国家对将军号采取"假"授的方式，使官员获得将军号只是一种不固定的临时的摄代军号，可是，"假"将军号起到的作用却是很明显的。可以说，"假"将军号起到的作用是多方面的。

首先，"假"将军号是北魏国家为征讨作战的统帅和将领授予一种象征性的军号。实际上，北魏国家在军事行动中对征讨军统帅和将领的任命，是与"假"授将军号结合在一起的。《魏故使持节平北将军恒州刺史行唐伯元使君墓志铭》："君讳龙，……太和之始，袭爵平舒男。……会北虏寇边，烽燧时警，妙简勋胄，以启戎行。乃假君宁朔将军，龚行北讨。"①又《魏书·孝明帝纪》："（正光四年）萧衍遣将寇边，诏假征南将军崔延伯讨之。"据此可见，北魏国家要进行征讨作战，"假"授将军号是北魏国家任命征讨军统帅的重要环节。

北魏国家任命的征讨军统帅，可以是征讨都督，也可以是中央官员。诸如光禄大夫、武卫将军等，也能由地方的刺史直接担任。从征讨都督的情况来看，《魏书·景穆十二王下·南安王桢传附元英传》："寻诏（元）英使持节、假镇南将军、都督征义阳诸军事，率众南讨。"又《魏书·长孙道生

---

① 赵超：《魏晋南北朝墓志汇编》，天津古籍出版社，1992年，第45页。

传》:"寻而正平郡蜀反,复假(长孙)稚镇西将军、讨蜀都督。"元英所任的都督征义阳诸军事,长孙稚担任的讨蜀都督,都是征讨都督。显然,元英和长孙稚作为征讨军的统帅,都领有"假"将军号。也就是说,征讨都督的任职是与"假"将军号密不可分的。

北魏国家使中央职官直接出任征讨军的统帅,为他们"假"授将军号,就更是不可缺少的做法。《魏书·孝明帝纪》:"(熙平二年)南秦州氐反。二月庚戌,假光禄大夫邴虬抚军将军以讨之。"又《魏书·杨大眼传》:"世宗以大眼为武卫将军、假平南将军、持节,都督统军曹敬、邴虬、樊鲁等诸军,讨茂先等,大破之。"很明显,北魏国家使光禄大夫和武卫将军这些中央官员直接担任征讨军的统帅时,"假"将军号正是他们作为征讨军统帅的象征。

北魏国家使地方刺史直接担任征讨军统帅的情况也是如此。例如,延昌四年,孝明帝"诏定州刺史崔亮假镇南将军,率诸将讨之"①。又如傅竖眼"转昭武将军、益州刺史。……及高肇伐蜀,假竖眼征虏将军、持节,领步兵三万先讨北巴"②。显然,刺史作为征讨军的统帅,一般都要有"假"将军号。

北魏国家不仅使征讨军的统帅领有"假"将军号,并且还使参加征讨军的将领也要领有"假"将军号。据《魏书》《北史》《北齐书》《周书》和墓志铭中的记载,国家官员成为征讨军的将领,多要担任军队中的职官。这些职官有:副将、别将、都将、统军、防城州将等。下面就具体任职的情况列举数例:

1. 中垒将军李彪随孝文帝南征,"假彪冠军将军、东道副将,寻假征虏将军"③。

2. 章武郡王元融,"俄而假征虏将军,随伯父都督中山王为别将"④。

3. 蠕蠕侵掠,孝文帝使怀朔镇将阳平王元颐率众讨伐,元颐"假树

---

① 《魏书》卷九《孝明帝纪》。
② 《魏书》卷七〇《傅竖眼传》。
③ 《魏书》卷六二《李彪传》。
④ 赵超:《魏晋南北朝墓志汇编》,天津古籍出版社,1992年,第205页。

生镇远将军、都将,先驱有功"①。

4. 尚书郎李玚"随萧宝夤西征,以玚为统军,假宁远将军"②。

5. 韦瑱"起家太尉府法曹参军。稍迁直后,除明威将军、雍州治中,假镇远将军、防城州将"③。

这些记载说明,国家官员出任征讨军的这些职官,一般需要"假"授将军号。不过由于他们出任的只是征讨军的将领,因此"假"授将军号的品级要明显低于征讨军统帅的"假"将军号。

北魏国家还能够使国家官员直接担任征讨军的将领。《魏书·高聪传》:"(高聪)使还,迁通直散骑常侍、兼太府少卿,转兼太子左率。……高祖锐意南讨,专访王肃以军事,聪托肃愿以偏裨自效,肃言之于高祖,故假聪辅国将军,统兵二千,与刘藻、傅永、成道益、任莫问俱受肃节度,同援涡阳。"又《魏书·李崇传》:"(明帝)诏崇以本官加使持节、开府、北讨大都督,抚军将军崔暹,镇军将军、广陵王渊,皆受崇节度。又诏崇子光禄大夫神轨假平北将军,随崇北讨。"这些事例说明,国家为官员"假"授将军号,是他们担任征讨军将领的必要条件。这些情况表明,北魏国家设置征讨军的统帅以及随从统帅出征的将领,都要向他们"假"授不同品级的将军号。因此可以说,"假"将军号是征讨军统帅与出征将领身份的标志。

其次,北魏国家能够将"假"将军号作为替代军号授予一些官员。北魏国家对其职官,多加将军号作为他们身份和地位的象征。一般情况下,国家通过授予正式的将军号来达到这种目的。不过在特殊情况下,也采取对官员"假"授将军号的做法。《魏书·邓渊传》:"(邓)贻,袭爵。官至荆州刺史、假宁南将军。"又《魏书·穆崇传》:"(穆)伏真,高宗世,稍迁尚书,赐爵任城侯。出为兖州刺史、假宁东将军、濮阳公。"北魏国家向这些刺史"假"授将军号,显然不是使他们作为征讨军的统帅和将领,而是具有另外的意义。《魏书·薛安都传附薛真度传》:"(薛真度)从安都来降,为上客。太和初,赐

---

① 《魏书》卷三二《高湖传附高树生传》。
② 《魏书》卷五二《李孝伯传附李玚传》
③ 《魏书》卷三九《韦瑱传》。

魏晋南北朝将军制与都督制论稿

爵河北侯,加安远将军。为镇远将军、平州刺史,假阳平公。……寻除假节、假冠军将军、东荆州刺史。"由这一记载来看,薛真度出任平州刺史领有镇远将军号,而改任东荆州刺史后,则"假"授冠军将军号。薛真度担任刺史所领的正式将军号与"假"将军号起到的作用是相同的,都是表明执事官与军号的结合。

北魏国家对于郡守和镇将也能够以"假"将军号作为替代军号。《魏书·裴骏传》:"(裴骏)父双硕,本县令,假建威将军、恒农太守,安邑子。"又《魏书·丘堆传》:"(丘)麟,袭爵。历位驾部令。出为瑕丘镇将、假平南将军、东海公。"皆其事例。

当然,还需要指出的是,北魏后期,国家开始设置当州都督和当郡都督。关于当州都督和当郡都督的设置,《北史·高隆之传》:"魏自孝昌之后,天下多难,刺史太守皆为当部都督,虽无兵事,皆立佐僚,所在颇为烦扰。"据严耕望先生考证,"都督诸军事"与"当州都督"性质本相同,"都督诸军事"已相沿渐成具文,故多难之际又加"当州都督",以增强刺史之军事权力。[①] 正因为如此,北魏国家也要为当州或当郡都督加将军号。在为当州都督或当郡都督所加的将军号中,大部分是"假"将军号。《魏元恭墓志》:"(元恭)永安三年,除安东将军、大司农卿、河南邑中正,仍除使持节、都督东荆州诸军事、中军将军、东荆州刺史,假征南将军、当州都督,余官并如故。"[②]《北齐书·李元忠传附李愍传》:"(李)愍未至襄国,已擒葛荣。……以愍为太守;赐爵襄国侯。永安末,假平北将军、持节、当郡大都督,迁乐平太守。"可资为证。为当州或当郡都督"假"授将军号除了具有象征军号的作用外,还包含另外的意义。《魏书·郑羲传附郑先护传》:"(郑)先护闻庄帝即位于河北,遂开门纳荣。以功封平昌县开国侯,邑七百户。转通常侍,加镇北将军。寻除前将军、广州刺史、假平南将军、当州都督。"又《北齐书·封隆之传》:"永安中,除抚军府长史。尔朱兆等屯据晋阳,魏朝以河内要冲,除隆之龙骧将军、河内太守,寻加持节、后将军、假平北将军、当郡都督。"郑先护任当州都督,封隆之任当郡都督,他们都领有正式

---

① 严耕望:《中国地方行政制度史(乙部)——魏晋南北朝地方制度》,第527页。
② 赵超:《魏晋南北朝墓志汇编》,天津古籍出版社,1992年,第298页。

的将军号，他们的军阶已经很明确。可是，北魏国家还要为他们再"假"授将军号，显然正是要以此更加重他们在军事上的地位。

此外，北魏国家还为归顺的外族首领"假"授将军号。《魏书·太武帝纪》载，始光四年，武都氐主杨玄臣服北魏。太武帝"以氐王杨玄为都督荆、梁、益、宁四州诸军事、假征南大将军、梁州刺史、南秦王"。延和二年（433年），北燕主冯跋之孙冯崇投降北魏。太武帝"诏兼鸿胪卿李继，持节假冯崇车骑大将军、辽西王"。太武帝对臣服的外族首领"假"授将军号，无疑是对他们的笼络。因此，对臣服的外族首领"假"授将军号，实际上起到一种特殊的作用。不过在太武帝之后，不见再有向臣服的外族首领"假"授将军号的做法。因此，以"假"授将军号笼络臣服的外族首领，当是太武帝一朝实行的措施。

三、"假"将军号与正式将军号

北魏国家授予官员将军号分为正式授予和"假"授两种方式，这两种方式是明显不同的。《魏南平王元玮墓志铭》："虽石侯笃慎，刘德允厘，比公之器，未足云拟。乃使持节、假左将军、行徐州事，折冲之任也。还转光禄卿，行兖州事。捍城之举，除征虏将军、泾州刺史，遇患不行。迁平南将军、武卫将军、银青光禄大夫、使持节、假安北将军、幽州大都督。……还京，授司徒左长史，银青如故，仍平南之号。"[①] 这一墓志反映的情况说明，北魏国家为官员提升和改授正式将军号，可以与"假"授将军号同时进行。因此，正式授予与"假"授将军号是完全独立的两种方式。正因为如此，在《魏书》的记载中多见国家在授予官员将军号的同时，又"假"授将军号。例如因蠕蠕主婆罗门入寇凉州，宣武帝"除（费）穆辅国将军、假征虏将军、兼尚书左丞、西北道行台，仍为别将，往讨之"[②]。又如尔朱荣死后，孝庄帝仍以源子恭"兼尚书仆射，为大行台、大都督。寻迁卫将军，假车骑将

---

① 赵超：《魏晋南北朝墓志汇编》，天津古籍出版社，1992年，第217页。
② 《魏书》卷四四《费于传附费穆传》。

魏晋南北朝将军制与都督制论稿

军,率诸将于太行筑垒以防之"①。除此之外,北魏国家还能够对拥有正式将军号的官员,再"假"授将军号。《魏书·李顺传附李裔传》:"(李裔)孝昌中,为定州镇军长史,加辅国将军,带博陵太守。于时逆贼杜洛周侵乱州界,寻假平北将军,防城都督。"即其事例。不过应该注意的是,尽管正式授予和"假"授将军号是两种独立并行的做法,但是当以这两种不同的方式把两个不同的将军号加给同一官员时,正式将军号与"假"将军号之间就自然要相互影响,也就是说,北魏国家为官员授予正式将军号和"假"将军号,是不能不顾及两个将军号的品级的,因而还需要对这一问题做一些阐释。为说明问题,以下列表分三种情况比较说明:

1. "假"授将军号之前官员拥有的将军号与"假"将军号的品级及军号对照表

任职者	正式将军号	正式将军号品级	"假"将军号	"假"将军号品级	史料出处
萧宝夤	骠骑大将军	从一品	大将军	一品	《魏书》卷五九《萧宝夤传》
尔朱天光	卫将军	二品	镇东将军	从二品	《魏书》卷七五《尔朱天光传》
贺拔胜	卫将军	二品	骠骑大将军	从一品	《魏书》卷八〇《贺拔胜传》
贾显智	征南将军	二品	卫将军	二品	《魏书》卷八〇《贾显度传附贾显智传》
元英	镇南将军	从二品	镇南将军	从二品	《魏书》卷一九下《景穆十二王下·南安王桢传附元英传》
刁整	镇东将军	从二品	征东大将军	二品	《魏书》卷三八《刁雍传附刁整传》
李宪	抚军将军	从二品	镇东将军	从二品	《魏书》卷三六《李顺传附李宪传》

---

① 《魏书》卷四一《源贺传附源子恭传》。

续 表

任职者	正式将军号	正式将军号品级	"假"将军号	"假"将军号品级	史料出处
崔亮	抚军将军	从二品	镇南将军	从二品	《魏书》卷六六《崔亮传》
崔模	安东将军	三品	征东将军	二品	《魏书》卷五六《崔辨传附崔模传》
杨昱	安东将军	三品	抚军将军	二品	《魏书》卷五八《杨播传附杨昱传》
傅竖眼	安西将军	三品	镇军将军	从二品	《魏书》卷七〇《傅竖眼传》
崔亮	安西将军	三品	镇南将军	从二品	《北史》卷四四《崔亮传》
元天穆	安北将军	三品	抚军将军	从二品	《魏武昭王元天穆墓志》
长孙道生	右将军	三品	镇西将军	从二品	《魏书》卷二五《长孙道生传》
源子恭	后将军	三品	平北将军	三品	《魏书》卷四一《源贺传附源子恭传》
长孙稚	辅国将军	从三品	平南将军	三品	《魏书》卷八《宣武帝纪》
李裔	辅国将军	从三品	平北将军	三品	《魏书》卷三六《李顺传附李裔传》
李焕	辅国将军	从三品	平西将军	三品	《魏书》卷三六《李顺传附李焕传》
毕祖朽	宁远将军	五品	宁朔将军	从四品	《魏书》卷六一《毕众敬传附毕祖朽传》
阳藻	宁远将军	五品	宁远将军	五品	《魏书》卷七二《阳尼传附阳藻传》
崔孝直	宁远将军	五品	征虏将军	从三品	《魏书》卷五七《崔挺传附崔孝直传》

（列表说明：由于孝文帝官制改革前，对将军号的品级缺少记载，所以表中所列为孝文帝官制改革后的将军号品级。以下两表相同，不再做说明。）

由表中所示，可以分为三种情况："假"授将军号前的正式将军号与"假"将军号的品级相同，有6例。"假"将军号品级高于正式将军号一品级，有11例。"假"将军号品级低于正式将军号二品级，有1例。这些情况表明，北魏国家为官员"假"授将军号，注意到官员原来领有的正式将军号的品级。应该说，官员领有的正式将军号的品级是国家"假"授将军号的重要参照。实际上，北魏国家"假"授的大多数将军号，与官员已经领有的正式将军号品级相同，或者高于官员正式将军号的品级。具体来说，"假"授

魏晋南北朝将军制与都督制论稿

官员的将军号品级等于和高于正式将军号一品级的，共17例，与统计总数22人相比，接近百分之八十。等于二品或者二品以上，只有4例，显然为数不多。而以低于正式将军号一品级"假"授的将军号，只有1例。由此可以判断：北魏国家为领有正式将军号的官员"假"授将军号，通常采取"假"将军号与正式将军号相同，以及高于正式将军号一品级的做法。官员领有的正式将军号品级是国家"假"授将军号品级的参照标准，高于正式将军号，或者低于正式将军号的品级，都以此为标准，进行上下浮动。因此应该说，北魏国家为官员"假"授将军号，并不具有随意性，实际上，官员领有的正式将军号的品级，对"假"授将军号的品级具有比较明显的制约性。

2. 同时授予的将军号与"假"将军号品级对照表

任职者	将军号	将军号品级	"假"将军号	"假"将军号品级	史料出处
长孙道生	抚军大将军	二品	镇南大将军	二品	《魏书》卷二五《长孙道生传》
崔孝芬	车骑将军	二品	骠骑将军	二品	《魏书》卷五七《崔挺传附崔孝芬传》
源子恭	卫将军	二品	车骑将军	二品	《魏书》卷四一《源贺传附源子恭传》
高道穆	卫将军	二品	车骑将军	二品	《魏书》卷七七《高崇传附高道穆传》
常善	卫将军	二品	骠骑大将军	从一品	《周书》卷二七《常善传》
源子恭	征南将军	二品	车骑将军	二品	《魏书》卷四一《源贺传附源子恭传》
郑先护	征南将军	二品	车骑将军	二品	《魏书》卷五六《郑羲传附郑先护传》
尔朱荣	征东将军	二品	车骑将军	二品	《魏书》卷七四《尔朱荣传》
杨昱	征东将军	二品	车骑将军	二品	《魏书》卷五八《杨播传附杨昱传》
萧宝夤	征西将军	二品	车骑大将军	从一品	《魏书》卷五九《萧宝夤传》
郑先护	征西将军	二品	车骑将军	二品	《魏书》卷五六《郑羲传附郑先护传》
杨昱	镇东将军	从二品	车骑将军	二品	《魏书》卷五八《杨播传附杨昱传》
元彧	镇军将军	从二品	征北将军	二品	《魏书》卷九《孝明帝纪》
叱列延庆	抚军将军	从二品	镇东将军	从二品	《魏书》卷八〇《叱列延庆传》

续　表

任职者	将军号	将军号品级	"假"将军号	"假"将军号品级	史料出处
伊盆生	抚军将军	从二品	镇西将军	从二品	《魏书》卷四四《伊䭾传附伊盆生传》
李神	抚军将军	从二品	镇东将军	从二品	《魏书》卷七〇《李神传》
裴衍	抚军将军	从二品	镇北将军	从二品	《魏书》卷七一《裴叔业传附裴衍传》
泉企	抚军将军	从二品	镇南将军	从二品	《周书》卷四四《泉企传》
杨津	安北将军	三品	抚军将军	从二品	《魏书》卷五八《杨播传附杨津传》
董绍	安西将军	三品	抚军将军	从二品	《魏书》卷七九《董绍传》
裴衍	平东将军	三品	安东将军	三品	《魏书》卷七一《裴叔业传附裴衍传》
毕祖晖	平西将军	三品	安西将军	三品	《魏书》卷六一《毕众敬传附毕祖晖传》
郑先护	前将军	三品	平南将军	三品	《魏书》卷五六《郑羲传附郑先护传》
路恃庆	左将军	三品	平东将军	三品	《魏书》卷七二《路恃庆传》
封隆之	后将军	三品	平北将军	三品	《北齐书》卷二一《封隆之传》
费穆	辅国将军	从三品	征虏将军	从三品	《魏书》卷四四《费于传附费穆传》
崔巨伦	中坚将军	从四品	征虏将军	从三品	《魏书》卷五六《崔辩传附崔巨伦传》

表中反映的情况表明：北魏国家在同时授予正式将军号与"假"授将军号时，官员获得两个将军号的品级，可以分为两种情况：一是正式授予与"假"授将军号的品级相同，共20例。二是"假"将军号高于正式授予将军号的品级，共7例。统计数字说明，北魏国家在正式授予与"假"授将军号同时进行时，基本上要保证正式将军号与"假"将军号品级上的一致。特殊情况下，国家使"假"将军号的品级高于正式将军号的品级。尽管在一般情况下，"假"将军号与正式将军号的品级相同，或者略高于正式将军号的品级，但是两个将军号的名称是不相同的。北魏国家正是要以此体现"假"将军号与正式将军号的不同。不过值得注意的是，北魏国家在授予四征将军号时，同时"假"授的将军号都是车骑将军。在这一将军号的授予上，已经具有了相对的固定性。由此可见，北魏国家在同时加授将军号与"假"授将军

号时,实际上是将两个将军号相互比照的。在尽量保证正式将军号与"假"将军号品级一致的基础上,在需要的时候,使"假"授将军号的品级可以高于正式将军号的品级。这应当是正式将军号与"假"将军号在品级上存在差异的一种体现。

3. 官员除授"假"将军号后再加授正式将军号的品级与军号名称对照表

任职者	"假"授将军号	品级	将军号	品级	史料出处
尔朱彦伯	假骠骑大将军	从一品	骠骑大将军	从一品	《魏书》卷七五《尔朱彦伯传》
贾显智	假骠骑大将军	从一品	骠骑大将军	从一品	《魏书》卷八〇《贾显度传附贾显智传》
贺拔胜	假骠骑大将军	从一品	车骑大将军	从一品	《魏书》卷八〇《贺拔胜传》《周书》卷一四《贺拔胜传》
常善	假骠骑大将军	从一品	车骑大将军	从一品	《周书》卷二七《常善传》
萧宝夤	假车骑大将军	从一品	车骑将军	二品	《魏书》卷五九《萧宝夤传》
刁整	假征东大将军	二品	车骑将军	二品	《魏书》卷三八《刁雍传附刁整传》
崔孝芬	假骠骑将军	二品	骠骑将军	二品	《魏书》卷五七《崔挺传附崔孝芬传》
源子恭	假车骑将军	二品	征南将军	二品	《魏书》卷四一《源贺传附源子恭传》
源子恭	假车骑将军	二品	骠骑将军	二品	《魏书》卷四一《源贺传附源子恭传》
郑先护	假车骑将军	二品	征东将军	二品	《魏书》卷五六《郑羲传附郑先护传》
尔朱荣	假车骑将军	二品	车骑将军	二品	《魏书》卷七四《尔朱荣传》
高道穆	假车骑将军	二品	车骑将军	二品	《魏书》卷七七《高崇传附高道穆传》
贾显智	假卫将军	二品	骠骑大将军	从一品	《魏书》卷八〇《贾显度传附贾显智传》
贺拔岳	假卫将军	二品	骠骑大将军	从一品	《魏书》卷八〇《贺拔胜传附贺拔岳传》
元颢	假征西将军	二品	征西将军	二品	《魏书》卷二一上《献文六王上·北海王详传附元颢传》
李宪	假镇东将军	从二品	征东将军	二品	《魏书》卷三六《李顺传附李宪传》

续 表

任职者	"假"授将军号	品级	将军号	品级	史料出处
尔朱天光	假镇东将军	从二品	骠骑将军	二品	《魏书》卷七五《尔朱天光传》
叱列延庆	假镇东将军	从二品	本将军（抚军将军）	从二品	《魏书》卷八〇《叱列延庆传》
长孙道生	假镇西将军	从二品	平东将军	三品	《魏书》卷二五《长孙道生传》
伊盆生	假镇西将军	从二品	征西将军	二品	《魏书》卷四四《伊馛传附伊盆生传》
邢峦	假镇西将军	从二品	安西将军	三品	《魏书》卷六五《邢峦传》
崔亮	假镇南将军	从二品	镇北将军	从二品	《北史》卷四四《崔亮传》
源子雍	假抚军将军	从二品	中军将军	从二品	《魏书》卷四一《源贺传附源子雍传》
杨津	假抚军将军	从二品	抚军将军	从二品	《魏书》卷五八《杨播传附杨津传》
甄琛	假抚军将军	从二品	安北将军	三品	《魏书》卷六八《甄琛传》
董绍	假抚军将军	从二品	征西将军	二品	《魏书》卷七九《董绍传》
李叔仁	假抚军将军	从二品	镇西将军	从二品	《北史》卷三七《李叔仁传》
杨侃	假抚军将军	从二品	镇军将军	从二品	《魏书》卷五八《杨播传附杨侃传》
萧宝夤	假安南将军	三品	安东将军	三品	《魏书》卷五九《萧宝夤传》
薛峦	假安南将军	三品	抚军将军	从二品	《魏书》卷六一《薛安都传附薛峦传》
薛修义	假安南将军	三品	后将军	三品	《北齐书》卷二《薛修义传》
元晖	假安北将军	三品	平南将军	三品	《魏南平王元晖墓志铭》
裴良	假安西将军	三品	征东将军	二品	《魏书》卷六九《裴延俊传附裴良传》

魏晋南北朝将军制与都督制论稿

续 表

任职者	"假"授将军号	品级	将军号	品级	史料出处
奚康生	假安西将军	三品	抚军将军	从二品	《魏书》卷七三《奚康生传》
张熠	假安西将军	三品	抚军将军	从二品	《魏书》卷七九《张熠传》
薛真度	假平南将军	从二品	平南将军	从二品	《魏书》卷六一《薛安都传附薛真度传》
奚康生	假平南将军	三品	平西将军	三品	《魏书》卷七三《奚康生传》
樊子鹄	假平南将军	三品	平北将军	三品	《魏书》卷八〇《樊子鹄传》
羊祉	假平南将军	三品	平北将军	三品	《魏书》卷八九《酷吏·羊祉传》
赵遐	假前将军	三品	平西将军	三品	《魏书》卷五二《赵逸传附赵遐传》
崔元珍	假右将军	三品	右将军	三品	《魏书》卷五七《崔挺传附崔元珍传》
毕祖晖	假征虏将军	从三品	抚军将军	从二品	《魏书》卷六一《毕众敬传附毕祖晖传》
赵遐	假征虏将军	从三品	辅国将军	从三品	《魏书》卷五二《赵逸传附赵遐传》
元融	假征虏将军	从三品	征虏将军	从三品	《魏章武庄王元融墓志铭》
宇文福	假冠军将军	从三品	冠军将军	从三品	《魏书》卷四四《宇文福传》
淳于诞	假冠军将军	从三品	镇远将军	四品	《魏书》卷七一《淳于诞传》
李苗	假龙骧将军	从三品	襄威将军	从六品	《魏书》卷七一《李苗传》
怡峰	假龙骧将军	从三品	明威将军	六品	《周书》卷一七《怡峰传》
韦瑱	假镇远将军	四品	冠军将军	从三品	《周书》卷三九《韦瑱传》
李佐	假平远将军	四品	辅国将军	从三品	《魏书》卷三九《李宝传附李佐传》
李玚	假宁远将军	五品	镇远将军	四品	《魏书》卷五三《李孝伯传附李玚传》

表中情况表明：在"假"授将军号后，北魏国家再授予正式的将军号，可以分为三种情况：一是正式将军号的品级与"假"授将军号的品级相同，这种情况共有 30 例。二是正式将军号的品级高于"假"将军号的品级，共有 11 例。三是正式将军号低于"假"将军号的有 6 例。这就是说北魏国家为官员"假"授将军号后，再授予正式的将军号，大多数是相当于或者高于"假"授将军号的品级。

此外，北魏国家以"假"将军号的品级作为参照，除了能够以与"假"将军号相同的品级，授予官员正式将军号外，以高于"假"将军号的品级授予官员正式将军号，一般只超过一品级，而超过二品级的只是少数。

"假"授将军号后，以低于"假"将军号的品级授予正式将军号的情况，只占比较小的比例，因此，这种情况不是主要倾向。不过需要注意的是，北魏国家以低于"假"将军号品级授予的正式将军号，以低于一品级为多，再次为二品级。因此，加授正式将军还是以"假"将军号的品级作为参照标准的。

以上三表显示的情况表明，尽管北魏国家使"假"将军号与正式将军号相联系的情况不同，但是国家为官员所加的两个将军号是相互影响的。可以说，在一般情况下，北魏国家在为官员加授正式将军号和"假"授将军号时，是将二者相互比照的，因此，为同一官员所加的正式将军号和"假"将军号在品级上就具有比较明显的照应关系。

（原载《文史哲》2009 年第 1 期，收入论文集，略有修改）

北魏孝文帝官制改革后州军府问题的考察

北魏国家为了控制地方,设置了州、郡、县行政组织,而在最高行政组织州中,不仅设置了州府,还设置了军府。北魏国家设置州军府的目的,是为了管理州中军事事务。在孝文帝官制改革后,北魏国家更加强了州军府的设置,并制定了明确的制度保证州军府设置的稳定,因而也就使州中军事事务的管理更为完备。因此,要认识北魏地方军事制度的特点,就不能忽视对州军府问题的考察。前辈学者严耕望先生对北魏的州军府问题进行了细致的考证,并因此提出了一些很值得注意的学术意见。[①] 然而,对北魏的州军府问题,还留有值得继续研究的空间。为此,本文拟对孝文帝官制改革后与州军府相关的问题做一些探讨,进而有益于对北魏后期地方军事制度的认识。

一、州军府的设置与刺史所领将军号品级的关系

北魏孝文帝官制改革后,在行政州实行了设置州府和军府两府的措施。但是军府不同于州府,其设置是与州刺史所领将军号联系在一起的。并且孝文帝官制改革后设置州军府的做法,实际是沿袭官制改革前军府设置的一些规定,所以要说明官制改革后的州军府设置情况,就需要对北魏前期的州刺史和将军号问题做一些阐释。

实际上,在北魏在建国后不久就开始设置州刺史和将军号。《魏书·道武帝纪》:"(皇始元年,351年)初建台省,置百官,封公侯、将军、刺史、

---

① 严耕望:《中国地方行政制度史(乙部)——魏晋南北朝地方行政制度(下册)》,第557—585页。

太守,尚书郎已下悉用文人。"这里提到的"刺史"就是州刺史,而"将军"则指将军号。道武帝设置州刺史和将军号是试图效法晋制。当然,道武帝实行这些做法,也是为了适应北魏国家政治统治的需要。因为北魏建国后,迅速地使带有部落残余的早期国家向完善的国家形态过渡,所以开始采取了州、郡、县行政组织来控制地方。

从北魏前期行政州的设置来看,清人徐文范在《东晋南北朝舆地表》中考证,天兴四年(401年),道武帝已经设置八州,至太和三年(479年),孝文帝设置的州就有三十四州之多。① 因此,州刺史就成为北魏国家统治地方的重要官员。可是,北魏前期国家在任命州刺史的人数上,却不同于晋制。《魏书·官氏志》称:"又制诸州置三刺史,刺史用品第六者,宗室一人,异姓二人,比古之上中下三大夫也。"这就是说,北魏前期一州的刺史需要设置三人。严耀中教授考证,鲜卑族人为州刺史者因身兼数任,故实际上与治民之政务无关,所以在史料上只能见到两位汉人的"对治"。② 也就是说,实际处理正常事务的州刺史也只有二人。由于北魏前期国家设置的州刺史不限于一人,所以对州中行政和军事事务的管理也就表现出复杂性。

就北魏前期将军号的设置而言,当时北魏国家也设置了不同品级的将军号。应该说,北魏前期的将军号主要是仿效晋制设置的。这些沿袭晋制所设的将军号主要有骠骑将军、车骑将军、卫将军、四征、四镇、四安、四平将军等。不过,北魏国家还根据需要,又增设了一些带有鲜卑色彩的将军号。这些将军号主要有:都兵将军、晋兵将军、义兵将军、南统将军、万骑将军等。因此《魏书·官氏志》称:"自太祖至高祖初,其内外百官屡有减置。或事出当时,不为常目,如万骑、飞鸿、常忠、直意将军之徒是也。"但这些将军号的共同特点就是已经虚衔化,只是维系品级、从属个人的一种名位。③

---

① 徐文范:《东晋南北朝舆地表》,《二十五史补编(第五册)》,中华书局,1955年。
② 严耀中:《魏晋南北朝史论》,上海人民出版社,2010年,第240页。
③ 阎步克:《品位与职位——秦汉魏晋南北朝官阶制度研究》,中华书局,2002年,第439页。

魏晋南北朝将军制与都督制论稿

北魏前期，尽管将军号只一种虚衔，但当时北魏国家却要使其与职事官结合在一起。从州刺史任职的情况来看，一般多与将军号有联系。然而，由于州刺史任职情况的复杂，所以在与将军号的结合上，却出现不同的情况，归结起来大体有两种：

一是北魏国家不为州刺史加拜将军号。例如，曲阳侯拓跋素颜"以小统从太祖征讨诸部，初定并州，为刺史……中山平，拜幽州刺史"①。这种没有将军号的刺史，"自魏以来，庶姓为州而无将军者，谓之单车刺史"②。可是，北魏前期国家设置的这种单车刺史并不多见。

二是为州刺史加拜将军号。如长孙道生"太宗即位，除南统将军、冀州刺史"③。穆泰"出为镇南将军、洛州刺史"④。由于北魏官制改革前，受赐爵位要加拜将军号，正如《魏书·官氏志》称："旧制：诸以勋赐官爵者子孙世袭军号"，所以，受爵者所领将军号也可以作为出任刺史时所领的将军号。《魏书·长孙嵩传》："（长孙嵩）累著军功。后从征中山，除冀州刺史，赐爵巨鹿公。"《魏书·奚牧传》："（奚牧）以军功拜并州刺史，赐爵任城公。"在这些记载中，虽然没有提到为出任刺史的长孙嵩、奚牧加拜将军号，但是他们出任刺史是与受赐爵位联系在一起的，所以北魏国家是以封赐爵位加拜的军号作为他们担任刺史所领的将军号。

还需要注意的是，北魏前期，国家还使一些州刺史任都督诸军事。如拓跋他"拜使持节、都督雍秦二州诸军事、镇西大将军、开府仪同三司、雍州刺史，镇长安"⑤。又如拓跋云"除都督徐兖二州缘淮诸军事、征东大将军、开府、徐州刺史"⑥。很明显，刺史任都督诸军事加拜的只有一个将军号。这说明州刺史任都督诸军事就不需要再加拜将军号。由此可见，在孝文帝官制改革前，州刺史与将军号的联系可以分为：无将军号的单车刺史、刺史加领

---

① 《魏书》卷一四《神元平文诸帝子孙·曲阳侯素延传》，中华书局，1974年，第347页。
② 《通典》卷三二《职官十三》。
③ 《魏书》卷二五《长孙嵩传》。
④ 《魏书》卷二七《穆崇传》。
⑤ 《魏书》卷一六《道武七王·阳平王熙传》。
⑥ 《魏书》卷一九中《景穆十二王中·任城王云传》。

将军号、刺史任都督诸军事加领将军号三种情况。严耕望先生考证，刺史之任有不领兵者，称为单车刺史；有领兵者；有领兵且加都督者，凡三等。①严耕望先生所说的刺史领兵、刺史领兵且加都督，就是指刺史加领将军号、刺史任都督诸军事加领将军号两种情况。因为自晋代以来，只有刺史加领将军号才可以领兵，当然，北魏的刺史也是如此。

由于北魏国家要保证刺史或刺史任都督诸军事领兵的需要，因而也就需要在州府之外，再设置管理军事事务的军府。《魏书·陆真传》："（陆真）父洛侯，秦州长史。"《魏书·韦阆传》："（韦范）历镇西大将军府司马，试守华山郡。"陆洛侯所任的州长史、韦范所任的镇西大将军府司马，都是州军府的僚佐官。这说明，北魏前期对州刺史而言，当时国家已经使其可以设置军府。不过，北魏前期国家为州刺史设置军府，还有一些不容易把握的因素。比较明显的就是，担任州刺史者，一般不限于一人，因而也就很难为州刺史设置军府做出制度化的规定。

另外，北魏前期将军号的品级还不是很明确的。因为北魏初年的官阶实行的是九品制，而后来又逐渐演变为正、从品的十八品制。而且从前《职员令》透露出的信息来看，对可以开府置佐的将军号的品级规定，是不明确的。而前《职员令》所反映的这种情况，是能够说明孝文帝官制改革以前的一些情况。正如宫崎市定所言，前《职员令》中的高层的官品大体沿袭了魏晋旧制。前《职员令》不过只是把当时实际执行的制度原封不动地综括其中。②因此可以说，孝文帝官制改革前，北魏国家为州刺史加领将军号还没有形成比较固定的规定，因而州刺史的军府设置也就不具有可以把握的标准。

然而需要明确的是，在北魏前期，由于北魏国家将州刺史做了等次区分，并且还将刺史所领将军号与军府的设置结合起来，应该说，这些做法直接影响了孝文帝官制改革后州军府的设置，实际这也正是北魏后期军府设置应该遵循的规定。

---

① 严耕望：《中国地方行政制度史（乙部）——魏晋南北朝地方行政制度（上册）》，第112页。

② 宫崎市定：《九品官人法研究》，韩昇译，中华书局，2008年，第241-242页。

魏晋南北朝将军制与都督制论稿

太和十五年（491年），孝文帝开始进行官制改革，实行"大定官品"①的措施。他先制定了前《职员令》，又在太和二十三年编定了后《职员令》。这两个《职员令》的制定，使州刺史和将军号的设置更为规范，在刺史和将军号的品级的规定上，则更为明确。

从孝文帝官制改革后的州刺史的情况来看，前、后《职员令》的设置规定是存在差异的。前《职员令》只对司州刺史的设置和品级做了规定，可是还没有明确规定对其他州刺史的设置。而在后《职员令》中，则对州刺史的设置和品级的规定已经明确化。依据后《职员令》的规定，可以明确北魏国家依据控制人口的数量，将所辖州分为上州、中州、下州，并规定上州刺史为三品，中州刺史为从三品，下州刺史为四品。虽然后《职员令》是在太和二十三年（499年）编定的。但是由于孝文帝官制改革后，在刺史的设置和品级上，已经按照规定实行。因此似乎应该这样认为，后《职员令》对州刺史设置，是按固定规定的标准实施的，因此，后《职员令》只是将实际设置州刺史的做法，在进一步明确规定的基础上，做了有条理的编定。可以说，后《职员令》就是对孝文帝官制改革后州刺史设置做法的总结，并且也成为宣武帝以后，北魏国家设置刺史的依据。由此可见，孝文帝官制改革后，州刺史的设置是按照北魏国家规定的品级加以设置的，因而也就与北魏前期刺史的设置还缺少严格的品级规定的情况是完全不相同的。北魏国家将州刺史的设置规范化，自然也就有益于把握影响州军府设置的一些因素。

孝文帝官制改革后，北魏国家还改变州刺史的任职人数。《魏书·郑羲传》："（赵懿）出为征虏将军、齐州刺史，寻进号平东将军。"这说明，官制改革后的州刺史只能由一人任职。也就是说，北魏前期州刺史由三人任职的规定已经被废除。由于北魏国家实行这种做法，也就使掌管州军府的府主能够实现固定的设置，进而也就改变了北魏前期军府府主设置不明确的状况。当然，孝文帝官制改革后，对州刺史的设置还有承袭的做法。这种做法主要表现为刺史还可以担任都督诸军事。如元澄"除都督淮南诸军事、镇南大将军、开府、扬州刺史"②。元干"拜使持节、都督南豫郢东荆三州诸军事、征

---

① 《魏书》卷七下《孝文帝纪下》。
② 《魏书》卷一六《道武七王·阳平王熙传》。

南大将军、开府、豫州刺史"①。也就是说，可以领兵的州刺史依然分为州刺史加拜将军号、州刺史任都督诸军事加拜将军号两等次。由于北魏国家还使州刺史有等次划分，因而也就使不同等次的州刺史所领将军号的品级存在差异，进而也就造成州军府设置规模的不同。

孝文帝实行官制改革，很重要的一点就是，在将军号的设置上，也做了较大的调整。北魏国家所做的调整主要包括：一是仿效晋制，废除北魏前期所设的一些带有鲜卑色彩的将军号。诸如都兵将军、晋兵将军、宋兵将军、吴兵将军等。因为这些将军号都是晋代不曾设置的。二是通过制定前、后《职员令》使将军号的名号和品级规定都明确化、固定化。由于前、后《职员令》实行了正、从品的职官官阶，并确定为十八品级，因此北魏国家正是依据十八品级来确定将军号的等次。

当然需要看到的是，前、后《职员令》对将军号的规定，还略有一些差异。诸如前《职员令》没有设置冠军将军、平远将军等，在后《职员令》中却增加了这些将军号。尤其是在将军号的品级规定上，后《职员令》在前《职员令》的基础上，做了较大的调整。这种调整主要表现在：一是后《职员令》减少一品将军的设置，将前《职员令》划为一品的骠骑将军、车骑将军、卫将军都降为二品；二是后《职员令》使将军号合理地分布在十八品级范围内，进而改变了前《职员令》在从九品序列上，没有将军号设置的状况。也就是说，在前《职员令》中规定为九品的偏将军、裨将军，后《职员令》则将其划为从九品。

北魏国家对将军号做了这种明确的品级规定，就使州刺史加拜将军号有了可以把握的品级依据，进而也就使州军府的设置有了能够比照的固定标准。一如前述，由于孝文帝官制改革后，北魏国家依然将可以领兵的州刺史分为州刺史加将军号与州刺史任都督诸军事加将军号两等次，因此，需要对这两等次州刺史所领将军号的品级分别考察。以下依据《魏书》和墓志铭中的相关记载，将孝文帝官制改革后州刺史与州刺史任都督诸军事所领将军号的品级情况整理为两表：

---

① 《魏书》卷一九中《景穆十二王中·任城王云传》。

表 1　孝文帝官制改革后州刺史所领将军号的名称和品级

州刺史所领将军号的名称	刺史所领将军号的人数	前《职员令》中的品级	后《职员令》中的品级
骠骑大将军	13	一品中	从一品
车骑大将军	3	一品中	从一品
卫大将军	2	一品下	二品
骠骑将军	8	一品下	二品
车骑将军	3	一品下	二品
卫将军	4	一品下	二品
征东大将军	1	从一品下	二品
征北大将军	1	从一品下	二品
镇北大将军	2	从一品下	二品
征东将军	5	从一品中	二品
征南将军	4	从一品中	二品
征西将军	1	从一品中	二品
征北将军	3	从一品中	二品
镇东将军	12	从一品中	从二品
镇西将军	2	从一品中	从二品
镇南将军	4	从一品中	从二品
镇北将军	6	从一品中	从二品
中军大将军	1	从一品中	从二品
抚军大将军	1	从一品中	从二品
中军将军	4	从一品下	从二品
镇军将军	1	从一品下	从二品
抚军将军	20	从一品下	从二品
安东将军	17	二品下	三品

续　表

州刺史所领将军号的名称	刺史所领将军号的人数	前《职员令》中的品级	后《职员令》中的品级
安西将军	20	二品下	三品
安南将军	5	二品下	三品
安北将军	15	二品下	三品
前将军	10	从二品上	三品
后将军	11	从二品上	三品
左将军	17	从二品上	三品
右将军	13	从二品上	三品
平南将军	9	从二品上	三品
平北将军	26	从二品上	三品
平东将军	16	从二品上	三品
平西将军	16	从二品上	三品
征虏将军	54	三品上	从三品
辅国将军	21	三品上	从三品
龙骧将军	19	三品上	从三品
前军将军	1	从三品上	从四品
镇远将军	6	从三品下	四品
安远将军	2	从三品下	四品
显武将军	1	从三品下	四品
昭武将军	1	从三品下	四品
宁朔将军	1	四品上	从四品
建威将军	1	四品中	从四品
冠军将军	19	不设	从三品
平远将军	1	不设	四品

表 2　孝文帝官制改革后州刺史任都督诸军事所领将军号的名称和品级

刺史任都督诸军事所领将军号的名称	刺史任都督诸军事所领将军号的人数	前《职员令》中的品级	后《职员令》中的品级
骠骑大将军	15	一品上	从一品
车骑大将军	1	一品上	从一品
骠骑将军	1	一品下	二品
车骑将军	4	一品下	二品
卫将军	4	一品下	二品
征东大将军	2	从一品上	二品
征西大将军	1	从一品上	二品
征南大将军	1	从一品上	二品
征北大将军	4	从一品上	二品
镇南大将军	1	从一品上	二品
征东将军	2	从一品中	二品
征南将军	2	从一品中	二品
征西将军	2	从一品中	二品
征北将军	1	从一品中	二品
镇南将军	2	从一品中	从二品
镇西将军	1	从一品中	从二品
抚军大将军	1	从一品中	从二品
镇军将军	1	从一品下	从二品
安东将军	1	二品下	三品
安南将军	1	二品下	三品
平南将军	3	从二品上	三品
平北将军	1	从二品上	三品

对照以上两表可以发现：孝文帝官制改革后，刺史加领将军号与刺史任都督诸军事加领将军号的品级的上限，在前、后《职员令》的规定中是相同的。也就是骠骑大将军、车骑大将军是州刺史与州刺史任都督诸军事所领的最高品级的将军号。从州刺史与刺史任都督诸军事所领将军号的品级下限来

看，则存在明显差别。

由表中所示可知，州刺史任都督诸军事所领将军号的品级下限为平南将军、平北将军。这两个将军号在前《职员令》中规定为从二品，在后《职员令》中则规定为三品。与州刺史任都督诸军事不同，州刺史所领将军号的品级下限为宁朔将军、建威将军。这两个将军号在前《职员令》规定为四品，在后《职员令》中则规定为从四品。由此可见，北魏国家要使州刺史与刺史任都督诸军事等次差别可以从所领将军号的品级中体现出来，不是依据所领将军号的上限品级，而是依据所领将军号的下限品级。这说明，北魏国家为州刺史与州刺史任都督诸军事加拜将军号，是很注意限定将军号的下限品级的。

孝文帝官制改革后，北魏国家限制州刺史与州刺史任都督诸军事的将军号的下限品级，一方面是要体现二者的等次差别；另一方面，更重要的是要确定州刺史与州刺史任都督诸军事能够设置军府的将军号的品级界限。应该说，孝文帝官制改革后，北魏国家将军府的设置与将军号更为紧密地结合在一起。可是在前、后《职员令》对将军号与军府结合的规定，却存在一些差异。

就前《职员令》的规定而言，只明确提到中军、镇军、抚军将军能够"开府置佐"，可是，在前《职员令》中，中军、镇军、抚军将军为从一品下。可以说，北魏国家是不可能将可以"开府置佐"的将军号的品级做这样高的规定的。因此，这种规定表明，前《职员令》对"开府置佐"的将军号的品级规定还是不完善的。

然而，与前《职员令》不同，后《职员令》的规定，对能够"开府置佐"的将军号的品级开始明确化。后《职员令》中，有从第一品将军开府长史的设置，其品级为四品，为僚佐官的最高品级。依次有第二品将军、从第二品将军、第三品将军、从第三品将军、四品正、从将军、五品正、从将军的不同僚佐官的设置。而且还明确规定，军府僚佐官的最低品级为从第二品将军、二藩王长兼行参军，其品级为从九品。北魏国家对军府僚佐官的这种规定，说明国家所设将军号能够"开府置佐"的最低品级，应该为从五品。因此，依据以上两表所示，可以明确北魏国家为州刺史与刺史任都督诸军事加拜的将军号的下限品级，都为从四品以上的原因。

应该说，北魏国家采取这种做法的目的，正是要使州刺史与州刺史任都督诸军事领有将军号的品级都不能低于可以设置军府的标准。由此可见，在孝文帝官制改革后，由前《职员令》的制定，再到后《职员令》的编制，就使能够设置军府的刺史所领将军号的品级规定越来越明确，并形成了固定下限品级的限定标准，进而也就有效地保证了州军府设置的稳定化。

综上可见，孝文帝官制改革前，尽管北魏国家已经将刺史分为单车刺史、领有将军号的刺史、领有将军号的刺史任都督诸军事三等次，并使领有将军号的州刺史与领有将军号任都督诸军事的刺史，都可以设置军府，以保证对州所属军队地统率。然而，因为北魏前期国家实行三人担任州刺史的做法，并且对所领将军号的品级规定也没有完全实现有序化，也就很难把握州军府设置的标准，因而也就不易保证州军府设置的固定化。因此，可以说孝文帝改革前，因为北魏国家使州军府设置缺少明确的职官品级规定，所以也就带有较多的随意性。

可是，孝文帝官制改革后，北魏国家制定了前、后《职员令》，尤其是在太和二十三年（499年），后《职员令》的制定，就使州刺史和将军号的品级规定明确化和固定化，所以，也就使州军府的设置有了可以遵循的规定。在这些规定中，很重要的就是，后《职员令》确定了州刺史设置军府应该加拜将军号的下限品级为从五品，因此这就使州军府设置有了明确的限定标准。正是在这个标准的制约下，就避免了州军府设置无序化情况的出现，并且可以将州军府设置纳入制度规定的范围之内，进而也就使北魏国家能够有效地掌握州军府的设置。

二、州军府的职官组成及职能

孝文帝官制改革后，北魏国家对州军府的职官组成有更明确的规定。可以说，各州军府的职官可以分为府主和僚佐官。从州军府的府主来看，是由领有将军号的刺史担任。因此，《魏书》中就有征虏府、后军府、抚军府等不同的记载，以此表明州军府府主的任职是与所领将军号结合在一起的。而且为了表明不同州的府主，《魏书》中的一些记载还明确注明设置军府的州名，如荆州骠骑府、扬州车骑府、幽州左将军府、幽州平北府、光州征虏府等。

当然，州刺史能够成为府主，在所领将军号的品级上是有严格限定的。正如上节所述，在太和二十三年（499年），因后《职员令》的制定，将可以设置军府的将军号品级明确规定为从五品。这就是说，只有领有从五品以上将军号的州刺史，才能够成为州军府的府主。不过还需要指出的是，在州刺史担任都督诸军事后，也就成为都督府府主。然而，北魏对都督府与州军府的设置是不作明确区分的。《魏书·孝文五王·京兆王愉传》："（元愉）拜都督、徐州刺史，以彭城王中军府长史卢阳乌兼长史，州事巨细，委之阳乌。"显然，北魏国家并没有为任都督的州刺史专门设置都督府，而是要由州军府处理相关事务。然而，都督府府主可以控制的区域要大于州军府府主，这是与州军府府主的不同之处。因为都督诸军事掌控的地方，不限于一州，而是由多州组成的都督区。① 至于都督府府主的地位，则依然要根据将军号的品级来确定，因而也就与州军府府主没有太大的差别。因为领有从五品以上将军号的州刺史能够设置军府，这也就使州刺史对地方的治理出现州府和军府共同管理的情况。

但州府和军府在事务的处理上却是有区分的。州府主要管理民事，而军府则主管军事。由于州刺史担任两府府主，所以也就要将民事和军事一并加以管理。不过，对于担任军府府主的刺史而言，重要的职责则是对军事事务的处理。《魏书·宣武帝纪》："（正始元年）江州刺史、曲江公陈伯之破萧衍将赵祖悦于东关。丙辰，东荆州刺史杨大眼大破群蛮樊季安等。"《魏书·明帝纪》："（熙平元年）萧衍衡州刺史张齐寇益州，复以傅竖眼为刺史以讨之，频破贼军，斩其将任太洪首。"说明州刺史能够统率州军征战，自然作为军府府主的刺史，需要全面管理军府的军事事务。

实际上，北魏国家使担任军府府主的刺史，在对军事事务的管理上只起到总领的作用，而对州军府的具体事务的处理，则要由军府的僚佐官掌管。从孝文帝官制改革的情况来看，已经涉及州军府僚佐官的设置。关于北魏州军府僚佐官的组成，严耕望先生做了细致的考证：州军府僚佐可分为上佐、分职诸曹参军、门下诸吏和诸都将四类，包括长史、司马、咨议参军、功曹

---

① 严耕望：《中国地方行政制度史（乙部）——魏晋南北朝地方行政制度（下册）》，第436-438页。

史、主簿、典签、录事参军、记室参军、功曹参军、户曹参军、仓曹参军、中兵参军、外兵参军、骑兵参军、铠曹参军、城局参军、长流参军、刑狱参军、法曹参军、默曹参军、士曹参军、田曹参军、水曹参军、集曹参军、参军事、行参军、长兼参军事、参军督护、防城都督、统军等。① 可见，北魏国家对州军府僚佐官的设置规定已经很系统。然而，这一系统的州府僚佐官的设置，却是逐渐完善的。

从前《职员令》的规定来看，有诸开府司马、诸开府长史、诸开府从事中郎、诸开府咨议参军、诸开府正参军、诸开府主簿、诸开府行参军、诸开府掾属、诸开府令史的设置。前《职员令》提到的"诸开府"就是"公府"之外的可以开府的官员，其中包括可以开府的将军。但在前《职员令》中，又特别规定，中军将军、镇军将军、抚军将军可以设置司马、长史、正参军、行参军，并规定了这些僚佐官的品级。前《职员令》的这种规定，明确了能够开府的将军设置僚佐官的类别，而且还将中军将军、镇军将军、抚军将军设置僚佐官做了特别的规定。应该说，前《职员令》对军府僚佐官的设置已经有了规定，但是还明显存在一些不完善之处。尽管如此，前《职员令》的规定，却表明州军府僚佐官设置的随意性已受到很大限制。

如前所述，太和二十三年编定的后《职员令》，则对军府僚佐官设置的规定已经明确和完善化。后《职员令》的规定，实际是将将军号的品级与设置军府僚佐官的类别和品级联系在一起。也就是说，由于将军号的品级不同，设置军府僚佐官的类别和品级也就有很大的差别。以后《职员令》中从一品将军所设僚佐官为例，可以看到，北魏国家允许设置的僚佐官有：长史、司马、咨议参军、录事参军、功曹参军、记室参军、户曹参军、仓曹参军、中兵参军、功曹史、主簿、列曹参军、参军事、列曹行参军、长兼行参军、参军督护、从事中郎、掾属、祭酒。② 可是，后《职员令》规定四品、五品将军所设僚佐官则有：长史、司马、录事参军、功曹参军、户曹参军、仓曹参军、中兵参军、主簿、列曹参军、列曹行参军。③ 很明显，从一品将

---

① 严耕望：《中国地方行政制度史（乙部）——魏晋南北朝地方行政制度（下册）》，第560-581页。

② 《魏书》卷一一三《官氏志》。

③ 《魏书》卷一一三《官氏志》。

军可以设置僚佐官的类别要多于四品、五品将军。

从州军府僚佐官的品级来看，实际也受到将军号品级的制约。后《职员令》规定，从二品将军的长史为四品；而五品将军的长史则为从七品。从二品将军的司马为四品；而五品将军的长史则为从七品。①很显然，将军号的品级越高，所设军府僚佐官的品级也就越高。日本学者滨口重国考证，南北朝均依刺史所带将军称号的高低设置其府的官吏数额以及官品的等级。越是持有高位将军称号者，越可以拥有地位好的官吏，并且数量也越多。②滨口重国的看法，是符合北魏后期军府僚佐官设置情况的。由此可见，由于后《职员令》的制定和实行，就使北魏后期州军府僚佐官的设置更为规范。很显然，因为后《职员令》明确规定了依据将军号的品级确定僚佐官的类别和品级的做法，所以就将北魏后期州军府僚佐官的设置纳入有序化的制度规定的范围内，也就是说，北魏后期州军府僚佐官的类别和品级要依据府主所领将军号的品级加以限定。

由于孝文帝官制改革后，北魏国家使州军府僚佐官设置的类别和品级与刺史所领将军号密切结合，并随将军号的品级改变而变动，因此，为了保证军府僚佐官设置的稳定，在一般情况下，也就不轻易变动刺史所领的将军号。在《魏书》中，将刺史保持原来所领的将军号称为"本号"，或"本将军"。例如，穆绍"乃授使持节、都督冀瀛二州诸军事、卫将军、冀州刺史……未几，复以本号开府，为定州刺史"③。元世遵"寻迁骁骑将军，出为征虏将军、幽州刺史……肃宗时，以本将军为荆州刺史"④。北魏国家的这种做法，自然能够使州府僚佐官与府主可以保持密切的联系，进而也就有益于协调对军事事务的管理。不过，在州刺史任职期间，北魏国家为了统治的需要，也要改变一些刺史所领的将军号。统计《魏书》和墓志铭中的记载，北魏国家使州刺史将军号的改变，可以分为两种情况：一是改变州刺史所领将

---

① 《魏书》卷一一三《官氏志》。

② 滨口重国：《所谓隋的废止乡官》，刘俊文主编《日本学者研究中国史论选译（四卷）》，中华书局，1992年，第327页。

③ 《侍中尚书令太保使持节都督冀相殷三州诸军事大将军冀州刺史司空穆公墓志铭》，赵超《汉魏南北朝墓志汇编》，天津古籍出版社，2008年，第283页。

④ 《魏书》卷一六《道武七王·清河王绍传》。

军号的名号，但改变的将军号的品级与原将军号的品级相同。《魏书·景穆十二王下·南安王桢传》："（元熙）寻除平西将军、东秦州刺史，进号安西将军。"《魏书·王宪传》："（王云）出为冠军将军、尚书、兖州刺史，寻进号征虏将军。"元熙原来所领平西将军与所进安西将军，在后《职员令》中都为正三品；王云原来所领冠军将军与所进征虏将军，在后《职员令》中则都为从三品。① 显然，元熙、王云所领将军号的变化，只是序位的改变，并没有出现品级的变动。这就是说，州刺史所领将军号的这种变动，自然不能改变州军府僚佐官的组成。

二是改变州刺史所领将军号的名号，将军号的品级也随之变化。《魏书·陆俟传》："（陆昕之）迁司徒司马，加辅国将军，出为兖州刺史。寻进号安东将军。"在后《职员令》中，陆昕之原来所领辅国将军为从三品，进号后的安东将军，则为正三品。可见陆昕之的将军号提高了一品级。在北魏后期，这种提升军号情况并不少见。统计《魏书》记载，卢昶、郑懿、元世遵、元世俊、源子恭、韦础、崔休、杨椿、杨顺等人任州刺史时，他们所领将军号不仅名号改变，并且都提高了一品级。州刺史所领将军号品级的变化，对军府的僚佐官设置的影响是明显的。下面以三品和从三品将军所设僚佐官为例，来说明这种影响。

后《职员令》规定，三品将军可以设置的僚佐官有：长史、司马、咨议参军、录事参军、功曹参军、记室参军、户曹参军、仓曹参军、中兵参军、功曹史、主簿、列曹参军、参军事、列曹行参军。而从三品将军设置的僚佐官则缺少咨议参军、记室参军。② 因此，其所设僚佐官的类别，明显少于正三品将军。正三品将军所设的最高品级的僚佐官为长史，从三品将军也为长史。但三品将军的长史为从五品，而从三品将军的长史则为正六品。正三品将军的最低品级的僚佐官为列曹行参军，从三品将军的也为列曹行参军。但三品将军的列曹行参军的品级为正八品上阶，而从三品将军的列曹行参军则为八品下阶。③ 很显然，正三品将军与从三品将军的僚佐官的品级也存在差

---

① 《魏书》卷一一三《官氏志》。
② 《魏书》卷一一三《官氏志》。
③ 《魏书》卷一一三《官氏志》。

别。这种差别正是由将军号品级的变化造成的，因而也就直接影响军府僚佐官的组成。很显然，北魏国家对提升了将军号品级的州刺史，要使原来所设军府不变，却要增加僚佐官的类别，并提高僚佐官的品级，这是很难做到的。因为北魏国家对州刺史军府僚佐官的类别和品级的规定是严格的。《魏书·常景传》："尚书元苌出为安西将军、雍州刺史，请景为司马，以景阶次不及，除录事参军、襄威将军，带长安令。"可见，因常景原来所任职官的阶次达不到任安西军府司马的标准，所以只能任低于司马品级的录事参军。因为北魏国家对州军府僚佐官品级的严格控制，当然要制约原来军府僚佐官的任用。

不仅如此，北魏后期国家遵循依阶授官的升迁原则，州军府僚佐要获得升迁并不是一件容易的事情，并且北魏后期考课制度的定型，也就使官员必须通过考课来实现官品迁转。[1] 由于这些因素，就使将军号品级提升的州刺史必须重新设置军府和组成僚佐官。在《魏书》中，一般将重新设置军府和组成僚佐官的做法，称为"府解"。《魏书·李先传》："（李子预）出为征西大将军长史，带冯翊太守。积数年，府解罢郡，遂居长安。"《魏书·韩秀传》："（韩秀）后除镇北府司马。初，试守常山。府解，复为平北长史。"这些事例说明，以新军府取代原来的军府，即采取"府解"的做法，这是经常发生的。由于州刺史所领将军号品级变动所造成的"府解"情况的出现，就使原来军府僚佐官很少能够在新军府留任。《魏书·李宝传》："（李思穆）寻除司徒司马。彭城王勰为定州，请为司马，带巨鹿太守。勰徙镇扬州，仍请为司马。府解，除征虏将军、太中大夫。"显然，在"府解"后，原州军府僚佐官可以转任其他职官。《魏故员外散骑常侍清河崔府君墓志铭并序》："景明三年，（崔猷）除荆州征虏府长史，又加明威将军。永平二年，除定州安北府司马。历赞府僚，所在流称，剖符作守，治有能名。"《魏书·韦阆传》："（韦嵩遵）后除夏州平东府长史，转荆州骠骑府司马。"这些事例说明，原来州军府僚佐官也能转任至其他军府任职。由此可见，由于州刺史所领将军号的品级提升，只能以新军府取代原军府，并要以新组成的僚佐官取代原来军府的僚佐官，而原军府僚佐官留任新军府的情况，实际是很少见

---

[1] 钟盛：《北魏军府制度考论》，《魏晋南北朝隋唐史资料》，2012 年，第 1 期。

的。州军府僚佐官,一般都要因"府解"而发生变动,因此,这也就成为僚佐官组成的一个重要的特点。

北魏后期国家依据州刺史所领将军号的品级规定僚佐官的组成,因而也就使军府设置的规模出现大小不同的差别,并且不同的僚佐官具体掌管的事务也不尽相同。尽管如此,州刺史僚佐官在掌管事务上,却有共同之处。《魏书·宋弁传》:"(宋燮)为征北李平司马,北殄元愉,颇有赞谋之功。"这正说明州府僚佐官具有协助府主处理军事事务的职责。具体说来,州府僚佐官所从事的事务是多方面的。例如,《魏书·太武五王·临淮王谭》载元深上表称:"……又骠骑长史祖莹,昔在军中,妄增首级,矫乱戎行,蠹害军府,获罪有司,避命山泽。"表明军府僚佐官负有检核州兵军功的责任。州军府僚佐官对州兵的辎重也负有掌管的责任。《魏书·张普惠传》:"诏普惠以本官为持节、西道行台……送南秦、东益二州兵租,分付诸戍。"这里提到行台要掌握作战州兵辎重的调拨,但具体事务的处理,却应该是由南秦州和东益州军府处理的。当然,州府僚佐官所管理的事务,并不只限于此。不过,由此可以看出,在对州军府的具体军事事务的处理上,实际需要军府的僚佐官分别管理,各司其职。

总之,在孝文帝官制改革后,尤其是后《职员令》的制定,使州军府职官的设置,已经明确和规范化。州军府的府主正是由加拜将军号的州刺史与刺史兼任都督诸军事担任。实际上,军府府主需要总领州中军事事务,而州军府僚佐官则需要依照州刺史所领将军号的品级来设置。可以说,州刺史所领将军号的品级决定军府设置僚佐官类别的多少和品级的高低。州刺史所领将军号的品级提升,一般需要实行"府解"的做法,以新的军府取代原来的军府,并组成新军府的僚佐官。这些僚佐官要协助府主处理军府中具体的军事事务。因此可以明确,由于孝文帝官制改革后,州军府府主和僚佐官的设置纳入固定的制度规定范围之内,于是就能有效地避免军府设置混乱状况的发生,进而也就保证了作为军事指挥机构的州军府的稳定设置。

三、州军府对州兵的征召与统领

如前所述,孝文帝官制改革后,由于对军府府主和僚佐官设置有明确的规定，因此就使军府成为能够有效地统领所辖军队的指挥机构。实际上，北魏国家使州军府有管辖的军队，这些军队被称为州兵。尽管州兵属于地方军队，但与中央禁卫军一样，都是重要的军事力量。应该说，地方州兵在北魏建国后不久就开始设置。《魏书·景穆十二王下·章武王太洛传》："（拓跋彬）仍除征虏将军、汾州刺史……彬奉诏大惧，而率州兵，身先将士，讨胡平之。"这说明，在孝文帝改革前，州兵在征讨作战中已经起到重要作用。

在孝文帝改革后，北魏国家更注意在军事行动中使用州兵，因而还继续沿袭北魏前期的做法，使州兵参与镇戍地方和出征作战。《魏书·李宝传》："（李韶）既葬之后，有冀州兵千余人戍于荆州。"就是使用州兵镇戍地方的事例。在平定小规模的叛乱时，北魏国家一般都要派遣州兵征战。如崔伯骥"后兼冀州长史。大乘贼起，伯骥率州军讨之于煮枣城"①。当然，北魏国家也使州兵参与大规模的征讨作战。《魏书·李冲传》："（李冲）兼左仆射，留守洛阳。车驾渡淮，别诏安南大将军元英、平南将军刘藻讨汉中，召雍、泾、岐三州兵六千人拟戍南郑，克城则遣。"说明北魏国家发动大的征讨作战时，一般也要征召州军协助作战。

由于州兵在镇戍地方和参与征讨作战中起到重要的作用，所以北魏国家对州军府征召和统领州兵都有明确的规定。北魏国家赋予州军府征召军队职责的目的主要是保证实现州兵的集结。从州军府征召的对象来看，应该说是比较复杂的。但细缕《魏书》记载，可以看出主要的兵员是来自于军户。北魏的军户，是世代为兵的家庭，具有单独的户籍。孝文帝改革后，虽然采取放免一些军户的措施，但是，在地方仍然有很多兵户的存在。《魏书·明帝纪》载正光五年（524年）孝明帝诏："诸州镇城人，本充牙爪，服勤征旅，契阔行间，备尝劳剧……诸州镇军贯，元非犯配者，悉免为民，镇改为州，依旧立称。"虽然这是孝明帝放免军户的诏令，但由此可以看出，在北魏后期各州仍有很多军户还保留"军贯"，也就是军籍。《北齐书·魏兰根传》："（魏兰根）因说（李）崇曰：'……宜改镇立州，分置郡县，凡是府户，悉免为民，入仕次叙，一准其旧，文武兼用，威恩并施。'"这里提到的"府户"，也就是军户。既然在文献记载中，也将军户称为"府户"，说明军户是需要

---

① 《魏书》卷二四《崔玄伯传》。

魏晋南北朝将军制与都督制论稿

通过州军府的征召，才能成为军府所辖的州兵。

由于北魏后期，当时国家对军户的"放免"和战事的频繁发生，因而对兵员的需求也随之增多，所以北魏国家也征发一些汉族编户民当兵。高敏先生考证，普遍征发汉族人服兵役，采取轮番上戍的方式，即期而代，故曰"番代之兵"，简称"番兵"。① 这种"番兵"，实际上就是征兵。北魏后期，国家在发生重大战事时，常要征发这种士兵。《魏书·孝文帝纪下》载太和二十一年（497年），孝文帝"诏冀、定、瀛、相、济五州发卒二十万，将以南讨"。《魏书·宣武帝纪》载正始三年（506），宣武帝"诏发定、冀、瀛、相、并、肆六州十万人以济南军"。这说明，北魏国家征发的这些州兵不是来自军户，而是来自"番代"的汉族编户民。

由于对这些汉族"番兵"的征发是以州为单位的，所以尽管是北魏皇帝下诏征发，但是具体征召各州"番代"的士兵，则是应该由州军府具体负责的。北魏后期，国家为保证军队有比较充足的士兵来源，还实行招募的做法，一些州兵就来自招募。如杨椿"驰驿诣并肆，赍都督绢三万匹，募召恒朔流民，拣充军士"②。唐景宣"为持节、都督，于东郡召募侨居流民二千人，渡河随便为栅，准望台军"③。这些被招募的士兵，不同于军户兵，也不同于"番代"的士兵。他们应募当兵，是为了获得钱财，因此也就称其为募兵。实际上，北魏后期国家已经将这些募兵作为军队士兵重要的补充。尤其是北魏末年，多有北魏皇帝下诏募兵的做法。如建义元年（528年），孝庄帝"诏直寝纪业持节募新免牧户，有投名效力者授九品官"④。普泰元年（531年），前废帝"诏右卫将军贺拔胜并尚书一人募伎作及杂户从征者，正入出身，皆授实官，私马者优一大阶"⑤。应该说，北魏国家的一些募兵，主要是由州刺史招募的。《魏书·道武七王·阳平王熙传》："（益州刺史元法僧）素无治干，加以贪虐，杀戮自任，威怒无恒。王贾诸姓，州内人士，法僧皆召

---

① 高敏：《北魏的兵户及其演变》，《魏晋南北朝兵制研究》，大象出版社，1998年，第319页。
② 《魏书》卷五八《杨播传》。
③ 《魏书》卷一《孝庄帝纪》。
④ 《魏书》卷一《孝庄帝纪》。
⑤ 《魏书》卷一一《前废帝纪》。

为卒伍，无所假纵。"《魏书·杨播传》："（杨椿）为雍州刺史……及萧宝夤等军败，北地功曹毛洪宾据郡引寇，抄掠渭北。侃启椿自出讨之。遂购募战士，信宿之间得三千余人。"这说明，由州军府所辖的出征作战的州兵中，一部分就来自募兵。

北魏末年，由于地方军事势力的强大，因而他们的私人武装——部曲、家兵也就发展起来。《北齐书·文宣帝纪》："魏自孝昌之季，数钟浇否，禄去公室，政出多门，衣冠道尽，黔首涂炭……是使豪家大族，鸠率乡部，托迹勤王，规自署置。"可见，北魏末年"豪家大族"拥有的私人武装，是不能忽视的武装力量。《北齐书·高乾传》："太昌初，（高慎）迁光州刺史，加骠骑大将军、仪同三司。时天下初定，听慎以本乡部曲数千人自随。"《北齐书·李元忠传》："太昌初，（李愍）除太府卿。后出为南荆州刺史、当州大都督。此州自孝昌以来，旧路断绝，前后刺史皆从间道始得达州。愍勒部曲数千人，径向悬瓠。"很显然，北魏国家并不限制州刺史将私人部曲改编为军府所辖的州兵。因此可以说，北魏末年，一些私人武装通过州军府的改编，也可以成为地方州兵。

北魏州军府的府主和僚佐官不仅可以征召州兵，并且还负有统领州兵的重要职责。如前所述，孝文帝改革后，州兵仍然是国家的重要军事力量，因此在一些征讨作战中，北魏国家经常使用州兵出征作战。这些出征作战的州兵，一般要由州刺史统领。这些担任征讨军统帅的刺史所率领的军队，当然就是州军府管辖的州兵。北魏国家使州刺史统率征讨军作战，是需要军府僚佐官协助处理军事事务的。例如，雍州刺史萧宝夤出讨关西，姜俭就被"引为开府属，军机谋略，多所参预"[1]。甄宣轨"出为相州抚军府司马。……属葛荣围城，与刺史李神有固守之效"[2]。在征讨作战需要时，军府僚佐官也能够作为刺史所属将领统领州兵作战。例如，北魏国家为了平定华州刘龙驹的叛乱，华州军府长史辛祥就被刺史元燮任命为别将，"与讨胡使薛和讨灭之"[3]。当然，州刺史采取更多的做法，是直接派遣军府僚佐官统领州兵。《魏书·

---

[1] 《魏书》卷四五《韦阆传》。
[2] 《魏书》卷六八《甄琛传》。
[3] 《魏书》卷四五《辛绍先传》。

萧宝夤传》："（萧宝夤）迁抚军将军、冀州刺史……衍将垣孟孙、张僧副等水军三千，渡淮，北攻统军吕叵。宝夤遣府司马元达、统军魏续年等赴击，破之，孟孙等奔退。"又《魏书·景穆十二王中·任城王云传》："（萧）衍徐州刺史司马明素率众三千欲援九山，徐州长史潘伯邻规固淮陵，宁朔将军王燮负险焦城。"这说明，州军府僚佐官能够由刺史派遣而统领州兵参与征讨作战。州军府僚佐官除了能够参与征讨作战之外，还可以协助州刺史防卫地方。《魏书·李宝传》："（李佐）假平远将军、统军……河北既平，广阳王嘉为荆州刺史，仍以佐为嘉镇南府长史。加辅国将军，别镇新野。"《魏书·辛绍先传》："（辛穆）历东荆州司马，转长史，带义阳太守，领戍。雅有恤民之称。"这里提到的"别镇新野""带义阳太守，领戍"，都是使军府僚佐官对州刺史所辖郡实行军事防卫。由此可见，北魏后期州刺史以军府僚佐官统领军队镇戍地方，已经成为经常实行的做法。

  总而言之，北魏孝文帝改革后，州兵依然是国家重要的军事力量，因此，北魏国家明确地规定了对州兵的征召和统领的制度。可以说，州军府可以按规定征召军户、汉族"番兵"作为州兵，也能够以招募的方式征集州兵。尤其是，在北魏末年虽然一些地方势力拥有私人武装，但州军府也能够凭借对军事事务的控制权，将一些私人武装改编为州兵。应该说，州军府能够以不同的方式征集作战的士兵，所以北魏后期的州兵也就具有较强的战斗力。而且北魏国家出于征战的需要，很重视对州兵的统领。实际上，在一些军事征讨作战中，北魏国家可以任命州刺史担任州兵的统帅，并且州军府的僚佐官，一般也要协助刺史统领军队。可以说，这些军府僚佐官在协助刺史参与军事征讨和对地方镇戍上，实际起到了不能忽视的重要作用。

（原载《地域文化研究》2018 年第 5 期）

曹魏都督诸州军事制度试探

曹魏时期实行的都督诸州军事制是当时国家采取的一项重要制度。这一制度的实施，使曹魏国家的防卫体系更为巩固，也使国家有效地加强了对地方的控制，并且在同吴、蜀二国的战争中，发挥了积极的作用，都督诸州军事在曹魏国家军事体制中，无疑占有非常重要的地位。因此本文拟对这一制度的产生、特点及影响诸问题做一些探讨。

一

考察曹魏都督诸州军事设置，首先有必要说明这一制度产生的状况。在文献记载中，对曹魏都督诸州军事出现了不同的说法。《宋书·百官志》："持节都督，无定员。前汉遣使，始有持节。光武建武初，征伐四方，始权时置督军御史，事竟罢。建安中，魏武帝为相，始遣大将军督军。二十一年，征孙权还，夏侯惇督二十六军是也。"《晋书·职官志》和《通典·职官部》都承袭《宋书》的看法。然而，《南齐书·百官志》则云："魏、晋世州牧隆重，刺史任重者为使持节都督，轻者为持节督，起汉从帝时，御史中丞冯赦讨九江贼，督扬、徐二州军事，而何、徐宋志云起魏武遣诸州将督军，王珪之职仪云起光武，并非也。"《宋书·百官志》和《南齐书·百官志》虽然对曹魏都督诸州军事制度产生的看法不尽相同，但它们的认识都存在问题。《宋书·百官志》认为，汉光武帝所设都军御史是曹魏都督诸州军事的渊源。但是，光武帝是否设置过都军御史，因为东汉的文献缺载，其具体情况已难详考。不过，东汉初，确实设置过持节将军。如《后汉书·邓晨传》载建武三年，"（邓晨）从幸章陵，拜光禄大夫，使持节监执金吾贾复等击平邵陵、新息贼"。这些持节将军，实际上都是监军，并无统率军队的权力，

魏晋南北朝将军制与都督制论稿

与曹魏时期的州都督性质截然不同。《南齐书·百官志》以为，东汉顺帝时已有州都督，实际这种州都督只是空具名号而已。因为当时的州只是监察区而不是行政区，还不具备统军将领与州治结合的条件。因此，《宋书·百官志》和《南齐书·百官志》对州都督产生的看法，都失之于过早。

曹魏都督诸州军事设置的出现，实际上与东汉末年政治军事形势关系非常密切。由于各地方割据势力相互混战，就使他们的各项事务必须以军事为中心，这样，就使东汉以来的军事制度受到破坏，并且产生一些适应战争需要的新制度。其中以都督统领军队便是重要一项。这种统军方式最早在军事实力强大的袁绍军中开始实行。《三国志·魏书·袁绍传》注引《献帝传》载，袁绍军队原来由沮授一人监统，引起郭图等人不满，因此向袁绍进谗言，"绍疑焉，乃分监军为三都督，使授及郭图、淳于琼各典一军，遂合而南"。不仅在袁绍军事集团，而且在其他军事集团中也都出现了都督，曹操集团当然也不例外。

早在曹操与袁绍军事上相持时，为稳定关中局势，"乃表（钟）繇以侍中守司隶校尉，持节督关中诸军，委之以后事，特使不拘科制"①。这当是曹操设都督监军之始。以后随着军事局势的变化，曹操便设都督统军，并且数量很多。举其大要，主要有以下几种：

一是征伐都督。《三国志·魏书·曹仁传》："太祖讨马超，以仁行安西将军，督诸将拒潼关，破超。渭南苏伯、田银反，以仁行骁骑将军，都督七军讨银等，破之。"曹仁所任的这种都督，正是曹操派出的征伐军的最高军事统帅。在征伐战争结束后，自然将领所任都督职便被撤销。

二是镇戍都督。这种都督是统领一个地区镇戍军的统帅。在曹操同其他军事集团征战过程中，逐渐形成了强大的中军。但是，由于占领区的扩大，必须由直辖的中军分出一部分军队镇戍地方，这些镇戍军一般也设都督统帅。《三国志·魏书·荀攸传》："是时，荀攸常为谋主。或兄衍以监军校尉守邺，都督河北事。"又《三国志·魏书·夏侯惇传》："（建安）二十一年，从征孙权还，使惇都督二十六军，留居巢。"显然，这些镇戍军的都督都有明确的驻屯地点，其主要职责是担任一个地区的防卫。

---

① 《三国志》卷一三《魏书·钟繇传》。

三是州都督。这种都督，曹操设置得很早。《三国志·魏书·程昱传》："天子都许，以昱为尚书。兖州未苦安集，复以昱为东中郎将，领济阴太守，都督兖州事。"这就是说，曹操还没有完全平定兖州时，就设置了兖州都督。这种都督负责的是一州的防卫。他们统率的军队也因人因地而异。例如，曹操任命吕虔为泰山太守，"将家兵到郡，开恩信，祖等党属皆降服，诸山中亡匿者尽出安土业。简其强者补战士，泰山由是遂有精兵，冠名州郡。济南黄巾徐和等，所在劫长吏，攻城邑。虔引兵与夏侯渊会击之，前后数十战，斩首获生数千人。太祖使督青州诸郡兵以讨东莱群贼李条等，有功"①。这说明，都督青州的吕虔所统率的军队，主要是当地的郡兵。然而，还有一些州都督统领的却是镇戍军。《三国志·魏书·牵招传》："（牵招）从平汉中，太祖还，留招为中护军。事罢，还邺，拜平虏校尉，将兵督青、徐州郡诸军事，击东莱贼，斩其渠率，东土宁静。"牵招任平虏校尉，所率军队自然来自曹操的中军。

由上述可知，在曹操军事集团形成并发展壮大势力的时期，军队中的各种都督的设置已很普遍。不过，各种都督设置的临时性很明显，尚未形成比较完善的制度。尽管如此，曹操所设都督，都是由他指派的最高军事统帅。他的这些做法，实际上已为魏文帝时期都督诸州军事制度的形成奠定了基础。在曹操统治时期，除了都督的设置比较普遍外，对于地方的州的建设也很注意。

早在建安五年，曹操便任刘馥为扬州刺史，"馥既受命，单马造合肥空城，建立州治，南怀绪等，皆安集之，贡献相继。数年中恩化大行，百姓乐其政，流民越江山而归者以万数。于是聚诸生，立学校，广屯田，兴治芍陂及茹陂、七门、吴塘诸堨以溉稻田，官民有畜。又高为城垒，多积木石，编作草苦数千万枚，益贮鱼膏数千斛，为战守备"。可见当时一些州已有很强的守备力量。在曹操基本统一北方后，他对地方的州又进行了规划，逐步划分为十二州。据《三国志·魏书·杜畿传》载，曹操已设有司隶、豫州、冀州、兖州、徐州、青州、荆州、扬州、雍州、凉州、并州、幽州。在各州中，地方兵的力量在逐渐增强。《三国志·魏书·张既传》："魏国既建，为

---

① 《三国志》卷一八《魏书·吕虔传》。

尚书，出为雍州刺史。……从征张鲁，别从散关入讨叛氐，收其麦以给军食。鲁降，既说太祖拔汉中民数万户以实长安及三辅。其后，与曹洪破吴兰于下辩，又与夏侯渊讨宋建，别攻临洮、狄道，平之。"这说明，曹魏缘边各州不仅具有很强的防卫力量，而且还可以派出州兵配合曹操中军作战。因此曹操统治时期，州不仅是行政区，而且还是重要的军事防卫区。由于当时各州具有这种特点，因而如何发挥州郡兵的作用，协调镇戍军与州郡兵的关系，至曹操统治后期已是亟待解决的问题。这些问题的存在，也是后来都督诸州军事制度能够产生的不可忽视的潜在因素。

然而，曹操鉴于东汉末年州牧专兵的危害，对于地方州郡兵只留意到控制和防范，而没有注意充分发挥其作用。因而，他采取了使国家的中军、镇戍军与地方州郡兵相互牵制的方针，并且使国家军队将领不同地方州郡兵发生关系。例如，在汉中平定后，曹操"会鲁降，汉中平，以渊行都护将军，督张郃、徐晃等平巴郡。太祖还邺，留渊守汉中，即拜渊征西将军"①。这就是说，曹操非常信任的将领夏侯渊，也不能节制配合他作战的雍州刺史张既。曹操的这种策略，固然有益于地方的稳定，然而却限制了地方积极因素的发挥。在当时三国鼎立局面大体形成的局势下，曹操的政策显然已经落后，因此在曹操死后，曹丕立即调整地方防卫政策，利用曹操统治时期所创造的条件，建立起都督诸州军事体制。

二

魏文帝建立都督诸州军事，据《宋书百官志》《晋书·职官志》和《通典·职官部》所记，是在黄初二年（221年）。但是，这种看法是错误的。唐长孺先生引《隶释》卷十九《魏公卿上尊号奏》，断定延康元年（220年）曹丕称帝前，都督职称已经制度化。② 不仅在碑刻中证据确凿，就是在文献中也有记载。如《三国志·魏书·曹仁传》："及即王位，拜仁车骑将军，都督荆、扬、益州诸军事，进封陈侯，增邑二千，并前三千五百户。"这一记载，

---

① 《三国志》卷九《魏书·夏侯渊传》。
② 唐长孺：《西晋分封与宗王出镇》，《魏晋南北朝史论拾遗》，中华书局，第126页。

便是曹丕尚未即帝位时，就已设置都督诸州军事的佐证。

都督诸州军事的设置，是曹魏国家军事制度上的一大变化。这一制度的建立，使国家征戍体制更加完备。具体来说，它表现出以下诸方面的特点：

首先，州都督是中央兼地方双重特征的军事官员。曹魏国家所任命的州都督都有特定的称谓。《三国志·魏书·陈群传附陈泰传》："顷之，（陈泰）为征西将军，假节都督雍、凉州诸军事。"《三国志·魏书·王凌传》："正始初，（王凌）为征东将军，假节都督扬州诸军事。"在州都督的这种称谓中，将军为本官，都督则是兼领职。曹魏时期，国家所任命的各种名号的将军属于中央官是没有疑问的。因此，就州都督的本官来看，自然应为中央官员。但是，州都督管辖的军事事务却是州中事务，其权力的行使是在地方。由此看来，州都督实际上是国家以中央各种名号的将军，来管理州中的军事事务。因此，州都督本身已存在本官任职和具体权力行使上的差别。这种差别，正是州都督双重特征的明显表现。

由于州都督具体权力的行使是在地方，因而使州都督除了一般的任职方式外，还出现了一些特殊的形式。

其一，出现了一些本官无将军号，或本官为地方官的州都督。《三国志·魏书·赵俨传》载，魏文帝即位，赵俨"进封都乡侯，邑六百户，监荆州诸军事，假节"。监州军事是州都督中的一个等级。可见，赵俨并无本官，便直接被任命为州都督。以地方官身份被任命为州都督的，也大有人在。如《三国志·魏书·田豫传》："初，（田）豫以太守督青州。"这些无本官或以本官为地方官兼任州都督的，很明显应该属于地方官员。

其二，一部分州都督还兼任刺史职。《三国志·魏书·曹休传》："夏侯惇薨，以休为镇南将军，假节，都督诸军事，车驾临送，上乃下舆执手而别……迁征东将军，领扬州刺史，进封安阳乡侯。帝征孙权，以休为征东大将军，假黄钺，督张辽等及诸州郡二十余军，击权大将吕范等于洞浦，破之。"可见，这些兼任刺史的州都督，不仅掌握军事，而且还负责一州政务。以州都督兼领刺史职，在曹魏时期已不是特例。统计曹魏时期以州都督兼任刺史的数目，约占全部州都督的五分之一。州都督兼刺史职是其地方官性质增强的表现。这种兼职者数量的增多，则反映向地方官性质转化已不是特殊现象。

魏晋南北朝将军制与都督制论稿

其次，州都督所辖军事区随战争需要而逐渐增多。州都督所辖区域，实际是军事镇戍区。这种军事镇戍区的设置，在曹魏时期并不是固定不变的。由于都督诸州军事的设置逐渐健全，加之国家军事布局的变化，都督镇戍区的数量不断增多，军事重镇的分布也在变化。

魏文帝始设都督诸州军事时，镇戍区的数量并不多。据万斯同考证，先后任命：曹真都督雍、凉州；夏侯尚都督荆州；曹休都督扬州；臧霸都督徐州；吴质都督河北。① 在这五大镇戍区中，荆州镇戍区、扬州镇戍区显然是为防范吴国而设。雍、凉州镇戍区，则是为防备蜀国设置的。河北镇戍区包括州最多，文帝时，已辖冀、幽、并三州。荆州镇戍区，都督府治宛。扬州镇戍区，都督府治合肥。雍、凉州镇戍区，都督府治长安。河北镇戍区，都督治信都。② 很明显，当时已经形成以合肥、宛、长安、信都为中心的四个基本镇戍区。这四个镇戍区的形成，基本构成了曹魏国家的防御体系，并且，扬、荆、雍、凉镇戍区还对吴、蜀二国造成进逼的态势。这种军事布局成为曹魏国家以后增置镇戍区的基础。

魏文帝以后，由于曹魏同吴、蜀二国之间的战争频繁，并且战事逐步加剧，因此在已设的镇戍区之外，又增设了豫州、青州都督，有时荆豫、青徐州合置都督。这样，在曹魏国家的十二州中，除兖州、司隶二州外，几乎都变为镇戍区。③ 一些军事重镇也发生变化。正始年间，河北镇戍区的都督府，由信都迁至蓟。④ 扬州都督府迁至寿春。荆州都督府则由宛迁至新野。《三国志·魏书·王昶传》："（王昶）正始中，转在徐州，封武观亭侯，迁征南将军，假节都督荆、豫诸军事。昶以为国有常众，战无常胜，地有常险，守无常势。今屯宛，去襄阳三百余里，诸军散屯，船在宣池，有急不足相赴，乃表徙治新野，习水军于二州，广农垦殖，仓谷盈积。"可见，荆豫都督府的迁移是为了战备的需要。其他都督府的迁移应该也是如此。

至甘露年间，曹魏国家对各镇戍区做了较大的调整。对防备吴、蜀二国的荆、扬、雍、凉这些重要的镇戍区进行了改置。将扬、荆、雍、凉镇戍区

---

① 万斯同：《魏方镇年表》，《二十五史补编（第一册）》，中华书局，1955年。
② 万斯同：《魏方镇年表》，《二十五史补编（第一册）》，中华书局，1955年。
③ 洪饴孙：《三国职官表》，《二十五史补编（第一册）》，中华书局，1955年。
④ 万斯同：《魏方镇年表》，《二十五史补编（第一册）》，中华书局，1955年。

分为两部分。分别增设了淮北、沔北、陇右镇戍区。① 这样，曹魏国家便有了扬州、淮北、青州、徐州、荆州、沔北、豫州、雍凉、陇右、河北十大镇戍区。曹魏国家对镇戍区做这样的调整，其目的是很明显的，就是要加强对吴、蜀二国的防范，同时，也造成一种进逼吴、蜀二国的形势。因此甘露年间进行的镇戍区调整，明显地增强了曹魏国家的攻防能力。

再次，州都督在等级和权力行使上有明确的区分。曹魏州都督等级的划分是逐渐形成的。在曹魏国家初设州都督时，由于都是以本官为将军，兼领都督事，因此州都督的等级划分并不明显。《三国志·魏书·曹休传》载，曹丕"以休为镇南将军，假节，都督诸军事，车驾临送，上乃下舆执手而别……帝征孙权，以休为征东大将军，假黄钺，督张辽等及诸州郡二十余军，击权大将吕范等于洞浦，破之"。这里提到的"都督"和"督"都不具有等级的区别。然而，在都督诸州军事设置逐渐推行过程中，任职者的官位开始有了差别，因而州都督的不同等次便开始出现。《晋书·职官志》："及晋受禅，都督诸军为上，监诸军次之，督诸军为下。"这里将州都督的等级划分定在晋禅代魏时，并不确切。但是，其中提到州都督分为三个等级，却值得重视。实际上，作为最高等次的都督称谓，在都督诸州军事制度产生后，便已出现。《三国志·魏书·曹真传》："文帝即王位，以真为镇西将军，假节，都督雍、凉州诸军事。"又《三国志·魏书·吴质传》："（吴质）以文才为文帝所善，官至振威将军，假节都督河北诸军事。"这些事例说明，称都督者，其本官都是各种名号的将军，都督称号与其在国家中央所任高级官职是一致的。

州都督称"监"，出现较晚。魏明帝时，才有监州军事的称谓。《三国志·魏书·赵俨传》："明帝即位，（赵俨）进封都乡侯，邑六百户，监荆州诸军事，假节。会疾，不行，复为尚书，出监豫州诸军事，转大司马军师，入为大司农。齐王即位，以俨监雍凉诸军事，假节，转征蜀将军，又迁征西将军，都督雍、凉。"这说明，无将军职者出任州都督，只可称"监"。当他升为将军后，方可称都督。因此"监"的称谓，显然代表了州都督的一个等次。这个等次是低于有都督之称的。

---

① 万斯同：《魏方镇年表》，《二十五史补编（第一册）》，中华书局，1955年。

魏晋南北朝将军制与都督制论稿

魏明帝时，在州都督中，还有"督"的称谓。《三国志·魏书·田豫传》："太和末，公孙渊以辽东叛，帝欲征之而难其人，中领军杨暨举豫应选。乃使豫以本官督青州诸军，假节，往讨之。"这里提到田豫所任的本官，据同传载，即是汝南太守。以太守身份任州都督，其地位自然低下，以致出现"青州刺史程喜内怀不服"①的情况，可见"督"的称谓，不仅代表任都督者本官官位很低，实际上也是州都督中最低等次的代称。

由此可见，至迟在魏明帝时，州都督已基本形成了"都督""监""督"三个不同的等级。西晋朝对州都督的等级划分，显然是对曹魏都督诸州军事制度的承袭。

曹魏州都督在权力行使上，具体的规定也不尽相同。《晋书·职官志》："及晋受禅，都督诸军为上，监诸军次之，督诸军为下；使持节为上，持节次之，假节为下。使持节得杀二千石以下；持节杀无官位人，若军事，得与使持节同；假节唯军事得杀犯军令者。"其实，曹魏时州都督这种行使权力的规定便已存在。曹魏国家实行都督诸州军事制度之始，便有"使持节"之称。《魏公卿上尊号奏》记有都督衔者四人：

使持节、行都督、督军、镇西将军、东征侯臣真
使持节、行都督、督军、领扬州刺史、征东将军、安阳乡侯臣休
使持节、行都督、督军、征南将军、平陵亭侯臣尚
使持节、行都督、督军、徐州刺史、镇东将军、武安乡侯臣霸②

可是，在《三国志》本传中都将其记为"假节"。陈寿所记不仅与碑刻不同，而且与其他文献也相异。前引《三国志·魏书·吴质传》："（吴质）以文才为文帝所善，官至振威将军，假节都督河北诸军事，封列侯。"同传注引《魏略》："及魏有天下，文帝征质，与车驾会洛阳。到，拜北中郎将，封列侯，使持节督幽、并诸军事，治信都。"可见《三国志》也将《魏略》中的"使持节"改记为"假节"。

---

① 《三国志》卷二六《魏书·田豫传》。
② 《隶释》卷一九。

曹魏都督州军事制初行时，也有"持节"之称。《三国志·魏书·夏侯惇附夏侯传》注引《魏略》："文帝少与（夏侯）楙亲，及即位，以为安西将军、持节，承夏侯渊处都督关中。"可是，在《三国志》本传中却说："太祖以女妻楙，即清河公主也。楙历位侍中尚书、安西、镇东将军，假节。"可见，陈寿将"使持节""持节"一律改记为"假节"。这说明，他忽略了"使持节""持节"与"假节"在行使权力上的区别。然而，较《三国志》晚出的《晋书》却没有忽略这种区别。如《晋书·陈骞传》："（陈骞）起家尚书郎，迁中山、安平太守，并著称绩。征为相国司马、长史、御史中丞，迁尚书，封安国亭侯。蜀贼寇陇右，以尚书持节行征蜀将军，破贼而还。会诸葛诞之乱，复以尚书行安东将军。寿春平，拜使持节、都督淮北诸军事、安东将军，进爵广陵侯。"由此看来，"使持节""持节""假节"的区分，应该在曹魏实行都督诸州军事制时，便已实行，只是因《三国志》为行文的简略，而将这种区分混淆了。

最后，州都督所率军队不仅有外军，还有州郡兵。在曹魏时期，国家军队大体可分为三种，即中军、外军和州郡兵。中军是由中央直辖的军队；外军为镇戍军；州郡兵则是地方军。镇戍军虽然分布在各地方，但是，它与州郡兵不同。《晋书·段灼传》说："昔伐蜀，募取凉州兵马、羌胡健儿，许以重报，五千余人，随艾讨贼，功皆第一。而《乙亥诏书》，州郡将督，不与中外军同，虽在上功，无应封者。"很明显，外军同中军一样，仍为国家直接控制的军队。因此，一些研究者认为，州都督所率军队是其管辖地区的镇戍军，即外军。① 州都督统率的军队固然有外军，但是，州郡兵并没有脱离州都督的控制。可以说，曹魏国家设置都督诸州军事，是要建立有较强防卫能力的镇戍区。这样，自然需要统一节制州都督所辖区中的各种军队。这正是曹魏国家设置州都督的重要目的。因而，州郡兵自然不能脱离州都督的指挥，最明显的理由有二：

其一，州都督已具有控制州牧或刺史的权力。《三国志·魏书·曹真传》注引《魏略》："（桓范）又闻转为冀州牧。是时，冀州统属镇北，而镇北将军吕昭才实仕进，本在范后。范谓其妻仲长曰：'我宁作诸卿，向三公长跪

---

① 何兹全：《魏晋的中军》，载《历史语言研究所集刊》第十七本。

耳，不能为吕子展屈也。'其妻曰：'君前在东，坐欲擅斩徐州刺史，众人为君难为作下；今复羞为吕屈，是复难为作上也。'"桓范与其妻的议论表明，州牧或刺史是必须屈从于州都督的。也就是说，州都督可以制约他们的行动。这种制约主要体现在军事行动上。前引《三国志·魏书·田豫传》："（田豫）以太守督青州，青州刺史程喜内怀不服，军事之际，多相违错。"程喜在军事行动中，对田豫有不服从的举动，这是因为田豫本官位较低。但是由此可以看出，州刺史在军事上受州都督节制，是非常明显的。正因为如此，州都督对其辖区内不服从调度的地方官员有处罚的权力。《三国志·魏书·崔林传》载，涿郡太守王雄与别驾崔林议论中提道："吴中郎将，上所亲重，国之贵臣也。杖节统事，州郡莫不奉笺致敬，而崔使君初不与相闻。若以边塞不修斩卿，使君宁能护卿邪？"这说明，州都督的处罚权力是很大的。这样，必然使州都督所辖区的地方官员服从其节制。

其二，都督诸州军事制确立后，州郡兵一般都要协同州都督作战。关于这方面的事例很多。如《三国志·魏书·郭淮传》："嘉平元年，迁征西将军，都督雍、凉诸军事，是岁，与雍州刺史陈泰协策，降蜀牙门将句安等于翅上。"又《三国志·魏书·邓艾传》："（邓艾）出参征西军事，迁南安太守。嘉平元年，与征西将军郭淮拒蜀偏将军姜维。"这些事例证明，州郡兵协同作战，并不是独立行动，必须由州都督统一调动和指挥。州都督在指挥州郡兵上，同指挥镇戍军并没有太大的区别。由于州都督可以较好地使镇戍军与州郡兵协同作战，因此才使镇戍区具有很强的攻防能力。

三

都督诸州军事的设置的目的，是曹魏国家为加强军事防卫。这项制度自然有利于曹魏国家的统治。实际上，都督诸州军事制建立后，对曹魏国家的军事、政治都产生了比较大的影响。

首先，都督诸州军事制度建立后，对吴、蜀二国的攻防能力明显加强了。实际上，曹魏都督诸州军事的设置，是要建立起牢固的镇戍区。但是，这些镇戍区在军事防卫上是有侧重的。《三国志·魏书·明帝纪》"青龙二年六月"条载魏明帝说："昔汉光武遣兵县据略阳，终以破隗嚣；先帝东置合肥，南守襄阳，西固祁山，贼来辄破于三城之下者，地有所必争也。"据此可见，曹魏国家的军事防卫，主要集中在东、南、西方三线。东、南方主要针对吴国，而西方则针对蜀国。曹魏镇戍区在实现这种战略目标上，所发挥的作用是非常明显的。魏文帝统治时，同吴、蜀国的战争较少。但到魏明帝时，战争已非常频繁。从太和元年开始，至曹魏末年，孙吴同曹魏进行大规模的战役有十次之多。在这些大战役中，曹魏国家只在青龙二年、正始元年、嘉平五年，出动过中军，其余都是依靠一个镇戍区和几个镇戍区协同，同吴军作战。例如，正元二年（255年），"吴大将孙峻等众号十万至寿春，诸葛诞拒，击破之。斩吴左将军留赞，献捷于京都"①。又如，"自平蜀之后，吴寇屯逼永安，遣荆、豫诸军掎角赴救"②。这些表明，镇戍区军队在对吴军的防御上，是卓有成效的。

镇戍区的军队不仅可以防御吴军的进犯，而且可以向吴军发起攻势。如嘉平二年（250年），"征南将军王昶渡江，掩攻吴，破之"③。这时王昶任豫州都督，他进攻吴国，自然要动员豫州的全部军事力量。在向吴军进攻时，还有几州都督联合作战的。《三国志·魏书·三少帝纪》载嘉平四年（252年）冬十一月，"诏征南大将军王昶、征东将军胡遵、镇南将军毌丘俭等征吴。"王昶、胡遵、毌丘俭此时分别任荆豫、青徐、扬州都督。这几个镇戍区的军队联合攻吴，虽然战败，但是吴国的损失也是沉重的。

曹魏的雍、凉镇戍区，主要承担同蜀国作战的责任。从太和二年（228年），诸葛亮出兵进攻曹魏的天水、南安、安定三郡开始，曹魏同蜀国之间的战争，既频繁又激烈。直到蜀国灭亡时，曹魏与蜀国进行的较大战役，已有十四次之多。除太和四年（230年）、正始五年（244年）曹魏主动伐蜀之战有中军参加外，其余战争都是由雍、凉镇戍区的军队单独进行的。为了保证对蜀战争的胜利，曹魏国家先后任命曹真、司马懿、郭淮、陈泰、邓艾等精干将领任州都督，遏制蜀军的北进。特别是在嘉平元年（249年）后，雍、凉镇戍区的军队防卫蜀军的进犯，战果显著，使蜀将姜维接连失利。如嘉平

---

① 《三国志》卷四《魏书·三少帝纪》。
② 《三国志》卷四《魏书·三少帝纪》。
③ 《三国志》卷四《魏书·三少帝纪》。

魏晋南北朝将军制与都督制论稿

元年,"卫将军姜维出攻雍州,不克而还。将军句安、李韶降魏"①。嘉平二年,"姜维复出西平,不克而还"②。嘉平五年(253年),"夏四月,卫将军姜维复率众围南安,不克而还"③。很明显,以长安为中心的雍凉镇戍区是曹魏国家西部地区稳定的有力保证。不仅如此,在攻灭蜀国的战役中,雍凉镇戍区的军队也起了重要的作用。《三国志·魏书·三少帝纪》载景元四年诏:"今使征西将军邓艾督帅诸军,趣甘松、沓中以罗取维。雍州刺史诸葛绪督诸军趣武都、高楼,首尾蹴讨。若擒维,便当东西并进,扫灭巴蜀也。"这说明,曹魏国家是将雍凉镇戍区的军队作为灭蜀的重要武装力量。

总之,曹魏在同吴、蜀国的战争中,能够占据优势地位,除了曹魏国家控制地域广大、实行有利于国家巩固的各种政策外,都督诸州军事制的确立并产生积极的作用,也是不可忽视的重要因素。

其次,都督诸州军事制的实行,有利于曹魏国家对地方的控制。东汉末年以来,各地方出现混乱局面的重要因素之一,便是各地州牧、郡守在皇权衰微的情况下,能够专兵于一方。曹魏时期,州郡武装力量的发展仍然是地方不稳定的潜在因素。因此是否能够控制州郡兵,便是国家保证地方稳定的关键因素。

州郡置兵,可以说在曹操统治时期已经实行。但是,当时各州郡置兵并不普遍。可是,后来州郡兵的力量逐渐发展起来。魏明帝时,杜恕上疏提道:"今荆、扬、青、徐、幽、并、雍、凉缘边诸州皆有兵矣。其所恃内充府库外制四夷者,惟兖、豫、司、冀而已。"④ 其实,杜恕所说不设兵的兖、豫州也都有地方兵的设置。唐长孺先生考证:兖州在建安二十四年(219年),已有州兵的设置。黄初元年(220年),豫州也设有州兵。⑤ 可见,当时十二州中,十州均设置州兵,其分布之广是很明显的。至于各州郡兵的数量,因文献记载阙如,已难详考。但是,州郡兵的战斗力很强,却有明确记

---

① 《三国志》卷三三《蜀书·后主传》。
② 《三国志》卷三三《蜀书·后主传》。
③ 《三国志》卷三三《蜀书·后主传》。
④ 《三国志》卷一六《魏书·杜畿传附杜恕传》。
⑤ 唐长孺:《魏晋州郡兵的设置和废置》,《魏晋南北朝史论拾遗》,中华书局,第144页。

载。《三国志·魏书·三少帝纪》："（嘉平）三年春正月，荆州刺史王基、新城太守陈泰攻吴，破之，降者数千口。"可见，在对吴作战时，州郡兵已能够单独出击，并取得胜利。对蜀国作战时，也是如此。例如，灭蜀战役时，"雍州刺史诸葛绪督诸军趣武都、高楼"①，有力地牵制、打击了蜀军。

州郡兵力量的发展，就使曹魏国家必须采取必要的控制措施。如前所述，都督诸州军事制建立后，州都督不仅可以统率镇戍军，而且可以节制州郡兵。由于州郡兵在州都督控制之下，这就限制了其行动的自由性。国家实际通过州都督使州郡兵的独立性大大削弱。而且由于州都督可以协调镇戍军和州郡兵的关系，就使各镇戍区的防卫力量明显加强。例如，在雍凉镇戍区，同蜀军作战都是镇戍军和州郡兵相互配合的。《三国志·魏书·陈泰传》："（陈）泰闻经见围，以州军将士素皆一心，加得保城，非维所能卒倾。"反映的就是这种情况。因此都督诸州军事制的实施，不仅使州郡兵充分发挥了作用，而且地方州郡的安定也由此获得了保证。

再次，都督诸州军事制度实施后，对地方的建设也有较大的促进。曹魏的州都督虽然是军事长官，但是，一些州都督可以兼任刺史的，已占全部州都督中的五分之一。并且还有一些州设州都督后，很长一段时间便不设刺史。据万斯同考证，程喜、陈本、刘馥、何曾都督河北时，冀州在一些时期，便没有设刺史。石苞监青州、王基都督豫州时，也都是如此。② 这些情况说明，当时一些州都督不仅负责军事，同时也掌管政务。不仅如此，在曹魏国家同吴、蜀两国对峙的形势下，国家基本保持战时状态，地方上的军事屯田、军备建设、军事物资的筹措等事务都与州都督相关。这样，就使州都督不仅要统军作战，而且必然要参与地方上的事务，并且还要治理地方。因而，在都督诸州军制实施后，出现了很多有政绩的州都督。如胡质"迁征东将军，假节都督青、徐诸军。广农积谷，有兼年之储，置东征台，且佃且守。又通渠诸郡，利舟楫，严设备以待敌"③。又如王昶都督荆、豫诸军事，"习水军于二州，广农垦殖，仓谷盈积"④。司马懿都督雍、凉州时，积极在

---

① 《三国志》卷四《魏书·三少帝纪》。
② 万斯同：《魏方镇年表》，《二十五史补编（第一册）》，中华书局，1955年。
③ 《三国志》卷二七《魏书·胡质传》。
④ 《三国志》卷二七《魏书·王昶传》。

魏晋南北朝将军制与都督制论稿

当地实行屯田,开府长安十年,积粮甚多。以至青龙三年(235 年),"关东饥,帝(司马懿)运长安粟五百万斛输于京师"①。这些州都督在屯田事业上,显然发挥了积极的作用。

还有一些州都督在当地的水利事业中也做出了很大的贡献。如刘馥任河北都督,"遂开拓边守,屯据险要。又修广戾渠陵大塌,水溉灌蓟南北,三更种稻,边民利之"②。胡质都督青、徐州,"又通渠诸郡,利舟楫,严设备以待敌。海边无事"③。当然,州都督从事这些发展生产的活动多与军事相关。但是,在当时社会条件下,却有利于地方的治理和推动地方社会经济的恢复和发展。对都督诸州军事制实施后,产生的这种社会影响也不可忽视。

然而必须指出的是,曹魏时期,都督诸州军事制的实施,出现上述的影响是有条件的。这种制度固然具有有利于国家控制地方的方面。但是,它毕竟是国家任命将领控制一州或数州的军事制度,因此很容易出现州都督专制一方的危险。曹魏统治后期,淮南出现王凌、毌丘俭、诸葛诞的反叛,都表明州都督对国家中央有很强的离心力。只是由于曹魏国家拥有强大的中军,才使这些反叛行为得以平息。因此曹魏国家掌握强大的中军,是使州都督能够服从中央控制的最重要的保证。此外,宗亲和恩义关系的笼络也是都督诸州军事制能够发挥积极作用不可缺少的条件。由于这些因素的存在,才使曹魏都督诸州军事制的优越性得以体现出来。

(原载中国魏晋南北朝史学会编:《魏晋南北朝史研究——中国魏晋南北朝史学会第五届年会暨国际学术研讨会论文集》,湖北人民出版社,1995 年)

---

① 《晋书》卷一《宣帝纪》。
② 《三国志》卷一五《魏书·刘馥传》。
③ 《三国志》卷二七《魏书·胡质传》。

孙吴军镇都督论略

孙吴统治时期，在国家军队中比较普遍地实行了都督统率军队的制度。孙吴政权设置的都督种类很多，有统管全国军队的都督中外诸军事，掌管征伐的征讨都督以及负责军镇防务的军镇都督。其中军镇都督与孙吴国家安定有着非常密切的关系，在当时的军事体制中占有很重要的地位。因而探讨孙吴军事制度，就不能忽略军镇都督的问题。本文拟从孙吴军镇都督的设置，实施军镇都督制的具体措施和军镇都督的作用诸方面，对这一问题做一些考察。

一

在军队组织中实行都督制，是从东汉末年开始的。[①] 为了适应征战的需要，在各军事集团中都设置了不同类型的都督，以都督统军已是很普遍的情况。当然，占据江东的孙权军事集团也不例外。《三国志·吴书·周瑜传》："（建安）十二年，权讨江夏，瑜为前部大督。"又《三国志·吴书·吴主传》载，建安十三年，孙权任命周瑜、程普"为左右督，各领万人"。孙权任命周瑜、程普所担任的都督，实际上都是征讨都督。这种都督的设置，是与孙权派兵征战，发展和扩大其势力的需要相适应的。但是，随着孙权势力的强大，需要稳固地控制江东地区，因而仅仅设置征讨都督已经不能适应当时的形势了。

众所周知，赤壁之战后，已大体形成了曹操、孙权、刘备三分的局面。孙权虽然与刘备保持着联盟关系，但是这种关系却处在若明若暗之中。而北

---

① 石井仁：《都督考》，《东洋史研究》第五十一卷，第三号。

魏晋南北朝将军制与都督制论稿

方曹操政权则始终是孙吴的劲敌。在这种形势下，孙权要保持他在江东的利益，就必须建立比较完备的防御体系。对孙权来说，控制长江沿岸险要地带，建立具有军事防御性质的军镇，就是比较适宜的做法。史载，建安十五年（210年），孙权"分豫章为鄱阳郡。分长沙为汉昌郡，以鲁肃为太守，屯陆口"①。建安十六年（211年），孙权"徙治秣陵。明年，城石头，改秣陵为建业。闻曹公将来侵，作濡须坞"②。建安十九年（214年），孙权"使鲁肃以万人屯巴丘，以御关羽"③。在这一时期，孙权屯兵的陆口、濡须、巴丘，实际上都具有军镇性质。只不过这些军镇尚没有设都督专门管理，只是由郡太守兼管。

自建安十八年（213年）后，孙权同曹操之间战事频繁，在濡须一带争夺激烈，濡须成为军事要冲。能否牢固控制濡须，已直接关系到孙吴政权的稳定，因而专门设置都督掌管濡须的防卫，就成为很急迫的事情了。《三国志·吴书·蒋钦传》："贺齐讨黟贼，（蒋）钦督万兵，与齐并力，黟贼平定。从征合肥，魏将张辽袭权于津北，钦力战有功。迁荡寇将军，领濡须督。"这是孙权在濡须设军镇都督的最早记载。由此可知，孙权开始设置濡须督，是在逍遥津之战即建安二十年以后的事。洪饴孙将蒋钦任濡须督定在建安十九年，④ 是不对的。濡须督，可以说是孙吴设置最早的军镇都督。它的设置并不是临时的，而是长期的。因为自蒋钦任职后，先后有周泰、吕蒙、朱桓、骆统、张承、钟离牧等重要将领接任此职。⑤ 在濡须设军镇都督后，孙吴便将这一制度逐步推广。

不过，在军镇普遍设都督，当在孙吴建国以后。《三国志·吴书·吴主传》载赤乌三年诏："自今以来，督军郡守，其谨察非法，当农桑时，以役事扰民者，举正以闻。"孙权在这一诏书中，将督军，即军镇都督与郡守并提，说明军镇都督与郡守一样，都是国家的固定官员。因此可以说，至迟在赤乌三年，军镇都督的设置已经制度化。据洪饴孙考证，除濡须督外，孙吴

---

① 《三国志》卷四七《吴书·吴主传》。
② 《三国志》卷四七《吴书·吴主传》。
③ 《三国志》卷四七《吴书·吴主传》。
④ 洪饴孙：《三国职官表》，《二十五史补编（第一册）》，中华书局，1955年。
⑤ 洪饴孙：《三国职官表》，《二十五史补编（第一册）》，中华书局，1955年。

国家陆续设置的军镇都督还有：京下督、都下督、西陵督、公安督、巴邱督、信陵督、夷道督、蒲圻督、武昌督（后又分为武昌左部督、武昌右部督）、夏口督、江陵督、沔中督、乐乡督、中夏督、柴桑督、半州督、吉阳督、徐陵督、芜湖督、牛渚督、扶州督、皖口督、吴郡督、虎林督、左虎林督。① 这些设有都督的军镇，并不是普遍设置在孙吴境内的。从其分布上来看，牛渚、扶林、濡须属扬州丹阳郡。半州、皖口属扬州蕲春郡。江陵、公安、乐乡属荆州南郡。夷道、西陵属荆州宜都郡。武昌、夏口、河中、柴桑、信陵属荆州江夏郡。蒲圻、巴邱属荆州长沙郡。这就是说，孙吴的军镇主要集中在荆、扬二州，并且，分布在长江沿岸的六郡中。在交州和广州则没有一处军镇。孙吴这样设置军镇和军镇都督，其目的是很明显的。清人谢钟英说：

> 滨江数县，其固国，江外则以广陵、涂中、东兴、皖、寻阳、邾、夏口、江陵、西陵、建平为重镇；江东则以京口、建业、牛渚、柴桑、半洲、武昌、沙羡、法口、巴邱、乐乡、公安、夷道、荆门为重镇。夹江置守上游要害，尤重建平。②

钟氏所论，实际上指明了孙吴沿江重镇与国家的安定关系密切。由此可见，孙吴在这些重镇设置都督，正是要贯彻其战略意图，即建立起巩固的防卫体制。因此，孙吴军镇都督的设置，实际正是为其"限江自保"的基本国策服务的。

二

军镇都督制是适应孙吴国家的军事需要产生的，它是孙吴军事制度中的重要内容之一。不仅如此，在魏、蜀国中，都没有实施这项制度，军镇都督制是孙吴国家独有的，因此，孙吴国家在实施这一制度时，其特点是很明

---

① 谢钟英：《三国疆域志》，《二十五史补编（第一册）》，中华书局，1955年。
② 谢钟英：《三国疆域志》，《二十五史补编（第一册）》，中华书局，1955年。

魏晋南北朝将军制与都督制论稿

显的：

其一，孙吴军镇都督是代表国家意志在地方军镇行使权力的中央官员。孙吴军镇都督的这一特点，明显表现在其任职状况上。如前面所述，军镇都督的设置关系到孙吴国家的防卫，因此这一职务并不是普通将领可以担任的。孙吴任命的军镇都督，一般都是国家重要将领。这些将领大多数都领有各种不同名号的将军职。《三国志·吴书·宗室传》："（孙）泰子秀，为前将军、夏口督。"又《三国志·吴书·顾承传》："（顾承）后为吴郡西部都尉，与诸葛恪等共平山越，别得精兵八千人。还屯军章坑，拜昭义中郎将，入为侍中。芍陂之役，拜奋威将军，出领京下督。"这说明，以将军身份出任军镇都督，是不分宗室，还是其他身份的将军的。孙吴的将军制度大体上承袭了东汉官制。蔡质《汉仪》："汉兴，置大将军、骠骑，位次丞相，车骑、卫将军、左、右、前、后，皆金紫，位次上卿。典京师兵卫，四夷屯警。"① 孙吴所设将军，不过在此基础上增加了杂号将军而已。这些各种名号的将军属于中央职官是毫无疑问的。因此，孙吴军镇都督实际是以国家将军的身份出镇地方的军镇。

孙吴国家对军镇都督，一般都授节。《三国志·吴书·诸葛瑾传》："黄武元年，（诸葛瑾）迁左将军，督公安，假节，封宛陵侯。"军镇都督"假节"，又可称为"使持节"。《三国志·魏书·三少帝纪》载甘露元年诏："吴使持节都督夏口诸军事镇军将军沙羡侯孙壹，贼之枝属，位为上将，畏天知命，深鉴祸福，翻然举众，远归大国。虽微子去殷，乐毅遁燕，无以加之。其以壹为侍中车骑将军、假节交州牧吴侯、开府辟召仪同三司，依古侯伯八命之礼，衮冕赤舄，事从丰厚。"便是明证。可以说，在孙吴军镇都督持节上，还看不出有等次的差别，这是与曹魏都督诸州军事制度的不同之处。实际上，孙吴军镇都督持节，只不过是沿袭了东汉以来将军持节的惯例。《释名》："节，为号令赏罚之节也。"《汉官仪》："节，所以为信也，以竹为之，柄长八尺，以旄牛尾为其毦三重。"② 可见，孙吴军镇都督持节，表明他能够代表国家在地方军镇执行军令，直接隶属于国家的控制。

---

① 《续汉书·百官志一》，刘昭注引。
② 《后汉书》卷一上《光武帝纪上》，李贤注引。

军镇都督所处的这种特殊地位，决定了孙吴国家对地方的控制是分为两个系统的，即州、郡系统和军镇系统。在孙吴国家的诏令中经常出现"督将郡守"字样，正是这两个系统的反映。不过，孙吴军镇都督与州、郡长官不同的是，他只负责军镇军事事务。有些军镇都督负责的防务还并不限于一个军镇。《三国志·吴书·贺齐传》："（建安）二十一年，鄱阳民尤突受曹公印绶，化民为贼。陵阳、始安、泾县，皆与突相应。齐与陆逊讨破突，斩首数千，余党震服。丹杨三县皆降，料得精兵八千人。拜安东将军，封山阴侯，出镇江上，督扶州以上至皖。"贺齐所负责的防务，显然是一个地区。孙吴建国后，这种情况依然存在。《三国志·吴书·吴岱传》："（吴）岱代浚领荆州文书，与陆逊并在武昌，故督蒲圻。顷之，廖式作乱，攻围城邑。零陵、苍梧、郁林诸郡骚扰，岱自表辄行，星夜兼路。权遣使追拜岱交州牧，及遣诸将唐咨等，骆驿相继，攻讨一年，破之。"《通鉴》将此事定于正始七年（246年）。这说明，在孙吴军镇都督制度化后，一些都督在防卫权限上，依然要根据具体防卫的需要来决定。

其二，孙吴军镇都督统率的军队既有私兵，也有国家军队。孙吴军制与魏、蜀国不同，其中很明显的一点，便是将领领兵制。这种领兵制度的存在，必然决定了军镇都督统领军队士兵的成分是复杂的。大体说来，可以分为两类：一是军镇都督拥有的部曲，也就是私兵。如前面所说，孙吴将领一般都可以领兵，他们可以随意支配所领士兵，并且所领士兵可以世袭。因此，这些士兵实际上就是将领的部曲，也就是私兵。不过，各将领所领部曲多少不一，一般在千人以上，有的甚至可以达到万人。在领兵将领任军镇都督后，他所领的部曲自然都要跟随到军镇去。例如，张承"出为长沙西部都尉。讨平山寇，得精兵万五千人。后为濡须都督、奋威将军，封都乡侯，领部曲五千人"①。不仅部曲如此，部曲的家属一般也都安置在军镇。《三国志·吴书·朱桓传》载，朱桓诱魏将曹仁深入，"仁果遣其子泰攻濡须城。分遣将军常雕，督诸葛虔、王双等，乘油船别袭中洲。中洲者，部曲妻子所在也。仁自将万人留橐皋，复为泰等后拒。桓部兵将攻取油船，或别击雕等，桓等身自拒。泰烧营而退，遂枭雕，生虏双，送武昌，临阵斩溺，死者千

---

① 《三国志》卷五二《张昭传附张承传》。

余"。军镇都督这样安置部曲家属,实际是将其家属作为质任的。这样,就能够更有效地控制部曲,使他们在军镇尽力作战。

二是军镇都督还统率孙吴国家的军队。这种军队是由国家直接控制的,同将领所领士兵不同。王仲荦先生估计,孙吴在平山越后,国家军队至少有二十余万。① 这些军队除征战、防卫京城外,也要镇戍。《三国志·吴书·吕蒙传》:"鲁肃卒,蒙西屯陆口,肃军人马万余,尽以属蒙。"吕蒙统率鲁肃的万余士兵,显然不是私人部曲,而是孙吴政权直接控制的军队。在军镇设置制度化后,一些重要军镇所需要的军队很多。《三国志·吴书·陆抗传》载陆抗上疏提道:"臣往在西陵,得涉逊迹。前乞精兵三万,而至者循常,未肯差赴。"这就是说,陆抗认为防卫重要军镇西陵至少需要国家派出三万军队。这些国家军队只受军镇都督的指挥,并没有人身隶属关系。《三国志·吴书·宗室传》:"(孙)綝遣朱异潜袭壹。异至武昌,壹知其攻已,率部曲千余口过,将胤妻奔魏。魏以壹为车骑将军、仪同三司,封吴侯。"这说明,在孙吴军镇都督降敌时,他只能号令自己的部曲,并不能控制国家的军队。因此,在军镇戍守的国家士兵只同军镇都督有军事上的联系,他们与军镇都督所领部曲是完全不同的。孙吴军镇戍守士兵的这种组成特点,是由国家对军镇防卫重视以及孙吴特殊的将领领兵制因素造成的。由此可见,由两类身份不同的士兵防卫军镇固然不利于相互协调,但是却可以使他们相互牵制,这就有利于国家对军镇的控制。

其三,孙吴政权对选任军镇都督很重视,并保证其任职的稳定。在孙吴开始设置军镇时,所任命的军镇都督都是富有战斗经验的将领。诸如蒋钦、周泰等人。在军镇制度推广后,所需要的军镇都督增多,这样孙权在军镇都督的选择上,便不限于曾跟随过孙坚、孙策作战的老将。一些宗室,诸如孙邻、孙桓等人,还有渡江依靠孙权的豪族,诸如张奋、张承等人,都可以被选任为军镇都督。特别是,一些江东大姓也有被选任为军镇都督者。如吴郡大姓朱桓"后代周泰,为濡须督"②。孙权在不同社会阶层中选择军镇都督的

---

① 王仲荦:《魏晋南北朝史(上册)》,上海人民出版社,1979年,第101页。
② 《三国志》卷五六《朱桓传》。

做法，正是他"举贤任能"①一贯的用人方针的体现。不过，他在江东大姓中选任军镇都督，却另有意图。因为孙权要在江东立足，必须依靠江东大姓，"外仗顾、陆、朱、张，内近胡综、薛综"②，正是他施政的重要特点。因而，孙权任用江东大姓为军镇都督正是表现了他的这种施政目的。由于军镇都督的选择与军镇的稳定关系密切，所以孙吴政权对担任军镇都督者，不是在特别需要的情况下，一般很少替换。因而，在孙吴终生任军镇都督的人很多。如鲁肃子鲁淑"永安中，为昭武将军、都亭侯、武昌督。建衡中，假节，迁夏口督。所在严整，有方干。凤皇三年卒"③。又如孙桓，"桓以功拜建武将军，封丹徒侯，下牛渚，作横江坞，会卒"④。在孙吴的一些重要军镇，甚至出现了都督职在一个家庭内部传承的情况。《三国志·吴书·诸葛瑾传》："（诸葛瑾）黄武元年，迁左将军，督公安，假节，封宛陵侯。……赤乌四年，年六十八卒，遗命令素棺敛以时服，事从省约。恪已自封侯，故弟融袭爵，摄兵业驻公安。"⑤即是父子承袭都督职的事例。又《三国志·吴书·步骘传》："（孙）权称尊号，拜骠骑将军，领冀州牧。是岁，都督西陵，代陆逊抚二境，顷以冀州在蜀分，解牧职。……十一年卒，子协嗣，统骘所领，加抚军将军。协卒，子玑嗣侯。协弟阐，继业为西陵督，加昭武将军，封西亭侯。"可见步氏家族成员已有三人可以连续担任同一军镇都督职。这种情况的出现，表现出孙吴一些大族已具有垄断重要官职的倾向。不过，这种倾向对军镇的守卫还是有益的。至少可以防止频繁的将领替换，而影响军镇镇戍的稳定。

其四，孙吴政权对军镇都督实行必要的控制措施。由于军镇都督统领重兵，负责一个军镇的防卫，权势很重，因而孙吴政权必须采取适当的控制措施。当然，孙吴统治者通过宗亲和恩义关系来笼络军镇都督是很重要的方式，但是仅仅通过这种方式是远远不够的，还必须采取一些具体的控制措施。其中最重要的便是"保质"制度。《三国志·吴书·三嗣主传》注引

---

① 《三国志》卷四六《孙策传》。
② 《三国志》卷六一《陆凯传》。
③ 《三国志》卷五四《鲁肃传》。
④ 《三国志》卷五一《孙桓传》。
⑤ 《三国志》卷五二《诸葛瑾传》。

《搜神记》:"吴以草创之国,信不坚固。边屯守将,皆质其妻子,名曰'保质'。"这里所说的"边屯守将",当然包括军镇都督在内。这种"保质"制度,实际上正是东汉末年以来各军事集团实施的质任制的发展,无疑能够起到防止守将叛逃的作用。

除此之外,孙吴政权还在一些军镇都督之上,设置了"大督"。《三国志·吴书·朱然传》:"诸葛瑾子融,步骘子协,虽各袭任,权特复使然总为大督。"孙权所设的"大督",显然是使其代表国家意志控制军镇都督的。在军镇都督之上设置"大督",虽然始于孙权统治时期,但是这种制度比较广泛实施,却是在孙吴统治后期。因为当时统治阶层内部已矛盾重重,在京城出现了相互残杀的情况。在地方军镇,由于受内争的影响,致使孙壹、孙秀、步阐等军镇都督先后投降魏、晋。这样,孙吴国家为了有效地控制军镇都督,设置"大督"已是经常之事。《三国志·吴书·陆抗传》:"建衡二年,大司马施绩卒,拜抗都督信陵、西陵、夷道、乐乡、公安诸军事,治乐乡。"就是明显事例。孙吴国家采取这种措施,还是收到了一些实际效果的。例如,凤凰元年(272年)八月,西陵督步阐"据城降晋"[①],孙吴统治者立即"遣乐乡都督陆抗围取阐。阐众悉降。阐及同计数十人,皆夷三族"[②]。然而需要指出的是,孙吴采取这种方式尽管可以限制一些军镇都督的叛离,但是并不能从根本上杜绝这种情况。因为这一时期军镇都督的不稳定,是由统治阶层内部的激烈斗争引起的,这样,就使孙吴国家控制军镇都督的方式很难完全奏效。

三

孙吴军镇都督的设置,是军事建设上的一大特点。它无疑要在军事上产生很大的影响,并且在实现孙吴"限江自保"这一基本国策上也会发挥积极的作用,主要表现在以下诸方面:

首先,军镇和军镇都督的设置对孙吴的长江防线至关重要。对此,时人

---

① 《三国志》卷四八《吴书·孙皓传》。
② 《三国志》卷四八《吴书·孙皓传》。

已有很清楚的认识。《三国志·吴书·三嗣主传》注引干宝《晋纪》："（纪）陟、珧奉使如魏，入境而问讳，入国而问俗。寿春将王布示之马射，既而问之曰：'吴之君子，亦能斯乎？'陟曰：'此军人骑士，肄业所及。士大夫君子，未有为之者矣。'布大惭。既至，魏帝见之，使傧问曰：'来时吴王何如？'陟对曰：'来时皇帝临轩，百寮陪位，御膳无恙。'晋文王飨之，百寮毕会。……又问：'吴之戍备几何？'对曰：'自西陵以至江都，五千七百里。'又问曰：'道里甚远，难为坚固？'对曰：'疆界虽远，而其险要必争之地，不过数四。犹人虽有八尺之躯，靡不受患，其护风寒，亦数处耳。'文王善之，厚为之礼。"由纪陟等人与司马昭的问对可知，孙吴所设军镇在国家防卫体系中占有重要的地位。也就是说，孙吴能否使缘江数千里的防线稳固，关键就在于各军镇的防御。

不仅如此，孙吴的军镇也与重要州、郡的防卫关系密切。陆抗上孙皓疏："西陵、建平，国之蕃表，既处下流，受敌二境。若敌泛舟顺流，舳舻千里，星奔电迈，俄然行至非可恃援他部，以救倒县也。此乃社稷安危之机，非徒封疆侵陵小害也。臣父逊，昔在西垂陈言，以为西陵国之西门，虽云易守，亦复易失。若有不守，非但失一郡，则荆州非吴有也。"[1] 这说明重要军镇的丧失，使孙吴的一些州、郡也很难守卫。具体来说，孙吴与魏、晋在军事上的抗争，主要是围绕军镇展开的。例如，黄初三年（222年），魏文帝大举伐吴，"九月，命征东大将军曹休、前将军张辽、镇东将军臧霸出洞口，大将军曹仁出濡须，上军大将军曹真、征南大将军夏侯尚、左将军张郃、右将军徐晃围南郡"[2]。可见，曹魏的三路军队，都以进攻孙吴荆、扬二州缘江军镇为目标。就是孙吴同曹魏的局部战争也是如此。如魏将王昶攻吴，"乃遣新城太守州泰袭巫。秭归、房陵，荆州刺史王基诣夷陵，昶诣江陵，两岸引竹絙为桥，渡水击之"[3]。王昶指令进攻的夷陵、江陵都是孙吴的重要军镇。

孙吴军镇不仅受到魏、晋军事力量的攻击，而且一些军镇都督有时还被

---

[1]《三国志》卷五八《吴书·陆逊传》。
[2]《资治通鉴》卷六九《魏记一》。
[3]《三国志》卷二七《魏书·王昶传》。

魏、晋国家招降。魏、晋国家对投降的孙吴军镇都督都赐予高官。如夏口督孙壹投降，曹魏"以壹为侍中车骑将军、假节交州牧吴侯、开府辟召仪同三司，依古侯伯八命之礼，衮冕赤舄，事从丰厚"①。魏、晋国家采取这种做法，显然是要削弱、涣散孙吴军镇的守备力量。

此外，为削弱孙吴军镇的守卫，魏、晋将领还常采取离间手段。这种离间手段在瓦解孙吴军镇上，也是很起作用的。孙吴与魏、晋国家在军镇所进行的这些复杂的斗争表明，军镇都督对孙吴国家的防卫至关重要。可以说，军镇的稳定是保证孙吴国家安全的重要因素。

孙吴军镇都督的重要作用不仅体现在军事防卫中，实际上军镇都督的设置对魏、晋国家的防御也构成很大的威胁。《三国志·吴书·贺齐传》："初，晋宗为戏口将，以众叛如魏。还为蕲春太守，图袭安乐，取其保质。权以为耻忿，因军初罢，六月盛夏，出其不意，诏齐督糜芳、鲜于丹等，袭蕲春，遂生虏宗。"可见，原来的扶州督贺齐可以奉命作为征伐都督，打击曹魏边境守将。这就使魏、晋不得不在边境屯驻重兵。魏、晋设置的扬州、荆州都督，固然有威胁吴国的作用，但更多的是要防备孙吴的军镇，因而孙吴的军镇都督，实际上牵制了魏、晋国家相当数量的兵力。

其次，孙吴军镇都督对国内的安定也负有责任。《三国志·吴书·三嗣主传》："（郭）马杀南海太守刘略，逐广州刺史徐旗。晧又遣徐陵督陶濬，将七千人从西道。命交州牧陶璜部伍所领，及合浦、郁林诸郡兵，当与东西军共击马。"说明国内出现叛乱时，军镇都督也要派军同郡兵一起前去镇压。孙吴统治后期，国家开始任用一些军镇都督担任州牧。如《三国志·吴书·陆凯传》："孙休即位，拜征北将军，假节，领豫州牧。孙晧立，迁镇西大将军，都督巴丘，领荆州牧，进封嘉兴侯。"孙吴国家将军镇都督任职与州牧结合起来，其意图是很明显的，就是使军镇都督既可以对外防卫，同时也能够随时镇压国内的叛乱。陆凯上疏说："愿陛下简文武之臣，各勤其官，州牧督将，藩镇方外，公卿尚书，务修仁化。上助陛下，下拯黎民，各尽其忠，拾遗万一。则康哉之歌作，刑错之理清。"② 陆凯实际上道破了使军镇都

---

① 《三国志》卷四《魏书·三少帝纪》。
② 《三国志》卷六一《吴书·陆凯传》。

督兼任州牧职的真正原因。因此,可以说孙吴统治后期,军镇都督兼任州牧职,是国内社会矛盾激化产生的结果。由于这种结合,就使军镇都督在维护孙吴国家统治秩序方面的作用明显增强了。

再次,军镇都督的设置,对孙吴的屯田事业有很大的推动。孙吴实行屯田,是发展社会经济的重要内容。这一事业持续时间很长,始于建安八、九年,终于晋灭吴前夕,前后七十余年。长江中下游一带便是孙吴的重要屯田地区。① 孙吴所设的军镇大部分都是屯田点。《晋书·王浑传》:"吴人大佃皖城,图为边害。浑遣扬州刺史应绰督淮南诸军攻破之,并破诸别屯,焚其积谷百八十余万斛、稻苗四千余顷、舡六百余艘。"又《三国志·魏书·王基传》:"(王)基示以攻形,而实分兵取雄父邸阁,收米三十余万斛,虏安北将军谭正,纳降数千口。"这些记载说明,孙吴军镇不仅实行屯田,而且屯田的规模是很大的。孙吴军镇能够出现这样大规模的屯田,是由于各军镇镇戍士兵众多的缘故。例如,陆抗治西陵时,便"前乞精兵三万"②。军镇的这些士兵亦兵亦农,这不仅可以解决军粮问题,而且,能够为孙吴国家积聚大量的粮食。从这个意义上说,军镇都督组织军镇士兵屯田,也具有从经济上巩固孙吴政权的作用。

(原载《史学集刊》1996 年第 2 期)

---

① 陈连庆:《孙吴屯田制》,《社会科学辑刊》,1982 年第 6 期。
② 《三国志》卷五八《吴书·陆逊传附陆抗传》。

蜀汉镇戍都督论略

蜀汉国家设置镇戍都督是实行的重要制度。蜀汉镇戍都督主要承担蜀汉的防卫,并且也是蜀汉征战的保障。因而,探讨蜀汉镇戍都督实施的情况,不仅可以明确蜀汉都督制的特点,而且对深入研究蜀汉军事制度也有裨益。所以本文拟就蜀汉镇戍都督设置的状况、镇戍都督的特点以及镇戍都督的作用诸问题,做一些初步考察。

一

在军队组织中,设置都督来统军作战,是东汉末年出现的。当时各地方的割据势力为适应战争形势的需要,普遍在军队组织中设置了征讨都督和镇戍都督。这些都督的设置,在各军事集团中发挥了比较明显的作用。对于刘备军事集团来说,要使其势力能够发展壮大,在军事上处于有利的地位,当然也要顺应这种形势。不过,由于刘备军事集团在开始发展其势力时,力量很弱小,军队人数不多,并不具备设置都督的条件。直到赤壁之战后,刘备军事集团的处境有了改变,他在军队中设置都督才具有了可能性。

众所周知,建安十三年,孙权与刘备联合,在赤壁击败曹操,使刘备军事集团在荆州开始有了立足之地。这样,能否有效地巩固占领的地区,便是刘备亟待解决的问题。为此,他采取了设置都督的措施来保证占领地区的安定。《三国志·蜀书·诸葛亮传》:"先主遂收江南,以亮为军师中郎将,使督零陵、桂阳、长沙三郡,调其赋税,以充军实。"刘备选任诸葛亮主持零陵、桂阳、长沙三郡军、政事务,被称为"督",说明诸葛亮已具有以都督身份镇戍地方的意义。《通鉴》将此事定在建安十四年。因此,可以说刘备设镇戍都督防卫地方,至少从建安十四年已经开始。

刘备在荆州设置的镇戍都督并不限于诸葛亮一人。《三国志·蜀书·向朗传》："先主定江南，使朗督秭归、夷道、巫、夷陵四县军民事。"可见向朗也是刘备任用的镇戍都督。不过，他负责镇戍的地方只有四县之地。如果说刘备开始设置镇戍都督只负责郡、县的防卫，那么，在他率军进入益州时，便将都督防卫的范围扩大。《三国志·蜀书·关羽传》："先主西定益州，拜羽董督荆州事。"这就是说，刘备已授予关羽荆州都督的职责，可以全面主持荆州军、政事务。可见，在刘备建国之前，不仅设置了镇戍都督，而且这些都督在军事防卫中，占据很重要的地位。不过，由于镇戍都督刚刚开始设置，所以这些都督的职称规定还不十分明确，并且都督负责防卫的范围也在变动，没有完全固定。

在刘备平定益州后，出于加强防御的需要，便将在荆州设置镇戍都督的措施进一步完善，开始在缘边郡设置都督。他最先设置的，便是汉中都督。《三国志·蜀书·魏延传》："（建安二十四年），先主为汉中王，迁治成都，当得重将以镇汉川，众论以为必在张飞，飞亦以心自许。先主乃拔延为督汉中镇远将军，领汉中太守。"又《三国志·蜀书·先主传》："于是还治成都。拔魏延为都督，镇汉中。"这说明，刘备在任命魏延为汉中都督时，已为魏延加了明确的都督称号，并且规定了固定的镇戍区域。所以，汉中都督的设置，应该是刘备实行比较完善的镇戍都督制度的开始。自魏延任汉中都督后，又有吴懿、王平、胡济担任此职，职务传袭不曾间断。汉中都督成为蜀汉固定的负责地区防卫的官职。

在蜀汉设置汉中都督之后，又设置了庲降都督、永安都督、江州都督。

庲降都督。清人洪饴孙以为，刘备于章武元年（221年），任命邓方担任此职，此说不确。《蜀志·李恢传》："章武元年，庲降都督邓方卒。"说明至迟在章武元年前，邓方已任庲降都督。自邓方之后，据《华阳国志·南中志》载，先后有李恢、张翼、马忠、张表、阎宇5人担任此职。这些人都是蜀汉重要将领。

庲降都督负责防卫的地区为南中。《三国志·蜀书·李恢传》裴注："臣松之讯之蜀人云：庲降，地名，去蜀二千里。时未有宁州，号为南中，立此职以总摄之。"蜀汉时，在南中地区先后设置了永昌、云南、越巂、建宁、兴古、朱提、牂柯7郡。可见庲降都督防卫的地区是很广大的。为便于对这

魏晋南北朝将军制与都督制论稿

个地区的控制，蜀汉还专门设置了副都督来辅助庲降都督。例如，杨戏"迁南中郎参军，副贰庲降都督，领建宁太守"①。又如霍弋"后为参军庲降屯副贰都督，又转护军，统事如前"②。这是与其他地方镇戍都督设置的不同之处。

永安都督。《华阳国志·巴志》："先主征吴，于夷道还，薨斯郡。以尚书令李严为都督，造设围戍。"刘备任命李严为尚书令在章武二年（222年），此年也当是设置永安都督的开始。由于永安都督设在巴东郡，所以又被称为巴东都督。自李严任永安都督后，先后有3位将领担任此职。《华阳国志·巴志》："（李）严还江州，征西将军汝南陈到为都督。到卒官，以征北大将军南阳宗预为都督。预还，内领军襄阳罗献为代。"

江州都督。《华阳国志·巴志》："刘先主初以江夏费观为太守，领江州都督。"又《三国志·蜀书·杨戏传》载《季汉辅臣赞》："（费）观建安十八年参李严军，拒先主于绵竹，与严俱降。先主既定益州，拜为裨将军，后为巴郡太守、江州都督。建兴元年封都亭侯，加振威将军。"说明江州都督是在刘备统治时设置的。刘备于章武三年（223年）病故，所以江州都督的设置不会晚于此年。由于费观出任江州都督，是以巴郡太守身份兼任的，因此巴郡当为都督区。自费观后，由李严接任。李严子李丰又"代为都督。丰解后，梓潼代为都督，治阳关"③。先后任江州都督者共5人。

蜀汉除了设置汉中、庲降、永安、江州都督外，在缘边郡还设有一些都督。见于文献记载的有：关中、广武、建威都督。但这些都督只是为适应需要而设置的，没有固定的防卫区域，所以只是临时性的镇戍都督。

总之，在蜀汉建立过程中，镇戍都督制度逐步确立和完善起来。汉中、庲降、永安、江州都督成为固定的常设官职，而且，形成了四个重要的都督区。蜀汉政权以这四个都督区为主体，辅之以临时设置的镇戍都督，这样，便在国家的南方、北方、东方构成了比较稳固的防卫体系。

---

① 《三国志》卷四五《蜀书·杨戏传》。
② 《三国志》卷四五《蜀书·霍峻传》。
③ 《华阳国志》卷一《巴志》。

二

蜀汉镇戍都督的设置，如前面所述，已不是蜀汉政权的临时措施，而形成了比较完善的制度。因而，在镇戍都督制度具体实施过程中，其本身的特征表现得很明显。

(一) **镇戍都督是中央兼地方双重特征的军事官员**

蜀汉镇戍都督任职的重要特点之一，就是不仅领有都督职，而且还领有将军职。《三国志·蜀书·后主传》："以左将军吴壹为车骑将军，假节督汉中。"又《三国志·蜀书·邓芝传》："及（诸葛）亮北住汉中，以芝为中监军、扬武将军。亮卒，迁前军师、前将军，领兖州刺史，封阳武亭侯，顷之为督江州。"这说明，以将军身份任镇戍都督的，将军是其本官，而都督则是兼领职。然而，都督的任职也不完全如此。《三国志·蜀书·马忠传》："征庲降都督张翼还，以忠代翼。忠遂斩胄，平南土。加忠监军奋威将军，封博阳亭侯。"又《三国志·蜀书·张翼传》："（诸葛）亮出武功，以翼为前军都督，领扶风太守。亮卒，拜前领军，追论讨刘胄功，赐爵关内侯。延熙元年，入为尚书，稍迁督建威，假节，进封都亭侯，征西大将军。"马忠、张翼显然都是先任镇戍都督，后授将军职的。因而，很难说将军是其本官，而都督是其兼领职。这反映了在蜀汉，选任都督并没有形成很固定的方式。不过，镇戍都督任职，与领将军职衔有密不可分的联系，这却是共同的。

镇戍都督任职上的这种特点，当然要对其职官的性质产生影响。就镇戍都督所领不同名号的将军职来看，是从东汉承袭来的。《续汉书·百官志》："世祖中兴，吴汉以大将军为大司马，景丹为骠骑大将军，位在公下，及前、后、左、右杂号将军，众多，皆主征伐，事讫皆罢。"据此，东汉各种名号的将军的设置虽然还不十分固定，但设置的将军职官性质却很明显，属于中央官职。蜀汉将军的职官性质，自然也与东汉时期相同。这也就决定了镇戍都督具有中央职官的特征。

然而，蜀汉镇戍都督又与其他中央职官不同，是国家派往都督区的最高军事长官，负责掌管都督区的具体事务。虽然镇戍都督主要职掌军事，可是，由于当时正处于战时状态，军政事务与地方联系很密切，因此都督在行使其权力时，与地方事务是很难截然分开的。正因为如此，蜀汉政权为更有利于对都督区的控制,在任命镇戍都督时,多使其兼任郡太守。如《三国志·蜀书·魏延传》:"先主乃拔延为督汉中镇远将军,领汉中太守。"又如《三国志·蜀书·杨戏传》载《季汉辅臣赞》:李福"先主定益州后,为书佐、西充国长、成都令。建兴元年,徙巴西太守,为江州督、扬威将军,入为尚书仆射,封平阳亭侯。"这种以都督身份兼领郡太守职的,当时已为数不少。统计蜀汉先后任命的19位镇戍都督,其中便有6位兼任郡太守,将近镇戍都督总数的三分之一。这些兼任郡太守的镇戍都督,当然要直接参与地方的行政事务。因而,蜀汉镇戍都督在权力行使上,其地方长官的特征是很明显的。这样,就很难说镇戍都督是完全的中央职官。

(二) 镇戍都督以所任将军职作为等级划分的标准

在蜀汉镇戍都督制度完善化的过程中,都督也开始出现等级的区分。可是,蜀汉镇戍都督的等次,并不是通过称号的不同表现出来的。从当时镇戍都督的称谓来看,确实出现了"都督"和"督"的区别。但这种不同的称谓,只是同一镇戍都督在不同情况下所使用时,其实际意义则完全相同。如刘备任命魏延为汉中都督,《三国志·蜀书·先主传》载:"拔魏延为都督,镇汉中。"而《三国志·蜀书·魏延传》却说:"先主乃拔延为督汉中镇远将军。"这就是说,对魏延既可以称"都督",也可以称"督汉中"。可以说,二者没有区别。

蜀汉镇戍都督的等级,实际上与都督所任将军职关系密切。如前所述,当时镇戍都督一般都领有将军职。可是,都督所任将军职不仅在不同的都督区差别很大,就是在同一都督区也是不同的。例如,在江州都督区的各都督中,费观任振威将军,李严任骠骑将军,李福任扬威将军,邓芝任车骑将军。在庲降都督区的各都督中,邓方任安远将军,李恢任安汉将军,张翼任绥南中郎将,马忠任奋威将军,张表任安南将军,阎宇任右大将军。各镇戍都督所任将军职的不同,是完全可以反映其地位的等次差别的。这主要取决于蜀汉的将军已经具有了比较明确的秩级。

蜀汉的将军设置固然承袭东汉,可是,将军的等次却比东汉划分得明确了。《三国志·蜀书·赵云传》载,赵云"建兴元年,为中护军、征南将军,封永昌亭侯,迁镇东将军"。建兴六年,"失利于箕谷,然敛众固守,不至大败。军退,贬为镇军将军"。又《三国志·蜀书·姜维传》载,姜维"后迁中监军、征西将军""（建兴）十二年，亮卒，维还成都，为右监军、辅汉将军，统诸军，进封平襄侯"。这些事例说明，蜀汉所设将军的地位不同，等次分明。因而，使将军的晋升和贬退都有明确的标准。清人洪饴孙在《三国职官表》中，将蜀汉的将军与曹魏相比照，列出其秩级等次为五品，是很有道理的。蜀汉为将军划分这些不同的品级，不仅可以区分将军地位的高低，而且一旦出任镇戍都督，也就成为区别都督地位等次的标准。蜀汉镇戍都督在等级划分上表现出的这种特点，与曹魏所任都督诸州军事以"都督""监""督"这些称号来区分都督的等次的做法，是很不相同的。

（三）镇戍都督"假节"，是为了加重其地位

在蜀汉设置镇戍都督的过程中，出现了都督"假节"的情况。如江州都督邓芝"延熙六年（243年），就迁为车骑将军，后假节"①。又如，建兴十二年（234年），蜀汉使吴壹"督汉中，车骑将军，假节"②。当然，在镇戍都督中，也有不"假节"的。《季汉辅臣赞》："（陈到）汝南人也。自豫州随先主，名位常亚赵云，俱以忠勇称。建兴初，官至永安都督、征西将军，封亭侯。"即其一例。统计在蜀汉任命的19位镇戍都督中，"假节"者5人，仅占都督总数的四分之一。可见蜀汉镇戍都督"假节"并不普遍。这说明，镇戍都督"假节"没有形成严格的制度。因而，在镇戍都督中，很难以"假节"来象征其行使权力的等次。

蜀汉镇戍都督"假节"，虽然不能标志其权力行使的等次，可是都督"假节"毕竟与不"假节"存在差别。实际上，这与蜀汉将军"假节"与不"假节"的区别，有一致之处。在蜀汉，一些重要的将军一般都"假节"。如《三国志·蜀书·关羽传》："（建安）二十四年，先主为汉中王，拜羽为前将军、假节钺。是岁，羽率众攻曹仁于樊。"《三国志·蜀书·张飞传》："先主为汉中王，拜飞为右将军、假节。"《三国志·蜀书·马超传》："先主为汉中王，拜超为左将军，假节。"蜀汉为这些重要将军"假节"，是沿袭了东汉的制度。当时国家不仅为一些重要将领加将军衔，而且还使他们"假节"。这种情况，到东汉后期就更普遍了。如《后汉书·董卓传》："（中平二年），朝

---

① 《三国志》卷四五《蜀书·邓芝传》。
② 《三国志》卷四五《蜀书·杨戏传附季汉辅臣赞》。

廷复以司空张温为车骑将军，假节。"国家使将军"假节"的意义就在于，表明他可以代表皇帝的意志行事。因此《汉官仪》说："节，所以为信也。"①这样，便使"假节"将军的地位更加重要了。又《后汉书·光武帝纪》注引冯衍与田邑书曰："今以一节之任，建三军之威，岂特宠其八尺之竹，牦牛之尾哉！"反映的正是这种情况。蜀汉使将军"假节"，自然也具有这种意义。当时将军"假节"与不"假节"的，在地位上的差别很明显。例如建安二十四年，关羽、张飞、马超、黄忠、赵云均被授予将军职，所任将军的秩级相同，可是黄忠、赵云不"假节"，因而就比关羽、张飞、马超的地位要低。由于蜀汉镇戍都督一般都领有将军职，所以都督"假节"不过是沿用了将军"假节"的惯例。因而，镇戍都督"假节"，也只能起到加重其地位的作用。所以蜀汉镇戍都督"假节"的规定，实际上仍然受东汉制度的影响，而没有演变为一种新的制度。也就是说，它没有像曹魏的都督诸州军事那样，出现"使持节""持节""假节"的等级区分，成为都督可以实行军法的象征。

（四）镇戍都督统率的是国家镇戍军队

蜀汉为保证镇戍都督有效地进行防卫，在各都督区屯驻了一批精锐的军队。《三国志·蜀书·王平传》："（延熙）七年春，魏大将军曹爽率步骑十余万向汉川，前锋已在骆谷。时汉中守兵不满三万。"《三国志·蜀书·李严传》："（建兴）八年，迁骠骑将军。以曹真欲三道向汉川，亮命严将二万人赴汉中。"这些记载说明，汉中、江州都督区平时所驻军队都不会低于二万人。在永安、庲降都督区也同样驻有重兵。《三国志·蜀书·谯周传》注引孙盛曰："（刘）禅虽庸主，实无桀、纣之酷，战虽屡北，未有土崩之乱，纵不能君臣固守，背城借一，自可退次东鄙以思后图。是时罗宪以重兵据白帝，霍弋以强卒镇夜郎。蜀土险狭，山水峻隔，绝巘激湍，非步卒所涉。若悉取舟楫，保据江州，征兵南中，乞师东国，如此则姜、廖五将自然云从，吴之三师承命电赴，何投寄之所而虑于必亡邪？"据孙盛所说，蜀汉末年永安、庲降都督可以起到挽救蜀汉倾危局面的重要作用。这说明，永安、庲降都督当时掌握众多的军队，因而才会在军事上具有很大的实力。在蜀汉各都督区屯驻的这些军队，在征集、调派以及与镇戍都督的关系上，具有很明显

---

① 《后汉书》卷一上《光武帝纪上》，李贤注引。

的特点：

其一，都督区屯驻的士兵是蜀汉国家从各地征调来的。《三国志·蜀志·张嶷传》注引《益部耆旧传》："后南夷刘胄又反，以马忠为督庲降讨胄，嶷复属焉，战斗常冠军首，遂斩胄。平南事讫，牂牁兴古獠种复反，忠令嶷领诸营往讨，嶷内招降得二千人，悉传诣汉中。"又《华阳国志·巴志》："汉时，赤甲军常取其民。蜀丞相亮亦发其劲卒三千人为连弩士，遂移家汉中。"说明汉中都督区的士兵，来自蜀汉很多地方。其他都督区士兵的来源，也不会与汉中有多大的差别。各都督区能够聚集各地方的士兵，显然只有通过国家的力量才能实现。

其二，蜀汉国家可以根据军事形势的需要，随时调动都督区的军队。如炎兴元年（263年），曹魏军队攻蜀，成都危机，后主刘禅便征调永安都督阎宇，"留宇二千人，令宪守永安城"①。可见对于蜀汉国家调派军队，各镇戍都督是必须严格服从的。

其三，各都督区的士兵，没有与镇戍都督形成严格的隶属关系。《三国志·蜀书·张翼传》载：建兴九年，庲降都督张翼平定南中刘胄叛乱，"胄未破，会被征当还，群下咸以为宜便驰骑即罪，翼曰：'不然。吾以蛮夷蠢动，不称职故还耳，然代人未至，吾方临战场，当运粮积谷，为灭贼之资，岂可以黜退之故而废公家之务乎？'于是统摄不懈，代到乃发。马忠因其成基以破殄胄，丞相亮闻而善之"。这说明，镇戍都督一旦离任，就与统率的军队脱离关系，这些军队是不必依从原任都督的。由此可见，蜀汉都督区士兵的征集和调派都由国家直接控制，镇戍都督也没有与统领的士兵形成严格的隶属关系。因而，在各都督区屯驻的军队，无疑是由蜀汉国家直接控制的。这些军队主要用于防御，同征伐作战和京畿防卫的士兵在性质上，是完全相同的。

三

蜀汉设置镇戍都督，是在军事上采取的重要措施。由于镇戍都督的设置

---

① 《三国志》卷四一《蜀书·霍峻传》注引《汉晋春秋》。

和都督区的形成，对蜀汉的军事攻防能力以及有效地控制南中少数民族地区都产生了很大的影响。

首先，镇成都督设置后，蜀汉具有了比较稳固的防御体制。如前所述，从建安二十四年开始，蜀汉在北部和东部缘边郡先后设置了汉中、永安、江州都督。此外，还设置了临时性的关中、广武、建威都督。其目的正是要有效地防御北方的曹魏和东方的孙吴。为了保证都督区具有较强的防卫能力，蜀汉在这些地方集结了重兵。如前面所说，仅在汉中、江州都督区，平时集结的军队各在2万人以上。而在蜀汉后期，国家军队的总数，据《蜀志·后主传》注引王隐《蜀记》载，为"带甲将士十万二千"。依据这个数字来估计，汉中、江州都督区平时驻军人数，应该占全国军队总数的五分之二以上。如果加上永安都督区的军队，当然就更多了。

在汉中、江州、永安都督区中，不仅集结重兵，还修筑了坚固的城防。汉中都督区开始设置时，"皆实兵诸围以御外敌"①。蜀汉统治后期，姜维为了使汉中的防御更牢固，"于是，令督汉中胡济却住汉寿，监军王含守乐城，护军蒋斌守汉城，又于西安、建威、武卫、石门、武城、建昌、临远皆立围守"②。姜维增加汉中都督区"围"的数量，正要以此来保证汉中防御上的应变能力。

在江州都督区开始设置时，都督李严便"更城大城，周回十六里"③。在永安都督区中，也"造围戍"④。这些城防都很坚固。这样，汉中、江州、永安都督区凭借驻扎众多的军队和坚固的城防，便具有了比较强的防御能力。而且，汉中、江州、永安都督区还能够相互支援，相互呼应，使蜀汉在北、东边境的防御，不是孤立的，而是一个整体。不过，在具体防御作战中，又各有侧重。

在蜀汉与曹魏近五十年的军事对抗中，对魏军的防御，主要由汉中都督承担。在与进犯魏军的作战上，汉中都督起到的作用很明显。曹魏先后在建兴八年、延熙七年、炎兴元年，对蜀汉发起三次大的攻势。其中建兴八年、

---

① 《三国志》卷四四《蜀书·姜维传》。
② 《三国志》卷四四《蜀书·姜维传》。
③ 《华阳国志》卷一《巴志》。
④ 《华阳国志》卷一《巴志》。

延熙七年的进攻，蜀汉依靠汉中都督区的军事力量，使魏军无法攻破汉中的防御，有效地遏制了曹魏的进攻。特别是在延熙七年的防御战中，汉中都督区的防卫能力得到充分的体现。当时"魏大将军曹爽率步骑十余万向汉川，前锋已在骆谷。时汉中守兵不满三万"①。可是，汉中都督王平"拒兴势围，大将军费祎督诸军往赴救，魏军退"②。在这场战争中，蜀军以少胜多，显示了汉中都督区的防卫能力是很强的。

永安、江州都督主要负责对孙吴的防御。由于在夷陵之战后，蜀汉一直采取与孙吴联盟的方针，所以蜀汉东部边境基本没有战争发生。永安、江州都督区成为与孙吴联系的重要地区。永安、江州都督都积极促进这一地区的安定。其中江州都督邓芝政绩突出。当时吴主孙权"数与芝相闻，馈遗优渥"③。永安、江州都督能够保证东部边境的稳定，也正是对北部汉中都督区的支援。

其次，镇戍都督设置后，使蜀汉对曹魏的进攻作战有了重要的保证。蜀汉设置镇戍都督，固然主要是为了对外防卫。可是，镇戍都督设置后，所起到的作用就并不限于这方面。从蜀汉与曹魏战争的特点来看，蜀汉多对曹魏采取攻势作战。从建兴元年，诸葛亮率军出祁山，举兵伐魏开始，至景耀五年，姜维出兵侯和，最后一次北征曹魏，先后对曹魏用兵达12次之多。由这种战争形势所决定，蜀汉设置的镇戍都督是必须配合征伐军队作战的。与曹魏相邻的汉中都督区正起到这种作用。当时丞相诸葛亮、大司马蒋琬、大将军费祎都在汉中开府，指挥北伐作战。汉中成为蜀汉征伐曹魏军队的集中地和军事辎重的供应地。因而，这就使汉中都督一般都具有双重责任。如汉中都督魏延在建兴五年，诸葛亮进驻汉中后，便"更以延为督前部，领丞相司马、凉州刺史"④。又如延熙六年，大将军蒋琬驻扎沔阳时，汉中都督王平便"更为前护军，署琬府事"⑤。显然汉中都督既要负责防卫汉中，又要在攻魏作战中承担重任。永安、江州都督区不是蜀汉伐魏的前线。可是，蜀军北

---

① 《三国志》卷四三《蜀书·王平传》。
② 《三国志》卷三三《蜀书·后主传》。
③ 《三国志》卷四五《蜀书·邓芝传》。
④ 《三国志》卷四〇《蜀书·魏延传》。
⑤ 《三国志》卷四三《蜀书·王平传》。

伐作战却与这两个都督区有关系。《三国志·蜀书·李严传》载，建兴四年，李严"转为前将军。以诸葛亮欲出军汉中，严当知后事，移屯江州，留护军陈到驻永安，皆统属严。"这说明，诸葛亮准备北伐时，是将江州、永安都督区视为北伐蜀军的策应力量。如果伐魏作战需要，蜀汉是可以随时向这两个都督区征调军队的。如建兴八年，诸葛亮为同曹真作战，便命令江州都督李严"将二万人赴汉中"①，支援汉中的蜀军。因此，江州、永安都督区不仅以保证东部边境的稳定来解除伐魏蜀军的后顾之忧，而且也能够为伐魏蜀军提供后续军队，成为汉中前线的重要保障。

再次，庲降都督的设置，加强了蜀汉对南中地区的控制，保证了南中地区的稳定。蜀汉设置庲降都督的目的，不同于汉中、江州、永安都督的设置，主要是为了防范南中地区的少数民族。庲降都督控制的南中，不仅范围广大，而且少数民族众多。《华阳国志·南中志》："蜀之南中诸郡，庲降都督治也。南中在昔，盖夷越之地，滇、濮、句町、夜郎、叶榆、桐师、巂唐，侯王国以十数，或椎髻耕田，有邑聚，或编发、左衽随畜迁徙，莫能相雄长。"这些少数民族很难治理，自东汉以来，不断发生叛乱。蜀汉建国后，南中地区也不安定，发生了多起少数民族的叛乱。其中章武二年、建兴十一年的叛乱规模较大。在平定这些叛乱时，庲降都督都起到了重要的作用。章武二年，在南中发生的少数民族叛乱，声势很大。当时丞相诸葛亮不得不亲自"率众南征"②。庲降都督李恢统领所属军队，密切配合诸葛亮的军事行动，"与亮声势相连"③，多次打击叛军。诸葛亮能很快平息叛乱，与庲降都督李恢的配合作战关系密切。因此《蜀志·李恢传》称："南土平定，恢军功居多。"在平定建兴十一年发生的刘胄叛乱时，庲降都督起到的作用就更重要了。《三国志·蜀书·马忠传》："南夷豪帅刘胄反，扰乱诸郡。征庲降都督张翼还，以忠代翼。忠遂斩胄，平南土。"这说明，庲降都督马忠完全依靠他统率的军队，便使叛乱很快平息。因此，庲降都督设置后，在遏制南中少数民族叛乱上，显然是很有成效的。

---

① 《三国志》卷四〇《蜀书·李严传》。
② 《三国志》卷三五《蜀书·诸葛亮传》。
③ 《三国志》卷四三《蜀书·李恢传》。

庲降都督不仅能够以武力平息叛乱，而且，还努力安抚当地少数民族。如庲降都督马忠"在南，柔远能迩，甚垂惠爱"①，深受当地人民拥戴。他死后，"南人为之立祠，水旱祷之"②。又如南中副都督霍弋在当地"抚和异俗，为之立法施教，轻重允当，夷晋安之"③，使南中各族人民生活安定。庲降都督在南中采取的这些安抚措施，都有力地促进了南中地区的稳定。由于庲降都督有效地控制了南中地区的局势，因而便使南中能够有力地支持蜀汉政权。《三国志·蜀书·李恢传》载，庲降都督李恢平定当地叛乱后，"徙其豪帅于成都，赋出叟、濮耕牛战马金银犀革，充继军资，于时费用不乏"④。可见，由于庲降都督的努力，使南中能够为蜀汉在军事上提供大量的物资，这对发展蜀汉的国力影响很大。因此《三国志·蜀书·诸葛亮传》称南中为"军资所出，国以富饶"。不仅如此，一些庲降都督还将很多精壮的少数民族士兵补充到蜀汉的军队中。如庲降都督马忠便"移南中劲卒、青羌万余家于蜀，为五部，所当无前，号为飞军"。张嶷招降兴古獠，"得二千人，悉传诣汉中"⑤。显然南中已成为蜀汉军队士兵的重要来源。由此看来，庲降都督的设置，实际上为蜀汉政权创造了一个可靠的后方，可以使其作战获得必要的人力和物力的保障。因此，对庲降都督起到的这种作用，也是不应该忽视的。

（原载《吉林大学社会科学报》1998年第6期）

---

① 《华阳国志》卷四《南中志》。
② 《华阳国志》卷四《南中志》。
③ 《华阳国志》卷四《南中志》。
④ 《三国志》卷四三《蜀书·李恢传》。
⑤ 《三国志》卷四三《蜀书·张嶷传》。

西晋大都督考略

西晋时期,当时国家为保证其统治的稳固和在军事上处于优势地位,继续承袭曹魏的都督制度,在中央和地方设置各类都督。在西晋国家所设的都督中,除了设有都督诸州军事和都督中外诸军事外,还设置了大都督。西晋国家设置的大都督具有自身特征,在西晋都督体制中占有特殊地位。前人虽然对西晋的大都督做了一些探讨,① 然而对大都督的诸问题仍然有进一步研究的必要。因此本文拟对西晋大都督的设置特点、大都督称号与其他职官的关系以及设置大都督的作用做一些考察。

一

国家设置大都督,最早是在曹魏时期。《晋书·职官志》:"魏明帝太和四年秋,宣帝征蜀,加号大都督。"这就是说,魏明帝时,已经为担任征讨蜀汉的最高军事统帅司马懿加了大都督的称号,并且魏明帝任命司马懿为大都督的目的很明确,就是为了适应征讨战争的需要。曹魏国家所设的大都督不仅负责征讨军队的事务,而且具有很高的地位和权力。因为大都督的设置,当时是与"假黄钺"② 联系在一起的。这正是大都督在征讨战争中,具有最高军事惩罚权的象征。因此,大都督初设时,毫无疑问是国家征讨军队的最高统帅。

由于大都督在征讨作战中,具有最高军事统率权,因而在曹魏统治后

---

① 小尾孟夫:《六朝都督制の研究—西晋の大都督》,溪水社,2001年,第152—174页。
② 《晋书》卷一《宣帝纪》。

期,这一重要位置便被处于最高辅政大臣地位的司马师所占据。《晋书·职官志》:"高贵乡公正元二年,文帝都督中外诸军,寻加大都督。"高贵乡公为司马师加大都督号与都督中外诸军事的身份相联系,显然大都督已经不只是最高军事统帅,而是要加重他在军事上的地位。在司马师和司马昭篡夺曹魏政权的过程中,他们又将大都督称号逐渐与其政治地位联系起来。《晋书·景帝纪》载高贵乡公诏曰:"……夫德茂者位尊,庸大者禄厚,古今之通意也。其登位相国,增邑九千,并前四万户;进号大都督、假黄钺,入朝不趋,奏事不名,剑履上殿;赐钱五百万,帛五千匹,以彰元勋。"又《晋书·文帝纪》:"甘露元年春正月,加大都督,奏事不名。进封高都公,地方七百里,加之九锡,假斧钺,进号大都督,剑履上殿。"从曹魏皇帝为司马师与司马昭加称号的情况来看,大都督称号都是与"奏事不名"相联系的。当时皇帝授予臣下"奏事不名"的权力,应该说这是对臣下的极高尊崇。《礼记·曲礼》:"男子二十冠而字,父前子名,君前臣名。"这就是说,按照儒家的观念,臣下在国君面前是必须称名的。这与子在父前称名是相同的,都是要体现君和父的至尊地位。反之,曹魏皇帝授予司马师和司马昭不称名的权力,实际上已经将他们的地位提高到了最高限度。由此可见,大都督称号和"奏事不名"一样,都是使臣下具有崇高地位的象征。正因为如此,司马昭为掩饰其篡权的目的,便要"去侍中、大都督、录尚书之号"①。所以,在曹魏统治后期,大都督已经不只是征讨军的最高统帅,同时也是辅政大臣至尊地位的体现。

西晋建国后,当时国家仍然任命一些重臣为大都督。不过,大都督的设置情况却比较复杂起来。大体说来,可以分为以下几种情况:

其一,西晋国家以征讨为目的而设置大都督。这类大都督一般是西晋国家实行重大讨伐战役的统帅。在西晋灭吴的战争中就设置了大都督。《晋书·武帝纪》:"(咸宁五年)十一月,大举伐吴。……以太尉贾充为大都督,行冠军将军杨济为副,总统众军。"又《晋书·贾充传》:"伐吴之役,诏充为使持节、假黄钺、大都督,总统六师。"这些记载说明,贾充所任的大都督是西晋伐吴的最高统帅,当时各路征讨大军诸如建威将军王戎、平南将军

---

① 《晋书》卷二《文帝纪》。

魏晋南北朝将军制与都督制论稿

胡奋、镇南大将军杜预、广武将军唐彬、龙骧将军王睿都在他的节制之下。很明显，大都督贾充在伐吴军队中所处的地位极高，他的军事权力也极重。《晋书·秦秀传》："秀性忌谗佞，疾之如仇，素轻鄙贾充，及伐吴之役，闻其为大都督，谓所亲者曰：'充文案小才，乃居伐国之任，吾将哭以送师。'"这条记载从反面证明了贾充所任大都督的地位的重要。当然，西晋国家任命大都督并不限于伐吴战役，在"八王之乱"时，由国家或诸侯王上表要求设置大都督来统率征讨军队的情况就更多了。下面按这类大都督设置的先后时间，列举如下：

1. 太安二年五月，义阳蛮张昌举兵反叛，当时成都王司马颖执政，"上（陆）云为使持节、大都督、前锋将军以讨昌"①。

2. 太安二年八月，"（司马）颖与河间王颙起兵讨长沙王乂，假机后将军、河北大都督，督北中郎将王粹、冠军牵秀等诸军二十万人"②。

3. 永兴元年七月，"（惠）帝北征邺，以越为大都督"③。

4. 永兴二年七月，东海王司马越试图讨伐河间王司马颙。司马颙为同司马越对抗，决定消灭他们任命的颍川太守刘舆和司马刘琨，"遣右将军张方为大都督，统精卒十万，建武将军吕朗、广武将军骞韬、建威将军刁默等为军前锋，共会许昌，除舆兄弟"④。

以上四例，是由晋惠帝或诸侯王上表惠帝，而设置的大都督。这些人即使是晋惠帝下诏任命的，实际上却都是代表挟持晋惠帝的诸侯王的意志而统军作战的。虽然这些大都督是征讨军队的统帅，但是他们的地位已经同大都督贾充相差很远了。尽管如此，可以看出在"八王之乱"之时，以大都督统率征讨军队作战成为当时军事斗争的重要特点之一。

---

① 《晋书》卷五四《陆云传》。
② 《晋书》卷五四《陆机传》。
③ 《晋书》卷五九《东海王越传》。按，《通鉴》卷八五《晋纪七》永兴元年："己亥，越奉帝北征。以越为大都督。"《晋书·东海王越传》将此事定在太安初年，实误。当以《通鉴》记载为是。
④ 《晋书》卷四《惠帝纪》。

西晋末年，当时国家依然设置大都督来统率征讨军队。例如，永嘉五年，晋怀帝蒙尘平阳，西晋众臣共建行台，推傅祗"为盟主，以司徒、持节、大都督诸军事传檄四方"①。又如晋愍帝即位长安，建兴二年，刘曜又进攻北地，以麹允"为大都督、骠骑将军，次于青白城以救之"②。傅祗、麹允被任命为大都督固然是为了统军作战，不过，他们的作战目的已经转为抵御外族的入侵了。

总之，从西晋建国直至西晋灭亡，当时国家一直设置这种以统率征讨军作战为特征的大都督。这些大都督在征讨敌国、平息国内的战乱以及同外族的作战中，都产生了不可忽视的影响。

其二，西晋国家为尊崇重臣的地位而设置的大都督。如前所述，至曹魏统治后期，国家设置大都督是为了尊崇处于辅弼地位的司马师和司马昭，因而这种大都督的设置就与征讨战争没有直接联系。西晋禅代曹魏后，当时国家在必要的时候仍然设置了这类大都督。当时比较有影响的重要任命有两次。一次为太康九年，晋武帝任命汝南王亮为"大司马、大都督、假黄钺"③。另一次则为晋惠帝即位之初，任命杨骏"为太傅、大都督、假黄钺，录朝政，百官总己"④。晋武帝任命汝南王亮为大都督，显然是要提高他的地位；而晋惠帝为杨骏加大都督号，实际上是使杨骏以此巩固其地位，进而总揽朝纲。很明显，晋武帝、晋惠帝分别为汝南王亮、杨骏加大都督的称号，其出发点都是要加重他们的政治地位，使他们处于极受尊崇的位置上。

在西晋末年，晋愍帝依然注意到大都督的这种作用，还对一些重臣授予了大都督的称号。《晋书·愍帝纪》："（建兴三年）二月丙子，进左丞相、琅邪王睿为大都督、督中外诸军事"。晋愍帝为司马睿加大都督称号，显然是要提高他的地位，并借此来笼络他。不过，在西晋末年，由于军事斗争的复杂，晋愍帝为重臣加大都督称号加重他们的地位之时，同时还授予他们一些征讨权力。《晋书·愍帝纪》："（建兴元年）五月壬辰，以镇东大将军、琅邪王睿为侍中、左丞相、大都督陕东诸军事，大司马、南阳王保为右丞相、大

---

① 《晋书》卷四七《傅玄传》。
② 《晋书》卷八九《忠义·麹允传》。
③ 《晋书》卷三《武帝纪》。
④ 《晋书》卷四〇《杨骏传》。

都督陕西诸军事。"这就是说，晋愍帝一方面通过授予司马睿、司马保大都督的称号来提高他们的地位；另一方面，也要模仿周制，正如《晋书·愍帝纪》说："昔周邵分陕，姬氏以隆；平王东迁，晋郑为辅。今左右丞相茂德齐圣，国之昵属，当恃二公，扫除鲸鲵，奉迎梓宫，克服中兴。令幽、并两州勒卒三十万，直造平阳。右丞相宜帅秦、凉、梁、雍武旅三十万，径诣长安。左丞相帅所领精兵二十万，径造洛阳。"可见，这种模仿不过是以分陕而治的方式，试图使担任大都督的司马睿和司马保能够及时出兵来挽救长安的危机。由此来看，虽然晋愍帝加大都督号的目的是要获得军事支持，但是他的立足点却是尊崇重臣。因此，这种情况应该是当时国家以加大都督称号来尊崇重臣的一种特殊表现形式。

其三，西晋国家为显示一些都督诸州军事的特殊地位而加大都督称号。在西晋国家所设的都督诸州军事中，也有加大都督称号的。如《晋书·汝南王亮传》："及武帝寝疾，为杨骏所排，乃以亮为侍中、大司马、假黄钺、大都督、督豫州诸军事，出镇许昌，加轩悬之乐，六佾之舞。"又《晋书·苟晞传》："（晋怀帝）诏晞为大将军、大都督、督青徐兖豫荆扬六州诸军事，增邑二万户，加黄钺，先官如故。"都是这方面的事例。西晋国家为都督诸州军事加大都督号，只是一些具有特殊地位者。统计当时国家为都督诸州军事加大都督号的有：义阳成王司马望、汝南王司马亮、大将军苟晞、大司马王浚等。尽管这些人任都督诸州军事是负责地方的军事防卫，可是他们却是国家重臣。也就是说，当时国家使他们在中央担任重要官职，诸如司马亮任大司马、苟晞任大将军、王浚任大司马。实际上，这些人是以"八公"职来兼任都督诸州军事的，因而，他们的地位自然与一般的都督诸州军事不同。西晋国家为这些具有特殊身份的都督诸州军事加大都督称号，也就使他们的地位更加显赫了。因此，这些加大都督称号的都督诸州军事，凭借他们的特殊地位便能够左右他们镇戍地方的军事和政治局势。

二

西晋建国后，当时国家已经不像曹魏开始设置大都督时那样，将其作为独立职官来加以任命。据文献记载，西晋国家任命大都督一般都与其他重要职官的任职联系在一起，也就是说，西晋国家并没有将大都督作为完全独立的职官。这正是当时设置大都督所具有的特殊性。然而，当西晋国家为其他职官加大都督号后，这些任职者的地位就发生了变化。为说明问题，下面将西晋建国后任大都督，又担任其他职官者的情况列举如下：

1. 贾充任太尉，晋武帝"大举伐吴。……以太尉贾充为大都督"①。
2. 司马亮"为大司马、大都督、假黄钺"②。
3. 杨骏"为太傅、大都督、假黄钺"③。
4. 张方任右将军"为大都督"④。
5. 陆云任前锋将军"为使持节、大都督"⑤。
6. 陆机任"后将军、河北大都督"⑥。
7. 苟晞"为大将军、大都督、督青徐兖豫荆扬六州诸军事，增邑二万户，加黄钺，先官如故"⑦。
8. 王浚"为大司马，加侍中、大都督、督幽冀诸军事"⑧。
9. 赵王司马伦"寻矫诏自为使持节、大都督、督中外诸军事、相国，侍中、王如故，一以宣文辅魏故事，置左右长史、司马、从事中郎四人、参军十人、掾属二十人、兵万人"⑨。
10. 河间王司马颙与"（司马）乂复从天子出攻方，战辄不利。诏以颙为太宰、大都督、雍州牧。"⑩
11. 傅祗"及洛阳陷没，遂共建行台，推祗为盟主，以司徒、持节、

---

① 《晋书》卷三《武帝纪》。
② 《晋书》卷三《武帝纪》。
③ 《晋书》卷四〇《杨骏传》。
④ 《晋书》卷四《惠帝纪》。
⑤ 《晋书》卷五四《陆云传》。
⑥ 《晋书》卷五四《陆机传》。
⑦ 《晋书》卷六一《苟晞传》。
⑧ 《晋书》卷三九《王沈传附王浚传》。
⑨ 《晋书》卷五九《赵王伦传》。
⑩ 《晋书》卷五九《河间王颙传》。

大都督诸军事传檄四方"①。

12. 琅邪王司马睿任镇东大将军，"为侍中、左丞相、大都督陕东诸军事"。又"为大都督、督中外诸军事"②。

13. 司马保任大司马，"为右丞相、大都督陕西诸军事"。又"为相国"③。

西晋时期，以国家的名义来任命的大都督主要有这十三例。在这十三例中，尽管他们所处的地位有所不同，但是都是以其本官兼有大都督称号的。这些人的本官可以分为三类。一是任太傅、司徒、相国、太宰、左丞相、右丞相、太尉、大司马、大将军。二是任右将军、后将军、前锋将军。三是任都督诸州军事。在这三类中，以第一类为多。其中太傅、司徒、太宰、太尉、大司马、大将军在西晋属于八公之列。太傅、太宰"皆为上公，论道经邦，燮理阴阳，无其人则阙"④。既然太傅、太宰居于上公的位置，因而它们在西晋职官中的地位最高。不过，在当时其实际权力并不大，只是起到尊崇的作用。大司马、大将军位"在三司上"⑤。祝总斌先生认为，大司马、大将军也是荣誉头衔。⑥司徒在西晋与太尉、司空并称"三司"。虽然"三司"位在五公之下，可是其"品秩第一"⑦，地位很重，并且还保留一部分宰相的权力。同样，相国、丞相地位和权力也是很显赫的。《晋书·职官志》："丞相、相国，并秦官也。晋受魏禅，并不置，自惠帝之后，省置无恒。……皆非复寻常人臣之职。"由此来看，西晋国家将大都督称号与"八公"以及相国、丞相结合在一起，实际上，正是要更加重这些任职者的地位。

西晋国家将大都督称号授予右将军、后将军、前锋将军，发生在"八王

---

① 《晋书》卷四七《傅玄传》。
② 《晋书》卷五《愍帝纪》。
③ 《晋书》卷五《愍帝纪》。
④ 《晋书》卷二四《职官志》。
⑤ 《晋书》卷二四《职官志》。
⑥ 祝总斌：《两汉魏晋南北朝宰相制度研究》，中国社会科学出版社，1990年，第168页。
⑦ 《晋书》卷二四《职官志》。

之乱"之时。当时参与变乱的诸侯王为了获得战争的主动权,是很注意设置大都督来统率军队的。这些诸侯王或者挟持晋惠帝下诏,或者假晋惠帝之命,任命张方、陆机、陆云这些重要将领为大都督。前引《晋书·惠帝纪》:"(永兴二年)冬十月丙子,诏曰:'……今遣右将军张方为大都督,统精卒十万,建武将军吕朗、广武将军骞韬、建威将军刁默等为军前锋,共会许昌,除舆兄弟。'"就是明显的一例。因此,可以说由于"八王之乱"的特殊形势,就使西晋国家在大都督的任命上,开始与将军职联系起来。

在西晋国家所设将军中,右将军、后将军居于比较重要的位置。关于右将军、后将军,《宋书·百官志上》:"左将军。右将军。前将军。后将军。左将军以下,周末官,秦、汉并因之,光武建武七年省,魏以来复置。"又《通典·职官十一》:"前后左右将军,皆周末官,秦因之,为上卿。……魏以来复置。"据此,右将军、后将军是西晋国家设置的重要将军。清人洪饴孙在《三国职官表》中考证,右将军、后将军的秩级为三品。西晋承袭魏制,右将军、后将军的品级当与曹魏没有多大变化。据《宋书·百官志》载,右将军与前、后、左将军一样,与征、镇、安、平将军处于同一等次。因而,西晋的右将军、后将军当为"三品将军秩中二千石者,著武冠"[①]。实际上,右将军、后将军的地位与诸卿相同,也就是说,其地位仅次于八公。至于前锋将军,则属于杂号将军,为它加大都督号,当是"八王之乱"时的特殊情况。由此可见,西晋国家在"八王之乱"时,虽然将大都督称号与将军职结合起来时,也注意到将军的秩级,但是,应该说这只是参与战争的诸侯王为了应急而采取的临时措施,并不能认为这是西晋国家的固定制度。

至于在西晋,大都督称号与都督诸州军事的结合,如前所述,同样也是要加重都督诸州军事的地位。关于此问题已经在第一节有详论,在此不再赘述。

三

西晋国家设置大都督,尽管具体情况和具体对象不同,但是,在西晋的政治和军事活动中,应该说起到的作用还是很明显的。

[①] 《晋书》卷二四《职官志》。

魏晋南北朝将军制与都督制论稿

首先，大都督在其始设时，就是全面统领征讨军的统帅。如前面所说，魏明帝为司马懿加大都督号，正是使其统率军队进行征讨作战。这种大都督职位并不是虚号，而是具有实际权力的，它要承担全部征讨责任。曹魏时期，国家所设的大都督具有的这种作用，在西晋禅代曹魏后，依然保留着。已如前述，在西晋灭吴的战争中，当时国家便任命贾充为"使持节、假黄钺、大都督、总统六师"①。晋武帝为使大都督贾充能够更好地行使其权力，对大都督府的机构设置特别注意。《晋书·贾充传》："给羽葆、鼓吹、缇幢、兵万人、骑二千，置左右长史、司马、从事中郎，增参军、骑司马各二十人，大车、官骑各三十人。"这就是说，晋武帝使大都督贾充拥有众多的属官、相当规模的仪仗队以及大量的亲兵。晋武帝这样做的目的，是要加重大都督贾充的地位，使其在伐吴战役中，发挥更大的作用。在对军队的统领上，晋武帝也让贾充具有最高权力，"乃授节钺，将中军，为诸军节度"②。可见，西晋国家的中军全部受大都督贾充统率，其他各路伐吴的军队也都由大都督节制，所以伐吴战役的胜负，就与大都督指挥是否得当具有密不可分的关系。因而，大都督具有的征讨特征，在西晋国家伐吴战役中得到了充分的体现。

当然，大都督在西晋具有行使征讨作战的职能，不仅表现在伐吴战争中，就是在其他的征讨作战中，也设置大都督，并使其发挥其作用。《晋书·陆云传》："张昌为乱，颖上云为使持节、大都督、前锋将军以讨昌。"很明显，西晋国家在平息国内叛乱中，也以大都督作为征讨军的统帅。由于大都督的设置能够在征讨战争中，统一协调和节制各军，因此，"八王之乱"中，参战的诸侯王也设置大都督来统率军队。《晋书·陆机传》："太安初，颖与河间王颙起兵讨长沙王乂，假机后将军、河北大都督，督北中郎将王粹、冠军牵秀等诸军二十万人。"即其一例。这些诸侯王的做法，实际上正是以大都督在军事行动中的特殊地位，来获得战争中的主动权。因此，在"八王之乱"中，参战的诸侯王设置大都督，应该说是西晋国家始设大都督所具有的征讨特征的进一步发展。

---

① 《晋书》卷四〇《贾充传》。
② 《晋书》卷四〇《贾充传》。

至西晋末年，国家设置大都督仍然注意到使其发挥征讨作用。最明显的便是晋愍帝对司马睿和司马保的任命。前引《晋书·愍帝纪》："（建兴元年）五月壬辰，以镇东大将军、琅邪王睿为侍中、左丞相、大都督陕东诸军事，大司马、南阳王保为右丞相、大都督陕西诸军事。"晋愍帝使司马睿和司马保分别为陕东、陕西大都督，并不是为了地区的防卫，实际上是要借助他们二人的力量，来挽救岌岌可危的政权。《晋书·愍帝纪》载建兴元年五月诏："右丞相宜帅秦、凉、梁、雍武旅三十万，径诣长安。左丞相帅所领精兵二十万，径造洛阳。分遣前锋，为幽并驻。赴同大限，克成元勋。"正说明了这一点。由于西晋国家设置大都督可以比较有效地统率军队进行征讨作战，因此在皇权衰微后，在地方上的军事势力也都利用大都督的称号，来召集和统领军队。《晋书·段匹䃅》："建兴初，匹䃅推刘琨为大都督，结盟讨勒，并檄涉复辰、疾陆眷、末杯等三面俱集襄国，琨、匹䃅进屯固安，以候众军。"便是明显的事例。这种情况的出现，正说明西晋国家所设的大都督的征讨特征的影响是十分深远的。

西晋国家设置的大都督能够在征讨作战中，发挥比较积极和有效的作用，自然与当时国家比较慎重选择大都督的担当者有重要的关系。除此之外，应该充分地考虑到大都督设置的制度上的因素。在这方面首先应该指出，西晋国家设置重要的大都督，是与"假黄钺"密切地联系在一起的。如贾充任大都督，晋武帝便使他"使持节、假黄钺"①。又如晋怀帝任命苟晞为大都督，就为他"加黄钺"②。因此可以说，"假黄钺"实际上是大都督在军事上的最高权力的象征。具体说来，大都督"假黄钺"是象征他具有最高军事惩罚权。《宋书·百官志上》："假黄钺，则专戮节将，非人臣之常器也。"又崔豹《古今注》："得赐黄钺，则斩持节将。"这些记载中提到的"节将""持节将"，都是指持节将军。在西晋，持节将军的地位和权力是很高的。《晋书·职官志》："及晋受禅，……使持节为上，持节次之，假节为下。使持节得杀二千石以下；持节杀无官位人，若军事，得与使持节同；假节唯军事得杀犯军令者。"就是明证。既然大都督可以对这些持节将军行使军事惩

---

① 《晋书》卷四〇《贾充传》。
② 《晋书》卷六一《苟晞传》。

魏晋南北朝将军制与都督制论稿

罚权,这样在统军作战时,就可以有效地指挥和节制各种军队。因此,西晋大都督具有最高军事惩罚权,是他们能够在大规模军事行动中有效驾驭形势的保证。

此外,还要指出的是,西晋大都督可以统率国家的中军。从西晋国家的军队组成来看,主要有中军、外军和州郡兵。在这些军队中,中军是国家的最主要的军事力量。何兹全先生认为,西晋中军人数大约在十万,并且在征讨作战中,中军起到重要的作用。① 西晋国家设置的重要大都督都可以直接指挥中军。例如,孙吴进犯,西晋国家任命司马望为大都督"统中军步骑二万,出屯龙陂,为二方重镇"②。又如,西晋伐吴,就使大都督贾充"将中军,为诸军节度"③。大都督具有这种统军权力,就使其在大规模的征讨作战中,有比较充足的兵力来做保证。因此,西晋大都督对中军具有直接的统率权,也是它能够在军事行动中可以控制局势的重要因素。

其次,西晋国家设置大都督的影响作用还表现在政治上。如前所述,至曹魏后期,国家设置的大都督,开始起到尊崇处于最高辅弼地位的官员的作用。由于这种因素的影响,大都督就不仅是具有征讨特征的军事官员,而且也成为表现一些重要官员地位的象征。这种情况,在西晋建国后依然如此。这主要表现在西晋国家为"八公"加大都督称号。《晋书·武帝纪》:"(太康九年)甲申,以汝南王亮为大司马、大都督、假黄钺。"又《晋书·杨骏传》:"惠帝即位,进骏为太傅、大都督、假黄钺。"都是这方面的事例。晋武帝为汝南王司马亮加大都督称号,是试图使他能获得辅弼大臣的地位。晋惠帝为杨骏加大都督称号,则使他可以"录朝政,百官总己"④,几乎完全控制了西晋国家的朝政。大都督的这种作用,在"八王之乱"中表现得更明显。当时参与变乱的诸侯王大都借助大都督的称号来加重其地位。如《晋书·赵王伦传》:"(司马)伦寻矫诏自为使持节、大都督、督中外诸军事、相国、侍中、王如故,一以宣文辅魏故事。"又如《晋书·河间王颙传》:

---

① 何兹全:《魏晋的中军》,《读史集》,上海人民出版社,1982年版,第260—261页。
② 《晋书》卷三七《宗室·义阳成王传》。
③ 《晋书》卷四〇《贾充传》。
④ 《晋书》卷四〇《杨骏传》。

"（司马）又复从天子出攻方，战辄不利。诏以颙为太宰、大都督、雍州牧。"由此可见，晋武帝、晋惠帝时，所加的这类大都督称号，已经与军事行动没有任何联系，它只是使在政治斗争中的诸侯王和重臣能获得更显赫的声望和地位，进而为维持他们的既得利益以及斗争中处于优势地位而加重砝码。

在西晋末年，国内局势动荡不安，内乱不已；外族势力，进逼中原。西晋政权已处于岌岌可危的形势之中。晋怀帝、晋愍帝为挽救这种衰败的局面，在政治和军事上都采取了一些措施，试图使其政权能够延续。其中为在各地方的军事集团加大都督称号来加以笼络和控制，就是一项重要措施。如《晋书·荀晞传》："（晋怀帝）诏晞为大将军、大都督、督青徐兖豫荆扬六州诸军事，增邑二万户，加黄钺，先官如故。"又如《晋书·王沈传附王浚传》："永嘉中，……诏浚为大司马，加侍中、大都督、督幽冀诸军事。"晋怀帝、晋愍帝的这种做法依然是要利用大都督的称号，来加重这些地方军事集团的地位，以便求得其支持。然而，在当时皇权衰微的形势下，就很难达到预期的目的。例如，王浚"会洛京倾覆，浚大树威令，专征伐"①。这说明，在西晋末年，当时国家利用大都督的称号不仅不能够笼络地方军事势力，反而使他们在地方的独立性更加强了。也就是说，西晋末年，对当时国家来说，授予一些地方军事集团大都督称号的做法，显然并没有积极的作用。因此，可以说在皇权衰微的情况下，国家很难控制政治局面，这样，就使曾经产生过有效影响的职官的重要作用很难充分发挥。当然，国家设置的大都督也是如此。

（原载《古籍整理研究学刊》2002年第4期）

---

① 《晋书》卷三九《王沈传附王浚传》。

西晋都督诸州军事制度试探

西晋都督诸州军事制度是西晋国家实施的一项重要措施。这一措施的施行，对西晋国家控制地方和地方军事力量起到重要作用，并且也对西晋国家的政治和军事形势产生很大的影响。因此，探讨西晋都督诸州军事制度不仅有益于深入了解当时的地方制度的特点，也是考察西晋军事制度的重要内容。本文拟对西晋都督诸州军事制度做一些考察，不当指出，敬请方家指正。

一

考察西晋都督诸州军事制度，首先需要说明都督区的设置问题。因为西晋都督区不同于行政州，而是都督诸州军事所辖的军事镇戍区。这种军事镇戍区的设置直接影响都督诸州军事的其他方面制度的实施。西晋都督区的设置承袭曹魏，但又在曹魏设置的基础上，不断完善。在晋禅代曹魏后，已经形成了一些稳定的都督区。《通鉴·晋纪二》"咸宁五年"条载傅咸上书说："旧都督有四，今并监军乃盈于十。"胡三省注说：

> 魏初置都督诸军，东南以备吴，西以备蜀，北以备胡，随其资望轻重而加以征、镇、安、平之号，有四而已。其后增置，有都督邺城守诸军，都督梁益诸军，都督荆州诸军，都督扬州诸军，都督徐州诸军，都督淮北诸军，都督豫州诸军，都督幽州诸军，凡十。其资轻者为监军。

胡三省所说，是西晋平吴前都督区设置的情况。他认为西晋此时已经设置了十处比较稳定的都督区，有一定根据。但是，这些都督区设置的具体情况,却并不完全如同胡三省所估计的。他提到的梁益都督区,很难说是稳定的都督区。

关于梁益都督区的设置,始于西晋太康元年。《晋书·武帝纪》:"(太康元年二月)乙亥,以(王)睿为都督益、梁二州诸军事,……睿进破夏口、武昌,遂泛舟东下,所至皆平。"可是,王睿待西晋平吴后,被任命为辅国大将军,领步兵校尉,同时被免去梁益都督职,并且,西晋国家也没有再选任梁益都督。由此来看,梁益都督区的设置,时间尚不及一年,所以这一都督区显然是为平吴临时设置的。

其实,在平吴之前,西晋国家确实在蜀地设置了一处重要都督区,这就是巴东都督区。这一都督区是在曹魏灭蜀后,在蜀汉巴东都督区的基础上设置的。原蜀将罗宪降魏,曹魏为他"加陵江将军、监巴东军事、使持节,领武陵太守"[1]。晋禅代曹魏后,又诏令唐彬"监巴东诸军事,加广武将军"[2]。在西晋平吴前,一直把巴东都督区视为在长江上游扼制孙吴的重要镇戍区,只是在西晋发动平吴战役前,才归并到梁益都督区。胡三省将巴东都督区与临时设置的梁益都督区视而为一,这便造成他判断的错误。

西晋平吴后,仍然在重要地区设置都督区。清人吴廷燮考证,当时稳定的都督区有八:(一)豫州都督区、(二)邺城都督区、(三)幽州都督区、(四)关中都督区、(五)沔北都督区、(六)荆州都督区、(七)青徐都督区、(八)扬州都督区。[3] 今人严耕望仍然沿袭吴廷燮的观点,认为这八处都督区是西晋的基本都督区。[4] 吴廷燮、严耕望注意到西晋存在稳定的都督区,是对的。然而,他们对西晋都督区设置的看法,一是过于简单化,二是没有注意到类别的不同。实际上,西晋平吴后,都督区设置的情况是比较复杂的,大体有以下几种情况:

一是固定的都督区。诸如豫州、邺城、幽州、关中(雍、凉州)、沔北、荆州、扬州都督区。这些都督区自设置后,基本没有变化。这是西晋国家在

---

[1] 《晋书》卷五七《罗宪传》。
[2] 《晋书》卷四二《唐彬传》。
[3] 吴廷燮:《东晋方镇年表》,《二十五史补编》三册,中华书局,1955年。
[4] 严耕望:《中国地方行政制度史》上编,台北"中央研究院"历史语言研究所专刊之四十五,第35页。

各地方进行军事防卫的基本区域。

二是时合时分的都督区。这种都督区的设置，在区域范围上，是不固定的。有时以一州为都督区，有时以二州为都督区。吴廷燮、严耕望认为固定的青徐都督区，便属于这种情况。

在西晋平吴前，青、徐州都设过都督，负责一州的防卫。平吴之后，琅邪王司马伷以都督徐州军事的身份"并督青州诸军事"①。由于司马伷可以都督二州军事，因而青、徐二都督区便已合而为一。可是，青徐都督区的设置并不是稳定的。自太康元年青、徐州合为一都督区后，太康三年，西晋国家又于青、徐州分别设都督。《晋书·武帝纪》："（太康三年），冬十二月甲申，以司空齐王攸为大司马，都督青州诸军事。"直到晋惠帝永平元年，"以征东将军、梁王肜为征西大将军、都督关西诸军事，太子少傅阮坦为平东将军、监青徐二州诸军事"②。青徐二州又合为一都督区。但是，青徐二州的合并，不是长期的。《晋书·惠帝纪》："（永平元年）八月庚申，以赵王伦为征东将军、都督徐兖二州军事。"既然徐州可以和兖州合为一都督区，必然建立在与青州分离的基础上。不仅徐、兖州可以合置一都督区，而且青、兖州也可以合为一都督区。从西晋平吴后的太康元年至光熙元年，青、徐、兖三州，或单独置都督，或徐青州结合、青兖州结合、徐兖州结合。这种情况说明，青徐都督区并不是固定的，青徐两都督区的结合只是为了适应形势的需要。

三是为适应平吴后的形势而设置的都督区。这种都督区是在原吴国设置都督区的基础上设置的。西晋灭吴前，吴国曾经在广州和交州设置都督区。西晋灭吴后，这两处都督区没有取消，仍然任用吴国原任都督防卫此二州。《晋书·滕修传》载，晋武帝"诏以修为安南将军，广州牧、持节，都督如故，封武当侯，加鼓吹，委以南方事。"又《晋书·陶璜传》载，陶璜在吴任都督交州诸军事、前将军、交州牧。吴国灭亡后，晋武帝"诏复本职，封宛陵侯，改为冠军将军"。西晋国家分别任用滕修、陶璜担任广州、交州都督，是要利用他们统治南方少数民族地区的经验，安抚广州、交州两地区。在滕修、陶璜病故后，西晋在广州、交州只设刺史，不设都督，广州、交州

---

① 《晋书》卷三八《宣五王·琅邪王伷传》。
② 《晋书》卷四《惠帝纪》。

不再设都督区。因而，广州、交州都督区的设置，只是西晋灭吴后特殊形势下的产物。

四是时设时省的都督区。西晋所设的这类都督区很少，主要是并州都督区。并州成为都督区当始于咸宁三年。《晋书·宗室·太原成王辅传》载，咸宁三年，司马辅"徙为太原王，监并州诸军事"。司马辅以太原成王的身份监并州诸军事，自然并州应成为都督区。但司马辅于太康五年病故，此后并州只设刺史，不设都督，并州也就不具有都督区的性质。直到永康元年，新蔡武哀王司马腾"转持节，宁北将军、都督并州诸军事、并州刺史"①，并州才再次成为都督区。这就是说，从太康元年至永康元年，共七年时间，并州只是行政州，而不是都督区。并州都督区在设置上的时间间断性，说明这一都督区也是不稳定的。

由上述可知，西晋平吴后，确实形成了一些固定的都督区。这些固定的都督区和不固定的都督区的相互结合，构成了西晋地方镇戍总的特点。由于西晋一些不稳定都督区的存在，很难说在西晋，州区变化而都督区不变，②是一种普遍的情况。

二

西晋在地方设置了都督区，也设置了行政州。西晋的都督区大多数与行政州的区域范围一致。当然，少数都督区包括二州或三州，但这种都督区只是少数。虽然都督区与行政州的范围有联系，可是二者在性质上却有明显差别。都督区是军事镇戍区，而州则是行政区。可是，西晋的都督区大多数以行政州为基础而设置的，因而，都督诸州军事就不能不与州刺史发生联系。

自晋禅代曹魏后，仍然承袭曹魏的做法，各都督区的都督一般还兼任刺史职，这种情况在西晋平吴前是很突出的。统计元康元年前，出任都督者共35人，其中兼任刺史者有12人。占全部都督任职者三分之一强。这种以都督兼任刺史的情况，除了与孙吴对峙的荆、扬二州外，在兖州、青州、幽

---

① 《晋书》卷三七《宗室·新蔡武哀王腾传》。
② 严耕望：《中国地方行政制度史》上编，第24页。

州、豫州都是很常见的。这说明，西晋在注意到加强防卫体制建设的基础上，对各地方都督兼刺史是不加以限制的。

在西晋平吴前，由于多以都督兼任刺史，因此，便造成了都督区和行政州、军事和行政很难分开的情况。这种情况，在处于战争形势下是必要的。因为都督既负责军事，又掌管政务，对稳定地方的社会秩序和治理地方是非常必要的。尤其是对于都督统帅州郡兵是很便利的。例如，豫州都督兼刺史王浑便率所部州兵，"浮淮潜济，出其不意"①，大败了吴军偷袭。因此，这种军政合一的情况，对西晋加强军事上的攻防能力是很有益的。

西晋平吴后，实现了全国的统一。晋武帝实行了多项改革措施。其中很重要的意向，便是要改变平吴前军政合一的状况。《南齐书·百官志》："晋太康中，都督知军事，刺史治民，各用人。惠帝末乃并任，非要州则单为刺史。"证之以西晋史实，《南齐书》的记载不误。因为从太康元年直至永康元年，以都督兼任刺史的事例仅有三例：一为滕修任广州都督兼广州刺史；二为陶璜以交州都督兼交州刺史；三为新蔡哀王司马腾以并州都督兼并州刺史。滕修和陶璜的兼职，已至"八王之乱"前夕，旧制开始松动。并且据吴廷燮《晋方镇年表》中考证，除重州梁、益及凉州外，从太康元年至惠帝末年，兖、豫、冀、幽、平、并、雍、秦、青、徐、荆等州所任刺史很少有领将军号的，他们大多数为单车刺史。这些情况表明：西晋平吴后，要实现军政分离，基本上是做到了。西晋国家这种做法，在控制地方上起到的作用，应该说是比较明显的。

一是形成都督镇守都督区，维持地方秩序安定的形势。西晋平吴后，都督负责一州或数州军事，在地方拥有很高的军事权力，对防卫地方起到重要作用。《晋书·唐彬传》："北虏侵掠北平，以彬为使持节、监幽州诸军事、领护乌丸校尉、右将军。彬既至镇，训卒利兵，广农重稼，震威耀武，宣喻国命，示以恩信。于是鲜卑二部大莫廆、挞何等并遣侍子入贡。兼修学校，诲诱无倦，仁惠广被。遂开拓旧境，却地千里，复秦长城塞，自温城洎于碣石，绵亘山谷且三千里，分军屯守，烽堠相望。由是边境获安，无犬吠之

---

① 《晋书》卷四二《王浑传》。

警,自汉魏征镇莫之比焉。"万斯同将唐彬监幽州军事定于太康五年,① 是对的。可见,在都督专门负责军事防卫后,对于镇戍区内的社会安定,起到卓有成效的作用。不仅在边地的都督区,就是内地都督区也是如此。青、兖、徐等都督区的都督多由宗王担任,他们出镇都督区被视为"恢弼大藩"②。这说明,在皇权势力还比较强的形势下,出镇宗王还能够维持地方秩序的安定。

二是军政的分离,可以使都督与刺史相互牵制,有利于西晋国家控制地方。从都督和刺史的地位来看,无疑都督要高于刺史。《通典·职官部》:"自魏以来,庶族为州,而无将军者,谓之单车刺史。凡单车刺史加督,进一品,都督进二品,不论持节、假节。"便说明这一点。可是西晋平吴后,单车刺史虽然品级低于都督,但都督却很难号令刺史。《晋书·石苞传》:"(石崇)顷之,拜太仆,出为征虏将军、假节、监徐州诸军事,镇下邳……至镇,与徐州刺史高诞争酒相侮,为军司所奏,免官。"徐州刺史高诞敢于不尊重徐州都督石崇,正是由于都督与刺史无隶属关系所致。这种相互牵制的形势,无疑对于西晋国家有效地控制地方是很必要的。

当然,在平吴之后,都督和刺史权限明确,有利于地方秩序的稳定和西晋国家对地方的控制。但是,军政分离出现的这种形势,是建立在皇权强大的基础上。至晋惠帝时,皇权开始衰落。不仅都督和刺史权力分离的形势难以维系,而且都督也成为威胁中央的势力。因此,西晋平吴后,实行的军政分离政策所产生的积极作用,只是暂时的、有条件的。

三

西晋都督的任职已有明确的等次区分。并且都督在权力的行使上,也有等次的划分。这种等次的划分,是西晋都督诸州军事制度的重要特点。

其一,都督的等次和将军职的关系。西晋时期,都督等次划分很明确。《晋书·职官志》:"魏文帝黄初三年,始置都督诸州军事,或领刺史。……及晋受禅,都督诸军为上,监诸军次之,督诸军为下。"《晋书·职官志》将

---

① 万斯同:《魏方镇年表》,《二十五史补编(一)》,中华书局,1955年版。
② 《晋书》卷三八《宣五王·齐王攸传》。

魏晋南北朝将军制与都督制论稿

西晋都督分为"都督""监""督"三等次，正是当时区别都督等次的一般原则。可是，《职官志》将这种等次划分定在晋禅代曹魏时，是不对的。实际上，都督划分为三个等次，至迟在魏明帝时，已经开始施行。西晋的这种规定，不过是沿袭了曹魏制度。西晋时期，在任命都督时，是严格执行这种等级规定的。国家就任职者的身份，分别授以"都督""监""督"的称号。这种等次区分，与都督本官的将军职有很密切关系。西晋的都督大多数都领有将军职。如《晋书·卫瓘传》："泰始初，转征东将军，进爵为公，都督青州诸军事、青州刺史，加征东大将军、青州牧。所在皆有政绩。"这种将军职对都督的等次有直接影响。统计西晋"都督"这一等次，其领有的将军号有：镇西将军、镇西大将军、镇东将军、平南将军、征东大将军、征南大将军、安南将军、安北将军、征北将军、征西将军、平北将军。可见，可称为"都督"者，其领有的将军职，大都为征、镇、安、平将军或大将军。这四种将军是西晋国家重要官职。《通典·职官部》："四征兴于汉代，四安起于魏初，四镇通于柔远，四平止于丧乱。晋武帝重兵官，故军校多选朝廷之士历之。"西晋为称"都督"者，授以征、安、镇、平将军，是沿袭曹魏制度。胡三省说："魏初置都督诸军，东南以备吴，西以备蜀，北以备胡，随其资望轻重而加以征、安、镇、平将军之号，有四面而已。"① 虽然西晋的都督诸军事已不限于四位，但是，以征、安、镇、平将军之号来显示各都督的资望轻重意义却保留下来。最明显的便是，征、安、镇、平加大将军号，都督的地位便显著提高。《晋书·职官志》："四征、征、安、镇、平加大将军号不开府、持节都督者，品秩第二。"其地位仅次于可以开府的武公。

在西晋称"监"的都督，虽然也领有将军职，但是，其将军的等次却与称"都督"者有差别。统计监州军事者所领的将军号有：陵江将军、右将军、征虏将军、平东将军、宁朔将军。这就是说，四平将军尚可授予监诸州军事，其余则全部为杂号将军。清人洪饴孙在《三官职官表》中，将杂号将军列在四平将军以后，定为三品，是有道理的。曹魏将军的这种等次，自然也为西晋所承袭。西晋国家主要将杂号将军授以"监诸州军事"者，是要使都督的等次与将军的秩级做到大体上的一致。

---

① 《资治通鉴》卷八《晋纪二》，胡三省注。

西晋都督诸州军事制度试探

西晋称"督"的都督，大多数无将军职。《晋书·宗王·梁王肜传》："武帝践祚，封梁王，邑五千三百五十八户。及之国，迁北中郎将，督邺城守事。"中郎将，后汉开始设置，为比二千石。清人洪饴孙将其列在杂号将军之后。[①] 西晋国家以中郎将授以称"督诸军事"者，显然注意到他为都督的最低等次。

总之，西晋国家在授任都督诸州军事时，注意到都督的身份而将其分为三个等次。并且，使都督的等次与将军的秩级做到大体一致。由于将军秩级和都督等次具有一致性，因而便使都督具有的不同地位，并获得了充分体现。

其二，"使持节""持节""假节"与都督等次的关系。西晋都督诸州军事在军事权力的行使上，也有等级差别。《晋书·职官志》："使持节为上，持节次之，假节为下。使持节得杀二千石一下；持节杀无官位人，若军事，得与使持节同；假节唯军事得杀犯军令者。"因为如此，在西晋国家授都督职时，注意到对节的等次的授予。从西晋国家对"都督"等级授节的情况来看，有授"使持节"的。如《晋书·卫瓘传》："事平，朝议封瓘。……除使持节、都督关中诸军事、镇西将军。"也有授"持节"的，如《晋书·张华传》："乃出华为持节，都督幽州诸军事、领乌桓校尉、安北将军。"还有授"假节"的，如《晋书·裴秀传附裴楷传》："楷长子与先娶亮女，女通卫瓘子，楷虑内难不已，求出外镇，除安南将军、假节、都督荆州诸军事。"可见，在"都督"等级，均有授予"使持节""持节""假节"的。

从"监"等次的授节情况来看，有授"使持节"的。如《晋书·罗宪传》："抗退，加陵江将军、监巴东军事、使持节，领武陵太守。"也有授"假节"的，如《晋书·王浑传》："转征虏将军、监豫州诸军事、假节，领豫州刺史。""都督""监"两等次的授节情况表明：西晋国家授都督节的等次，与都督的等次并不是一致的，也就是说"使持节""持节""假节"与"都督""监""督"，并没有形成对等的关系。西晋国家将节的授予与都督的等级区别开来，是由节的特殊意义决定的。这是因为在西晋，虽然节已分为三等级，可是，它仍然象征国家授予官员以权力。这种情况与汉代授节差别

---

① 洪饴孙：《三国职官表》，《二十五史补编》第二册，中华书局，1955年。

不大。《后汉书·光武帝纪》李贤注："今以一节之任，建三军之威。"都说明节是国家授予官员的凭信，进而表明国家可以控制其权力的行使。西晋国家根据都督的不同情况，而授以不同等次的节，也正表明都督诸州军事的权力是受国家控制的，其军令的行使是在国家掌握之下。因而，这正是国家可以把握都督地位和权力的象征。

四

西晋都督诸州军事要负责镇戍区的防卫，其主要职责是掌管军事，因而，军队的统属对于都督职责的完成至关重要。

在西晋平吴前，军队分为三种，即中军、外军和州郡兵。都督统领军队的性质，唐长孺、何兹全先生认为，主要是外军，也就是国家派在各都督区的镇戍军。这种军队虽然在各地镇戍，但仍然由国家控制。① 唐长孺、何兹全先生从都督诸州军事具有中央职官这一特征出发，来考虑西晋都督领军的性质，无疑是对的。然而，还应该考虑到，西晋平吴前，在军事上需要全力对付吴国，因而在与孙权作战中，都督多有调动州郡兵的举动。《晋书·羊祜传》："及还镇，吴西陵督步阐举城来降。吴将陆抗攻之甚急，诏祜迎阐。祜率兵五万出江陵，遣荆州刺史杨肇攻抗，不克，阐竟为抗所擒。"很明显，都督诸军事是可以指挥州兵的。特别是在西晋平吴前，有一些都督尚兼任刺史。在这种情况下，军政是没有分离的。这样，都督便更有调动州郡兵的权力。《晋书·唐彬传》："（唐彬）转征虏将军、监豫州诸军事、假节、领豫州刺史。浑与吴接境，宣布威信，前后降附甚多。吴将薛莹、鲁淑众号十万，淑向弋阳，莹向新息。时州兵并放休息，众裁一旅，浮淮潜济，出其不意，莹等不虞晋师之至，浑击破之。"可见一些都督可以率州兵参加对吴作战，获得战争胜利。因此，在西晋平吴前，都督诸州军事统率的军队不仅有外军，而且还有州郡兵。

西晋平吴后，在军事上进行了一些改革。西晋在军事上的改革，对都督统率军队产生一些影响。其中，最明显的便是州郡兵的废除。《晋书·卢钦

---

① 何兹全：《魏晋的中军》，《历史语言研究所集刊》第十七本；唐长孺：《魏晋州郡兵的设置和废罢》，《魏晋南北朝史论拾遗》，中华书局，第141页。

传》："吴平之后，帝招天下罢军役，示海内大安，州郡悉去兵，大郡置武吏百人，小郡五十人。"由于西晋废除了州郡兵，自然在都督诸州军事所统率的军队中，便不应该再有州郡兵。然而，西晋虽然在地方罢除州郡兵，可是由于特殊原因，一些州仍然保留州郡兵。诸如南方的交州。《晋书·陶璜传》："吴既平，普减州郡兵。璜上言：'臣（在交州）所统之卒，本七千余人。南土温湿，多有毒气，加累年征讨，死亡减耗，其见在者二千四百二十人。……未宜约损，以示单虚。'从之。"显然，交州不仅保留州郡兵，而且还是都督交州军事陶璜统率的主要军队。

西晋平吴后，都督在统领州郡兵上，虽然出现一些变化，但都督统率的主要武装力量仍然是外军，也就是镇戍军。当时，在各都督区还有外军屯驻。《晋书·杜预传》："（杜）预以天下虽安，忘战必危，勤于讲武，修立泮宫，江汉怀德化被万里。攻破山夷，错置屯营，分据要害之地，以固维持之势。"按，杜预在太康五年，才不任荆州都督。可知平吴后，荆州仍保留大量的镇戍军。又《晋书·张华传》："乃出华为持节，都督幽州诸军事、领乌桓校尉、安北将军。抚纳新旧，戎夏怀之。东夷马韩、新弥诸国依山带海，去州四千余里，历世未附者四十余国，并遣使朝献。于是远夷宾服，四境无虞，频岁丰年，士马强盛。"按，张华出任幽州都督，在太康三年。这说明，在幽州仍然有很多的外军屯驻。因为在平吴后，都督掌握着大量的外军，所以晋武帝时，沈统评议幽州都督张华时才说："陛下谋谟之臣，著大功于天下，海内莫不闻知，据方镇总戎马之任者，皆在陛下圣虑矣。"[1] 因此可以说，在平吴后，都督掌握的镇戍军仍然具有相当数量。在西晋实行军政分离后，都督治军应该说主要体现在对镇戍军的控制上。

西晋国家任用的都督，还有一些为宗王。这些宗王都有自己的军队。《晋书·地理志上》："武帝泰始元年，封诸王，以郡为国。邑二万户为大国，置上中下三军，兵五千人；邑万户为次国，置上下军，兵三千人；五千户为小国。置一军。兵千五百人。"在西晋废除州郡兵后，封国的军队仍然保留。陈寅恪先生认为，在州郡兵已经罢除的情况下，封国的军队就是一支不小的

---

[1] 《晋书》卷三六《张华传》。

力量。① 出任都督的宗王，当然还要统率其封国的军队。《晋书·齐王攸传》载，太康三年（晋武帝）下诏齐王攸说："其以为大司马、都督青州诸军事，侍中如故，假节，将本营千人，亲骑帐下司马大车皆如旧，增鼓吹一部，官骑满二十人，置骑司马五人。余主者详按旧制施行。"晋武帝在诏书中提到，让司马攸所统率的"本营千人"，似是王国的军队。这是宗王出任都督，与其他都督在军队统率上的不同之处。

综上可见，西晋平吴后，都督统率的军队在地方上具有很强的实力。这正是各镇戍区的都督能够稳定地方秩序和控制地方的关键所在。

五

西晋都督诸州军事是专制一方的重要职官，所以西晋国家对选任都督十分注意。从都督的任职情况来看，可以分为两类：

一是忠于司马氏政权的重要将领。诸如石苞、陈骞、王浑、羊祜、杜预、王乂、卫瓘、严询等。不论是在平吴前，还是平吴后，西晋国家对这些有才能的将领都能够注意选用。因此，这些都督大多数都能够忠于职守，并且一些都督在地方上有了很大的政绩。

在都督诸州军事中，另一类是司马氏宗王。由于都督是专制一州或数州的重要职务，对控制地方起到的作用很大，所以西晋国家任命一批宗王为都督诸州军事。其实，任用司马氏诸子弟为都督，在西晋禅代曹魏之前就已实行了。当时司马昭将子弟分派到曹魏境内的几个重要都督区做都督，是为取代曹魏政权准备条件。在西晋禅代曹魏后，这种做法不仅没有取消，而且更大力地推广。西晋宗王任用宗王为都督，成为当时都督选任的一大特点。

其一，西晋宗王任都督职者数量很多。从晋武帝泰始元年至晋惠帝光熙元年，共46年中，选任各都督区的都督共107人，司马氏宗王担任都督的为32人，几乎占都督任职者的30％。②

---

① 万绳楠整理：《陈寅恪魏晋南北朝史讲演录》，黄山书社，1999年，第42页。

② 以上数字依据万斯同《晋方镇年表》及吴廷燮《晋方镇年表》，并依据《晋书》记载，略有修正。

其二，西晋宗王多在重要都督区任职。从晋武帝泰始元年至晋惠帝光熙元年，司马氏宗王任都督的地区有：邺城、兖州、豫州、徐州、雍、凉州、并州、冀州、青州、荆州、扬州。可见除幽州、交州、广州、巴东都督区之外，都有司马氏宗王任职。据唐长孺先生考证：早在魏末即由司马氏任都督的豫州、冀州、雍凉三大镇，后来又加上青徐四个地区的都督，自西晋皇朝建立直至崩溃前夕，基本上都由宗王出任。① 不仅如此，邺城、雍凉州都督的任职还有更严格的要求。《晋书·河间王颙传》："（元康）九年，代梁王肜委平西将军，镇关中。石函之制，非亲亲不得都督关中，颙于诸王为疏，特以贤举。"也就是说，即便是同姓宗王，与皇室血亲疏远者也是很难被选任为雍凉都督的。当然，邺城都督的选任也是如此。

西晋宗王担任都督的这四个区域，都是临近京畿的重要地区。其中都督治所长安、邺、许昌都是重要军镇，是西晋重兵集结地。仅就邺的情况来看，早在曹魏时，这里便屯聚大量的士兵。《三国志·魏书·辛毗传》："帝（曹丕）预徙冀州士家十万户实河南。时连蝗民饥，群司以为不可……帝遂徙其半。"可见邺地的士家人数众多。而当时士兵都是从士家中征发的。这说明邺地是一个大军营。至于许昌、长安，其情况则与邺相差不多。西晋国家以司马氏宗王出任这些地区的都督，显然是要利用宗王来藩卫首都洛阳的安全。

其三，西晋宗王出任都督具有长期化的趋向。西晋国家从咸宁三年开始"使军国各随方面而为都督"②。诸王为都督者，"各徙其国使相近"③。这种宗王出镇的措施，唐长孺先生认为，是综合古之方伯、连率和宗王出镇现状而制定的奇特制度，④ 是非常正确的。晋武帝为确保这一制度的实行，对徙国就镇的宗王都督，基本使他们所都督的地区固定化。诸如：司马伦都督邺城，自咸宁三年至元康元年始迁，出镇邺城长达十七年。扶风王司马骏自泰始六年都督雍凉州，至太康七年卒于任上，前后长达十七年。太原王司马辅自咸宁三年至太康四年，都督并州，共七年。琅邪王司马伷自咸宁三年至太

---

① 唐长孺：《西晋分封及宗王出镇》，《魏晋南北朝史论拾遗》，中华书局，第139页。
② 《晋书》卷三九《荀勖传》。
③ 《资治通鉴》卷八《晋纪二》咸宁三年条。
④ 唐长孺：《西晋分封及宗王出镇》，《魏晋南北朝史论拾遗》，中华书局，第136页。

康四年，卒于任上，也长达七年。下邳王司马晃都督青徐州，自太康四年至永熙元年，共八年。可见，从咸宁三年开始，任都督的宗王所都督的地区都是长期的。

西晋宗王任都督者，长期都督所在地区，自然是为了使封国与其都督区保持一致，不能因都督频繁更换而使这种体制紊乱。然而，使任都督的宗王任职长期化，让他们不被轻易更换，更重要的是要达到"诸王宜大其国，增益其兵，悉遣守藩"①的目的。在晋武帝统治时期，皇权比较强大，这种做法还收到一些效果。可是至晋惠帝时，由于皇权的衰落，这些出镇的宗王不仅不能拱卫京畿，反而成为内乱的根源。从永宁元年"三王起义"讨赵王司马伦，至光熙元年东海王司马越进入洛阳，在长达六年的混战中，主要参战力量是都督豫州的齐王司马冏、都督冀州的成都王司马颖、都督雍凉州的河间王司马颙、都督徐州的东海王司马越。可见，西晋国家利用宗王任都督来藩屏京都的措施，不仅没有巩固其统治，反而使全国陷入全面的战乱中，其统治的根基也由此动摇了。因此，西晋国家任用宗王为都督的做法，应该说是一项失败的措施。

西晋朝自"八王之乱"后，国势急剧衰落。至晋怀帝登基后，国内局势更加动荡不安。永嘉二年，匈奴贵族刘渊在平阳称皇帝。永嘉三年，石勒军队又从河北渡河，出襄阳，洛阳处于少数民族包围之中。在这种形势下，原来的都督诸州军事制度，很难发挥有效的作用。西晋国家为应付这种混乱局面，对地方的都督诸州军事制度进行了调整，以便能够更好地集中军事力量。这样，多州都督便产生了。可是，西晋末年设置的多州都督，在当时没有发挥充分的作用。尽管如此，多州都督的设置，打破了西晋实施的都督诸州军事制度的常制，为东晋、南朝都督诸州军事制度的更新开了端绪。关于西晋末年所设多州都督，是需要深入探讨的问题，限于篇幅，容另文试做讨论。

（原载《六朝文化国际学术研讨会暨中国魏晋南北朝史学会第六届年会论文集》，《东南文化》增刊，1998年）

---

① 《晋书》卷四八《段灼传》。

西晋永嘉、建兴年间都督诸州军事制度探讨

永嘉、建兴年间,是西晋国家走向衰亡的历史时期。由于承绪"八王之乱"后所造成的社会危害,国家政局动荡不安。国内反叛势力此起彼伏,刘聪、石勒外族军队长驱直入中原。为保证西晋国家的统治得以延续,晋怀帝、晋愍帝都试图凭借其军事力量来拯救岌岌可危的形势。考察西晋永嘉、建兴年间都督诸州军事制度的实施状况,对于认识当时军事斗争的特点是必要的。因此本文拟对永嘉、建兴年间都督设置的特点、都督的权限及对其当时军事斗争的影响做一些探讨,不当之处,敬请方家指正。

一

晋怀帝登基后,为稳定国内形势,仍然承袭西晋建国后的做法,在全国重要地区设置镇戍区,由都督负责镇戍区的防卫。晋怀帝所设的各镇戍区的都督,有沿袭西晋建国后的措施,也有适应西晋末的动荡局势而采取的变通做法。

从承袭的方面来看,自永嘉年间开始,西晋国家先后任命新蔡庄王司马确都督豫州诸军事、① 彭城穆王司马权都督邺城守诸军事、② 高密王司马简为都督荆州诸军事。③ 虽然这些都督的任职时间长短不一,可是他们都是在西晋建国后所设置的重要的固定的都督区任职。因此,西晋国家设置的这些

---

① 《晋书》卷三七《宗室·新蔡哀王腾传附新蔡庄王确传》。
② 《晋书》卷三七《宗室·彭城穆王权传》。
③ 《晋书》卷三七《宗室·高密文献王泰附新蔡武哀王腾传》。

魏晋南北朝将军制与都督制论稿

都督,应该说是延续了西晋建国后的传统做法。不过因为西晋末的政治、军事斗争形势表现出很复杂的局面,所以晋怀帝已很难使原来比较稳定的八处都督区:都督豫州诸军事、都督冀州诸军事、都督幽州诸军事、都督雍凉州诸军事、都督青徐州诸军事、都督荆州诸军事、都督沔北诸军事、都督扬州诸军事保持不变。这样,永嘉、建兴年间,都督区和都督的设置,与西晋前期比较,开始出现了比较大的变化,表现出诸种不同的类型。

(一) 多州都督的设置开始出现

所谓的多州都督,与西晋前期的都督只负责一州、最多不过二州的防卫情况不同,他们负责防卫的镇戍区大都在三州以上。永嘉元年,晋怀帝"以征南将军、南阳王模为征西大将军、都督秦雍梁益四州诸军事"①,便属于这种多州都督。从永嘉元年至建兴末年,多州都督成为国家设置都督的重要措施。当时国家先后设置的多州都督有:

> 永嘉三年"以尚书左仆射山简为征南将军、都督荆湘交广等四州诸军事"②。
>
> 永嘉五年"以苟晞为大将军、大都督、督青、徐、兖、豫、荆、扬六州军事"③。
>
> 建兴三年,"刘琨为司空、都督并、冀、幽三州诸军"④。
>
> 建兴三年,"(王)敦以元帅进镇东大将军、开府仪同三司、加都督江扬荆湘交广六州诸军事、江州刺史"⑤。

永嘉、建兴年间,西晋国家设置的这种多州都督,是为了更有效地应付外族进逼中原、国内反叛不断的形势,使都督所辖各州的军队能够更广泛地集中,并且能够统一调动。这种都督和都督区的设置,显然具有很明显的应急性。正因为如此,这种都督设置时间一般都很短暂。诸如南阳王司马模从

---

① 《晋书》卷五《怀帝纪》。
② 《晋书》卷五《怀帝纪》。
③ 《通鉴》卷八七《晋纪九》。
④ 《通鉴》卷八九《晋纪十一》。
⑤ 《晋书》卷九八《王敦传》。

永嘉元年至永嘉五年长安陷落，任职时间仅五年。山简从永嘉三年始至永嘉六年，任职三年。苟晞从永嘉五年三月至永嘉五年九月，任职仅六个月。刘琨、王敦任职已至东晋之世。这些都督，除都督府所在州有行政权力外，其他各州仅有军事调动权，因而他们控制的都督区是暂时的、不稳定的，不能形成比较固定的都督区。尽管西晋末年，国家所设的多州都督只是为了军事上的迫切需要，可是，这却为东晋南朝都督的设置开创了新的类型。

（二）不设都督的司州，也开始设置都督

西晋建国后，在一些重要州设置都督。当时，幽、冀、兖、豫、青、徐、雍、凉、扬等州都设有都督。西晋平吴后，在广、交二州也设置都督。尽管国家设置的都督很多，可是，在司、益等州并没有设置都督。益州是西晋的重州，尽管国家不设都督，但刺史仍然可以领兵。司州不设都督，却是由其特殊的地位决定的。因为司州是京城洛阳所在地，洛阳周围集结了大量的中军。这种情况下，司州是没有必要设置都督的。

然而"八王之乱"后，中军的力量无疑已经削弱，加之刘渊、石勒的军队不断威胁洛阳，因而，对司州的防卫便是亟待解决的问题。在这种情况下，司州开始作为都督区。《晋书·怀帝记》："（永嘉元年）改封安北将军、东燕王腾为新蔡王、都督司冀二州诸军事，镇邺。"这就是说，晋怀帝即皇帝位后，就将司州和冀州合置为一都督区。至晋愍帝时，司州又被作为一独立的都督区存在。《晋书·荀勖传附荀组传》："元帝承制，以组都督司州诸军，加散骑常侍，余如故。"不过，这已是建兴四年，西晋行将灭亡，所以这种设置很难产生实际的效果。

（三）不以州为范围，而是根据镇戍的需要来设置都督

西晋建国后，大多数都督的统辖范围都是以州为单位来划定的。当然，也有一些都督区不是以州为范围的。诸如河北都督区便属于这种情况。由此看来，应该说西晋国家以州为单位来设置都督区，当是比较普遍的做法。

至晋怀帝、晋愍帝时，以州为单位来设置都督区仍然是通行的方式。尽管多州都督出现，但是其统辖范围还是以州为基本单位来划分的。这自然是对西晋国家设置都督传统做法的承袭。然而，由于西晋末年国内局势动荡不安，西晋国家军事力量十分衰弱，为了保证对重要地区实行有效的军事防卫，就要打破行政州范围的限制，在特殊需要地区设置都督。《晋书·怀帝记》:"(永嘉元年)以平东将军、琅琊王睿为安东将军、都督扬州江南诸军事,假节,镇建邺。"《通鉴》亦载此事,胡三省注"时周馥镇寿春,督扬州之江北,故睿督扬州之江南"。实际上,是以长江为界,将扬州分为江南、江北两都督区。晋怀帝这样做,显然是要通过司马睿坐镇江东,来稳定这里的形势。以这种方式设置都督,到晋愍帝时,有进一步的发展。《晋书·愍帝纪》:"(建兴元年)五月壬辰,以镇东大将军、琅琊王睿为侍中、左丞相、大都督陕东诸军事,大司马、南阳王保为右丞相、大都督陕西。"这里提到的陕东、陕西,是取西周周公、召公分陕而治之意。建兴元年诏书说:"昔周邵分陕,姬氏以隆;平王东迁,晋郑为辅。今左右丞相茂德齐圣,国之昵属,当恃二公,扫除鲸鲵,奉迎梓宫,克复中兴。"① 正说明这一点。所谓西周时期的分陕而治,实际上是将王畿划分为两大军事区。西方以丰镐为中心,管辖西周故地。东方以洛邑为中心,管辖新获得的殷商故地。因而晋愍帝设定陕东、陕西都督区,正是试图模仿西周的军事防卫规划。不过,在当时洛阳已经沦陷,山东地区大部分已被石勒攻占的条件下,这类都督区的设置,很难说是为了防卫。《晋书·愍帝纪》载建兴元年诏书:"今幽、并两州勒卒三十万,直造平阳。右丞相宜帅秦、凉、梁、雍武旅三十万,径诣长安。左丞相帅所领精兵二十万,径诣洛阳。分遣前锋,为幽并后驻。赴同大限,克成元勋。"很明显,晋愍帝设置陕东、陕西都督的目的是更好地集结两地区的兵力收复洛阳及山东失地,并确保长安的安全。可是,由于晋愍帝政权极其衰弱,很难号令各地方的军事集团,所以设置这类都督要实现的目的,最终落空了。尽管如此,晋愍帝的这种做法,无疑使在特定地区设置都督的措施更具有鲜明的特点。

(四) 郡都督的设置开始出现

所谓郡都督不同于州都督,它是以一郡或数郡作为都督区的都督。《晋书·应詹传》:"王澄为荆州,假詹督南平、天门、武陵三郡军事。"这是郡都督设置的最早例证。王澄担任荆州刺史在永嘉元年,应詹担任郡都督是受王澄指令,因而应詹任郡都督不会早于此年。又《晋书·应詹传》:"及洛阳倾覆,詹攘袂流涕,劝澄赴援。……镇南将军山简复假詹督五郡军事。会蜀

---

① 《晋书》卷五《愍帝纪》。

贼杜畴作乱，来攻詹郡，力战摧之。……元帝假詹建武将军，王敦又上詹监巴东五郡军事。"这说明郡都督职位是由州都督，或者刺史以"假"的形式授予的。也就是说，不必由国家任命。由于郡都督在任职上具有这种特点，所以在军事行动中，它只受州都督和刺史的统领，国家并不能直接号令。因此，郡都督的设置，实际上是州都督和刺史为更有效地保证防卫地区的安定，使其军事意图能够更好地贯彻实施。不过，西晋末年州都督和刺史可以设置郡都督，无疑使其军事权力增强了。

综上可见，西晋永嘉、建兴年间都督设置的类别较西晋前期有比较明显的增多，都督设置呈现复杂化的倾向。这种情况的出现，只是西晋国家为了应付当时混乱、动荡的局面而采取的应急措施，因而很难形成固定的制度。

二

西晋永嘉、建兴年间，国家为了使各类都督在军事和行政上发挥更积极的作用，遂增强他们在军事和行政上的权力，以便依靠这些在地方上拥有较强军事实力的集团来挽救危机的局面。以下就西晋末都督的军事、行政权分别论列之。

（一）州都督军事权力的扩大

西晋建国后，实施都督诸军事制度的目的，是负责都督区的军事防卫，保证都督区的安定。如果皇帝下诏令，也可以率军征伐。州都督统率的军队主要是外军，也就是镇戍军。这就是说，州都督的各种军事行动和对军队的统领受到国家的限制。可是，西晋永嘉、建兴年间，国家很难限制都督在军事上的权力，因而他们在行使权力上具有很大的随意性。

一是一些州都督可以授予都督区中的刺史在特定地区中的军事指挥权。《晋书·张轨传》："（张轨）遣主簿令狐亚聘南阳王模，模甚悦，遗轨以帝所赐剑，谓轨曰：'自轨以西，征伐断割悉以相委，如此剑矣。'"按，此为永嘉年间事。此时南阳王司马模为征西大将军、都督秦雍梁益四州诸军事，镇长安，张轨任凉州刺史。由此可知，任都督秦雍梁益四州军事的司马模可以授予与其都督区相邻的州刺史的军事征伐权。他授予这种权力，只要是为了保证都督区的防卫需要，并不需要上呈皇帝。这显然是都督军事权力的扩大。但都督扩大其权力,西晋国家很难加以干预。

二是一些州都督有直接任命郡都督的权力。如前所述,在永嘉、建兴年间开始出现郡都督。这些郡都督可以指挥数郡的郡兵。可是,这些郡都督并不是国家任命的。《晋书·应詹传》:"镇南将军山简复假詹五郡军事。会蜀贼杜畴作乱,来攻詹郡,力战摧之。"这里山简授予应詹郡都督的职位称为"假",显然具有代表国家行使任命权的意味。不过,从实际意义上来说,正是都督诸州军事的军事权力。也就是说,都督诸州军事不必上报国家,可以由都督诸州军事直接任命郡都督,因而对都督区内各郡郡兵的控制自然就更加强了。

三是一些州都督可以讨伐都督区中不服从其指令的刺史。在西晋前期,都督对州刺史没有讨伐权。特别是在西晋平吴后,晋武帝在地方实行了军、政分离的措施。也就是说,州都督专管州中军事,而刺史则专管州中政务,二者的地位差别并不太大。如果都督与刺史发生矛盾,一般是由国家协调解决。《晋书·石苞传》:"(石崇)倾之,拜太仆,出为征虏将军、假节、监徐州诸军事,镇下邳。……至镇,与徐州刺史高诞争酒相侮,为军司所奏,免官。"很明显,西晋国家在协调都督与刺史关系时,是以其是否有过失为标准。可是,至永嘉、建兴年间,都督和刺史的关系完全改变。一般说来,在军事行动中,刺史受到都督的严格控制。《晋书·周访传》:"贼率杜曾、挚瞻、胡混等并迎猗,奉之,聚兵数万,破陶侃于石城,攻平南将军荀崧于宛,不克,引兵向江陵。王敦以从弟廙为荆州刺史,令督护征虏将军赵诱、襄阳太守朱轨、陵江将军黄峻等讨曾,而大败于女观湖。"便是明显的事例。不仅如此,州都督对其都督区中不听从号令的刺史,可以以军令讨伐。如《晋书·宗室·南阳王模传》:"表遣世子保为西中郎将,东羌校尉,镇上邽,秦州刺史裴苞距之。模使帐下都尉陈安率众攻苞,苞奔安定。"随着州都督军事控制权的增强,他们对都督区中抗命的刺史的讨伐就更没有约束了。《通鉴·晋纪九》永嘉五年条:

> 江州刺史华轶,歆之曾孙也。自以受朝廷之命而为琅邪王睿所督,多不受其教令。郡县多谏之,轶曰:"吾欲见诏书耳。"及睿承苟藩檄,承制署官司,改易长吏,轶与豫州刺史裴宪皆不从命。睿遣扬州刺史王敦、历阳内史甘卓与扬烈将军庐江周访合兵击轶。轶兵败,奔安城,访

追斩之,及其五子。

这说明,州都督对刺史的征伐,完全由他们自行决定,不必由西晋国家下达诏令。西晋末年,州都督拥有对刺史的这种征讨权,当然便使其对地方的控制就更加强了。

(二) 州都督行政权力增强

西晋设置都督诸州军事的意图,主要是使其掌管都督区的防卫,因而其军事权力是主要的。不过,西晋国家尚允许一些州都督兼任刺史,因而他们也就有了治理州的行政权。可是,西晋平吴后,在地方上开始实行军政分离的政策。正如《南齐书·百官志》说:"晋太康中,都督知军事,刺史治民,各用其人。"这种军政分离的政策执行的并不长久,"惠帝末乃并任,非要州则单为刺史"①。至晋怀帝时,都督兼任刺史已是很普遍的情况。但国家设置的多州都督并不能兼任都督区中全部刺史职。《晋书·荀晞传》:"(司马)越以为然,乃迁晞征东大将军、开府仪同三司,加侍中、假节、都督青州诸军事,领青州刺史,进为郡公……会越薨,晞败,诏晞为大将军、大都督、督青徐兖豫荆扬六州诸军事,增邑二万户,加黄钺,先官如故。"可见地位显赫的荀晞,也只能兼领青州刺史一职。而对都督区中的其他各州,只有军事上的号令权。当然,对其他的多州都督更是如此了。《通鉴·晋纪》建兴三年条:"初,朝廷闻张光死,以侍中第五猗为安南将军,监荆、梁、益、宁四州诸军事,荆州刺史,自武关出。"即其一例。这样,都督在都督区中行使的行政权力,自然因其不能兼任全部刺史职而受到一些限制。

当然,西晋永嘉、建兴年间都督行政权的增强不仅表现为对刺史职的兼任,而且,重要的都督诸州军事开始可以任命都督区内的刺史、郡太守。《通鉴·晋纪》永嘉五年:"(司马)睿以甘卓为湘州刺史,周访为浔阳太守,又以扬武将军陶侃为武昌太守。"这说明,坐镇江东的多州都督司马睿所任命的这些刺史、郡太守都是由他自行决定的。如果说在永嘉年间,都督对刺史、郡守的任命还限于一些宗王,那么到建兴年间,由于州都督的独立性增强,这种情况便扩大了。《晋书·王敦传》:"(陶)侃之灭猇也,敦以元帅进

---

① 《南齐书》卷一六《百官志》。

魏晋南北朝将军制与都督制论稿

镇东大将军、开府仪同三司,加都督江扬荆湘交广六州诸军事、江州刺史,封汉安侯。敦始自选置,兼统州郡焉。"按,《通鉴》云:"敦自选置刺史以下,渐益骄横。"这说明,只要具有军事实力的都督,便可以选置刺史、郡太守这样的行政官员。州都督具有这种权力也正是他可以专制地方的保证。

西晋末年,国家所设都督并不限于多州都督,尚有其他类别的都督。实际上,这些都督也具有行政权力。《晋书·荀崧传》:"服阕,族父藩承制,以崧监江北军事、南中郎将、后将军、假节、襄城太守。"荀崧之所以具有这种行政兼职,一是由于其都督的等次较低,只处于"监"的地位;二是由于他们统辖的都督区范围较小。由此看来,西晋末年,都督兼领行政职与其在军事上的地位是相一致的。正因为如此,也就使都督诸州军事在地方行政官员的兼职上,呈现了多样性。

西晋永嘉、建兴年间,都督诸州军事在中央也开始具有行政权力。西晋的都督一般都领有将军职,这是都督具有中央职官属性的表现。但是,对于都督诸州军事来说,不同名号的将军只体现其地位。然而,西晋永嘉、建兴年间,一些重要都督在中央领有的官职就不限于各种不同名号的将军。《晋书·怀帝纪》:

> (永嘉四年)壬子,以骠骑将军王浚为司空,平北将军刘琨为平北大将军。……进司空王浚为大司马,征西大将军、南阳王模为太尉。……以征东大将军苟晞为大将军。……(建兴元年)五月壬辰,以镇东大将军、琅琊王睿为侍中、左丞相、大都督陕东诸军事;大司马、南阳王保为右丞相、大都督陕西诸军事。

这些记载说明,重要地区的都督诸州军事,诸如王浚、司马模、苟晞、司马睿、司马保分别被授以司空、大司马、太尉、大将军、左丞相、右丞相等官职。大司马、大将军属西晋八公之列,但官位在三司之上,虽然实际权力不大,但极受尊宠。[①] 太尉、司空,为"三司"中的二公。在西晋并不只

[①] 祝总斌:《两汉魏晋南北朝宰相制度研究》,中国社会出版社,1990年,第168页。

是荣誉头衔，还保留一部分宰相权力。① 左丞相、右丞相均为国家丞相。《晋书·职官志》："丞相、相国，并秦官也。晋受魏禅，并不置，自惠帝之后，省置无恒。为之者赵王伦、梁王肜、成都王颖、南阳王保、王敦、王导之徒，皆非复寻常人臣之职。"可见晋怀帝、晋愍帝授予这些都督诸州军事的重要中央职官，除了尊宠故旧以外，也赋予他们重要的权力。具有这些权力的都督诸州军事，可以承制行事。如《晋书·怀帝纪》："秋七月，大司马王浚承制假立太子，置百官，置征镇。"其地位之重和权力之大，是非常明显的。当然，这些都督诸州军事获得这样大的行政权力，是西晋特殊社会条件下造成的。由于都督诸州军事获得了这些权力，就使他们的地位更加重了。

三

西晋永嘉、建兴年间州都督的设置对于国家的统治具有非常重要的意义。因为当时中央政府的军事实力已经非常虚弱。在国家内忧外患交至的情况下，依靠各都督区的军事力量，是延续其统治的重要保证。晋怀帝时，司徒王衍说："朝廷危乱，当赖方伯，宜得文武兼资以任之。"② 正道破了各都督区的都督在稳定混乱局势中的重要作用。尽管晋怀帝、晋愍帝都积极设置各类都督，并千方百计笼络各地方的都督，可是，国家并不能从危难的困境中摆脱出来。永嘉五年，刘曜、王弥攻陷洛阳，"百官士庶死者三万余人"③。晋怀帝也被俘虏。晋愍帝又于长安建都，试图收复失地，可是，他登基仅三年多的时间，长安便被攻陷，愍帝投降，西晋灭亡。他们试图凭借各都督区的军事力量来挽救摇摇欲坠的政权的意图最终落空了。

西晋末年，国家所设的州都督不能充分发挥挽救国家危难的作用，原因是多方面的。当时国家已承受"八王之乱"造成的巨大社会危害，同时又面临刘汉政权以及国内各种反晋势力的进攻。这些都是不能忽视的社会因素。然而，就都督诸州军事制度的实施情况来看，也存在着一些不容忽视的问题。

---

① 祝总斌：《两汉魏晋南北朝宰相制度研究》，第169页。
② 《通鉴》卷八七《晋纪九》。
③ 《晋书》卷五《怀帝纪》。

魏晋南北朝将军制与都督制论稿

首先,晋怀帝登基后,虽然重新规划了都督区,并且重新任命了各重要都督区的都督,可是各都督区表现出的情况,大部分是不稳定的。

从秦雍梁益都督区来看,这一都督区是重新规划雍凉都督区形成的。西晋禅代曹魏前后,对雍凉都督的选任非常重视。《晋书·河间王颙传》:"石函之制,非亲亲不得都督关中。"这就是说,只有与皇室血缘关系最近的司马氏宗王方可任雍凉都督。晋怀帝仍遵守这一规定,任命南阳王司马模为这一都督区的都督,但南阳王司马模却不能很好地治理这一地区。《晋书·宗室·南阳王模传》:"时关中饥荒,百姓相啖,加以疾疠,盗贼公行。模力不能制,乃铸铜人钟鼎为釜器以易谷,议者非之。"不仅如此,南阳王司马模对都督区中的刺史、郡太守也很难号令,甚至出现了武装抵制的情况。《晋书·宗室·南阳王模传》:"表遣世子保为西中郎将、东羌校尉,镇上邽,秦州刺史裴苞距之。模使帐下都尉陈安率众攻苞,苞奔安定。太守贾疋以郡迎苞,模遣军司谢班伐疋。疋退奔卢水。"就是一例。秦雍梁益都督区处于这种状况下,要保证都督区的稳定已很困难,使其抽调军队支援西晋国家,自然很难办到。

从荆州都督区来看,晋怀帝于永嘉元年,任命高密王简为都督。永嘉三年,又改任山简为都督,其都督区扩大至荆、湘、交、广四州。可是,这个都督区很不稳定。《晋书·王如传》载,永嘉四年,王如叛乱,"未几,众至四五万,自号大将军,领司、雍二州牧。……如于是大掠沔汉,进逼襄阳。征南山简使将赵同帅师击之,经年不能克,智力并屈,遂婴城自杀"。在首都洛阳危机时,山简派出少量增援军队,也被王如"邀击破之"①。可见,荆湘交广都督区完全丧失了援助洛阳的军事实力。

从司冀都督区来看,晋怀帝于永嘉元年任命新蔡王司马腾为这一都督区的都督。其防卫的主要力量集中于邺。邺是京师洛阳北方屏障。但是在司马腾任都督不久,"马牧帅汲桑聚众反,败魏郡太守冯嵩,遂陷邺城,害新蔡王腾。烧邺宫,火旬日不灭"②以后,这一都督区接连遭到石勒大军的进攻,战事连年不断,要使都督区自身的安全得到保障已很难做到,更谈不到能起

---

① 《晋书》卷一〇〇《王如传》。
② 《晋书》卷五《怀帝纪》。

到藩屏京师的作用了。

当然，在邻近洛阳的都督区中，只有兖州都督司马越和青州都督苟晞尚有较强的军事实力，可是，司马越与苟晞陷于西晋政权内部矛盾斗争的旋涡中，他们相互戒备，相互提防，因而都督区对外防御的力量受到很大的影响。

由于晋怀帝所设置的这些重要都督区大部分都很不稳定，并且军事实力也都很虚弱，因而，在洛阳危机时，便陷于孤立的境地。《晋书·怀帝纪》："（永嘉四年）京师饥。东海王越羽檄征天下兵，帝谓使者曰：'为我语诸征镇，若今日，尚可救，后则无逮矣。'时莫有至者。"可见，洛阳要在军事上得到各都督区的增援已无法办到。这样，在永嘉五年，洛阳陷落就无法避免了。

其次，晋怀帝登基后，他与辅政的东海王司马越的矛盾一直非常尖锐。诚如晋人干宝说："怀帝承乱即位，羁以强臣。"① 他们的这种矛盾，也影响了对都督区的设置。从司马越的情况来看，他为了巩固和扩大其政治势力，不仅控制朝廷的重要官职，而且还要控制邻近洛阳的兖州都督区。《晋书·东海王越传》："帝（指怀帝）始亲万机，留心庶事，越不顺，求出藩，帝不许。越遂出镇许昌。"晋怀帝对司马越的这种政治意图采取针锋相对的方针。他利用青州都督苟晞与司马越的矛盾，多次下诏苟晞，令其讨伐司马越。如《晋书·怀帝纪》："（永嘉）五年春正月，帝密诏苟晞讨东海王越。"又如《晋书·怀帝纪》："（永嘉五年）三月戊午，诏下东海王越罪状，告方镇讨之。以征东大将军苟晞为大将军。"这样，在刘渊、石勒大军压境的情况下，苟晞与司马越还相互残杀。《晋书·苟晞传》："越出牧豫州以讨晞，复下檄说晞罪恶，遣从事中郎杨瑁为兖州，与徐州刺史裴盾共讨晞。晞使骑攻河南尹潘滔，滔夜遁，乃执尚书刘曾、侍中程延，斩之。"就反映了这种情况。因而，邻近京城洛阳的青、兖都督区集中表现出晋怀帝与强臣司马越的矛盾冲突。正因为如此，这也就制约了这些都督区在抵御刘渊、石勒军队进攻中的作用。

晋怀帝与司马越的矛盾冲突，也影响了其他都督区对洛阳的支援。《通鉴·晋纪九》永嘉四年条："（刘）琨遣使言于太傅越，请出兵共讨刘聪、石勒；越忌苟晞及豫州刺史冯嵩，恐为后患，不许。"此时，刘琨主持并州都督区军事事务，拥有拓跋鲜卑的支援，完全可以牵制刘聪、石勒对洛阳的进犯。

---

① 《通鉴》卷八九《晋纪十一》。

魏晋南北朝将军制与都督制论稿

然而，西晋国家内部的矛盾，使刘琨不能在军事上发挥应起到的作用。

总之，晋怀帝时，西晋政权内部的尖锐矛盾，渗透到都督区中，这也成为限制各都督区不能拯救洛阳危机的重要因素。

再次，在洛阳陷落、愍帝即位长安后，中原处于混乱之中。晋愍帝政权极其虚弱，"徒守虚名"①，已无法号令各地都督。尽管建兴元年五月，晋愍帝"以镇东大将军、琅琊王睿为侍中、左丞相、大都督陕东诸军事，大司马、南阳王保为右丞相、大都督陕西诸军事"，试图依靠各地都督夺取洛阳，光复失陷地区，可是这个计划并未能实施。因为各地方的都督大多数成为独立性很强的军事集团，他们拥兵自重，只顾确保自身利益。例如占据江东的都督司马睿便无意北伐。《通鉴·晋纪十》建兴元年条："帝遣殿中都尉刘蜀诏左丞相睿以时进军，与乘舆会于中原。八月，癸亥，蜀至建康，睿辞以方平定江东，未暇北伐。"盘踞幽冀的都督王浚的独立性更强。《晋书·王浚传》："（王）浚由以强盛，乃设坛告类，建立皇太子，备置众官，浚自领尚书令，以枣嵩、裴宪并为尚书，使其子居王宫，持节，领护匈奴中郎将，以妻舅崔悫为东夷校尉。又使嵩监司冀并充诸军事、行安北将军，以田徽为兖州，李恽为青州。"这说明，王浚已成为颇具野心的地方军阀。他只知道维护其集团的利益，根本无视西晋政权的存在。而在当时，司马睿、王浚是最有实力的军事集团。他们公然采取这种方针，自然使晋愍帝陷于完全孤立无援的境地。因而，在刘耀大军的强大攻势下，其政权很快崩溃。

总而言之，西晋永嘉、建兴年间，尽管西晋国家试图依靠各都督区的都督来维持岌岌可危的政权，可是由于各地方都督诸州军事势力的衰落以及其离心力的增强，西晋国家无法控制这些军事集团。因而，在西晋末年的复杂军事斗争中，都督诸州军事制度不仅无益于挽救西晋政权，反而使其消极因素表现明显，促成其政权迅速衰亡。对于西晋末年都督诸州军事制度产生的这种影响，应该有充分的估计。

（原载《史学集刊》2001 年 1 期）

---

① 《通鉴》卷八九《晋纪十一》。

东晋都督诸州军事设置的特点及其权力问题试探

东晋时期，国家承袭西晋制度，继续设置都督诸州军事，负责对地方的军事镇戍。然而，由于东晋时期的政治、军事的形势都与西晋时期有很大的不同，都督诸州军事的设置以及都督诸州军事在权力的行使上，与西晋相比，都出现了一些变化，所以，有必要对涉及东晋都督诸州军事的诸问题做必要的考察。不过，限于篇幅，本文不能全面讨论东晋都督诸州军事的各个问题，只对都督诸州军事设置的特点、都督诸州军事的军事权力和行政权力问题做一初步的探讨，以期对东晋国家都督制度以及军事行动特点的认识有所裨益。

一、都督诸州军事的设置特点

（一）都督诸州军事设置权由东晋国家直接控制，然而在对都督诸州军事的管辖上，除国家直辖外，出现了隶属型的都督诸州军事的设置

在西晋，当时国家设置的都督诸州军事都是直接由中央设置和管辖的。与西晋情况相同，东晋的都督诸州军事也都是由国家直接设置的。《晋书·陶侃传》："（陶）侃告勒以故，勒召而杀之。诏侃都督江州，领刺史，增置左右长史、司马、从事中郎四人，掾属十二人。"《晋书·甘卓传》："诏书迁（甘）卓为镇南大将军、侍中、都督荆梁二州诸军事、荆州牧，梁州刺史如故。"这些记载说明，当时都督诸州军事是由国家下诏才被任命设置的。这种任命方式正是国家控制都督诸州军事任命权的明显体现。当时国家对都督诸州军事不仅具有任命权，而且还具有管辖权。这种管辖权表现为东晋国家

魏晋南北朝将军制与都督制论稿

对所设都督诸州军事的直接控制。据前人研究，东晋国家规定了以扬州为中心的都督区、以荆州为中心的都督区、以豫州为中心的都督区、以徐州为中心的都督区、以江州为中心的都督区、以广州为中心的都督区、会稽六郡都督区、以益州为中心的都督区、沔中都督区，共有九处都督区。① 在这九处都督区中，除了沔中都督诸州军事和益州都督诸州军事受管辖的情况特殊外，东晋国家对在其他都督区中所设置的都督诸州军事都能够直接控制，并且具有严格的号令权。

东晋时期，与西晋不同的情况是，当时国家在都督诸州军事的设置上，出现了隶属型的都督诸州军事。这种隶属型的都督诸州军事是以沔中和益州都督诸州军事的设置为代表的，主要表现出两个明显的特点：

一是隶属型都督诸州军事的任命权由国家控制。《晋书·桓宣传》："陶侃讨默，默遣戎求救于（桓）宣，宣伪许之。……宣乃遣戎与随俱迎陶侃。辟戎为掾，上宣为武昌太守。寻迁监沔中军事、南中郎将、江夏相。"《晋书·简文帝纪》："以兖州刺史朱序为南中郎将、梁州刺史、监沔中诸军，镇襄阳。"《晋书·桓彝传附桓豁传》："俄而张天锡陷没，诏遣中书郎王寻之诣豁，咨谋边事。豁表以梁州刺史毛宪祖监沔北军事，兖州刺史朱序为南中郎将、监沔中军事，镇襄阳，以固北鄙。"这些记载都是沔中都督诸州军事由东晋国家设置的证明。当然，东晋初年，在荆州一带具有很强军事实力的王敦，曾控制沔中都督诸州军事的设置权。例如，王敦以周抚"为沔北诸军事、南中郎将、镇沔中"②。以王含"为卫将军、都督沔南军事、领南蛮校尉、荆州刺史，以义阳太守任愔督沔北诸军事"③。王敦对沔中都督诸州军事任命权的控制，是他凭借军事实力，试图控制长江中游的一种表现。一旦王敦军事势力瓦解，这种情况也就不复存在了。因此，沔中都督诸州军事任命权为王敦所控制，完全是一种特例。

除了沔中都督诸州军事的设置情况外，益州都督诸州军事的设置也大体相同。东晋国家开始在益州设置都督诸州军事是在桓温灭成汉之后。自东晋

---

① 严耕望：《中国地方行政制度史（乙部）》上册，台北"中央研究院"历史语言研究所专刊之四十五B，第36－46页。
② 《晋书》卷五八《周访传附周抚传》。
③ 《晋书》卷九八《王敦传》。

国家开始设置益州都督诸州军事,就一直控制着对它的任命权。《晋书·废帝纪》:"以前宁州刺史周仲孙为假节、监益梁二州诸军事、益州刺史。"正说明这一点。沔中和益州都督诸州军事的设置情况表明:这两个都督区的都督诸州军事的设置权,毫无疑义,都由东晋国家严格掌握。

二是隶属型都督诸州军事的管辖权被其上属都督诸州军事所控制。先看沔中都督诸州军事的情况。《晋书·桓彝传附桓豁传》:"时谢万败于梁濮,许昌、颍川诸城相次陷没,西藩骚动。温命(桓)豁督沔中七郡军事、建威将军、新野义成二郡太守。"此时,桓温任都督荆江雍司益宁六州诸军事。由此可知,桓温是完全可以号令沔中都督诸州军事桓豁的。这正是沔中都督诸州军事为都督荆州诸州军事所辖的明证。再看益州都督诸州军事情况。它的隶属情况,也与都督沔中诸军事的情况基本相同。据严耕望先生考证,东晋国家在益州设置都督诸州军事的同时,自成帝至孝武帝三四十年中,历任荆州都督,庾亮、庾翼兼督梁、益州,桓温、桓豁兼督梁、益、宁州。这就是说,周氏三世所任的都督诸州军事都受庾亮、庾翼、桓温、桓豁的管辖。此后,梁、益、宁州,或益、宁州的状况都是如此。① 这就是说,在东晋,益州都督诸州军事设置后,就一直为都督荆州诸军事所控制。

这两个特点表明,东晋国家虽然控制沔中和益州都督诸州军事的设置,但是,管辖权却为荆州都督诸州军事所掌握,这同其他的都督诸州军事的情况有很大的差异。正是从这种管辖关系上,表现出沔中和益州都督诸州军事具有明显的隶属性。这种隶属型都督诸州军事的出现,表现出在东晋都督诸州军事的设置上,已经与西晋时期的情况有了比较明显的变化。

(二)东晋国家设置的都督诸州军事所领都督区的州、郡,存在差别,具有多样性

当时国家使都督诸州军事所领区域可以分为以下情况:

一是都督诸州军事所领都督区为多州。《晋书·明帝纪》:"以征南大将军陶侃为征西大将军、都督荆湘雍梁四州诸军事、荆州刺史。"《晋书·穆帝纪》:"持节、都督江荆司梁雍益宁七州诸军事、江州刺史、征西将军、都亭侯庾翼卒。"可见,东晋这类都督诸州军事所领州的数量与西晋传统的领州

---

① 严耕望:《中国地方行政制度史(乙部)》上册,第44页。

最多不超过三州的情况明显不同。东晋国家有时甚至使这类都督诸州军事领州达到十五州。《晋书·简文帝纪》："加太保谢安大都督扬、江、荆、司、豫、徐、兖、青、冀、幽、并、梁、益、雍、凉十五州诸军事。"就是明显的事例。因此，这类都督诸州军事也被称为多州都督。

二是都督诸州军事所领都督区为一州至三州。这类都督诸州军事的领州情况，是承袭了西晋以来的传统方式。《晋书·成帝纪》："使持节、都督江州诸军事、江州刺史、平南将军、观阳伯应詹卒。"《晋书·明帝纪》："以尚书令郗鉴为车骑将军、都督青、兖二州诸军事、假节，镇广陵。"《晋书·成帝纪》："琅邪内史桓温都督青徐兖三州诸军事、徐州刺史。"都属于这种情况。当然与西晋不同的是，这类都督诸州军事所领的州中，有的是侨立州。

三是都督诸州军事所领都督区为州加零郡。这种情况是在东晋时期出现的。《晋书·哀帝纪》："以右将军桓豁监荆州扬州之义城雍州之京兆诸军事、领南蛮校尉、荆州刺史；桓冲监江州荆州之江夏随郡豫州之汝南西阳新蔡颍川六郡诸军事、南中郎将、江州刺史，领南蛮校尉，并假节。"《晋书·庾亮传附庾冰传》载，庾冰"于是以本号除都督江荆宁益梁交广七州豫州之四郡军事、领江州刺史、假节，镇武昌"。这些记载说明，这类都督诸州军事所领的区域，是以州为主体，并加上一些州所属的郡组成的。这种以州加零郡规划都督区的方式打破了以州或郡作为都督区界限的传统，以州和郡作为新的组合，使都督区具有超出州、郡界限的新范围。

四是都督诸州军事所领都督区为数郡。《晋书·郗鉴传》："及陶侃为盟主，进鉴都督扬州八郡军事。"《晋书·桓彝传附桓冲传》："（桓）冲既代豁西镇，诏以（桓）嗣督荆州之三郡豫州之四郡军事、建威将军、江州刺史。"这就是说，东晋国家可以使都督诸州军事领一州所属的郡为都督区，也可以领两州所属的郡为都督区。尽管都督诸州军事所领都督区包括郡的组成情况不同，但共同点就是，都督区完全以郡为单位组成。都督诸州军事所领的这类都督区，有一些甚至成为重要的都督区。都督诸州军事所领的浙东五郡就是这类都督区。《晋书·谢安传》："王恭举兵，假（谢）琰节，都督前锋军事。……孙恩作乱，加督吴兴、义兴二郡军事，讨恩。……恩逃于海岛，朝廷忧之，以琰为会稽内史、都督五郡军事，本官并如故。"这一事例表明，浙东五郡都督区在保证东晋首都建康后方稳定中，所起到的重要作用是显而易见的。

五是都督诸州军事所领都督区为特定的区域。《晋书·成帝纪》："以车骑将军郗鉴领徐州刺史，征虏将军郭默为北中郎将、假节、监淮北诸军。"《晋书·简文帝纪》："以兖州刺史朱序为南中郎将、梁州刺史、监沔中诸军，镇襄阳。"《晋书·谢尚传》载，谢尚"永和中，拜尚书仆射，出为都督江西淮南诸军事、前将军、豫州刺史，给事中、仆射如故，镇历阳"。在这些记载中提到的"淮北""沔中""江西淮南"都是指这类区域。很明显，这类区域不是州，也不是郡，而是一个特定的区域范围，是为了适应军事防卫的需要而设置的。

由上述可知，东晋国家设置的都督诸州军事在所领都督区的范围以及州、郡的组合上都有很大的差别，具有多州、传统的一至三州、州加零郡、以郡为单位、特定的区域的区别，表现出明显的多样性。这种多样性表明，东晋国家设置都督诸州军事的意图，就是要使他们所领的都督区更适应军事防卫的需要，因而不使都督诸州军事所领区域固定化，这也造成了东晋都督区复杂化的状况。这种情况正反映了东晋都督诸州军事所领区域范围是处于一种不很确定的状态之中。

（三）东晋国家设置都督诸州军事，承袭西晋制度，划分为不同的等级

《晋书·职官志》："及晋受禅，都督诸军为上，监诸军次之，督诸军为下。"这就是说，西晋国家确立都督诸州军事的设置制度后，都督诸州军事就分为三等级，即"都督""监""督"三等。东晋国家承袭西晋的制度，在都督诸州军事的设置上，依然分为"都督""监""督"三等级。《晋书·明帝纪》："以征南大将军陶侃为征西大将军、都督荆湘雍梁四州诸军事、荆州刺史，王舒为安南将军、都督广州诸军事、广州刺史。"《晋书·穆帝纪》："以建武将军、吴国内史荀羡为使持节、监徐兖二州诸军事、北中郎将、徐州刺史。"《晋书·穆帝纪》："加中军将军殷浩督扬豫徐兖青五州诸军事、假节。"这些记载都说明，东晋国家是明确地将都督诸州军事分为三个等级，而授予任职者的。

如前所述，东晋都督诸州军事所领区域主要可以分为：领多州、领一州至三州、领州加零郡、领郡等情况。那么，东晋都督诸州军事的等级划分与其领州、郡多少是否有一定的关系？这是一个需要探讨的问题，以下分别说

魏晋南北朝将军制与都督制论稿

明之。

先看领多州的都督诸州军事的情况。《晋书·穆帝纪》："（庾翼）都督江荆司梁雍益宁七州诸军事"。《晋书·穆帝纪》："以吴兴太守谢万为西中郎将、持节、监司豫冀并四州诸军事。"《晋书·穆帝纪》："加中军将军殷浩督扬豫徐兖青五州诸军事。"很明显，领多州的都督诸州军事是明确地分为"都督""监""督"三等级的。

领一州至三州的都督诸州军事的情况也是如此。如，褚裒被任命为"都督徐兖二州诸军事、徐州刺史、征北大将军"①。又如，吴国内史荀羡"为使持节、监徐兖二州诸军事、北中郎将、徐州刺史"②。又如周仲孙"兴宁初督宁州军事、振武将军、宁州刺史"③。显然领一至三州的都督诸州军事存在"都督""监""督"的区分。

领州加零郡的都督诸州军事的等级划分事例有：《晋书·郗鉴传附郗愔传》："大司马桓温以（郗）愔与徐、兖有故义，乃迁愔都督徐兖青幽扬州之晋陵诸军事、领徐兖二州刺史。"《晋书·桓彝传附桓石虔传》："（桓）石虔以冠军将军监豫州扬州五郡军事、豫州刺史。"《晋书·桓彝传附桓石民传》："（桓石民）叔父冲上疏，版督荆江豫三州之十郡军事、振武将军、领襄城太守，戍夏口。"可见在这类都督诸州军事中，也划分为"都督""监""督"三等级。

在领郡的都督诸州军事，也存在"都督""监""督"三等级。《晋书·谢安传》："以（谢）琰为会稽内史、都督五郡军事，本官并如故。"《晋书·陶侃传附陶称传》："庾亮以称为监江夏随义阳三郡军事、南中郎将、江夏相。"《晋书·桓彝传附桓冲传》："（陶称）从温征伐有功，迁督荆州之南阳襄阳新野义阳顺阳雍州之京兆扬州之义成七郡军事、宁朔将军、义成新野二郡太守，镇襄阳。"皆其事例。

由此可见，尽管东晋都督诸州军事所领州、郡的情况不同，可是在等级划分上，却不存在差别。无论是都督诸州军事领多州、领一州至三州、领州

---

① 《晋书》卷八《穆帝纪》。
② 《晋书》卷八《穆帝纪》。
③ 《晋书》卷五八《周访传》。

加零郡、领数郡，东晋国家都可以授予他们"都督""监""督"三个不同的等级。东晋都督诸州军事所领州、郡多少的差别，对都督诸州军事等级划分是没有影响的。也就是说，东晋国家对所任命的都督诸州军事，都严格将其纳入三等级的系列中。

（四）*东晋都督诸州军事的设置是不连续的，具有不稳定性*

如前所述，东晋时期有：扬州都督区、荆州都督区、江州都督区、徐州都督区、豫州都督区、会稽都督区、沔中都督区、益州都督区、广州都督区。这些都督区只可以被视为军事镇戍区，它们与行政区不同。这种不同，主要表现为这些都督区大多是不稳定的。这种不稳定性表现为两方面：一是每一都督区的范围在经常变化中。东晋国家在换任都督诸州军事时，一般都使他们与前任都督诸州军事所领的区域范围不同，所领的都督区的界限规定基本上是不固定的。对这一问题，我们以荆州为中心的都督区作为典型来加以考察。因为在东晋，以荆州为中心的都督区地位很重要，并且，在这一都督区所设的都督诸州军事也是比较连续的。下面根据吴廷燮《东晋方镇年表》，将以荆州为中心的都督区都督诸州军事的设置情况列表说明：

表1　以荆州为中心的都督区都督诸州军事设置情况

时间	任职者	设置状况
咸和四年（329年）	陶侃	都督荆雍梁交广益宁七州诸军事
咸康五年（339年）	庾亮	都督江荆豫益梁雍六州诸军事
咸康八年（342年）	庾翼	都督荆江司雍梁益六州诸军事
永和元年（345年）	桓温	都督荆江雍司益宁六州诸军事
宁康元年（373年）	桓豁	都督荆梁益宁交广六州诸军事
太元二年（377年）	桓冲	都督荆江梁益交广七州诸军事
太元九年（384年）	桓石民	都督荆益宁三州诸军事
太元十四年（389年）	王忱	都督荆益宁三州诸军事
太元十七年（392年）	殷仲堪	都督荆益梁三州诸军事
隆安四年（400年）	桓玄	都督荆江司雍秦梁益宁八州诸军事
元兴三年（404年）	司马休之	监荆益梁宁秦雍六州诸军事
义熙元年（405年）	刘道规	都督荆益宁秦梁雍、司州之河南诸军事

续　表

时间	任职者	设置状况
义熙十一年（415年）	刘道怜	都督荆湘益秦宁梁雍七州郡诸军事
义熙十四年（418年）	刘义隆	都督荆益宁雍梁秦六州、豫州之河南广平、扬州之义成松茲四郡诸军事

由表1可知：在这些任职的都督诸州军事中，除桓石民、王忱所辖的都督区包含的州是相同的之外，其他都督诸州军事所领的州都是不同的，并且还有领州加零郡的都督诸州军事。在十四任都督诸州军事中，每一任所领州、郡都不同，差别很大。这就是说，以荆州为中心的都督区所包含的州、郡，在都督诸州军事换任后，一般都要有较大的变化。

严耕望先生认为，荆州都督区通常统辖荆益宁雍梁五州，因而是较稳定的都督区。① 实际上，在东晋这些都督诸州军事领有的都督区包含荆、益、宁、雍、梁五州的，只有四位，只占国家所任命的这一都督区的都督诸州军事的七分之二。由此来看，严耕望先生的看法，与东晋时期的实际情况是有差距的。

二是东晋国家在各都督区设置的都督诸州军事不是连续的。以下根据吴廷燮《东晋方镇年表》，以江州、徐州、豫州、会稽四个都督区的情况为例加以说明：

以江州为中心的都督诸州军事的设置，较长的时间间断有两次：建元二年（344年）至兴宁三年（365年），共21年；太元九年（384年）至义熙二年（406年），共22年，不设都督江州诸军事。当然，时间较短的间断还不包括在其中。

以徐州为中心的都督诸州军事的设置，也有明显的间断：太元三年（378年）至义熙十三年（417年），共49年，不设都督徐州诸军事。其中也有时间较短的间断。

以豫州为中心的都督诸州军事的设置，也有比较明显的两次间断：太和元年（366年）至太元九年（384年），共18年；太元十三年（388年）至义熙元年（405年），共17年，都不设都督豫州诸军事。

---

①　严耕望：《中国地方行政制度史（乙部）》上册，第36页。

东晋都督诸州军事设置的特点及其权力问题试探

以会稽为中心的都督诸州军事的设置也有间断：咸和六年（331年）至太和六年（371年），共40年；太元十二年（387年）至隆安二年（398年），共11年；元兴二年（403年）至义熙六年（410年），共7年，明显的间断有三次。

从这四处都督诸州军事的设置情况来看，它们在设置上的不连续是很明显的。

二、都督诸州军事的军事权力

东晋国家设置都督诸州军事的目的，主要是负责军事防卫。因此，都督诸州军事主要是军事职官，其权力主要表现在军事上。当时都督诸州军事的军事权力主要表现在以下诸方面：

（一）都督诸州军事可以指挥国家任命的领兵将军和隶属都督

先看都督诸州军事对领兵将军的指挥。众所周知，东晋时期已经形成比较完备的将军制度。国家既可以使将军作为称号，象征官员的地位，也能够任命一些将军率军作战。关于东晋将军率军作战的事例很多见。如《晋书·元帝纪》："石勒将石季龙围谯城，平西将军祖逖击走之。"又如《晋书·穆帝纪》："（永和二年）十一月辛未，安西将军桓温帅征虏将军周抚，辅国将军、谯王无忌，建武将军袁乔伐蜀，拜表辄行。"对于这些率军的将军，都督诸州军事可以在国家的指令下，行使军事指挥权。《晋书·郗鉴传》："及陶侃为盟主，进（郗）鉴都督扬州八郡军事。时抚军将军王舒、辅军将军虞潭皆受鉴节度，率众渡江，与侃会于茄子浦。"就是明显的事例。

东晋都督诸州军事对于隶属型都督诸州军事也有军事指挥权。如前所述，东晋国家设置了沔中和益州这类隶属型的都督诸州军事。这些隶属型的都督诸州军事，主要是在军事上接受其上属的都督诸州军事的指挥。例如，都督荆州诸军事庾亮奏请毛宝"为辅国将军、江夏相、督随、义阳二郡，镇上明。又进南中郎。随亮讨郭默"[1]。这是隶属都督随从荆州都督诸州军事出兵作战的一例。又如，为防御苻坚进犯，桓豁"表以梁州刺史毛宪祖监沔北

---

[1] 《晋书》卷八一《毛宝传》。

魏晋南北朝将军制与都督制论稿

军事,兖州刺史朱序为南中郎将、监沔中军事,镇襄阳,以固北鄙"①。实际上,桓豁上表国家任命隶属都督毛宪祖、朱序,是为了有效地指挥他们加强对北方前秦的防御。可见,隶属型的都督诸州军事在军事行动上,是要完全服从其上属都督诸州军事的号令的。不过,在东晋只有都督荆州诸军事辖有隶属型的都督诸州军事,因此,都督诸州军事对隶属型的都督诸州军事的指挥是有局限的,也就是说,只限于都督荆州诸军事具有这种权力。

(二) 都督诸州军事对都督府军队和都督区中的州郡兵具有指挥权,同时在都督区中具有征奴为兵的权力

东晋时期,国家在设置都督诸州军事时,就为其规定了都督府的设置。《晋书·元帝纪》:"以尚书戴若思为征西将军、都督司、兖、豫、并、冀、雍六州诸军事、司州刺史,镇合肥;丹杨尹刘隗为镇北将军、都督青、徐、幽、平四州诸军事、青州刺史,镇淮阴。"这里提到的"合肥""淮阴"都是军事重镇,也是都督府所在地。东晋时期的都督府,也称军府。它既是都督诸州军事的指挥中心,同时都督府所在地,也集结都督诸州军事必需的军队。《晋书·温峤传》载温峤上疏:"诸外州郡将兵者及都督府非临敌之军,且田且守。"据此可知,在都督府所在地集中的军队,不是州郡兵,而是由都督诸州军事直接指挥的。这些军队与都督诸州军事有特殊的关系。《晋书·桓宣传附桓伊传》载,都督诸州军事桓伊"在任累年,征拜护军将军,以右军府千人自随,配护军府"。说明桓伊统率的军队是要紧密随从他本人的。由此可见,都督府军队对都督诸州军事具有很强的隶属性。有一些都督诸州军事改任时,他原来统领的军队也不与他脱离关系。《晋书·刘毅传》:"诏以毅为都督豫州扬州之淮南历阳庐江安丰五郡诸军事、豫州刺史,持节、将军、常侍如故,本府文武悉令西属。"即其一例。都督诸州军事有这些军队为基础,这正是他们军事指挥权实现的保证。都督诸州军事拥有的这些都督府军队,在性质上,与地方的州郡兵也是很不相同的。《晋书·应詹传》载应詹上疏:"都督可课佃二十顷,州十顷,郡五顷,县三顷。皆取文武吏医卜,不得挠乱百姓。三台九府,中外诸军,有可减损,皆令附农。"应詹上疏提到"中外诸军",实际上就是东晋国家的中军、外军。都督诸州军事所

---

① 《晋书》卷七四《桓彝传附桓豁传》。

辖的这些军队，似应是国家外军的一种。

东晋都督诸州军事不仅拥有必需的都督府军队，而且可以征发州郡兵出征作战，并且对都督区中各州郡的士兵具有指挥权。《晋书·荀崧传附荀羡传》："（荀羡）寻迁建威将军、吴国内史。除北中郎将、徐州刺史、监徐兖二州扬州之晋陵诸军事、假节。殷浩以羡在事有能名，故居以重任。时年二十八，中兴方伯，未有如羡之少者。羡至镇，发二州兵，使参军郑袭戍淮阴。"很明显，都督诸州军事对都督区中州郡兵的征发，是他的重要权力。不仅如此，在一定的条件下，都督诸州军事指挥的州郡兵，其性质还可以改变。《晋书·陶侃传附陶称传》："咸康五年，庾亮以称为监江夏随义阳三郡军事、南中郎将、江夏相，以本所领二千人自随。"陶称任都督所领军队当是他任郡守时的郡兵。可见，郡守担任都督诸州军事后，跟随他的郡兵就转化为都督府的军队。因此都督诸州军事具有对州郡兵的征发权，不仅可以使他们有效地指挥州郡兵，而且有时还可以使这些州郡兵转变为都督府的军队，进而能够直接加以控制。

东晋国家为保证都督诸州军事所需要的兵员，还赋予都督诸州军事在所辖都督区中有征奴为兵的权力。东晋时期，当时国家依然实行世兵制来保证士兵的来源。但是由于战争的频繁，世兵制已经很难保证国家对军队士兵的需要，因此必须有其他的士兵来源做补充，因此当时国家授予都督诸州军事一些新的集兵方式。其中征奴为兵就是其中重要的方式之一。《晋书·何充传》："于是征（何）充入为都督扬豫徐州之琅邪诸军事、假节，领扬州刺史，将军如故。先是，翼悉发江、荆二州编户奴以充兵役，士庶嗷然。充复欲发扬州奴以均其谤。后以中兴时已发三吴，今不宜复发而止。"可见都督诸州军事征奴为兵，就是将都督区内国家编户拥有的奴隶，征发为都督诸州军事用来作战的士兵。都督诸州军事具有这样的权力，就可以扩大士兵的来源，保证有比较充足的作战士兵。

（三）都督诸州军事具有不同等次的军事惩罚权

东晋都督诸州军事的军事惩罚权，是通过当时国家授"节"体现出来的。《晋书·职官志》："及晋受禅，都督诸军为上，监诸军次之，督诸军为下；使持节为上，持节次之，假节为下。使持节得杀二千石以下；持节杀无官位人，若军事，得与使持节同；假节唯军事得杀犯军令者。"可见，东晋

魏晋南北朝将军制与都督制论稿

国家是将"节"分为"使持节""持节""假节"三等次，都督诸州军事持不同的"节"，具有的军事惩罚权也是存在差别的。正因为如此，东晋国家充分注意到在对都督诸州军事授节时的等次区分。下面根据《晋书》记载，将东晋"都督""监""督"各等级的都督诸州军事持节情况列表如下：

表2　"都督"等级都督诸州军事持节情况表

"节"的等次	持节状况	史料出处
使持节	（应詹）迁使持节、都督江州诸军事、平南将军、江州刺史	《晋书》卷七〇《应詹传》
持节	迁都督江荆梁益宁交广七州扬州之义成雍州之京兆司州之河东军事、领护南蛮校尉、荆州刺史、持节	《晋书》卷七四《桓彝传附桓冲传》
假节	迁（庾）亮都督江、荆、豫、益、梁、雍六州诸军事，领江、荆、豫三州刺史，进号征西将军、开府仪同三司、假节	《晋书》卷七三《庾亮传》

表3　"监"等级都督诸州军事持节情况表

节的等次	持节状况	史料出处
使持节	以建武将军、吴国内史荀羡为使持节、监徐兖二州诸军事、北中郎将、徐州刺史	《晋书》卷七《成帝纪》
持节	以吴兴太守谢万为西中郎将、持节、监司豫冀并四州诸军事、豫州刺史	《晋书》卷八《穆帝纪》
假节	桓冲监江州荆州之江夏随郡豫州之汝南西阳新蔡颍川六郡诸军事、南中郎将、江州刺史，领南蛮校尉，并假节	《晋书》卷八《哀帝纪》

表4　"督"等级都督诸州军事持节情况表

节的等次	持节状况	史料出处
使持节	（诸葛长民）进位使持节、督青扬二州诸军事、青州刺史，领晋陵太守，镇丹徒	《晋书》卷八五《诸葛长民传》
持节	（何无忌）迁会稽内史、督江东五郡军事、持节、将军如故	《晋书》卷八五《何无忌传》
假节	（邓岳）迁督交广二州军事、建武将军、领平越中郎将、广州刺史、假节	《晋书》卷八一《邓岳传》

由以上三表所示可知，在东晋都督诸州军事的"都督""监""督"各等级中，当时国家都可以授予"使持节""持节""假节"。也就是说，尽管东晋都督诸州军事等级有差别，可是国家赋予其军事惩罚权却没有差别，完全根据军事行动的需要来确定。

东晋国家可以授予都督诸州军事"节"，也可以收回所授的"节"。《晋书·卞壸传》："诏以（卞）壸都督大桁东诸军事、假节，复加领军将军、给事中。壸率郭默、赵胤等与峻大战于西陵，为峻所破。壸与钟雅皆退还，死伤者以千数。壸、雅并还节，诣阙谢罪。"《晋书·虞潭传》："（虞）潭与郗鉴、王舒协同义举。侃等假潭节、监扬州浙江西军事。潭率众与诸军并势，东西掎角。遣督护沈伊距管商于吴县，为商所败，潭自贬还节。"这些事例说明，都督诸州军事作战失利，一般都要被国家收回所授的"节"，也就是说，国家可以剥夺其军事惩罚权。当然，东晋国家收回对都督诸州军事所授的"节"，其中也包含对他们在军事行动上的失误给予严厉惩罚的意义。

（四）都督诸州军事在都督区内和都督区外，具有军事讨伐权

在东晋进行军事讨伐，主要由国家设置的征讨都督负责的，而都督诸州军事主要是负责对都督区的军事镇戍。可是对都督诸州军事来说，镇戍和征讨又不是截然分开的，在国家需要的情况下，都督诸州军事也可以获得军事征讨权。《晋书·周处传》："及王敦作难，（周）楚加冠军将军、都督会稽吴兴义兴晋陵东阳军事，率水军三千人讨沈充，未发而王师败绩。"《晋书·郗鉴传》："时贼帅刘征聚众数千，浮海抄东南诸县。（郗）鉴遂城京口，加都督扬州之晋陵吴郡诸军事，率众讨平之。"《晋书·谢安传》："太元末……王恭举兵，假（谢）琰节，都督前锋军事。恭平，迁卫将军、徐州刺史、假节。孙恩作乱，加督吴兴、义兴二郡军事，讨恩。至义兴，斩贼许充之，迎太守魏鄢还郡。进讨吴兴贼捕丘尪，破之。"这些记载，都是都督诸州军事在都督区内所进行的军事讨伐。这种军事讨伐，实际上是与都督诸州军事对都督区的军事防卫联系在一起的。

除此之外，都督诸州军事可以到都督区外进行征讨作战，但是东晋国家一般要为其加征讨都督号。不过在特殊情况下，都督诸州军事也可以参与都督区外的军事征讨。如都督豫州扬州之淮南历阳庐江安丰五郡诸军事、豫州刺史刘毅因"梁州刺史刘雅反，毅遣将讨擒之"[①]。在东晋，都督诸州军事不

---

① 《晋书》卷八五《刘毅传》。

加征讨都督称号,参与对都督区外的军事叛乱征讨的事例并不多见。因此,都督诸州军事的军事讨伐权,主要是在都督区内行使的。

综上可见,东晋都督诸州军事能够以都督府为指挥中心,行使对参与作战的将军和隶属都督的指挥权,对都督府军队和都督区中的州郡兵具有统领权,国家赋予他们具有不同等次的军事惩罚权,还有在都督区内和都督区外的军事讨伐权。都督诸州军事具有这些权力,就使他们能够有效地承担起实施军事行动的职责。

三、都督诸州军事的行政权力

东晋国家设置都督诸州军事,主要是出于军事目的。可是,在东晋,都督诸州军事不仅具有军事权力,而且还具有一定的行政权力。都督诸州军事具有的行政权力是通过他们兼任刺史或郡太守职体现出来的,因此考察东晋都督诸州军事的行政权力问题,就必须讨论都督诸州军事与刺史和郡太守的关系。

东晋都督诸州军事的任职与刺史或郡太守有密切的关系。当时国家在任命都督诸州军事时,一般就使其兼任刺史职或郡太守职。《晋书·刘毅传》:"诏以毅为都督豫州扬州之淮南历阳庐江安丰五郡诸军事、豫州刺史,持节、将军、常侍如故,本府文武悉令西属。"由此诏令可知,当时国家在任命刘毅为都督州军事时,就同时任命了所担任的刺史。正因为如此,在《晋书》的记载中,是将都督诸州军事与其兼任的刺史或郡太守并提的。《晋书·明帝纪》:"以征南大将军陶侃为征西大将军、都督荆湘雍梁四州诸军事、荆州刺史,王舒为安南将军、都督广州诸军事、广州刺史。"《晋书·桓彝传附桓石民传》:"(桓)石民,弱冠知名,卫将军谢安引为参军。叔父冲上疏,版督荆江豫三州之十郡军事、振武将军,领襄城太守,戍夏口。"都是这方面的事例。因此,可以说都督诸州军事兼任刺史或郡太守职,应当是东晋国家的定制。

不过,需要指出的是,东晋都督诸州军事分为"都督""监""督"三等级的。不同等级的都督诸州军事,在兼任行政职上是否存在差异?对这一问题需要做一些说明。"都督"等级的都督诸州军事的兼职情况,前面已做说明，兹不赘述。关于"监"等级的都督诸州军事，《晋书·桓彝传附桓豁传》："（桓）温既内镇，以豁监荆扬雍州军事、领护南蛮校尉、荆州刺史、假节，将军如故。"很明显，"监"等级的都督诸州军事是可以兼任刺史职的。"督"等级的都督诸州军事也是如此。如《晋书·谢尚传》："（谢）尚为政清简……会庾冰薨，复以本号督豫州四郡，领江州刺史。俄而复转西中郎将、督扬州之六郡诸军事、豫州刺史、假节，镇历阳。"由此可见，都督诸州军事兼任行政职是不受其等级的限制的，"都督""监""督"等级的都督诸州军事都可以兼任地方上的最高行政长官刺史。

如前所述，东晋都督诸州军事所领的州、郡是不同的，有很大的差别。由于都督诸州军事所领州、郡的不同，就使其兼领刺史和郡守的情况受到影响。在《晋书》记载中，大多数都督诸州军事兼任一州刺史。如辅国将军、徐州刺史桓温"为安西将军、持节、都督荆司雍益梁宁六州诸军事，领护南蛮校尉、荆州刺史"①。又如，会稽内史郗愔"为都督徐兖青幽四州诸军事、平北将军、徐州刺史"②。这些事例在有关东晋的文献记载中多见，因此以都督诸州军事兼任一州刺史，这当是东晋国家通常的兼职方式。

除此之外，还有都督诸州军事兼任二州刺史的。如镇军将军范汪"为都督徐兖青冀幽五州诸军事、安北将军、徐兖二州刺史"③。又如中书令王恭"为都督青兖幽并冀五州诸军事、前将军、青兖二州刺史"④。当然，东晋国家有时也使都督诸州军事兼任三州刺史。《晋书·庾亮传》："陶侃薨，迁（庾）亮都督江、荆、豫、益、梁、雍六州诸军事，领江、荆、豫三州刺史，进号征西将军、开府仪同三司、假节。亮固让开府，乃迁镇武昌。"就是一例。都督诸州军事兼任二、三州刺史的事例在东晋并不多见，应该属于特殊的情况。

在东晋，一些都督诸州军事所领的都督区，是由州加零郡组成的。这就使都督诸州军事所兼行政职，与单纯领州的都督诸州军事的兼职情况不同。《晋书·朱序传》："（朱）序乃得归。拜龙骧将军、琅邪内史，转扬州豫州五

---

① 《晋书》卷八《穆帝纪》。
② 《晋书》卷八《废帝纪》。
③ 《晋书》卷八《穆帝纪》。
④ 《晋书》卷九《简文帝纪》。

魏晋南北朝将军制与都督制论稿

郡军事、豫州刺史,屯洛阳。"《晋书·诸葛长民传》:"(刘)裕不听,令长民与刘毅屯于北陵,以备石头。事平,转督豫州扬州之六郡诸军事、豫州刺史,领淮南太守。"这些事例说明,都督诸州军事领州加零郡时,有时可以既兼刺史,又兼郡太守。

东晋国家,使领郡的都督诸州军事多兼郡太守职。如桓伊"以绥御有方,进督豫州之十二郡扬州之江西五郡军事、建威将军、历阳太守"①。不过在特殊情况下,当时国家也使领郡的都督诸州军事兼任刺史。如前引《晋书·谢尚传》:"(谢)尚为政清简,……会庾冰薨,复以本号督豫州四郡,领江州刺史。俄而复转西中郎将、督扬州之六郡诸军事、豫州刺史、假节,镇历阳。"只是这种情况在当时并不多见,似不为东晋国家的常制。

都督诸州军事兼任郡太守与刺史的情况一样,也是多少不一的。一般说来,主要使其兼任一郡,但是国家有时也使其兼任两郡。例如桓冲"从温征伐有功,迁督荆州之南阳襄阳新野义阳顺阳雍州之京兆扬州之义成七郡军事、宁朔将军、义成新野二郡太守,镇襄阳"②。显然,东晋国家使都督诸州军事兼领郡太守职,也要依据形势的需要,而使其兼领数量不同的郡太守职。不过,东晋国家使这类都督诸州军事在兼郡太守的数量上,是有限度的。在有关东晋的文献记载中,都督诸州军事兼领的郡太守,最多不超过二郡。

由上述可知,由于东晋都督诸州军事领州和郡情况不同,因此,他们对刺史和郡太守的兼任也存在差异。不过一般说来,都督诸州军事兼一州刺史,或者一郡太守,应该是国家规定的常制。在这种规定之外,东晋国家也根据需要使都督诸州军事兼任二、三州刺史,或二郡太守,或兼刺史和太守。正因为如此,东晋都督诸州军事兼任行政长官的情况就表现出比较明显的复杂性。这就自然要使都督诸州军事在都督区中行使行政权出现不同的情况。

不仅如此,东晋都督诸州军事所领的都督区在州、郡的数量以及州、郡的组合上都存在着差异,这就使都督诸州军事在都督区中行使行政权力的范

---

① 《晋书》卷八一《桓宣传附桓伊传》。
② 《晋书》卷七四《桓彝传附桓冲传》。

围也是不相同的。《晋书·明帝纪》："王舒为安南将军、都督广州诸军事、广州刺史。"《晋书·成帝纪》："使持节、都督江州诸军事、江州刺史、平南将军、观阳伯应詹卒。"可见，这种都督诸州军事只兼一州刺史，并且也只以一州为都督区，因此这种都督诸州军事的军事权力和行政权力是一致的。也就是说，都督诸州军事在全部都督区中都有行政权力。《晋书·诸葛长民传》："义熙初，慕容超寇下邳，长民遣部将徐琰击走之，进位使持节、督青扬二州诸军事、青州刺史，领晋陵太守，镇丹徒，本号及公如故。"《晋书·外戚·褚裒传》："顷之，征为卫将军，领中书令。（褚）裒以中书铨管诏命，不宜以姻戚居之，固让，诏以为左将军、兖州刺史、都督兖州徐州之琅邪诸军事、假节，镇金城，又领琅邪内史。"这些事例说明，一些都督诸州军事能够兼任都督区中的全部刺史和郡行政长官的职务。这样，他们就具有对都督区中全部州、郡行使行政权力。然而，在东晋，都督诸州军事可以在都督区中行使全部行政权力的情况，在当时并不多见。大多数都督诸州军事兼任的刺史，只是一州，最多不过三州，而兼任郡太守的，最多不过二郡，并不能兼任全部的都督区中的刺史或郡太守。关于这种情况的事例多见，如《晋书·庾亮传附庾冰传》："康帝即位，又进车骑将军。冰惧权盛，乃求外出。会弟翼当伐石季龙，于是以本号除都督江荆宁益梁交广七州豫州之四郡军事、领江州刺史、假节，镇武昌。"又如《晋书·桓彝传附桓冲传》："（桓）冲……从温征伐有功，迁督荆州之南阳襄阳新野义阳顺阳雍州之京兆扬州之义成七郡军事、宁朔将军、义成新野二郡太守，镇襄阳。"这些事例表明，大多数都督诸州军事兼任的刺史或郡太守职，与都督区所包括的州、郡相差很大，这就使都督诸州军事在都督区中的军事权力和行政权力很难保持一致。这就是说，他们只能够在其兼任刺史或郡太守的州、郡中，具有行政权力。

总而言之，自西晋平吴以后，晋武帝为了实现其军政分离的目的，开始使都督诸州军事不兼任刺史。正如《南齐书·百官志》称："晋太康中，都督知军事，刺史治民，各用人。惠帝末，乃并任。"可见晋惠帝后期，国家又使都督诸州军事可以兼任刺史职。东晋国家继续沿袭西晋后期的制度，使都督诸州军事能够兼任刺史，而且还能够兼任郡太守，都督诸州军事与行政长官结合的方式明显增多了。尽管东晋国家可以使都督诸州军事兼任刺史或郡太守职，但是实际上，很少有都督诸州军事可以兼任都督区中全部的刺史或郡太守职的。因而从这方面来看，东晋都督诸州军事在都督区中，只是做到了部分的军政合一。因此，大多数都督诸州军事只能够在都督区中的部分州或郡行使行政权力，这成为东晋都督诸州军事担当职责的重要特点。正因为如此，东晋都督诸州军事与可以完全行使地方行政权的刺史和郡太守，还是有比较明显区别的。实际上，都督诸州军事在权力行使上，主要还是表现为以镇戍都督区的军事权力为主体。由此来看，东晋都督诸州军事所辖都督区也就不可能是完全的地方行政区。

（原载《社会科学战线》2005 年第 6 期）

东晋都督诸州军事
与所领军号将军关系探讨

东晋时期，国家一般通过设置都督诸州军事来镇戍各地方的都督区。国家设置的这些都督诸州军事是重要的军事官员。因而都督诸州军事的设置就与将军制度有密切的联系。也就是说，当时国家设置的都督诸州军事是与军号将军结合在一起的。可以说，领有军号将军是当时国家设置都督诸州军事的必要条件。正因为如此，考察东晋都督诸州军事的实行情况，就需要说明都督诸州军事与其所领军号将军的关系。因此，本文拟对东晋国家授予都督诸州军事的军号将军方式的多样性、都督诸州军事与军号将军结合的复杂性以及都督诸州军事所领军号将军对其任职的影响诸方面做一些探讨，以期对东晋都督诸州军事与将军制度的联系的认识有所裨益。

一、都督诸州军事与军号将军结合的主要方式

东晋时期，国家承袭西晋，依然实行了比较完备的将军制度。在考察都督诸州军事与军号将军结合的特点时，有必要对东晋的将军制度的一般情况做简要的说明。

实际上，东晋的国家所设的将军具有不同的类型。大体说来，东晋的将军可以分为三类：一是作为军职的象征，可以为国家官员授予的军号将军。例如：骠骑、车骑、卫将军、伏波、抚军、都护、镇军、中军、四征、四镇、龙骧、典军、上军、辅国将军等，[①] 都属于这类将军。二是统领国家各

---

① 《晋书》卷二四《职官志》。

类中军的将军。诸如领军将军、护军将军、左、右卫将军、骁骑将军、游击将军、左、右、前、后军将军等。① 三是负责工程建设的将军，也就是材官将军。"晋江左改材官校尉曰材官将军"②，这类将军与军事活动完全无关。

东晋国家只是使军号将军与都督诸州军事结合，与后两类将军没有太多的关系，也就是说，当时国家基本不授予都督诸州军事这两类将军，因此，本文对后两类将军的情况不做说明。以下仅就第一类军号将军的设置情况撮述如下：

一是军号将军具有不同的称号和品级。《晋书·职官志》载，这些将军的称号有：骠骑、车骑、卫将军、伏波、抚军、都护、镇军、中军、四征、四镇、龙骧、典军、上军、辅国将军等。统计《晋书》记载，这类军号将军的称号还有：左将军、右将军、前将军、后将军、征虏将军、冠军将军、建威将军、振威将军、奋威将军、广威将军、建武将军、扬武将军、奋武将军、广武将军、鹰扬将军、宁远将军、陵江将军、宁朔将军、中垒将军、辅军将军、武卫将军、威远将军、扬烈将军、厉武将军等，近三十种。由此可见，东晋国家设置军号将军的名号是很多的。

东晋的军号将军不仅称号繁多，而且都有明确的品级。《晋书·职官志》："骠骑、车骑、卫将军、伏波、抚军、都护、镇军、中军、四征、四镇、龙骧、典军、上军、辅国等大将军，左右光禄、光禄三大夫，开府者皆为位从公。""骠骑已下及诸大将军不开府非持节都督者，品秩第二，其禄与特进同。""三品将军秩中二千石者，著武冠，平上黑帻，五时朝服，佩水苍玉，食奉、春秋赐绵绢、菜田、田驺如光禄大夫诸卿制。"这说明，从西晋至东晋，将军有一品、二品、三品的区别。三品以下将军的品级，在《晋书》中无记载，而在《宋书·百官志下》对将军品级有明确的划分："骠骑、车骑、卫将军。诸大将军"为二品；"诸征、镇至龙骧将军"为三品；"宁朔至五威、五武将军。四中郎将"为四品；"鹰扬至陵江将军"为五品；"杂号宣威将军以下"为八品。刘宋朝的将军品级与两晋时期略有不同，但是，刘宋将军制度承袭于东晋，由此还可以看出，东晋将军品级的大概情况。由于

---

① 《晋书》卷二四《职官志》。
② 《晋书》卷三九《百官志下》。

东晋的将军有明确的品级，这就使各种不同称号的将军等次分明。

二是军号将军有重号与小号的区分。黄惠贤先生认为，两晋的重号将军以辅国将军为限。① 也就是辅国将军以上，都是重号将军。《晋书·职官志》："三品将军秩中二千石者，著武冠，平上黑帻，五时朝服，佩水苍玉，食奉、春秋赐绵绢、菜田、田驺如光禄大夫诸卿制。置长史、司马各一人，秩千石；主簿，功曹，门下都督，录事，兵铠士贼曹，营军、刺奸吏、帐下都督，功曹书佐门吏，门下书吏各一人。"这说明，这些三品以上的重号将军可以开府、领取俸禄和设置僚佐。东晋的小号将军的品级要低于重号将军。大多数小号将军为四品以下的将军。《晋官品》载，东晋国家设置的四品将军有：宁朔、建威、振威、奋威、广威、建武、振武、扬武、广武等将军；设置的五品将军有：鹰扬、折冲、轻车、武牙、威远、宁远、虎威、材官、伏波、凌江等将军。② 一些研究者认为小号将军除了可以领有俸禄之外，一般是不能够开府和设置僚佐的。可是在特殊情况下，小号将军也可以开府，并设置僚佐官。清人钱大昕考证："'冠军'以下，皆小号将军也。若出镇方州，则亦开府置官属，罢州则止。"③

三是一部分军号将军还可以领兵。从曹魏国家开始设置都督诸州军事，就是以将军兼任的。西晋建国后，还是以将军兼任都督诸州军事。然而，需要看到的是，西晋所设的将军已经出现虚化的倾向。宫崎市定认为，西晋以来，将军号作为加官，开始单纯用作荣誉称号。④ 由此来看，东晋时期国家多以加授的方式授予将军号。尽管如此，可是，授予重号将军者，还可以开府设置僚佐，所以就不能完全将军号将军视为荣誉称号。实际上，东晋时期，还有以军号将军统军作战的记载。《晋书·孝武帝纪》："鹰扬将军郭洽及苻坚将张崇战于武当，大败之。"《晋书·孝武帝纪》："苻丕自枋头西走，龙骧将军檀玄追之，为丕所败。"《晋书·蔡谟传》："季龙于青州造船数百，掠缘海诸县，所在杀戮，朝廷以为忧。谟遣龙骧将军徐玄等守中洲，并设募，若得贼大白船者，赏布千匹，小船百匹。"这些记载中提到的郭洽、檀

---

① 黄惠贤：《中国政治制度通史（四卷）》，人民出版社，1996年，第371页。
② 《通典》卷三七《职官十九》。
③ 钱大昕：《钱大昕全集（二册）》，江苏古籍出版社，1977年，第554页。
④ 宫崎市定：《九品官人法研究》，韩昇译，中华书局，2008年，第186页。

玄、徐玄都不领其他官职，而是直接以鹰扬将军和龙骧将军的身份领兵。这说明，东晋国家对军号将军领兵是不严格限制的。不过，在东晋，军号将军领兵，多与都督诸州军事、征讨都督、刺史、郡太守相结合，因此以军号将军身份直接领兵，应该是从曹魏将军制度延续而来的，只是这种做法逐渐减少，很难说是东晋国家的常制。

四是军号将军可以和中央、地方的执事官结合。《晋书·哀帝纪》："进琅邪王奕为侍中、骠骑大将军、开府。"《晋书·哀帝纪》："以扬州刺史王述为尚书令、卫将军。"《晋书·会稽文孝王道子传》："太元初，拜散骑常侍、中军将军，进骠骑将军。"可见，侍中、尚书令、散骑常侍等国家中央职官都可以领有军号将军。不同军号的将军与刺史、郡太守、内史等地方官员结合的事例就更多见了。例如，王述"出补临海太守，迁建威将军、会稽内史。……母忧去职。服阕，代殷浩为扬州刺史，加征虏将军"①。又如毛宝"寻除扬威将军、颍川太守，随温平洛，入关"②。

此外，一些宗王也可以领有军号将军。《晋书·成帝纪》："以抚军将军、南顿王宗为骠骑将军。"《晋书·成帝纪》："以东海王冲为车骑将军，琅邪王岳为骠骑将军。"可见，东晋国家授予宗王军号将军，也是通常采取的做法。

由于东晋国家实行为执事官加授军号将军的做法，因而也就需要使都督诸州军事领有军号将军。并且在都督诸州军事与军号将军职结合的方式上，也就表现出明显的多样性。

（一）东晋国家将都督诸州军事与军号将军一并任命

《晋书·明帝纪》："以尚书令郗鉴为车骑将军、都督青、兖二州诸军事、假节。"《晋书·阮籍传附阮放传》："（阮放）乃除监交州军事、扬威将军、交州刺史。"《晋书·穆帝纪》："进豫州刺史谢尚督并冀幽三州诸军事、镇西将军，镇马头。"这些记载说明，东晋国家在任命"都督""监""督"不同等级的都督诸州军事时，是与任命不同名号的军号将军一并进行的。这种任命方式还显露出军号将军并不都是都督诸州军事的加官。

---

① 《晋书》卷七五《王湛传》。
② 《晋书》卷八一《毛宝传》。

(二) 东晋国家在任命都督诸州军事时，保留任职者原来的军号将军

《晋书·桓宣传》："后庾亮为荆州，将谋北伐，以（桓）宣为都督沔北前锋征讨军事、平北将军、司州刺史、假节，镇襄阳。……庾翼代亮，欲倾国北讨，更以宣为都督司雍梁三州荆州之南阳襄阳新野南乡四郡军事、梁州刺史、持节，将军如故。"又《晋书·庾亮传附庾冰传》："康帝即位，（庾冰）又进车骑将军。冰惧权盛，乃求外出。会弟翼当伐石季龙，于是以本号除都督江荆宁益梁交广七州豫州之四郡军事、领江州刺史、假节，镇武昌。"这些记载中提到的"将军如故""以本号"的说法，都是指东晋国家在任命都督诸州军事时，保留原有的军号将军职。这种做法自然也是东晋国家使都督诸州军事与军号将军职结合的重要方式。《晋书·成帝纪》："加平西将军庾亮都督江、荆、豫、益、梁、雍六州诸军事。"可见，东晋国家使都督诸州军事保留原军号将军，通常被还视为以军号将军的身份加任都督诸州军事职。可以说，这种结合方式还保留了以将军职兼任都督诸州军事的迹象。

(三) 东晋国家对原来领有军号将军的官员授任都督诸州军事职时，以改变将军名号的方式继续使其领有军号将军

《晋书·穆帝纪》："以辅国将军、徐州刺史桓温为安西将军、持节、都督荆司雍益梁宁六州诸军事，领护南蛮校尉、荆州刺史。"又《晋书·穆帝纪》："以镇军将军范汪为都督徐兖青冀幽五州诸军事、安北将军、徐兖二州刺史。"很明显，辅国将军桓温和镇军将军范汪在任都督诸州军事后，都迁转了他们的将军号。尽管这些都督诸州军事的将军号改变了，可是迁转后将军号的品级却没有变化。《晋书·职官志》："骠骑、车骑、卫将军、伏波、抚军、都护、镇军、中军、四征、四镇、龙骧、典军、上军、辅国等大将军，左右光禄、光禄三大夫，开府者皆为位从公。""四征镇安平加大将军不开府、持节都督者，品秩第二。"据此可知，在东晋，辅国将军、镇军将军与安西将军、安北将军是处在相同的位置上，因而它们的品级自然也不会有差别。东晋国家使原领有将军号者在担任都督诸州军事后，改变其将军号，当然是为了使将军号更适应都督诸州军事任职的需要。

(四) 东晋国家在任命都督诸州军事时，提升任职者的军号将军品级

《晋书·庾亮传》："陶侃薨，迁（庾）亮都督江、荆、豫、益、梁、雍六州诸军事，领江、荆、豫三州刺史，进号征西将军、开府仪同三司、假节。"这里提到的"进号",就是在东晋国家任命都督诸州军事时,提升其所领军号将军的品级。当时国家以这种形式使都督诸州军事与军号将军结合,也是一种重要的方式。这种方式在文献记载中多见,如《晋书·王导传附王荟传》:"(王荟)转督浙江东五郡、左将军、会稽内史,进号镇军将军,加散骑常侍。"东晋国家以这种方式为都督诸州军事加任军号将军,正是要在都督诸州军事任职时,提高他们的军事地位。

(五) 东晋国家在迁转都督诸州军事时,继续保留原来的军号将军

当时一些都督诸州军事要被国家调任到其他的都督区任职。国家调任都督诸州军事任职,实际上是对都督诸州军事职务的再确认。因而在国家重新认定其职务的时候,一般采取保留原来军号将军做法。诸如何充"建元初,出为骠骑将军、都督徐州扬州之晋陵诸军事、假节,领徐州刺史,镇京口。……于是征充入为都督扬豫徐州之琅邪诸军事、假节,领扬州刺史,将军如故"①。毛穆之"以冠军领淮南太守,守历阳。真平,余党分散,乃以穆之督扬州之江西军事,复领陈郡太守。俄而徙督扬州之义成荆州五郡雍州之京兆军事、襄阳义成河南三郡太守,将军如故"②。何无忌"侍卫安帝还京师,以无忌督豫州扬州淮南庐江安丰历阳堂邑五郡军事、右将军、豫州刺史、加节,甲杖五十人入殿,未之职。迁会稽内史、督江东五郡军事,持节、将军如故,给鼓吹一部。……义熙二年,迁都督江荆二州江夏随义阳绥安豫州西阳新蔡汝南颍川八郡军事、江州刺史,将军、持节如故"③。在这些记载中提到的"将军如故""将军、持节如故",都是说迁转的都督诸州军事继续保留原来的军号将军。

此外,东晋国家使都督诸州军事与军号将军结合时,实行了不得超授的规定。《晋书·王恭传》:"初,都督以'北'为号者,累有不祥,故桓冲、王坦之、刁彝之徒不受镇北之号。(王)恭表让军号,以超受为辞,而实恶其名,于是改号前将军。"由此可以看出,按军号将军的品级,逐级为都督诸州军事授任军号将军,应该是东晋国家的一种限定措施,以此防止都督诸

---

① 《晋书》卷七七《何充传》。
② 《晋书》卷八一《毛宝传附毛穆之传》。
③ 《晋书》卷八五《何无忌传》。

州军事与军号将军的结合出现混乱。

综上可见,东晋国家使都督诸州军事与军号将军结合,表现出明显的多样性。这种多样性表明:东晋国家为使都督诸州军事与军号将军结合的实现,采取了多种不同的途径。换言之,东晋国家使都督诸州军事在不同的条件下,都可以与军号将军结合,进而能够通过这种结合,保证都督诸州军事在军事活动上,可以显示所处的重要地位。

二、都督诸州军事与军号将军结合的复杂性

东晋国家为保证都督诸州军事与军号将结合,采取了多种方式。不过,由于东晋国家所设的军号将军称号繁多,并且品级差别很大,因此都督诸州军事与军号将军的结合的方式就不是单一的,而是表现出很明显的复杂性。这种复杂性表现在以下诸方面:

(一) 东晋国家使同一等级的都督诸州军事所领军号将军的称号不同

从东晋国家设置都督诸州军事的情况来看,是有等级差别的,一般分为"都督""监""督"三个等级。东晋国家对同一等级的都督诸州军事所领军号将军的称号,没有严格的限定。

先看"都督"等级的都督诸州军事所领军号将军的情况。统计《晋书》记载,与都督诸州军事结合的军号将军主要有:征西大将军、征北大将军、镇南大将军、骠骑将军、车骑将军、卫将军、后将军、征北将军、征东将军、征西将军、镇北将军、镇西将军、安西将军、安南将军、安北将军、平南将军、平北将军、平西将军、征虏将军、建武将军、中军将军、前将军、后将军、辅国将军、中军将军、征虏将军、振威将军、冠军将军、镇军将军等。

再看"监"等级的都督诸州军事所领军号将军的情况。《晋书》记载,这些军号将军有:右将军、辅国将军、冠军将军、宁朔将军、建武将军、龙骧将军、扬威将军、鹰扬将军、建威将军等。

在《晋书》记载中,"督"等级的都督诸州军事所领军号将军主要有:后将军、振武将军、安南将军、建威将军、宁朔将军、辅国将军、建武将军、扬威将军、右将军、冠军将军、振威将军、中军将军、左将军等。

由此可见,东晋同一等级的都督诸州军事所领军号将军,在称号上有比

较明显的差别。不仅如此,"都督""监""督"不同等级的都督诸州军事所领的军号将军的一些称号还是相互交叉的。诸如,在都督诸州军事的三等级中,都领有辅国将军、冠军将军、建武将军。因此可以明确,东晋都督诸州军事所领军号将军,很难表现出都督诸州军事的等级差别的。也就是说,都督诸州军事所领军号将军与都督诸州军事的等级没有对应关系。

(二)东晋国家改变都督诸州军事的等级时,可以使其继续保留所领军号将军

《晋书·桓彝传附桓豁传》:"时谢万败于梁濮,许昌、颖川诸城相次陷没,西藩骚动。(桓)温命豁督沔中七郡军事、建威将军、新野义成二郡太守,击慕容屈尘,破之,进号右将军。温既内镇,以豁监荆扬雍州军事、领护南蛮校尉、荆州刺史、假节,将军如故。"这就是说,桓豁所任都督诸州军事的等级由"督"进为"监"后,所领军号将军依然为原任的右将军。因此可以说,都督诸州军事的等级变换后,对其所领军号将军是没有影响的。也就是说,都督诸州军事所领军号将军的品级与它的等级,并没有太多的联系。

(三)东晋国家在都督诸州军事任职时,可以迁转他所领的军号将军

可以说,东晋国家一般在任命都督诸州军事时,就为其加任军号将军。可是,都督诸州军事所领的军号将军,在都督诸州军事在任时,并不是固定不变的。《晋书·王导传附王荟传》:"桓冲表请(王)荟为江州刺史,固辞不拜。转督浙江东五郡、左将军、会稽内史,进号镇军将军,加散骑常侍。"《晋书·王舒传附王允之传》:"咸和末,除(王允之)宣城内史、监扬州江西四郡事、建武将军,镇于湖。咸康中,进号西中郎将、假节。"《晋书·郗鉴传》:"(郗鉴)俄迁车骑将军、都督徐兖青三州军事、兖州刺史、假节,镇广陵。寻而帝崩,鉴与王导、卞壸、温峤、庾亮、陆晔等并受遗诏,辅少主,进位车骑大将军、开府仪同三司,加散骑常侍。"这些记载说明,在"都督""监""督"三等级的都督诸州军事任职时,所领军号将军都可以被晋升。这种晋升完全是国家根据需要进行的,没有任何的条件限制。由此可以看出,都督诸州军事所领军号将军的晋升,不仅不受都督诸州军事等级的限制,而且对都督诸州军事的等级也不产生影响。

当然,东晋国家晋升都督诸州军事所领军号将军,也不全是无条件的,

有时在增加都督诸州军事管辖都督区的州、郡时，对其所领的军号将军就要晋升。如《晋书·周访传》："（周抚）寻迁振威将军、豫章太守，后代毌丘奥监巴东诸军事、益州刺史、假节，将军如故。寻进征虏将军，加督宁州诸军事。"又如《晋书·何无忌传》："义熙二年，迁（何无忌）都督江荆二州江夏随义阳绥安豫州西阳新蔡汝南颍川八郡军事、江州刺史，将军、持节如故。以兴复之功，……增督司州之弘农扬州之松滋，加散骑侍郎，进镇南将军。"显然，东晋国家对都督诸州军事所领军号将军晋升，是为了适应都督区扩大的需要，可是却与都督诸州军事的等级没有联系。

东晋国家在都督诸州军事任职时，不仅所领军号将军可以被晋升，而且也能被贬降。《晋书·郗鉴传附郗昙传》："时北中郎荀羡有疾，朝廷以（郗）昙为羡军司，加散骑常侍。顷之，羡征还，仍除北中郎将、都督徐兖青幽扬州之晋陵诸军事、领徐兖二州刺史、假节，镇下邳。后与贼帅傅末波等战失利，降号建威将军。"可以说，东晋国家贬降都督诸州军事所领的军号将军，是为了表示对都督诸州军事所犯过失的惩处。

由上述可知，东晋国家使都督诸州军事与军号将军职结合后，在国家意志决定之下，所领军号将军具有一定的可变动性。这种变动性不受都督诸州军事职官本身等级的约束，因此军号将军在与都督诸州军事的结合上，也就具有比较明显的独立性。

（四）东晋大多数都督诸州军事的品级与其所领军号将军的品级是不一致的

如前所述，在都督诸州军事与军号将军的结合上，军号将军具有独立性。这种独立性不仅表现在都督诸州军事任职时，所领军号将军可以变动性，而且在都督诸州军事与军号将军结合时，他们之间的职官品级，是不能相互影响的。

关于"都督"等级都督诸州军事的品级，前引《晋书·职官志》："骠骑已下及诸大将军不开府非持节都督者，品秩第二，其禄与特进同。……其假节为都督者，所置与四征、镇、加大将军不开府为都督同。""四征镇安平加大将军不开府、持节都督者，品秩第二，置参佐吏卒、幕府兵骑如常都督制，唯朝会禄赐从二品将军之例。"据此可见，"都督"等级的都督诸州军事，应当为二品级。然而，"都督"等级的诸州军事所领军号将军的品级，

魏晋南北朝将军制与都督制论稿

却表现出三种情况：

一是军号将军的品级高于都督诸州军事的品级。在都督诸州军事所领军号将军中，有一些不同称号的大将军，被加授"开府仪同三司"。如《晋书·陶侃传》："以（陶）侃领交州刺史。……进号征南大将军、开府仪同三司。及王敦平，迁都督荆、雍、益、梁州诸军事。"又如《晋书·穆帝纪》："使持节、都督徐兖二州诸军事、徐州刺史、征北大将军、开府仪同三司、都乡侯褚裒卒。"这些加授"开府仪同三司"的不同称号的大将军，其品级被视为与"八公"相同。《晋书·职官志》："骠骑、车骑、卫将军、伏波、抚军、都护、镇军、中军、四征、四镇、龙骧、典军、上军、辅国等大将军，左右光禄、光禄三大夫，开府者皆为位从公。"又《通典·武官下》："晋骠骑、车骑、卫将军，伏波、抚军、都护、镇军、中军、四征、四镇、龙骧、典军、上军、辅国等大将军开府者，皆为位从公，品秩俸赐亦与诸公同。"这就是说，这些大将军的品级与"八公"相同，为一品级。很明显，都督诸州军事所领这种军号将军的品级，要高于都督诸州军事的品级。

二是军号将军的品级与都督诸州军事的品级相同。在《晋书》记载中，有一些都督诸州军事领有的军号将军为四征、四镇、四安、四平加大将军号。如陶侃"为征西大将军、都督荆湘雍梁四州诸军事、荆州刺史"①。又如甘卓"为镇南大将军、侍中、都督荆梁二州诸军事"②。这些军号将军的品级，应该与都督诸州军事的品级相同的。正如《晋书·职官志》称："四征镇安平加大将军不开府、持节都督者，品秩第二，置参佐吏卒、幕府兵骑如常都督制，唯朝会禄赐从二品将军之例。"

三是军号将军的品级低于都督诸州军事的品级。应该说，"都督"等级的都督诸州军事还领有四征、四镇、四安、四品平将军号。这些军号将军不仅称号不同，而且品级也不同。关于这些军号将军的品级，《晋书》中没有明确的记载，但《宋书·百官志下》记载了这些军号将军的品级序列："诸征、镇至龙骧将军"，为三品。《宋书·百官志下》的记载，可以大体反映东晋将军品级的情况。由此来看，东晋"都督"等级的都督诸州军事所领军号

---

① 《晋书》卷六《明帝纪》。
② 《晋书》卷七《甘卓传》。

将军低于都督诸州军事品级的情况，也是存在的。

至于"监""督"等级的都督诸州军事的品级，由于文献记载中缺少记载，因此很难与其所领将军号的品级做比较。不过，从"都督"等级的都督诸州军事与军号将军结合的情况来看，"监""督"等级的都督诸州军事与其所领军号将军，也应该有各自的品级序列。

（五）东晋国家使一些都督诸州军事的任职和卸任与其所领军号将军不必同步进行

《晋书·哀帝纪》："以右将军桓豁监荆州扬州之义城雍州之京兆诸军事、领南蛮校尉、荆州刺史。"《晋书·谢尚传》："（谢尚）出为建武将军、历阳太守，转督江夏义阳随三郡军事、江夏相，将军如故。"这说明，一些都督诸州军事在任职前，就领有军号将军，国家可以使其在担任都督诸州军事后，继续保留原来的军号将军。不仅如此，《晋书·王湛传附王述传》："（王述）复加征虏将军，进都督扬州徐州之琅邪诸军事、卫将军、并冀幽平四州大中正，刺史如故。寻迁散骑常侍、尚书令，将军如故。"也就是说，一些都督诸州军事卸任后，原来的军号将军还可以继续保留。

总之，东晋国家在任命都督诸州军事时，必须使都督诸州军事与军号将军结合在一起。这成为都督诸州军事任职的重要特点。可是，东晋国家使都督诸州军事与军号将军结合，又不是一种简单的联系。可以说，这是在使军号将军保持职官独立性的基础上，而与都督诸州军事相结合的。正因为如此，在都督诸州军事与其所领军号将军的结合上，就表现出很明显的复杂性。也就是说，不同等级的都督诸州军事可以领有的军号将军的称号较多；在都督诸州军事任职期间，军号将军可以迁转；都督诸州军事的品级与军号将军的品级很难做到一致；都督诸州军事的任职和卸任可以与其所领军号将军不必同步进行。由于都督诸州军事与军号将军结合上的复杂性，就透露出东晋都督诸州军事与军号将军的结合，实际是保持相对独立的联系。

三、都督诸州军事所领军号将军对其任职的影响

东晋国家使都督诸州军事领有军号将军，成为其任职的重要特征。尽管军号将军在与都督诸州军事结合时，还具有独立性，可是都督诸州军事毕竟

是与所领军号将军联系在一起的，因此，军号将军对都督诸州军事的任职还是具有比较明显的影响的。

（一）都督诸州军事与军号将军结合，是"开府置佐"[①]的保证

所谓"开府"，就是设置军府。《晋书·工尼传》："东嬴公腾辟为车骑府舍人，不就。"《晋书·庾纯传》"（庾纯）郡补主簿，仍参征南府，累迁黄门侍郎。"这些记载提到的"车骑府""征南府"都是军号将军府。东晋时期，一般重号将军都可以设置将军府，而军号将军府与都督府是合一的。这就是说，都督诸州军事领有军号将军，也就有了设置都督府的条件。

所谓置佐，就是设置军府僚佐官。《晋书·职官志》："诸公及开府位从公为持节都督，增参军为六人，长史、司马、从事中郎、主簿、记室督、祭酒、掾属、舍人如常加兵公制。"可见，都督的僚佐官类别和人数是在诸公与位从公的基础上增加的。当然，东晋都督诸州军事僚佐官的设置并不限于"诸公及开府位从公"者。例如，杨佺期"少仕军府"[②]。刘毅上表称："犹置军府文武将佐。"[③] 这说明，能开府的军号将军，都可以设置僚佐官。因此可以说，只有东晋都督诸州军事领有军号将军，才能设置军府和军府僚佐官。由此来看，都督诸州军事与军号将军的结合，也就能有效地行使其军事权力。

（二）都督诸州军事领有军号将军，可以体现其具有的地位

固然，都督诸州军事都可以领有军号将军，可是都督诸州军事所领的军号将军的名号和品级是不同的。都督诸州军事所领军号将军最高品级可以"为位从公，品秩俸赐亦与诸公同"[④]。也就是达到最高的品级。除此之外，都督诸州军事可以领二品、三品、四品不同品级的军号将军。都督诸州军事所领最低品级的军号将军为四品，诸如振武将军[⑤]等。这就是说，东晋国家使都督诸州军事所领军号将军在品级上存在明显的差别，其目的要以此来体现都督诸州军事的地位。《通典·武官下》："晋武帝重兵官。"可以说，这种传统在东晋依然延续。因此，东晋国家可以通过"兵官"的品级差异，也就

[①] 《南齐书》卷一六《百官志》。
[②] 《晋书》卷八四《杨佺期传》。
[③] 《晋书》卷八五《刘毅传》。
[④] 《通典》卷二九《武官下》。
[⑤] 《宋书》卷四《百官志下》。

是都督诸州军事所领军号将军的品级的不同,使其地位的差别得到比较充分的展示。

东晋国家还能够以提高都督诸州军事军号将军的品级来展示其地位的提高。应该说,东晋国家在都督诸州军事任职期间,多有提高其军号将军品级的做法。当时国家对提高军号将军的品级,一般称为"进号"。例如,谢尚任都督诸州军事期间,"寻进号镇西将军"①。这种进号不仅是军号将军的迁转,而且也是改变军号将军的品级。东晋国家在都督诸州军事任职期间,提高所领军号将军的品级,显然是提高都督诸州军事地位的一种表现。

东晋国家以都督诸州军事所领军号将军体现其地位的提高,还可以从提升都督诸州军事将军号时,为其加领散骑常侍官职的做法中看出。《晋书·郗鉴传》:"(郗鉴)俄迁车骑将军、都督徐兖青三州军事、兖州刺史、假节,镇广陵。寻而帝崩,鉴与王导、卞壸、温峤、庾亮、陆晔等并受遗诏,辅少主,进位车骑大将军、开府仪同三司,加散骑常侍。"又《晋书·王导传附王荟传》:"桓冲表请(王)荟为江州刺史,固辞不拜。转督浙江东五郡、左将军、会稽内史,进号镇军将军,加散骑常侍。"可见,当时国家在晋升都督诸州军事的将军号时,是将散骑常侍作为加官授予都督诸州军事的。东晋的散骑常侍与军号将军是两种性质截然不同的职官。《晋书·职官志》:"魏文帝黄初初,置散骑,合之于中同掌规谏,不典事,貂珰插右,骑而散从,至晋不改。……常为显职。"也就是说,具有国家显职特征的散骑常侍,可以作为加官授予中央和地方官员。如《晋书·郗鉴传附郗愔传》:"简文帝辅政,与尚书仆射江彪等荐(郗)愔,……于是征为光禄大夫,加散骑常侍。"又如《晋书·王导传附王括传》:"(王括)俄起为后将军,复镇石头。转吴国、会稽内史,加散骑常侍。"东晋国家为这些官员加散骑常侍,正是要突出这些官员的地位。与此相同,东晋国家在晋升都督诸州军事所领军号将军品级时,同时加任散骑常侍,显然也是要加重都督诸州军事的地位。由此可见,东晋国家晋升都督诸州军事所领军号将军品级与为其加任散骑常侍,在加重都督诸州军事的地位上,具有同样的意义。

---

① 《晋书》卷七九《谢尚传》。

魏晋南北朝将军制与都督制论稿

（三）东晋国家为适应都督诸州军事"都督""监""督"三等级划分的需要，对"都督""监""督"三等级都督诸州军事所领军号将军的品级的上限和下限，做了必要的规定

应该说，"都督"等级的都督诸州军事可以领"征北大将军、开府仪同三司""征南大将军、开府仪同三司"等。这是"都督"等级的都督诸州军事所领的最高品级的军号将军。《晋书·职官志》记载，这些加有"开府仪同三司"的不同名号的大将军"皆为位从公"，也就是说与"八公"的地位相同，居于一品之位。"都督"等级所领的最低任职，不是军号将军，而是中郎将。据《晋书》记载有：西中郎将、北中郎将。可是，在东晋，"四中郎将，……历魏及晋，并有其职，江左弥重"①。并且，还将中郎将与军号将军整合在同一序列中。据《宋书·职官志》记载，四中郎将为四品。

"监"等级的都督诸州军事所领军号将军的最高品级为龙骧将军。《宋书·百官志》规定为三品；"监"等级都督诸州军事所领最低的军号为南中郎将、北中郎将、西中郎将等，与"都督"等级的都督诸州军事所领军号相同。

"督"等级的都督诸州军事所领军号将军为辅国将军、镇西将军。《宋书·百官志》规定为三品，属于"督"等次的都督诸州军事所领最高的品级的军号将军。而所领的最低品级的军号将军则为振武将军，《宋书·职官志》规定为四品。

由此可见，东晋国家对"都督""监""督"三等级的都督诸州军事所领军号将军的最高和最低品级的限定，既有相同之处，也存在差异。从相同之处看，东晋国家可以使"都督""监""督"三等级的都督诸州军事所领军号将军在最低品级上，不存在差别。这种情况表明，东晋国家对都督诸州军事这种军事职官的重视，因此，要对他们所领军号将军最低的品级加以限制，防止对"开府置佐"的影响。而从差异之处看，在"都督""监""督"三等级的都督诸州军事所领军号将军的最高品级上，使"都督"等级的都督诸州军事与"监""督"等级的都督诸州军事有明显的差别，进而表现"都督"等级的都督诸州军事与"监""督"等级的都督诸州军事的明显等级区分。因此可以说，这种限定在一定程度上还能使都督诸州军事等级有所体现。

---

① 《晋书》卷二四《职官志》。

（四）东晋国家在改变一些都督诸州军事的等级时，使其所领军号将军也随之改变

《晋书·桓彝传附桓石民传》："（桓）石民，弱冠知名，……叔父冲上疏，版督荆江豫三州之十郡军事、振武将军，领襄城太守。……复领谯国内史、梁郡太守。冲薨，诏以石民监荆州军事、西中郎将、荆州刺史。"《晋书·桓宣传附桓伊传》："（桓伊）以绥御有方，进督豫州之十二郡扬州之江西五郡军事、建威将军、历阳太守，淮南如故。与谢玄共破贼别将王鉴、张蚝等，以功封宣城县子，又进都督豫州诸军事、西中郎将、豫州刺史。"可见，桓石民、桓伊所任都督诸州军事的等级由"督"进为"监"后，他们所领军号将军都有变化。东晋国家采取这种做法，正是要使都督诸州军事所领军号将军，更适应都督诸州军事等级划分的需要。

（五）东晋国家使都督诸州军事所领军号将军可以体现出对都督诸州军事所立军功的表彰以及军事失误的惩处

可以说，东晋国家在都督诸州军事任职时，多有晋升其所领军号将军的做法。当时国家晋升都督诸州军事所领军号将军，很重要的目的之一，就是对都督诸州军事所立军功的表彰。例如，都督诸州军事周抚"击破蜀余寇隗文、邓定等，斩伪尚书仆射王誓、平南将军王润，以功迁平西将军"①。又如监兖青二州军事朱序为平定翟青与其子翟钊的反叛，"还遣秦膺讨钊，走之，拜征虏将军"②。显然在东晋，为立有军功的都督诸州军事提升将军号，成为国家奖励他们军功的重要手段之一。

东晋国家贬降都督诸州军事的军号将军，一般也与他们在军事上的失误有很大关系。例如，都督徐兖青幽扬州之晋陵诸军事郗昙，因为"与贼帅傅末波等战失利，降号建威将军"③。又如都督兖青冀幽并徐州晋陵诸军事王恭在抵御慕容垂入侵时，"遣偏师御之，失利，降号辅国将军"④。东晋国家采取贬降都督诸州军事所领军号将军的做法，显然是对都督诸州军事在军事上的失利给予的惩处。

---

① 《晋书》卷五八《周访传》。
② 《晋书》卷八一《朱序传》。
③ 《晋书》卷六七《郗鉴传附郗昙传》。
④ 《晋书》卷八四《王恭传》。

总而言之，东晋都督诸州军事所领军号将军对都督诸州军事的任职不是没有影响的。都督诸州军事所领军号将军是"开府置佐"的必要条件；军号将军可以加重都督诸州军事的地位；可以在一定程度上区分都督诸州军事的等级；可以体现国家对都督诸州军事所立军功的表彰，也能够表现出国家对都督诸州军事在军事上失败的惩处。从这些方面来看，东晋国家使都督诸州军事与军号将军相结合的规定，还是对都督诸州军事的活动产生了比较明显的影响。

（原载《史学月刊》，2006年第1期，收入论文集，略做修改）

东晋时期的都督区

东晋时期,国家承袭西晋制度,继续设置都督诸州军事作为军事防卫的职官,并且使其辖有不同的都督区。东晋都督诸州军事所辖都督区,实际上是一种军事镇戍区。这种镇戍区在东晋的军事防卫中起到重要的作用。对东晋都督区的设置问题,前辈学者做了一些研究,[①] 但是对东晋都督区还有深入研究的必要。因此,本文拟对东晋都督区所辖区域的构成类型、东晋都督区设置的不固定、相对固定和固定的区别以及东晋都督区在隶属关系上的差别诸问题做一些考察,不当之处,请方家指正。

一、都督区所辖区域的构成类型

东晋时期,在政治、军事形势上同西晋相比,已经发生了很明显的变化,特别是在对地方的防卫上,既要抵御北方少数民族国家的入侵,又要防止国内变乱的发生。由于这种形势的出现,自然对东晋国家都督区的设置产生了很大的影响。这种影响的明显表现就是,东晋国家使在各地设置的都督区所辖区域的构成出现多样性的特征。所谓都督区的区域构成,是指都督区所包含的州、郡以及其他区域的状况。而都督区的区域构成的多样性,则是指东晋都督区的区域构成要比西晋复杂得多,具有多种不同的类型。以下对

---

① 严耕望先生在《中国地方行政制度史(乙部)——魏晋南北朝地方行政制度,上册》一书中,考证了东晋的主要都督区的设置。但是,严耕望先生对东晋都督区区域的构成类型、东晋都督区的不固定、相对固定和固定设置的差别以及东晋都督区的隶属关系等问题,没有做深入的讨论。本文拟在严耕望先生研究的基础上,对与东晋都督区相关的诸问题,做必要的考察。

魏晋南北朝将军制与都督制论稿

东晋都督区的区域构成，分别说明。

(一) 多州都督区

所谓多州都督区，是指都督区的区域构成由三个以上的行政州组成。将所统辖的区域包括三个以上州的都督区称为多州都督区，这是出于两点原因：一是与西晋都督区的区域构成相比较而言。从西晋都督区的区域构成情况来看，是承袭曹魏而来的。当时国家使都督区包含的区域，多以一州为主。例如，当时就设有荆州都督区、徐州都督区、青州都督区等。[①] 不仅如此，国家也设置了二至三州构成的都督区。例如雍、凉州都督区、徐、兖州都督区以及雍、秦、凉州都督区。这就是说，西晋都督区的区域构成，最多不超过三州。二是就东晋国家设置的一些都督区所包含的区域状况来看的。正如下面要讨论的，当时国家设置的一些都督区的区域范围已经超出三州，最少包括四个完整的州，最多的可达到九个行政州。这种都督区的区域构成与西晋的都督区的构成有很大的不同。

国家开始设置多州都督区，不是从东晋开始的，实际上在西晋末年就出现了这种都督区的设置。《晋书·怀帝纪》："（永嘉元年）以征南将军、南阳王模为征西大将军、都督秦、雍、梁、益四州诸军事，镇长安。"又《晋书·怀帝纪》："（永嘉三年）以尚书左仆射山简为征南将军、都督荆、湘、交、广等四州诸军事。"可见，在西晋永嘉年间，国家已经设置统辖四州的都督区。不过，如果说西晋末年，当时国家设置多州都督区数量很少，并且只是为了应付特殊的军事形势，那么到东晋，国家就将这种都督区作为一种重要的构成方式而在各地推广。《晋书·明帝纪》："（太宁三年）以征南大将军陶侃为征西大将军、都督荆湘雍梁四州诸军事、荆州刺史。"又《宋书·文帝纪》："晋朝加授使持节、监徐兖青冀四州诸军事、徐州刺史，将军如故。"《通鉴》将此事定在义熙十三年。这说明，从东晋前期到东晋末年，国家都一直设置这种都督区。东晋国家不仅普遍设置这类都督区，并且还使这类都督区包含行政州的数量明显增多，以至出现这类都督区包含的州，从四州到九州不等

---

① 严耕望：《中国地方行政制度史（乙部）》，台北"中央研究院"历史语言研究所专刊至四十五B，第35页。

的情况。例如，以四州构成的都督区有徐、兖、青、幽都督区等；① 以五州构成的都督区有扬、豫、徐、兖、青都督区等；② 以六州构成的都督区有江、荆、豫、益、梁、雍都督区等；③ 以七州构成的都督区有江、豫、益、梁、雍、交、广都督区等，④ 以八州构成的都督区扬、徐、兖、豫、青、冀、幽、并都督区等；⑤ 以九州构成的都督区有扬、徐、兖、豫、青、冀、幽、并、江都督区等。⑥ 当然，在这些多州都督区所包含的州中，有一部分是侨立州，诸如豫、兖、青、冀、幽、并等州。

此外，需要指出的是，东晋国家使一些都督诸州军事可以领州多达十多州。《晋书·孝武帝纪》"（太元八年）加太保谢安大都督扬、江、荆、司、豫、徐、兖、青、冀、幽、并、梁、益、雍、凉十五州诸军事。"又《晋书·安帝纪》："（隆安四年）以扬州刺史（司马）元显为后将军、开府仪同三司、都督扬豫徐兖青幽冀并荆江司雍梁益交广十六州诸军事。"可见，东晋国家使都督诸州军事谢安和司马元显可以都督十五州和十六州，占了几乎东晋所设州的大部分。谢安和司马元显领州如此之多，应该是东晋国家为了应付军事形势的需要，而设置的临时的特殊的都督区，它与东晋国家设置的正常的多州都督区还是不同的。

(二) 由一州或三州构成的都督区

这种都督区的设置，是承袭西晋的传统做法。《晋书·明帝纪》："以尚书令郗鉴为车骑将军、都督青、兖二州诸军事、假节，镇广陵，领军将军卞壶为尚书令。"《晋书·成帝纪》："以卫将军褚裒为特进、都督徐兖二州诸军事、兖州刺史，镇金城。"《晋书·成帝纪》："琅邪内史桓温都督青徐兖三州

---

① 《晋书》卷八《废帝纪》。

② 《晋书》卷八《穆帝纪》："加中军将军殷浩督扬豫徐兖青五州诸军事、假节。"

③ 《晋书》卷七《成帝纪》："加平西将军庾亮都督江荆豫益梁雍六州诸军事。"

④ 《晋书》卷七《成帝纪》："使持节、都督江豫益梁雍交广七州诸军事、司空、都亭侯庾亮薨。"

⑤ 《晋书》卷一《安帝纪》："壬戌，桓玄司徒王谧推刘裕行镇军将军、徐州刺史、都督扬徐兖豫青冀幽并八州诸军事、假节。"

⑥ 《宋书》卷一《武帝纪上》："于是推高祖（刘裕）为使持节、都督扬徐兖豫青冀幽并八州诸军事、领军将军、徐州刺史。"

魏晋南北朝将军制与都督制论稿

诸军事、徐州刺史。"这些都督诸州军事所领的都督区都属于这种类型的都督区。在东晋，这类都督区的设置也是比较普遍的。《晋书·元帝纪》："（大兴三年）秋七月辛未，以尚书令郗鉴为车骑将军、都督青、兖二州诸军事、假节，镇广陵。"又《晋书·安帝纪》："（元兴元年）以右将军吴隐之为都督交广二州诸军事、广州刺史。"这就是说，从东晋初年到东晋末年都有这种类型的都督区的设置。

在东晋，国家经常将重要的行政州作为这种类型的都督区来设置。诸如：1. 荆州。《晋书·桓彝传附桓石民传》："诏以（桓）石民监荆州军事、西中郎将、荆州刺史。"2. 扬州。《晋书·穆帝纪》："（永和）二年……使持节、侍中、都督扬州诸军事、扬州刺史、骠骑将军、录尚书事、都乡侯何充卒。"3. 江州。《晋书·陶侃传》："诏（陶）侃都督江州，领刺史。"4. 豫州。《晋书·桓宣传附桓伊传》："（桓伊）又进都督豫州诸军事、西中郎将、豫州刺史。"5. 徐州。《晋书·康帝纪》："（建元元年）丁巳，以卫将军褚裒为特进、都督徐兖二州诸军事、兖州刺史，镇金城。"这些都督区的设置，实际上是与防卫北方少数政权密切联系在一起的。在东晋国家南部地区的交、广州，当时国家也以这种方式设置都督区。例如，王舒被任命"为安南将军、都督广州诸军事、广州刺史"①。陶侃"太兴初，进号平南将军，寻加都督交州军事"②。

东晋时期，这种类型都督区不仅设置普遍，而且这种都督区所辖三州的情况比西晋明显增多。西晋时期，虽然出现三州构成都督区，但是这种事例很少见。可是在东晋，以三州构成的都督区则是很常见的情况。例如，东晋国家"以琅邪内史桓温都督青徐兖三州诸军事、徐州刺史"③。又如，江州刺史桓冲被任命"为中军将军、都督扬豫江三州诸军事、扬州刺史，镇姑孰"④。因此可以说，在东晋，以三州构成的都督区，在国家设置的都督区中占有很重要的位置。这是东晋国家在传统类型的都督区的设置上，与西晋明显不同之处。

---

① 《晋书》卷六《明帝纪》。
② 《晋书》卷六六《陶侃传》。
③ 《晋书》卷七《康帝纪》。
④ 《晋书》卷九《孝武帝纪》。

(三) 州和零郡组成的都督区

关于这种都督区的构成，《晋书》中多见记载。《晋书·哀帝纪》："以右将军桓豁监荆州扬州之义城雍州之京兆诸军事、领南蛮校尉、荆州刺史；桓冲监江州荆州之江夏随郡豫州之汝南西阳新蔡颍川六郡诸军事、南中郎将、江州刺史，领南蛮校尉，并假节。"又《晋书·庾亮传》："（庾）亮乃求外镇自效，出为持节、都督豫州扬州之江西宣城诸军事、平西将军、假节、豫州刺史，领宣城内史。亮遂受命，镇芜湖。"由此可知，这种类型的都督区的区域构成，是以行政州为主体，再加上其他州的一些零郡组成的。这种都督区的区域构成完全打破了行政州和郡的界限，因此，这种都督区的州、郡组合，完全是一种适应军事镇戍的区域构成。

东晋都督区的这种构成方式，在西晋不见，当是在东晋时期才出现的。具体说来，东晋国家最早设置这种类型的都督区，当在晋成帝时期。《晋书·蔡谟传》："及太尉郗鉴疾笃，出（蔡）谟为太尉军司，加侍中。鉴卒，即拜谟为征北将军、都督徐兖青三州扬州之晋陵豫州之沛郡诸军事、领徐州刺史。"这是东晋国家设置州加零郡都督区的最早记载。《晋书·成帝纪》："（咸康五年），郗鉴薨。"这就是说，在咸康五年，晋成帝任命蔡谟担任都督诸州军事时，开始设置这种州和零郡结合的都督区。自此之后，东晋国家对这种类型的都督区多有设置，成为当时都督区的一种重要类型。当时这类都督区的主体州与零郡的结合是比较复杂的。以下根据《晋书》记载，将州加零郡都督区的设置情况列表如下：

表1 州加零郡都督区设置情况

时间	都督区设置情况	出处
晋成帝，咸康五年	（蔡）谟为征北将军、都督徐兖青三州扬州之晋陵豫州之沛郡诸军事，领徐州刺史	《晋书》卷七七《蔡谟传》
晋康帝，建元元年	以（桓）宣为都督司雍梁三州荆州之南阳襄阳新野南乡四郡军事、梁州刺史	《晋书》卷八一《桓宣传》
晋康帝年间	（庾冰）以本号除都督江荆宁益梁交广七州豫州之四郡军事，江州刺史	《晋书》卷七三《庾亮传附庾冰传》
晋穆帝，永和年间	（谢尚）前将军、豫州刺史，加都督豫州扬州之五郡军事	《晋书》卷七九《谢尚传》

续 表

时间	都督区设置情况	出处
晋哀帝，兴宁三年	以右将军桓豁监荆州扬州之义城雍州之京兆诸军事、领南蛮校尉、荆州刺史	《晋书》卷八《哀帝纪》
晋哀帝，兴宁三年	桓冲监江州荆州之江夏随郡豫州之汝南西阳新蔡颍川六郡诸军事、南中郎将、江州刺史	《晋书》卷八《哀帝纪》
简文帝，太元九年	（桓）石虔以冠军将军监豫州扬州五郡军事、豫州刺史	《晋书》卷七四《桓彝传附桓石虔传》
孝武帝年间	以（敬王司马恬）为都督兖、青、冀、幽、并、扬州之晋陵、徐州之南北郡军事，领镇北将军、兖青二州刺史	《晋书》卷三七《谯刚王逊传附敬王恬传》
孝武帝，宁康三年	于是改授（桓冲）都督徐兖豫青扬五州之六郡军事、车骑将军、徐州刺史	《晋书》卷七四《桓彝传附桓冲传》
孝武帝年间	以青兖二州刺史朱序为持节、都督雍梁沔中九郡诸军事、雍州刺史	《晋书》卷九《孝武帝纪》
晋安帝年间	以（何）无忌豫州扬州淮南庐江安丰历阳堂邑五郡军事、右将军、豫州刺史	《晋书》卷八五《何无忌传》
晋安帝，义熙二年	（何无忌）迁都督江荆二州江夏随义阳绥安豫州西阳新蔡汝南颍川八郡军事、江州刺史	《晋书》卷八五《何无忌传》
晋安帝年间	诏以（刘）毅为都督豫州扬州之淮南历阳庐江安丰五郡军事、豫州刺史	《晋书》卷八五《刘毅传》
晋安帝年间	（诸葛长民）转督豫州扬州之六郡诸军事、豫州刺史	《晋书》卷八五《诸葛长民传》

由表1可以看出，自东晋国家设置州加零郡都督区开始，直到晋安帝时，这种类型都督区都包含主体州。这种主体州，主要是由都督诸州军事兼任的州刺史表现出来的。这些主体州主要有：荆州、江州、雍州、徐州、梁州、豫州、兖州。而这种都督区所包括的零郡，则有很大的随意性，没有固定的规定。这种都督区的主体州与没有固定规定的零郡结合，就使这种类型都督区的区划表现出很不规范的特点。

（四）由郡组成的都督区

这种类型的都督区的区域，全部是由行政郡构成。《晋书·郗鉴传》："及陶侃为盟主，进（郗）鉴都督扬州八郡军事。"又《晋书·周访传》："永和初，桓温征蜀，进（周）抚督梁州之汉中巴西梓潼阴平四郡军事，镇彭模。"都是说的这种都督区的设置。

这种类型的都督区，并不是从东晋时期才开始设置的，实际上在西晋末年，这种类型的都督区已经出现。《晋书·应詹传》："王澄为荆州，假詹督南平、天门、武陵三郡军事。及洛阳倾覆，詹攘袂流涕，劝澄赴援。澄使詹为檄，詹下笔便成，辞义壮烈，见者慷慨，然竟不能从也。"这是出现以郡组成的都督区的最早记载。《北堂书钞》引何发盛《晋中兴书》记载同一事："应詹迁南平太守。永嘉五年，洛阳倾覆。王澄为荆州，不能遣军。詹流涕为澄显陈大义。澄令作檄，詹下笔即成。"由此可知，应詹被王澄任命为"督南平、天门、武陵三郡军事"，当在永嘉五年。这已经是西晋统治摇摇欲坠的时候。不过，在西晋这种类型都督区不是由国家设置的，而是地方刺史以"假"的方式设置的。西晋末年，地方官员以"假"的方式设置这种类型的都督区，尚不只此一例。《晋书·应詹传》："镇南将军山简复假（应）詹督五郡军事。会蜀贼杜畴作乱，来攻詹郡，力战摧之。"这与王澄任命应詹的情况相同。由于这种都督区的设置，没有通过国家，因此，西晋末年出现的这种类型的都督区，只是一些军事将领为了应付紧急的军事情况而设置的，因而并没有太大的稳定性。

东晋初年，国家开始将这类都督区的设置，纳入军事镇戍的规划当中。《晋书·李矩传》："（元）帝嘉其功，除（李）矩都督河南三郡军事、安西将军、荥阳太守。"《通鉴·晋纪十二》将此事定在大兴元年。因此，可以说在东晋元帝时，以行政郡组成的都督区开始成为一种重要类型的都督区。

东晋时期，国家设置这种类型的都督区还是比较多见的。东晋初年，国家设置这类都督区事例，已见前引《晋书·李矩传》。东晋末年，仍不乏这类都督区设置的事例。《晋书·谢安传附谢琰传》："孙恩作乱，加（谢琰）督吴兴、义兴二郡军事，讨恩。……又诏琰与辅国将军刘牢之俱讨孙恩。……以琰为会稽内史、都督五郡军事，本官并如故。"孙恩起义当在晋安帝隆安三年。可见，在东晋末年，国家为镇戍的需要依然任命重要官员担任这种类型都督区的长官。

由于以行政郡构成的都督区是一种比较重要的镇戍区，因此，国家设置的这种都督区形式不是单一的。从这种类型的都督区包含的郡的数量来看，多少不一，没有固定的规定。《晋书·刘牢之传》："及孙恩陷会稽，牢之遣将桓宝率师救三吴。……进拜（刘牢之）前将军、都督吴郡诸军事。"这就是说，东晋国家可以使这种都督区由一郡组成。不过，东晋国家设置的以郡组成的都督区，大多数在二郡以上。东晋这类都督区可以包括的郡最多可达十七郡。《晋书·桓宣传附桓伊传》："时苻坚强盛，边鄙多虞，朝议选能距捍疆场者，乃授（桓）伊淮南太守。以绥御有方，进督豫州之十二郡扬州之江西五郡军事、建威将军、历阳太守，淮南如故。"就是明证。

东晋国家设置的这类都督区包含的郡，并不限于一州之中。《晋书·桓彝传附桓石民传》："诏以（桓）嗣督荆州之三郡豫州之四郡军事、建威将军、江州刺史。"可见，东晋国家可以以二州所属的部分郡，组成都督区。不仅如此，国家还能够以三州所属的部分郡，组成都督区。《晋书·桓彝传附桓冲传》："（桓冲）从温征伐有功，迁督荆州之南阳襄阳新野义阳顺阳雍州之京兆扬州之义成七郡军事、宁朔将军、义成新野二郡太守，镇襄阳。"就是一例。由此可见，这种类型的都督区的设置，打破了行政州、郡的界限，并且以郡为单位进行重新组合，其构成完全是为了适应军事防卫需要的镇戍区。

（五）在特定区域设置的都督区

这种都督区，不是以州和郡为区域范围，而是在一特定的区域设定的。《晋书·简文帝纪》："以兖州刺史朱序为南中郎将、梁州刺史、监沔中诸军，镇襄阳。"《晋书·虞潭传》："（虞）潭与郗鉴、王舒协同义举。侃等假潭节、监扬州浙江西军事。"《晋书·谢尚传》："永和中，拜（谢尚）尚书仆射，出为都督江西淮南诸军事、前将军、豫州刺史。"这些记载中提到的"沔中""扬州浙江西""江西淮南"都是特定的区域。东晋国家以这些特定区域作为这类都督区的区域范围，说明这类都督区的组成是没有明确、固定的行政州、郡的规定。

其实，以这种方式设置都督区，并不是从东晋开始的。在开始设置都督区的曹魏时期就出现了。《三国志·魏书·陈群传附陈泰传》："以（陈）泰为镇军将军，假节都督淮北诸军事，诏徐州监军已下受泰节度。"就是一例。西晋时，当时国家根据军事形势的需要，还继续在特定的区域设置镇戍区。例如，西晋国家"（咸宁三年）九月戊子，以左将军胡奋为都督江北诸军事"[①]。东晋时期，国家以这种形式设置都督区还是比较常见的。统计《晋书》中的记

---

① 《晋书》卷三《武帝纪》。

载，当时国家设置的这类都督区主要有：沔中都督区、荆州沔南都督区、沔北都督区、淮北都督区、扬州浙江西都督区、巴东都督区、东安北部都督区、江西淮南都督区、扬州之江西都督区、扬州江北都督区等。在这些都督区中，只有沔中都督区的设置具有长期性，其他的都督区都是为了适应军事防卫的需要临时设置的。

综上可见，东晋都督区在区域的构成上，不仅具有多样性，而且具有复杂性。都督区可以由州组成，可以由郡组成，也可以由州和郡的结合组成。都督区还能够以特定的区域组成。都督区可以包括一州，也可以包括多州，可以包括一郡，也可以包括多郡，还可以包括数州和数郡。所以，这就使东晋都督区的区域构成出现了明显的不同类型，进而形成了复杂多样的地方军事镇戍体系。

二、不固定的都督区、相对固定的都督区及固定的都督区

如前所述，东晋国家设置的都督区，从其区域构成上来看，可以分为五种类型。这五种类型的都督区，从具有的稳定性和时间上的存续性来看，也存在差别，大体上可以分为不固定的都督区和相对固定的都督区以及固定的都督区。

(一) 不固定的都督区

所谓不固定的都督区，就是为了适应军事防卫的需要，而临时设置的都督区。这类都督区的设置，在时间上不具有连续性。也就是说，国家只任命一任都督诸州军事，当防卫任务完成后，所设的都督区就取消了。这种不固定的都督区，在以郡组成的都督区中为多。下面将这种都督区胪列如下：

1. 吴郡都督区。《晋书·刘牢之传》："进拜（刘牢之）前将军、都督吴郡诸军事。"

2. 汉中巴西梓潼阴平四郡都督区。《晋书·周处传》："永和初，桓温征蜀，进（周）抚督梁州之汉中巴西梓潼阴平四郡军事，镇彭模。"

3. 江夏随义阳三郡。《晋书·陶侃传》："庾亮以（陶）称为监江夏随义阳三郡军事、南中郎将、江夏相。"

4. 宣城庐江历阳安丰四郡都督区。《晋书·庾亮传附庾怿传》："寻

迁（庾怿）辅国将军、豫州刺史，进号西中郎将、监宣城庐江历阳安丰四郡军事、假节、镇芜湖。"

5. 荆州之南阳襄阳新野义阳顺阳雍州之京兆扬州之义成七郡都督区。《晋书·桓彝传附桓石民传》："从温征伐有功，迁（桓石民）督荆州之南阳襄阳新野义阳顺阳雍州之京兆扬州之义成七郡军事、宁朔将军、义成新野二郡太守，镇襄阳。"

6. 河东平阳二郡都督区。《晋书·毛宝传附毛德祖传》："以（毛）德祖为中兵参军，领天水太守，从义真还。裕以德祖督河东平阳二郡军事、辅国将军、河东太守。"

除了《晋书》记载中包含具体的郡的都督区之外，还有不具体的记载。诸如：扬州之六郡都督区①、扬州八郡都督区②、扬州九郡都督区③、河南三郡都督区④、荆州之三郡豫州之四郡都督区⑤、豫州之十二郡扬州之江西五郡⑥、梁州之三郡都督区⑦。

在《晋书》记载中，这些都督区的设置都没有重复出现，说明它们的设置只是一次性的，因此，属于临时设置的不固定的都督区。

不固定的都督区，在特定区域类型的都督区中，也包含一部分。据《晋书》记载，在特定区域设置的都督区主要有：沔中都督区、荆州沔南都督

---

① 《晋书》卷七九《谢尚传》："会庾冰薨，（谢尚）复以本号督豫州四郡，领江州刺史。俄而复转西中郎将、督扬州之六郡诸军事、豫州刺史、假节，镇历阳。"

② 《晋书》卷六七《郗鉴传》："及陶侃为盟主，进（郗）鉴都督扬州八郡军事。"

③ 《通鉴》卷八五《晋纪七》："（太安二年）十二月，议郎周玘、前南平内史长沙王矩起兵江东以讨石冰，推前吴兴太守吴郡顾秘都督扬州九郡诸军事。"

④ 《晋书》卷六三《李矩传》："帝嘉其功，除（李）矩都督河南三郡军事、安西将军、荥阳太守，封修武县侯。"

⑤ 《晋书》卷七四《桓彝传附桓石民传》："（桓）冲既代豁西镇，诏以（桓）嗣督荆州之三郡豫州之四郡军事、建威将军、江州刺史。"

⑥ 《晋书》卷八一《桓宣传附桓伊传》："时符坚强盛，边鄙多虞，朝议选能距捍疆场者，乃授（桓）伊淮南太守。以绥御有方，进督豫州之十二郡扬州之江西五郡军事、建威将军、历阳太守，淮南如故。"

⑦ 《晋书》卷八一《毛宝传附毛穆之传》："（桓）冲使穆之督梁州之三郡军事。"

区、沔北都督区、淮北都督区、扬州浙江西都督区、巴东都督区、东安北部都督区、江西淮南都督区、扬州之江西都督区、扬州江北都督区等。在这些都督区中，只有沔中都督区、沔南都督区、沔北都督区具有相对的固定性，其他的都督区都是不固定的。

(二) 相对固定的都督区

东晋国家设置的这种都督区一般具有三个特点：一是都督区在设置时间上具有延续性；二是都督区有一固定的州作为中心区域；三是都督区的区域在一定范围内具有变化性。前两个特点表现为都督区的固定性。后一特点则表现为都督区的设置的固定性只是相对的。

东晋时期，国家设置的大多数都督区都是相对固定的。因为从东晋前期到东晋后期，国家设置的都督区的变化，是比较明显的。下面从以豫州为中心设置的都督区来看东晋国家所设的这类都督区的特点。现依据《晋书》记载，列表如下：

表 2　以豫州为中心的都督区设置情况

时间	辖州、郡状况	史料出处
晋成帝，咸和四年	(庾) 亮乃求外镇自效，出为持节、都督豫州扬州之江西宣城诸军事、平西将军、假节、豫州刺史、领宣城内史	《晋书》卷七三《庾亮传》
晋穆帝，永和九年	永和中，拜（谢）尚书仆射，出为都督江西淮南诸军事、前将军、豫州刺史，给事中、仆射如故，镇历阳，加都督豫州扬州之五郡军事，在任有政绩	《晋书》卷七九《谢尚传》
晋废帝，太和二年	(桓伊) 与谢玄共破贼别将王鉴、张蚝等，以功封宣城县子，又进都督豫州诸军事、西中郎将、豫州刺史	《晋书》卷八一《桓宣传附桓伊传》
晋孝武帝，太元九年	(桓) 冲卒，石虔以冠军将军监豫州扬州五郡军事、豫州刺史	《晋书》卷七四《桓彝传附桓石虔传》
晋安帝，义熙元年	(何) 无忌侍卫安帝还京师，以无忌督豫州扬州淮南庐江安丰历阳堂邑五郡军事、右将军、豫州刺史	《晋书》卷八五《何无忌传》
晋安帝，义熙二年	诏以（刘）毅为都督豫州扬州之淮南历阳庐江安丰五郡诸军事、豫州刺史	《晋书》卷八五《刘毅传》
晋安帝，义熙六年	(刘) 裕不听，令（诸葛）长民与刘毅屯于北陵，以备石头。事平，转督豫州扬州之六郡诸军事、豫州刺史，领淮南太守	《晋书》卷八五《诸葛长民传》

由上表所示的都督区的设置，显然是以豫州为中心设置的。这一都督区所辖的郡，不是固定不变的。可是，其中心区域——豫州，从东晋前期开始设置到东晋末年都没有改变，也就是说，在时间上具有延续性。从这一方面来看，这一都督区是比较固定的。然而，都督区所辖的零郡，在都督诸州军事换任后，一般都要发生改变，基本不能够做到所辖区域范围完全的一致。由这种情况所决定，以豫州为中心的都督区就是相对固定的设置。

当然，东晋时期，这种相对固定设置的都督区并不限于以豫州为中心的都督区，还有以扬州为中心的都督区、以荆州为中心的都督区、以江州为中心的都督区、以徐州为中心的都督区、以广州为中心的都督区、以益州为中心的都督区。尽管这些都督区开始设置的时间早晚不同，可是它们都有共同点：一是以一州为中心，直到东晋末年也不改变；二是都督区所辖的州、郡的数量有改变，也就是都督区的范围在变化中。这些相对固定的都督区，包括以豫州为中心的都督区在内，共有七处，实际上是东晋国家所设都督区的主体。

东晋国家，在特定的沔中地区设置的镇戍区，也是相对固定的都督区。因为在东晋初年到东晋后期，国家一直设置沔中都督区。但是在沔中都督区设置中，出现分置的情况，以沔南、沔北分别设置都督区。如《晋书·周方传附周抚传》："苏峻作逆，（周抚）率所领从温峤讨之。峻平，迁监沔北军事、南中郎将，镇襄阳。"有些时候，东晋国家还使沔中与其他的州组成都督区。如《晋书·孝武帝纪》："以青兖二州刺史朱序为持节、都督雍梁沔中九郡诸军事、雍州刺史。"不过，东晋时期，沔中单独被设为都督区的时候居多。从这些方面来看，沔中都督区也应该是相对固定的都督区。

（三）固定的都督区

东晋国家所设的这种都督区，从开始设置，到东晋末年，其区域范围是不变的。这种都督区有浙东五郡都督区。所谓浙东五郡，据《宋书·州郡志一》："孝建元年，分扬州之会稽、东阳、新安、永嘉、临海五郡为东扬州。"严耕望先生认为，东晋浙东五郡都督区就是由这五郡组成的。[①] 依据《晋书》的记载，将浙东五郡都督区的情况列表如下：

---

① 严耕望：《中国地方行政制度史（乙部）》，第41页。

表3　浙东五区都督区情况

时间	都督区辖郡状况	史料出处
晋成帝，咸和二年	会陶侃等至京都……侃遣使敦喻，不听。及侃立行台，上舒临浙江东五郡军事	《晋书》卷七六《王舒传》
晋孝武帝，太元元年	及帝践阼，（郗愔）就加镇军、都督浙江东五郡军事	《晋书》卷六七《郗鉴传附郗愔传》
晋孝武帝，宁康三年	（王）蕴以姻戚，不欲在内，苦求外出，复以为都督浙江东五郡、镇军将军、会稽内史，常侍如故	《晋书》卷九三《外戚·王蕴传》
晋孝武帝，太元三年	顷之，桓冲表请（王）荟为江州刺史，固辞不拜。转督浙江东五郡、左将军、会稽内史，进号镇军将军，加散骑常侍	《晋书》卷六五《王导传附王荟传》
晋安帝，隆安三年	又诏琰与辅国将军刘牢之俱讨孙恩。……以琰为会稽内史、都督五郡军事，本官并如故	《晋书》卷七九《谢安传附谢琰传》
晋安帝，隆安四年	牢之还镇，恩复入会稽，害谢琰。牢之进号镇北将军、都督会稽五郡，率众东征，屯上虞，分军戍诸县	《晋书》卷八四《刘牢之传》
晋安帝，隆安四年	及卢循作逆，加（司马休之）督浙江东五郡军事，坐公事免	《晋书》卷三七《宗室·谯刚王逊传》
晋安帝，义熙元年	（何无忌）迁会稽内史、督江东五郡军事	《晋书》卷八五《何无忌传》
晋安帝，义熙八年	（孔季恭）复督五郡诸军、征虏、会稽内史	《宋书》卷五四《孔季恭传》

由表3可知，东晋国家最早设置浙东五郡都督区是在咸和二年。浙东五郡都督区，又称为会稽五郡都督区。这是因为任浙东五郡都督区的都督诸州军事又兼任会稽内史。从东晋前期直到东晋末年，浙东五郡都督区所领的郡的数量一直没有改变。由此可见，浙东五郡都督区的区域构成的固定性，是很明显的。

（四）相对固定的都督区和固定都督区的不稳定

东晋国家设置了相对固定和固定的都督区，但是从总的方面来看，这些都督区具有明显的不稳定性。从相对固定的都督区的设置情况来开，这种不稳定主要表现在两方面：

一是都督区的区域范围变化比较明显。对这一问题，以荆州为中心的都督区为例来说明。下面依据清人吴廷燮《东晋方镇年表》，将以荆州为中心的都督区的设置情况列表如下：

表 4　以荆州为中心的都督区设置情况

时间	任职者	设置状况
咸和四年	陶侃	都督荆雍梁交广宁七州诸军事
咸康五年	庾亮	都督江荆豫益梁雍六州诸军事
咸康八年	庾翼	都督荆江司雍梁益六州诸军事
永和元年	桓温	都督荆江雍司益宁六州诸军事
宁康元年	桓豁	都督荆梁益宁交广六州诸军事
太元二年	桓冲	都督荆江梁益宁交广七州诸军事
太元九年	桓石民	都督荆益宁三州诸军事
太元十四年	王忱	都督荆益宁三州诸军事
太元十七年	殷仲堪	都督荆益梁三州诸军事
隆安四年	桓玄	都督荆江司雍秦梁益宁八州诸军事
元兴三年	司马休之	监荆益梁宁秦雍六州诸军事
义熙元年	刘道规	都督荆益宁秦梁雍、司州之河南诸军事
义熙十一年	刘道怜	都督荆湘益秦宁梁雍七州郡诸军事
义熙十四年	刘义隆	都督荆益宁雍梁秦六州、豫州之河南广平、扬州之义成松茨四郡诸军事

由表 4 可知：在这些任职的都督诸州军事中，除桓石民、王忱所辖的都督区包含的州是相同的之外，其他都督诸州军事所领的州都是不同的，并且还有领州加零郡的都督区。在十四任都督诸州军事中，每一任所领州、郡都不同，差别很大。这就是说，以荆州为中心的都督区所包含的州、郡，在都督诸州军事换任后，一般都要有较大的变化。

在东晋国家设置的以扬州为中心的都督区、以豫州为中心的都督区、以江州为中心的都督区、以徐州为中心的都督区、以广州为中心的都督区、以益州为中心的都督区所任都督诸州军事换任时,他们所领的都督区域范围与以荆州为中心的都督区的情况大体相同,都有比较明显的变化。这就是说,这些都督区不能够保持比较稳定的区域范围。这正是这些都督区设置不稳定的明显表现。

二是这些都督区的设置,一般都有不连续的情况出现。这种情况,主要表现在都督诸州军事换任时,东晋国家可以在较短或较长时间内,不设置都督区。诸如:

以江州为中心的都督区的设置,较长的时间间断有两次:建元二年（344年）至兴宁三年（365年）,共21年;太元九年（384年）至义熙二年（406年）,共22年,东晋国家不设以江州为中心的都督区。①

以徐州为中心的都督区的设置,也有明显的间断:太元三年（378年）至义熙十三年（417年）,共49年,不设以徐州为中心的都督区。②

以豫州为中心的都督区的设置,也有比较明显的两次间断:太和元年（366年）至太元九年（384年）,共18年;太元十三年（388年）至义熙元年（405年）,共17年,都不设以豫州为中心的都督区。③

东晋国家设置的这些相对固定的都督区表现出的这种明显的不连续性,也是这些都督区不稳定的一种反映。

东晋国家设置的固定的都督区,只有浙东五郡都督区。这一都督区从开始设置到刘宋初年,都以会稽、东阳、新安、永嘉、临海五郡作为都督区统辖的范围。尽管浙东五郡都督区的区域范围固定,但是这一都督区的设置,也出现明显的不连续的设置情况。据吴廷燮《东晋方镇年表》考证,咸和六年（331年）至太和六年（371年）,共40年;太元十二年（387年）至隆安二年（398年）,共11年;元兴二年（403年）至义熙六年（410年）,共7年,东晋国家都没有设置浙东五郡都督区。也就是说,在浙东五郡都督区的设置上,出现了三次明显的间断。这种间断性,正体现了浙东五郡都督区的

---

① 吴廷燮:《东晋方镇年表》,《二十五史补编》三册,中华书局,1955年。
② 吴廷燮:《东晋方镇年表》,《二十五史补编》三册,中华书局,1955年。
③ 吴廷燮:《东晋方镇年表》,《二十五史补编》三册,中华书局,1955年。

设置，也存在不稳定的因素。

总之，在东晋国家设置的不同类型的都督区中，又可以分为临时设置、相对固定和固定设置三类都督区。相对固定和固定的都督区又表现为在设置上的不稳定。由于东晋都督区的设置具有这些特点，说明东晋都督区是当时国家为适应军事防卫需要而在地方设置的可以变动的镇戍区。因而，这种军事性的都督区就与东晋的行政州和郡的稳定设置，具有了很明显的差别。

三、都督区在隶属关系上的差别

东晋国家设置的都督区，不仅在区域构成的类型和存续的固定性和非固定性上存在差别，并且在隶属关系上也存在不同。当时的都督区从设置和统辖上来看，大体可以分为三种情况：

（一）东晋国家具有设置权和直接控制权的都督区

这种性质的都督区，是承袭了曹魏、西晋以来都督区设置的传统。东晋国家设置的大多数都督区都属于这种性质的都督区。从都督区的设置来看，有通过国家诏令的方式实现的。《晋书·陶侃传》："诏（陶）侃都督江州，领刺史，增置左右长史、司马、从事中郎四人，掾属十二人。"《晋书·桓彝传附桓石民传》："诏以（桓）石民监荆州军事、西中郎将、荆州刺史。"都是这方面的事例。此外，还有国家直接任命都督诸州军事，规定其所辖的都督区。如《晋书·穆帝纪》："以辅国将军、徐州刺史桓温为安西将军、持节、都督荆司雍益梁宁六州诸军事，领护南蛮校尉、荆州刺史。"又如《晋书·哀帝纪》："以右将军桓豁监荆州扬州之义城雍州之京兆诸军事、领南蛮校尉、荆州刺史。"东晋国家还可以在都督区原来的基础上，使都督区增加新的管辖州、郡。《晋书·何无忌传》："义熙二年，迁（何无忌）都督江荆二州江夏随义阳绥安豫州西阳新蔡汝南颍川八郡军事、江州刺史，将军、持节如故。以兴复之功……增督司州之弘农扬州之松滋，加散骑侍郎，进镇南将军。"以上三种情况，都反映东晋国家对这种性质的都督区的设置权是严格控制的。

东晋国家对这种性质的都督区是直接控制的。这种直接控制权表现为：一是都督诸州军事只有在国家确认下，才可以设置都督区的军事指挥中心——

都督府。《晋书·桓彝传附桓石虔传》："（桓）石虔以冠军将军监豫州扬州五郡军事、豫州刺史。寻以母忧去职。服阕，复本位。久之，命移镇马头，石虔求停历阳，许之。"就说明了这一点。当然，都督诸州军事要改变都督府的设置，也必须获得国家准许。《晋书·温峤传》："（温峤）又陈'豫章十郡之要，宜以刺史居之。寻阳滨江，都督应镇其地。今以州帖府，进退不便。且古镇将多不领州，皆以文武形势不同故也。宜选单车刺史别抚豫章，专理黎庶。'诏不许。"可见，都督诸州军事要求迁移都督区的都督府，国家不准许，就不能够迁移。显然，东晋国家对都督区的都督府控制是很严格的。

二是国家可以根据需要，改任统辖都督区的都督诸州军事的任职。《晋书·王湛传附王述传》："（王述）复加征虏将军，进都督扬州徐州之琅邪诸军事、卫将军、并冀幽平四州大中正，刺史如故。寻迁散骑常侍、尚书令，将军如故。"《晋书·王舒传附王允之传》："咸和末，除宣城内史、监扬州江西四郡事、建武将军，镇于湖。咸康中，进号西中郎将、假节。寻迁南中郎将、江州刺史。"《晋书·谢尚传》："会庾冰薨，（谢尚）复以本号督豫州四郡，领江州刺史。俄而复转西中郎将、督扬州之六郡诸军事、豫州刺史、假节，镇历阳。"这些记载说明，东晋国家可以调任都督区的长官，使其担任中央官职、地方官职和在其他都督区担任都督诸州军事。东晋国家的这种调任权，也是对都督区管辖权的一种体现。

三是东晋国家可以对统辖都督区的都督诸州军事给予褒奖和惩罚。《晋书·桓宣传附桓伊传》："（桓伊）又进都督豫州诸军事、西中郎将、豫州刺史。及苻坚南寇，伊与冠军将军谢玄、辅国将军谢琰俱破坚于肥水，以功封永修县侯，进号右军将军，赐钱百万，袍表千端。"《晋书·刘毅传》："诏以（刘）毅为都督豫州扬州之淮南历阳庐江安丰五郡诸军事、豫州刺史，持节、将军、常侍如故，本府文武悉令西属。以匡复功，封南平郡开国公，兼都督宣城军事，给鼓吹一部。"很明显，东晋国家对立功的都督诸州军事可以提高爵位和将军职衔以及物质上的奖励。

东晋国家对有过失的都督诸州军事，一般都要给予惩处。《晋书·郗鉴传附郗昙传》："顷之，羡征还，仍除（郗昙）北中郎将、都督徐兖青幽扬州之晋陵诸军事、领徐兖二州刺史、假节，镇下邳。后与贼帅傅末波等战失利，降号建威将军。"《晋书·王恭传》："其后帝将擢时望以为藩屏，乃以

魏晋南北朝将军制与都督制论稿

(王)恭为都督兖青冀幽并徐州晋陵诸军事、平北将军、兖青二州刺史、假节,镇京口。……慕容垂入青州,恭遣偏师御之,失利,降号辅国将军。"这说明,东晋国家对作战失利的都督诸州军事,一般都贬降将军号。东晋国家对都督诸州军事将军号的贬降,实际上就是一种惩处。东晋国家可以对统辖都督区的都督诸州军事直接给予奖励和惩处,也正是当时国家能够直接控制都督区的管辖权的一种表现。

东晋时期,国家具有设置权和直接管辖权的都督区,是国家所设都督区的主体。也就是说,当时国家设置的大多数的都督区,都是这种性质的都督区。诸如:以扬州为中心的都督区、以荆州为中心的都督区、以江州为中心的都督区、以豫州为中心的都督区、以徐州为中心的都督区、以广州为中心的都督区等都是由国家设置,并且由国家直接管辖的,它们隶属国家的特征是明显的。①

(二)由东晋国家设置,却由其他都督区管辖的都督区

东晋时期,国家为了军事镇戍的需要,使设置的一些都督区属于其他的都督区,并不对这些都督区直接管辖。当时属于这种性质的都督区有:沔中都督区、益州都督区和浙东五郡都督区。

先看沔中都督区。在东晋初年,军事实力强大的王敦军事集团控制以荆州为中心的都督区。王敦曾经一度控制了沔中都督区的设置权。王敦可以任命周抚"为沔北诸军事、南中郎将,镇沔中"②。就是明显的事例。但是,在王敦军事集团的势力瓦解后,东晋国家就控制了沔中都督区的设置权。《晋书·桓宣传》:"(桓)宣乃遣戎与随俱迎陶侃。辟戎为掾,上宣为武昌太守。寻迁监沔中军事、南中郎将、江夏相。"《晋书·朱序传》:"宁康初,拜(朱序)使持节、监沔中诸军事、南中郎将、梁州刺史,镇襄阳。"这些都是东晋国家设置沔中都督区的明证。虽然东晋国家设置沔中都督区,可是却不对沔中都督区直接管辖,使其隶属于以荆州为中心的都督区。沔中都督区对以荆州为中心的都督区的隶属,可以从沔中都督诸州军事的行政兼职上看出。《晋书·袁瓌传附袁乔传》:"迁(袁乔)安西咨议参军、长沙相,不拜。寻

---

① 严耕望:《中国地方行政制度史(乙部)》,第36-46页。
② 《晋书》卷五八《周访传附周抚传》。

督沔中诸戍江夏随义阳三郡军事、建武将军、江夏相。"又《通鉴·晋纪十九》："以徐州刺史桓温为安西将军、持节、都督荆、司、雍、益、梁、宁六州诸军事、领护南蛮校尉、荆州刺史。……又以刘惔监沔中诸军事，领义成太守。"这些记载中提到袁乔兼任的江夏相，刘惔兼任的义成太守，都受荆州刺史管辖。在东晋，统辖以荆州为中心的都督诸州军事，一般都兼任荆州刺史。它对下属的郡既具有行政上的管辖权，也具有军事上的统辖权。由此来看，沔中都督区自然要受制于都督荆州诸军事。不仅如此，沔中都督区的都督府设在襄阳。例如，周抚"迁监沔北军事、南中郎将，镇襄阳"①。又如，甘卓"假节、督沔北诸军，镇襄阳"②。从东晋前期到东晋后期，襄阳一直在以荆州为中心的都督区的管辖之下。这也是沔中都督区隶属于以荆州为中心的都督区的证明。正因为如此，荆州都督诸州军事对沔中都督诸州军事的任职，具有向国家的建议权。《晋书·桓彝传附桓豁传》："俄而张天锡陷没，诏遣中书郎王寻之诣（桓）豁，咨谋边事。豁表以梁州刺史毛宪祖监沔北军事，兖州刺史朱序为南中郎将、监沔中军事，镇襄阳，以固北鄙。"就是明证。并且，在军事行动时，荆州都督诸州军事对沔中都督诸州军事具有军事指挥权。《晋书·桓彝传附桓豁传》："时谢万败于梁濮，许昌、颍川诸城相次陷没，西藩骚动。温命（桓）豁督沔中七郡军事、建威将军、新野义成二郡太守，击慕容屈尘，破之，进号右将军。"就是一例。由此可见，东晋时期沔中都督区对以荆州为中心的都督区的隶属性是很强的。

再看浙东五郡都督区。东晋国家所设的浙东五郡都督区，也是一种隶属性的都督区。这种情况可以从浙东五郡都督诸州军事的行政兼职上看出。《晋书·谯刚王逊传》："征（司马）休之还京师，拜后将军、会稽内史。……寻复为后将军。及卢循作逆，加督浙江东五郡军事，坐公事免。"《晋书·郗鉴传附郗愔传》："转（郗愔）冠军将军、会稽内史。及帝践阼，就加镇军、都督浙江东五郡军事。"《晋书·谢安传附谢琰传》："又诏（谢）琰与辅国将军刘牢之俱讨孙恩。……以琰为会稽内史、都督五郡军事，本官并如故。"这些记载说明，浙东五郡都督诸州军事，一般都担任会稽内史职。东晋时期，会

---

① 《晋书》卷五八《周访传附周抚传》。
② 《晋书》卷七〇《甘卓传》。

魏晋南北朝将军制与都督制论稿

稽内史在行政上隶属于扬州刺史。自然在军事上，浙东五郡都督区就要与以扬州为中心的都督区产生隶属关系。只是由于浙东五郡都督区所处地位重要，因而还具有一些相对的独立性。

最后看以益州为中心的都督区。在东晋，益州都督区的设置时间比较晚，是在桓温灭成汉后才开始设置的。益州都督区的设置权，无疑属于东晋国家。史载最早在益州任都督诸州军事的是周抚、周楚和周仲孙，都是由东晋国家直接任命的。可是，东晋时期，以益州为中心的都督区却不为国家直接统辖，它隶属于以荆州为中心的都督区。这种隶属状况，从东晋前期就开始实施了。这里以周楚担任益州都督诸州军事的情况为例来说明。

周楚都督益州是在其父周抚亡后，"以楚监梁益二州、假节"①。据本传，周抚卒年在晋哀帝兴宁二年。而在这时，正是东晋国家任命桓温都督以荆州为中心的都督区的时期。正如《晋书·穆帝纪》："（永和元年）以辅国将军、徐州刺史桓温为安西将军、持节、都督荆司雍益梁宁六州诸军事，领护南蛮校尉、荆州刺史。"桓温的任职，直到兴宁三年才被右将军桓豁所取代。显然在这一期间，桓温统辖的以荆州为中心的都督区的区域是包括益州和梁州的。这就是说，周楚统辖的以益州为中心的都督区，毫无疑问是隶属于以荆州为中心的都督区的。

东晋后期，以益州为中心的都督区与以荆州为中心的都督区的隶属关系也是如此。据清人吴廷燮考证：东晋最后所设的以益州为中心的都督区，是在晋安帝义熙元年。《晋书·毛宝传附毛璩传》载益州刺史毛璩"进征西将军，加散骑常侍，都督益梁秦凉宁五州军事"。而在这一时期，担任以荆州为中心的都督区的都督诸州军事是刘道规。《宋书·宗室·临川烈武王道规传》："（刘道规）迁使持节、都督荆（益）宁秦梁雍六州司州之河南诸军事、领护南蛮校尉、荆州刺史，将军如故。"《通鉴·晋纪三六》将此事定在义熙元年。由此可见，东晋后期国家所设的以荆州为中心的都督区，显然也是将以益州为中心的都督区包括在内的。

由上述可知，东晋国家设置的沔中都督区、以益州为中心的都督区、浙东五郡都督区，都不直接隶属于国家，而是为以荆州为中心的都督区和以扬

---

① 《晋书》卷五八《周访传附周抚传》。

州为中心的都督区所统辖，因此，这些都督区在与东晋国家的隶属关系上，就有了一定的间接性。不过，由于东晋国家掌握这些都督区的设置权，因而也就能够使这些都督区起到应有的镇戍作用。

（原载《史学新论——朱绍侯教授八十诞辰纪念文集》，河南大学出版社，2005年）

南朝都督诸州军事与所领军号将军关系探讨

在南朝，都督诸州军事与军号将军是两类性质的职官。都督诸州军事是国家为地方镇戍而设置的军事职官，而军号将军则是有不同品级的荣誉军号。可是，南朝国家在设置都督诸州军事时，一般要授予军号将军，因而都督诸州军的任职是与军号将军结合在一起的。鉴于都督诸州军事与军号将军的这种联系，所以阐释二者的关系，有助于认识南朝都督诸州军事设置的特点。本文拟对南朝都督诸州军事所领军号将军的独立性、国家授予都督诸州军事所领军号将军方式的多样化以及都督诸州军事与所领军号将军的相互影响诸问题做一些探讨。

一

在考察南朝都督诸州军事与所领军号将军的关系之前，需要对南朝的都督诸州军事的设置以及南朝的将军制度做一些概要的说明。

南朝都督诸州军事是为镇戍区的防卫而设置的。宋、齐、梁、陈各朝在其统治区内，都设置了镇戍区，这些镇戍区也称为都督区。都督区的军事长官统称为都督诸州军事。严耕望先生考证，刘宋、南齐所设都督区有：扬州、南徐、南兖、徐兖、青冀、会稽、南豫、豫州、荆州、湘洲、雍州、梁雍、益州、江州、郢州、广州都督区。[①] 梁、陈所设都督区有：扬州、南徐、

---

① 严耕望：《中国地方行政制度史（乙部）——魏晋南北朝地方行政制度（上册）》，台北"中央研究院"历史语言研究所专刊之四十五B，第47－72页。

南兖、豫州与司州、会稽、东扬州、荆州、湘洲、雍州、梁秦、益州、江州、郢州、广州、新都都督区。①尽管刘宋、南齐与梁、陈朝所设都督区略有差别，但是其共同之处就是，都督诸州军事都是都督区的最高军事长官。而且，南朝所设都督诸州军事与两晋一样，也是分为等级的。《宋书·百官志上》："晋世则都督诸军为上，监诸军次之，督诸军为下。使持节为上，持节次之，假节为下。"在宋、齐、梁、陈各朝依然实行这种等级规定。也就是说，南朝都督诸州军事分为"都督""监""督"三等级。关于都督诸州军事的这种等级区分的记载，在文献中多见。例如，刘宋朝檀道济任"都督江州之江夏豫州之西阳新蔡晋熙四郡诸军事"②。南齐朝长沙威王萧晃"迁为持节、监豫司二州郢州之西阳诸军事、西中郎将、豫州刺史"③。梁朝柳忱"迁持节、督湘州诸军事、辅国将军、湘州刺史"④。南朝都督诸州军事的这种等级差别，显然是对两晋以来都督诸州军事等级差别的承袭。

在南朝，还形成了完善的将军制度。在当时国家所设的将军中，大致分为三类：一为军号将军。二为统领国家内、外军的将军。诸如领军将军、护军将军、左卫将军、右卫将军、骁骑将军、游击将军、左军将军，右军将军，前军将军，后军将军等。⑤三为专管工程建设的将军，"晋江左改材官校尉曰，材官将军。……今材官隶尚书起部及领军"⑥。可以说，这三类将军的性质与职能是不同的。

从军号将军来看，至南朝，这类将军已经逐渐虚化。尽管如此，领有军号将军者，仍然可以领取俸禄，并且其中的重号将军还能"开府置佐史"⑦。实际上，与南朝都督诸州军事结合的正是军号将军。这类军号将军表现出明显的特点：

---

① 严耕望：《中国地方行政制度史（乙部）——魏晋南北朝地方行政制度（上册）》，第72-85页。
② 《宋书》卷四三《檀道济传》。
③ 《南齐书》卷三五《高帝十二王·长沙威王晃传》。
④ 《梁书》卷一二《柳忱传》。
⑤ 《宋书》卷四〇《百官志下》。
⑥ 《宋书》卷三九《百官志上》。
⑦ 《陈书》卷二七《江总传》。

魏晋南北朝将军制与都督制论稿

一是具有各种不同的称号。据《宋书·百官志上》的记载，不同称号的军号将军有八十多种。至梁朝，将军的称号又增加很多。《通典·职官十》："梁武帝以将军之名高下舛杂，命更加厘定，于是有司奏置一百二十五号将军。"陈朝，基本沿袭了梁朝的将军称号。

二是具有不同的品级。在刘宋朝和南齐朝，军号将军的品级从一品的大将军，到八品的杂号将军，一般分为八品级。梁朝又对将军的品级做了新的规定。《通典·职官十》载，梁武帝"以镇卫、骠骑、车骑为二十四班，四征、四中为二十三班，八镇为二十二班，八安为二十一班，四平、四翊为二十班，凡三十五号，为重号将军。又有五德将军，以班多者为贵。凡十品二十四班。品十取其盈数，班二十四以法气序。制簿悉以大号居后，以为选法，自小迁大也。前史所记，以位得从公，故将军之名，次于台槐之下。至是备其班品，叙于百官之外，凡一百二十五将军。"这就是说，在梁朝以后，将军的品级规定就更加复杂了。

三是军号将军有重号与小号的区分。两晋以三品以上军号将军为重号。[①]刘宋朝、南齐朝，似应沿袭两晋规定。但是，梁武帝以般为秩级，对重号将军有新的规定，四平、四翊将军以上，凡三十五号，为重号将军。重号将军都可以"开府置佐"，而小号将军在特殊情况下也能实行这种做法。"小号将军为大郡边守置佐吏者，又置长史"[②]"凡诸小号，亦有置府者"[③]。

实际上，宋、齐、梁、陈各朝设置都督诸州军事，都不能使军号将军与其分离。可以说，"都督""监""督"不同等级的都督诸州军事的设置，与军号将军的结合是很密切的。《南齐书·豫章文献王嶷传》："（萧）嶷出为使持节、都督江州豫州之新蔡晋熙二郡军事、左将军、江州刺史，常侍如故。"《梁书·萧景传》："天监初，（萧昂）累迁司徒右长史，出为轻车将军、监南兖州。"《陈书·沈恪传》："（沈恪）迁使持节、通直散骑常侍、智武将军、吴州刺史，便道之鄱阳。寻有诏追还，行会稽郡事。其年，除散骑常侍、忠武将军、会稽太守。世祖嗣位，进督会稽、东阳、新安、临海、永嘉、建

[①] 黄惠贤先生认为，两晋的重号将军以辅国将军为限。见黄惠贤：《中国政治制度通史（四卷）》，人民出版社，1996年版，第371页。

[②] 《宋书》卷三九《百官志上》。

[③] 《南齐书》卷一六《百官志》。

安、晋安、新宁、信安九郡诸军事，将军、太守如故。"由此可见，"都督""监""督"三等级都督诸州军事，虽然等级不同，但是都可以领有不同品级的军号将军。

南朝国家使都督诸州军事与军号将军相结合，正是都督诸州军事任职的重要特点。虽然南朝都督诸州军事的任职与军号将军有不可分割的联系，可是都督诸州军事与军号将军并不是合而为一的。事实上，都督诸州军事与军号将军却有着相对的独立性。正因如此，都督诸州军事与军号将军的结合就表现出比较明显的复杂性。这种复杂性主要表现在以下诸方面：

(一) 南朝国家设置的同一等级的都督诸州军事所领军号将军差别很大

以刘宋朝为例，在"都督"等级的都督诸州军事所领军号将军就有：骠骑大将军、车骑大将军、车骑将军、卫将军、征北大将军、征北将军、征西将军、镇南将军、镇西将军、镇北将军、安东将军、安南将军、安西将军、安北将军、平南将军、平西将军、平北将军、左将军、右将军、前将军、后将军、征虏将军、冠军将军、建威将军、镇军将军、宁远将军、抚军将军等。可见，刘宋朝"都督"等级的都督诸州军事所领军号将军，从骠骑大将军、车骑大将军到抚军将军，共有三十多种。这些军号将军的名号和品级存在较大的差别。南齐、梁、陈朝与刘宋朝一样，"都督"等级的都督诸州军事所领军号将军的差别，也是如此。

南朝，"监"等级的都督诸州军事领有军号将军差别也很明显。统计《宋书》记载，"监"等级的都督诸州军事所领军号将军主要有：前将军、后将军、右将军、冠军将军、镇军将军、抚军将军、辅国将军等。南齐、梁、陈朝，"监"等级都督诸州军事所领的军号将军也是很不一致的。

南朝"督"等级的都督诸州军事领有军号将军也差别很大。在刘宋朝，"督"等级的都督诸州军事所领的军号将军主要有：平西将军、右将军、左将军、前将军、冠军将军、建威将军、征虏将军、辅国将军、龙骧将军、宁远将军、宁朔将军、扬威将军、扬烈将军、振武将军、横野将军等。齐、梁、陈朝"督"等级的都督诸州军事所领军号将军的情况与刘宋朝也是大体相同的。

由上述可见，南朝国家对不同等级的都督诸州军事所领军号将军，并没有统一的限定，因此，就使其所领军号将军表现出明显的多样性。

魏晋南北朝将军制与都督制论稿

（二）南朝都督诸州军事任职时，所领有的军号将军可以迁转，并不受都督诸州军事的等级的限制

《宋书·武三王·江夏王义恭传》："（大明二年）以子绥为都督郢州诸军事、冠军将军、郢州刺史，进号后军将军，加持节。"《南齐书·海陵王纪》："永明四年，（萧昭文）封临汝公，邑千五百户。……十年，转持节、督南豫州诸军事、南豫州刺史，将军如故。十一年，进号冠军将军。"《梁书·张惠绍传》："（张惠绍）寻出为持节、都督北兖州诸军事、冠军将军、北兖州刺史。魏宿预、淮阳二城内附，惠绍抚纳有功，进号智武将军，益封二百户。"《陈书·侯瑱传》："（承圣二年）除使持节、镇北将军，给鼓吹一部，增邑二千户。……瑱之九江，因卫晋安王还都，承制以瑱为侍中、使持节、都督江晋吴齐四州诸军事、江州刺史，改封康乐县公，邑五千户，进号车骑将军。"这些是宋、齐、梁、陈各朝都督诸州军事任职期间，所领军号将军晋升的事例。由此可知，南朝同一等级的都督诸州军事所领的军号将军是能够被迁转的。可以说，这种迁转完全是由国家的意志来决定的。

应该说，南朝都督诸州军事所领军号将军的迁转，并不受其等级差别的限制。《宋书·武三王·江夏王义恭传》："（江夏王义恭）监南豫豫司雍秦并州诸军事、冠军将军、南豫州刺史，代庐陵王义真镇历阳，时年十二。元嘉元年，封江夏王，食邑五千户。加使持节，进号抚军将军，给鼓吹一部。"可见，除了都督诸州军事的"都督"等级外，国家对"监""督"等级都督诸州军事，都可以迁转所领有的军号将军。

当然，南朝国家还使一些都督诸州军事的等级改变时，所领有的军号将军仍然不变动，继续与提升等级的都督诸州军事结合。例如，刘素"太宗初，太子中庶子，领步兵校尉，太子左卫率，加给事中、冠军将军、南兖州刺史，丹阳尹，吴兴太守，使持节、监湘州诸军事、湘州刺史，将军并如故。进号左将军。泰始六年，都督荆湘雍益梁宁南北秦八州诸军事、左将军、荆州刺史，持节如故"[①]。这种情况说明，当时国家迁转都督诸州军事所领军号将军，对各等级都督诸州军事都是可以实行的。

---

① 《宋书》卷七二《文九王·南平穆王铄传》。

南朝都督诸州军事与所领军号将军关系探讨

（三）南朝都督诸州军事领有军号将军与一些都督诸州军事任职与卸任不是同时进行的

这主要表现为：这些都督诸州军事在任职后，可以继续保留他任职前的军号将军。例如，刘义宣未任都督诸州军事时，领有左将军，"（元嘉）七年，迁使持节、都督徐兖青冀幽五州诸军事、徐州刺史，将军如故，犹戍石头"①。又如华皎"以功授散骑常侍、平南将军、临川太守。……入朝，仍授使持节、都督湘巴等四州诸军事、湘州刺史，常侍、将军如故"②。

除此之外，还有一些都督诸州军事调往其他都督区任职后，依然可以保留原来的军号将军。例如，江夏王刘义恭"景平二年，监南豫豫司雍秦并州诸军事、冠军将军、南豫州刺史"。元嘉元年，进号抚军将军，"三年，监南徐兖二州扬州之晋陵诸军事、徐州刺史，持节、将军如故"③。又如南平元襄王萧伟为使持节、都督雍梁南北秦四州郢州之竟陵司州之随郡诸军事。"寻加侍中，进号镇北将军。天监元年，加散骑常侍，进督荆、宁二州，余如故……四年，徙都督南徐州诸军事、南徐州刺史，使持节、常侍、将军如故"④。都督诸州军事出镇都督区的变换，只是改变对都督区的统辖。然而，都督诸州军事改变管辖区，却仍然可以保留原来的军号将军。

（四）南朝都督诸州军事的品级与军号将军的品级，不是相互比照的

《宋书·百官志下》记载刘宋朝都督诸州军事的品级，称"诸持节都督"为二品。至于"监""督"等级的都督诸州军事的品级，在南朝的文献中不见记载，因此还不明确其品级。不过，从"都督"等级都督诸州军事所领军号将军可以看出，都督诸州军事与军号将军的品级存在差别。因为南朝都督诸州军事所领军号将军的品级，以车骑、骠骑、卫将军最高。除此之外，南朝的都督诸州军事所领军号将军的品级都低于二品。这说明，虽然都督诸州军事任职是与军号将军结合在一起的，可是都督诸州军事的品级并不需要与所领军号将军的品级保持一致。这种情况表明，都督诸州军事与所领军号将军都保持各自的品级。也就是说，南朝国家使都督诸州军事领有军号将军

---

① 《宋书》卷六八《武二王·南郡王义宣传》。
② 《陈书》卷二〇《华皎传》。
③ 《宋书》卷六一《武三王·江夏王义恭传》。
④ 《梁书》卷二二《太祖五王·南平元襄王伟传》。

时，一般不考虑二者在品级上的统一性。

综上可见，南朝使都督州军事任职与军号将军必须结合在一起，但是二者的这种联系，并不是合二为一的，所以都督诸州军事的等级与所领将军号的品级没有比照关系，实际二者的职官品级是独立的。可以说，都督诸州军事与军号将军的结合，只是曹魏、西晋以将军职兼任都督诸州军事做法的延续。可是，在将军职逐渐虚化后，也就演变为只有领有军号将军，才能实现都督诸州军事任职的必要条件。

二

如前所述，南朝国家设置都督诸州军事，一般都使其领有军号将军。领有军号将军成为都督诸州军事任职的必要条件。换言之，当时国家必须保证使都督诸州军事领有军号将军。可是，由于国家设置都督诸州军事的具体情况不同，这就使其领有将军职的方式出现了多样性。从当时国家使都督诸州军事所领军号将的情况来看，可以分为以下几种：

（一）在都督诸州军事任职前拥有军号将军，任职后保持原来的军号将军，或者迁转军号将军

可以说，南朝的一些都督诸州军事任职前，就领有军号将军，因而这些都督诸州军事所领的军号将军，正是对原来的军号将军的保留。《宋书·柳元景传》："孝建元年正月，鲁爽反，遣左卫将军王玄谟讨之，加元景抚军将军、假节、置佐，后玄谟。复以为都督雍梁南北秦四州荆州之竟陵随二郡诸军事、抚军将军，领宁蛮校尉、雍州刺史，持节如故。"《南齐书·吕安国传》："世祖即位，授使持节、散骑常侍、平西将军、司州刺史，领义阳太守。永明二年，徙都督南兖兖徐青冀五州诸军事、平北将军、南兖州刺史，仍为都督、湘州刺史。"《梁书·武陵王纪传》："（武陵王纪）征为侍中，领石头戍军事。出为宣惠将军、江州刺史。征为使持节、宣惠将军、都督扬南徐二州诸军事、扬州刺史。"《陈书·华皎传》："（华）皎随都督吴明彻征迪。迪平，以功授散骑常侍、平南将军、临川太守，……入朝，仍授使持节、都督湘巴等四州诸军事、湘州刺史，常侍、将军如故。"这些事例说明，以保留原来军号将军的方式，使任都督诸州军事者能够领有将军号，是南朝国家采取的一种做法。

当然，南朝国家还可以迁转都督诸州军事任职前的军号将军。《南齐书·王玄载传》："升明中，太祖引（王玄载）为骠骑司马、冠军将军、太山太守，玄邈甚惧。……出为持节、都督梁南秦二州军事、征虏将军、西戎校尉、梁南秦二州刺史。"《梁书·元帝纪》："（萧绎）初为宁远将军、会稽太守，入为侍中、宣威将军、丹阳尹。普通七年，出为使持节、都督荆湘郢益宁南梁六州诸军事、西中郎将、荆州刺史。"《陈书·吴明彻传》："（吴明彻）高祖受禅，拜安南将军，仍与侯安都、周文育将兵讨王琳。……世祖即位，诏以本官加右卫将军。王琳败，授都督武沅二州诸军事、安西将军、武州刺史，余并如故。"据此可见，王玄载、萧绎、吴明彻在任都督诸州军事后，他们原来的军号将军都迁转了。但是，他们军号将军的迁转，是以原来领有的军号将军为参照的。这就是说，南朝国家任命都督诸州军事，能够使其保持原来的军号将军，也能够迁转原来的军号将军。可是，这两种做法的相同之处在于，都督诸军事可以领有的军号将军，都是以原来的军号将军为基础的。

（二）都督诸州军事任职时，可以同时受任军号将军

《宋书·檀道济传》："（檀道济）迁都督江州之江夏豫州之西阳新蔡晋熙四郡诸军事、征南大将军、开府仪同三司、江州刺史。"《南齐书·宗室·始安贞王道生传》："建武元年，（萧道生）以为持节、都督扬南徐二州诸军事、前将军、扬州刺史。"《梁书·王茂传》："（王茂）出为使持节、散骑常侍、骠骑将军、开府仪同三司之仪、都督江州诸军事、江州刺史。"《陈书·宝安传》："（宝安）授持节、都督南徐州诸军事、贞毅将军、南徐州刺史。征为左卫将军，加信武将军。寻以本官领卫尉卿，又进号仁威将军。"很显然，这些都督诸州军事的任职，是与授任其军号将军同时进行的。这种授任都督诸州军事与军号将军的做法，应该是二者能够结合的重要方式。

（三）都督诸州军事的任职，所领有的军号将军不是固定不变的

也就是说，南朝国家可以通过"进号"，或者"贬号"的方式，改变都督诸州军事领有的军号将军。从"进号"情况来看，在文献中多有记载。例如，海陵王刘休茂"大明二年，以为使持节、都督雍梁南北秦四州郢州之竟陵随二郡诸军事、北中郎将、宁蛮校尉、雍州刺史。进号左将军"[①]。王敬则

[①]《宋书》卷七九《文武王·海陵王休茂传》。

魏晋南北朝将军制与都督制论稿

"建元元年，出为使持节、散骑常侍、都督南兖兖徐青冀五州军事、平北将军、南兖州刺史。……二年，进号安北将军"①。萧宏"天监元年，封临川郡王，邑二千户。寻为使持节、散骑常侍、都督扬南徐州诸军事、后将军、扬州刺史。……三年，加侍中，进号中军将军"②。黄法氍"光大元年，出为使持节、都督南徐州诸军事、镇北将军、南徐州刺史。二年，徙为都督郢巴武三州诸军事、镇西将军、郢州刺史，持节如故。太建元年，进号征西大将军"③。南朝国家为都督诸州军事所领军号将军"进号"，实际上就是提高所领军号将军的班次或者品级。应该说，南朝国家为都督诸州军事所领军号将军的"进号"采取多种做法。

一是在都督诸州军事原来领有军号将军的基础上"进号"。诸如，刘子绥"为都督郢州诸军事、冠军将军、郢州刺史，进号后军将军，加持节"④。萧子响"永明三年，迁右卫将军。仍出为使持节、都督豫州郢州之西阳司州之汝南二郡军事、冠军将军、豫州刺史。明年，进号右将军。进督南豫州之历阳、淮南、颍川、汝阳四郡"⑤。萧秀"为冠军长史、南东海太守，镇京口。建康平，仍为使持节、都督南徐兖二州诸军事、南徐州刺史，辅国将军如故。天监元年，进号征虏将军"⑥。欧阳𬘭"天嘉中，除黄门侍郎、员外散骑常侍，累迁安远将军、衡州刺史，袭封阳山郡公，都督交广等十九州诸军事、广州刺史。……进号轻车将军"⑦。

二是都督诸州军事等级改变时，所领军号将军"进号"。诸如，王弘"加使持节、侍中，改监为都督，进号车骑大将军，开府、刺史如故"⑧。沈攸之"回至镇，进号镇西将军，改督为都督"⑨。曹虎"隆昌元年，迁督雍州

---

① 《南齐书》卷二六《王敬则传》。
② 《梁书》卷二二《太祖五王·临川惠王宏传》。
③ 《陈书》卷一一《黄法氍传》。
④ 《宋书》卷六一《武三王·江夏王义恭传》。
⑤ 《南齐书》卷四〇《武十七王·鱼复侯子响传》。
⑥ 《梁书》卷二二《太祖五王·安成康王秀传》。
⑦ 《陈书》卷九《欧阳𬘭传》。
⑧ 《宋书》卷四二《王弘传》。
⑨ 《宋书》卷八三《沈攸之传》。

郢州之竟陵司州之随郡军事、冠军将军、雍州刺史。建武元年，进号右将军。二年，进督为监，进号平北将军"①。由此可见，南朝一些都督诸州军事的等级，由"督"进为"监"，由"监"进为"都督"，由"督"进为"都督"后，都有所领军号将军"进号"的做法。这些事例说明，南朝国家在需要时，也采取将都督诸军事等级的提升与所领军号将军晋升结合起来的做法。但是，二者的提升还没有形成明显的对应关系，因而也就不是固定化的措施。

三是为都督诸州军事加荣誉官的同时，所领军号将军也可以"进号"。《宋书·文九王·巴陵哀王休若》："出为使持节、都督会稽东阳永嘉临海新安五郡诸军事、领安东将军、会稽太守，率众东讨。进督吴、吴兴、晋陵三郡，寻加散骑常侍，进号卫将军，给鼓吹一部。"《南齐书·宗室·始安贞王道生传》："建武元年，以为持节、都督扬南徐二州诸军事、前将军、扬州刺史。晋安王宝义为南徐州，遥光求解督，见许。二年，进号抚军将军，加散骑常侍，给通幰车鼓吹。"《梁书·太祖五王·临川惠王宏传》："天监元年，封临川郡王，邑二千户。寻为使持节、散骑常侍、都督扬南徐州诸军事、后将军、扬州刺史，又给鼓吹一部。三年，加侍中，进号中军将军。"这些记载中提到的为都督诸州军事所加的"侍中""散骑常侍"都属于加官。就侍中而言，在南朝既可以作为执事官除授，也能作为荣誉官加授。《宋书·百官志上》："魏、晋以来，置四人，别加官不主数。秩比二千石。"从散骑常侍来看，南朝散骑常侍，与侍中相同，《宋书·百官志上》："骑散常侍秩比二千石。"可以作为执事官，也可以作为加官除授。南朝官员加授侍中、散骑常侍，正如《宋书·礼志五》所言："宋兴以来，王公贵臣加侍中、散骑常侍，乃得服貂珰也。""侍中左貂，常侍右貂。"② 也就是获得很高地位的象征。当然，南朝国家为都督诸州军事加授侍中、散骑常侍，正是要加重其地位。由于都督诸州军事地位的加重，自然要影响到所领军号将军。因此可以说，南朝国家只有使加授侍中、散骑常侍的都督诸州军事所领军号将军"进号"，才能适应其地位加重的情况。

南朝国家还可以贬降都督诸州军事所领军号将军的班次与品级。《宋书·蔡廓传附蔡兴宗传》："（蔡兴宗）出为使持节、都督郢州诸军事、安西

---

① 《南齐书》卷三〇《曹虎传》。
② 《宋书》卷一八《礼志五》。

将军、郢州刺史。坐诣尚书切论以何始真为咨议参军,初不被许,后又重陈,上怒,贬号平西将军,寻又复号。"《宋书·张茂度传》:"(张茂度)徙都督会稽东阳临海永嘉新安五郡诸军事、会稽太守,将军如故。以北讨失律,固求自贬,降号左将军。"很显然,都督诸州军事的军号将军被贬降,都是与犯有过失有关。也就是说,对都督诸州军事所领军号将军"贬号",实际起到惩罚的作用。

由此可见,南朝国家使都督诸州军事所领军号将军的变动,就增加所领军号将军的职能,从而更强化了都督诸州军事与军号将军的结合。

(四) 都督诸州军事迁转时,国家使其所领军号将军也随之变动

南朝都督诸州军事迁转时,所领军号将军出现变动的事例多见。例如,刘子勋"仍都督南兖州徐州之东海诸军事、征虏将军、南兖州刺史。七年,改督江州南豫州之晋熙新蔡郢州之西阳三郡诸军事、前将军、江州刺史"①。萧嶷"出为使持节、都督江州豫州之新蔡晋熙二郡军事、左将军、江州刺史,常侍如故。……仍徙都督荆湘雍益梁宁南北秦八州诸军事、镇西将军、荆州刺史,持节、常侍如故"②。萧恢"天监元年,为侍中、前将军、领石头戍军事。封鄱阳郡王,食邑二千户。二年,出为使持节、都督南徐州诸军事、征虏将军、南徐州刺史。四年,改授都督郢司二州诸军事、后将军、郢州刺史,持节如故"③。这些事例说明,南朝国家改变都督诸州军事对都督区管辖,实际是对他们所任官职的迁转。很明显,由于都督诸州军事任职的迁转,也要使所领军号将军的称号或者品级也出现改变。可以说,这种变化,应该是都督诸州军事任职迁转后,对所领军号将军的再任命。由此来看,这也应该是一种授予都督诸州军事所领军号将军不能忽视的方式。

(五) 都督诸州军事任职,可以采取"假"授军号将军的做法

所谓"假"授的方式,就是暂时任命。在南朝,以"假"授方式使都督诸州军事获得军号将军的事例,在文献中也有一些记载。例如,王玄谟"遣济南太守垣护之将兵赴义。事平,除徐州刺史,加都督。及南郡王义宣与江

---

① 《宋书》卷八〇《孝武十四王·晋安王子勋传》。
② 《南齐书》卷二二《豫章文献王嶷传》。
③ 《梁书》卷二二《太祖五王·鄱阳忠烈王恢传》。

州刺史臧质反，朝廷假玄谟辅国将军，拜豫州刺史，与柳元景南讨"①。刘勔"为使持节、都督南徐兖青冀□五州诸军事、平北将军，侍中、中领军如故，出镇广陵。固辞侍中、军号，许之，以为假平北将军"②。吴喜"又率军向豫州拒索虏，加节、督豫州诸军事，假冠军将军，骁骑、太守如故"③。很明显，南朝国家为一些都督诸州军事"假"授军号将军，一般都是要应付特殊的情况。尽管"假"授的军号将军只是暂时的，与正式任命的军号将军有一些差别。可是，由于这种假军号将军的出现，却为都督诸州军事应对紧急状况增加了与军号将军结合的方式。因此可以说，为都督诸州军事"假"授军号将军，只是都督诸州军事与军号将军结合的特殊做法。

此外还需要指出的是，南朝国家使都督诸州军事的任职与军号将军结合，已经不区分都督诸州军事的任职状况。《宋书·谢晦传》："（谢晦）与羡之、亮共辅朝政。少帝既废，司空徐羡之录诏命，以晦行都督荆湘雍益宁南北秦七州诸军事、抚军将军、领诸南蛮校尉、荆州刺史。"又《宋书·武三王·庐陵孝献王义真传》："高祖议欲东还，而诸将行役既久，咸有归愿，止留偏将，不足镇固人心，乃以义真行都督雍凉秦三州之河东平阳河北三郡诸军事、安西将军、领护西戎校尉、雍州刺史。"这里提到的"行"都督诸州军事，就是代理职，并不是正式的除授。也就是说，南朝国家使代理的都督诸州军事，也要与军号将军结合。

总之，南朝国家使都督诸州军事与军号将军的结合的方式表现出明显的多样性。这种多样性表明：南朝国家为使都督诸州军事的任职，能够与军号将军的结合，而采取了多种不同的途径。由于这些不同途径的实行，就能够保证都督诸州军事与军号将军可以实现稳定的结合。

三

在南朝，都督诸州军事的任职是与军号将军密切结合在一起的。尽管都督

---

① 《宋书》卷七六《王玄谟传》。
② 《宋书》卷八六《刘勔传》。
③ 《宋书》卷八三《吴喜传》。

魏晋南北朝将军制与都督制论稿

诸州军事领有军号将军，都是独立的职官。然而由于南朝国家将这两个职官实现了密切结合，因此军号将军对都督诸州军事的任职必然要产生影响。

（一）都督诸州军事所领军号将军可以保证都督府与僚佐官的设置

南朝都督诸州军事进行军事活动，必须设置都督府。《梁书·忠壮世子方等传》："时河东王为湘州刺史，不受督府之令，方等乃乞征之，世祖许焉，拜为都督，令帅精卒二万南讨。"可以说，都督府是军事行动的指挥机构。然而，南朝的都督府与军号将军府是有联系的。《南齐书·百官志》："凡诸将军加'大'字，位从公。开府仪同如公。凡公督府置佐：长史、司马各一人，咨议参军二人。"这说明，南朝都督府与军号将军府是合一的。也就是说，都督府的设置要以军号将军府为基础。

从南朝军号将军的情况来看，实际有重号将军与小号将军的区分。一般认为重号将军都能开府，而且一些小号将军也能开府。①《宋书·百官志上》："小号将军为大郡边守置佐吏者，又置长史，余则同也。"《南齐书·百官志》"凡诸小号，亦有置府者。"当然，南朝小号将军开府，只是特殊的情况。检《宋书》《南齐书》《梁书》《陈书》记载，可以看到的主要军号将军府有：卫军府、左军府、征北府、镇军府、前军府、后军府、建威府、中军府、冠军府、安北府、征虏府、抚军府等。这些军号将军府的设置，是为了有效地进行军事活动。《宋书·刘穆之传》："进穆之前将军，给前军府年布万匹，钱三百万。"《宋书·沈攸之传》："元嘉中，巴东、建平二郡，军府富实，与江夏、竟陵、武陵并为名郡。"《梁书·华皎传》："文帝为吴兴太守，以皎为都录事，军府谷帛，多以委之。"这些记载说明，军号将军府不仅是军队集中地，还是军事辎重的供应地。而在这些军号将军被任命为都督诸州军事后，也就成为都督府。

应该说，都督诸州军事不仅能够利用军号将军府的军事储备，而且可以继续任用军府僚佐官，因为南朝国家使军号将军府都设有品级不同的僚佐官。例如，张兴世"少时家贫，南郡宗珍之为竟陵郡，兴世依之为客。竟陵旧置军府，以补参军督护"②。王景文"出为江夏王义恭、始兴王浚征北、后

---

① 钱大昕：《钱大昕全集（二册）》，江苏古籍出版社，1977年版，第554页。
② 《宋书》卷五〇《张兴世传》。

军二府主簿,武陵王文学,世祖抚军记室参军,南广平太守,转咨议参军,仍度安北、镇军府"①。桓康"见擢为世祖冠军府参军"②。

由此可见,南朝国家使军号将军与都督诸州军事结合,显然直接影响了都督府的设置。也就是说,只有使都督诸州军事领有军号将军,才能"开府置佐",进而保证军事活动的展开。

(二) 都督诸州军事所领军号将军对其地位能产生比较明显的影响

应该说,南朝的都督诸州军事具有较高的品级。而当时国家使都督诸州军事所领军号将军,除一些地位特殊情况外,一般最高以二品级为限。但是这种规定又不是固定的,实际上,国家有时在需要的时候,要为一些都督诸州军事所领军号将军加大将军称号。以刘宋朝为例,《宋书·顺帝纪》:"元徽二年(刘准),进号车骑将军、都督扬、南豫二州诸军事,给鼓吹一部,刺史如故。四年,又进号骠骑大将军、开府仪同三司,班剑三十人,都督、刺史如故。"《宋书·檀道济传》:"(檀道济)迁都督江州之江夏豫州之西阳新蔡晋熙四郡诸军事、征南大将军、开府仪同三司、江州刺史,持节、常侍如故。"《宋书·武三王·衡阳文王义季传》:"(刘义季)为都督南兖徐青冀幽六州诸军事、征北大将军、开府仪同三司、南兖州刺史,持节、常侍如故。"据此可见,刘宋朝多有领有不同称号大将军担任都督诸州军事。据《宋书·百官志》的记载,大将军品级不是二品,而是一品。而在刘宋朝,"都督"等级的都督诸州军事的品级为二品。南朝国家为都督诸州军事加授高于其品级的军号将军,其目是很明显就是要加重和提高都督诸州军事的地位。

(三) 都督诸州军事所领军号将军迁转,可以影响都督诸州军事的等级地位

以刘宋朝为例,《宋书·宗室·长沙景王道怜传》:"(刘道怜)进号镇军将军,进监为都督。"《宋书·刘勔传》:"(刘勔)起为持节、督青冀二州诸军事、辅国将军、青冀二州刺史。不行,改督益宁二州刺史,持节、将军如故。……太宗即位,进号冠军将军,又进平西将军,改督为都督。"《宋书·明四王·邵

---

① 《宋书》卷八五《王景文传》。
② 《南齐书》卷三〇《桓康传》。

陵殇王传》："（邵陵殇王友）出为使持节、督江州豫州之西阳新蔡晋熙三郡诸军事、南中郎将、江州刺史，封邵陵王，食邑二千户。……顺帝即位，进号左将军，改督为都督。"《宋书·刘秀之传》："南谯王义宣据荆州为逆，遣参军王曜征兵于秀之，秀之即日斩曜戒严。……其年，进号征虏将军，改督为监，持节、刺史如故。"这些记载说明，南朝都督诸州军事的等级可以由低等级提高至高等级。其中一些都督诸州军事等级的提高与军号将军的晋升是有联系的。可以说，一些都督诸州军事等级是随着所领军号将军的品级晋升而提高的。很显然，虽然都督诸州军事与军号将军是独立的职官，可是二者结合在一起，军号将军的迁转，就在一定程度上，要使都督诸州军事等级发生变化。因而，两个职官的相互影响也是不能避免的。

（四）都督诸州军事所领军号将军的晋升，可以体现对任都督诸州军事者的军功、政绩的表彰

《宋书·张兴世传》："（张兴世）泰豫元年，为持节、督雍梁南北秦郢州之竟陵随二郡诸军事、冠军将军、雍州刺史，寻加宁蛮校尉。桂阳王休范反，兴世遣军赴朝廷，未发而事平，进号征虏将军。"《梁书·康绚传》："（康绚）迁假节、督北徐州诸军事、辅国将军、北徐州刺史，镇钟离。魏寇州境，绚击破之。三年，进号冠军将军，增封二百户。"南朝国家能够使都督诸州军事张兴世、康绚的将军号晋升，显然都是与他们立有军功有关，可以说是对他们所立军功的表彰。

都督诸州军事所领军号将军的变动，还与任职者取得政绩有关。《宋书·杜骥传》："世祖践阼，（杜恬）迁青州刺史，将军如故。寻加督徐州之东莞、东安二郡诸军事。明年，又督冀州。齐地连岁兴兵，百姓凋弊，恬初防卫边境，劝课农桑，二三年间，遂皆优实。性清约，频处州郡，妻子不免饥寒，世以此称之。进号辅国将军。"也就是说，南朝国家还把晋升都督诸州军事所领军号将军的班位和品级与他们取得的政绩联系起来。当时国家的这种做法，也是要通过提高都督诸州军事所领军号将军的晋升来彰显他们的政绩。

（五）南朝都督诸州军事的不同等级对所领军号将军的班位与品级，可以产生影响

先看"都督"等级的都督诸州军事所领军号将军的最高品级。统计《宋书》《南齐书》《梁书》《陈书》中的记载，"都督"等级的都督诸州军事所领军号将军能够获得大将军的称号。这些不同称号的大将军,为一品级。① 然而,所领的多数军号将军并不是如此。统计情况显示,"都督"等级的都督诸州军事所领的军号将军主要有:车骑将军、骠骑将军、卫将军。这些将军的品级,则规定为二品。

南朝,"监"等级的都督诸州军事所领军号将军最高品级与"都督"等级不同。统计《宋书》《南齐书》《梁书》《陈书》记载,"监"等级的都督诸州军事所领的最高品级的军号将军主要有:冠军将军、镇军将军、后将军、辅国将军、平北将军等。这些军号将军的品级,被定为三品。

南朝国家对"督"等级的都督诸州军事所领最高品级的军号将军,也有规定。统计《宋书》《南齐书》《梁书》《陈书》记载,"督"等级都督诸州军事所领军号将军主要有:征虏将军、右将军、辅国将军、龙骧将军、左将军、前将军、安北将军、平西将军、冠军将军、镇南将军等。"督"等级的都督诸州军事所领这些最高品级的军号将军,一般都是三品。

从南朝"都督""监""督"三等级都督诸州军事所领最高品级的军号将军来看,应该说,"都督"等级的都督诸州军事所领最高品级军号将军与"监""督"等级都督诸州军事所领军号将军存在差别。"都督"等级的都督诸州军事所领军号将军,在特殊的情况下,可以为一品的不同称号的大将军。但是,所领最高品级的军号将军,多为二品级。而"监""督"等级的都督诸州军事所领军号将军的最高品级,只为三品。这些情况表明,南朝国家一般是根据都督诸州军事的等级,来限定其所领军号将军的最高品级的。由此看来,南朝国家采取都督诸州军事与军号将军结合的这种任职方式,因而也就很难不使都督诸州军事的等级不对所领军号将军的品级产生影响。当然这种影响只是从所领军号将军的最高品级显示出来。

总而言之,由于南朝国家实行都督诸州军事与所领军号将军相结合的任职方式,就使都督诸州军事与所领军号将军,不能不相互影响。应该说,都督诸州军事与所领军号将军的结合,就使都督府与军号将军府合二为一,并且所领军号将军的僚佐官也就成为都督诸州军事的僚佐官。都督诸州军事所

---

① 军号将军的品级,依据《宋书·百官志》。以下军号将军品级的依据相同,不再注明。至于梁武帝官制改革后的军号将军品级,暂不做讨论。

魏晋南北朝将军制与都督制论稿

领军号将军，可以突显都督诸州军事的地位，也能够影响都督诸州军事的等级。都督诸州军事所领军号将军，可以彰显都督诸州军事所建树的军功和政绩。而且都督诸州军事的不同等级对所领军号将军最高品级也有明确的限定。由于这种限定做法的实行，就使所领军号将军的任职，能够体现都督诸州军事的不同等级差别。由这些情况所决定，也就不能忽视对南朝都督诸州军事与所领军号将军之间的相互影响。可以说，南朝国家都督诸州军事的这种任职特点，就显现出军号将军并不完全是一种不起作用的虚衔。

（原载《史学集刊》2004年第4期，收入论文集，略有修改）

北魏都督诸州军事制度试探

北魏建国后,开始实行都督诸州军事制。可以说,实行都督诸州军事制实际上是设置重要的军事职官。由于这一职官的设置,有利于对地方进行有效的军事防卫,也就是国家对地方的控制的重要措施。因此,需要对北魏实行都督诸州军事的诸问题做深入的考证。应该说,前人对北魏都督诸州军事问题做了一些研究,[①] 为认识这一问题,提出了诸多具有启发性的意见。然而,由于涉及都督诸州军事问题的复杂,因而对这一问题还有继续开掘的必要。所以,本文拟就与北魏都督诸州军事相关问题再做探讨,以期有益于对这一问题考察的深入。

一、都督诸州军事的设置

(一) 北魏都督诸州军事的始设

道武帝建国后,不断用兵作战,因而使统治区域不断扩大。为了巩固占领的区域,道武帝在军事与行政上,都采取了相应的措施。在道武帝实行的措施中,采用了魏晋以来国家控制地方的一些做法。其中重要的就是,设置都督诸州军事。《魏书·莫提传》:"(莫提)多智有才用。初为幢将,领禁兵。太祖之征慕容宝也,宝夜来犯营,军人惊骇。遂有亡还京师者,言官军败于柏肆,京师不安。……以功拜平远将军,赐爵扶柳公,进号左将军,改为高邑公。出除中山太守,督司州之山东七郡事。"道武帝任莫提都司州之山东七郡事,应该是北魏设置都督诸州军事的最早记载。但莫提任都督与道

---

① 严耕望:《中国地方行政制度史(乙部)——魏晋南北朝地方行政制度(上册)》,台北"中央研究院"历史语言研究所专刊之四十五B,第436-448页。

魏晋南北朝将军制与都督制论稿

武帝征慕容宝在同一年。《资治通鉴·晋纪三十一》将道武帝征慕容宝之事，系于隆安元年，即北魏皇始元年。由此可见，道武帝在北魏建国不久，就开始设置都督诸州军事。而且，道武帝还根据需要不断推行这一做法。《魏书·封敕文传》："（封敕文）祖豆，皇始初，领众三万东征幽州，平定三郡，拜幽州刺史。后为使持节、都督冀青二州诸军事、前将军、开府、冀青二州刺史、关内侯。"显然，在道武帝统治时，封敕文祖父封敕豆已经被任命为都督冀青二州诸军事。在道武帝之后，明元帝继续设置都督诸州军事。例如，明元帝使长孙嵩假节，"督山东诸军事"①。长孙翰"后为都督北部诸军事、平北将军、真定侯"②。只是在这一时期，北魏统治地区还比较狭小，所以都督诸州军事设置的数量并不多，而且管辖的地区也受到限制。正因如此，道武帝、明元帝时，对都督诸州军事的设置的规定还是不完善的。

（二）都督诸州军事设置的规定开始完善

北魏国家设置都督诸州军事的增多，是在太武帝时期。由于太武帝在不断在北方用兵，因而将北方地区基本纳入北魏控制的版图。在太武帝扩大统治地域之时，都督诸州军事设置的数量也随之增加。例如，元和二年，太武帝"以乐安王范为假节、加侍中、都督秦、雍、泾、梁、益五州诸军事、卫大将军、仪同三司，镇长安"③。拓跋他"从世祖讨山胡白龙于西河……改封临淮王，拜镇东将军，寻改封淮南王，除使持节、都督豫洛河南诸军事、镇南大将军、开府仪同三司，镇虎牢"④。尉眷"寻为假节、加侍中、都督豫洛二州及河内诸军事、安南将军、开府，镇虎牢"⑤。统计《魏书》记载，太武帝任命的都督诸州军事就有：拓跋范、拓跋他、拓跋浑、尉眷、杜超、叔孙建、王建、楼伏连、奚眷、于栗䃅、李顺、司马文思、司马天助、刁雍、李宝、陆俟、源贺、皮豹子等人。可以说，太武帝已经将都督诸州军事作为重要军事职官来设置，而且对所设都督诸州的规定也很完善。在这一时期，所设的都督诸州军事已经有很明显的特点：

---

① 《魏书》卷二五《长孙嵩传》。
② 《魏书》卷二六《长孙肥传附长孙翰传》。
③ 《魏书》卷四上《太武帝纪上》。
④ 《魏书》卷一六《道武七王·阳平王熙传》。
⑤ 《魏书》卷二六《尉古真传附尉眷传》。

一是使都督诸州军事开始有等级的划分。从魏晋以来，国家将设置的都督诸州军事分为"都督""监""督"三等级。正如《晋书·职官志》称："及晋受禅，都督诸军为上，监诸军次之，督诸军为下。"实际上，太武帝开始按等级设置都督州军事。文献载，太武帝"以建威名南震，为义隆所惮，除平原镇大将，封丹阳王，加征南大将军、都督冀青徐济四州诸军事"①。叔孙建所任的都督诸州军事，就属于"都督"等级。《魏书·王建传》："（王度）太宗时为猎郎，出监云中军事。"《魏书·许彦传》："（徐元康）拜冠军将军、长安镇副将。迁监河州军事、河州刺史。"这些记载说明，从明元帝至孝文帝改革前，都督诸州军事都有"监"等级。因此，太武帝时也应该有"监"等级都督诸州军事的设置。《魏书·楼伏连传》"（楼伏连）又除假节、督河西诸军、镇西大将军，出镇统万。"《魏书·昭成子孙·毗陵王顺传》："世祖时，（拓跋粟）督诸军屯漠南。"很显然，楼伏连、拓跋粟都是以"督"等级的都督诸州军事镇戍地方的。虽然太武帝将都督诸州军事分为三等级，可是，除授最多的只有"都督"等级的都督诸州军事。

二是使都督诸州军事任职与军号将军结合在一起。道武帝始设都督州军事时，对其任职与军号将军结合没有做明确规定。但是，太武帝所设都督诸州军事，已经与初设时期不同。诸如，拓跋浑"后拜假节、都督平州诸军事、领护东夷校尉、镇东大将军、仪同三司、平州刺史，镇和龙"②。奚眷"加使持节、侍中、都督豫洛二州河内诸军事、镇南将军、开府。寻徙镇长安"③。很明显，都督诸州军事任职者，都领有不同的军号将军。也就是说，出任都督诸州军事与军号将军是不能分离的。

三是都督诸州军事所辖都督区的构成具有多样性，但都督区并不固定。可以说，太武帝时，都督诸州军事管辖区域，大多数是以州为单位构成的。当时都督诸州军事有任"都督平州诸军事"④，也就是管辖区为一州。还有

---

① 《魏书》卷二九《叔孙建传》。
② 《魏书》卷一六《道武七王·广平王连传》。
③ 《魏书》卷三〇《奚眷传》。
④ 《魏书》卷一六《道武七王·广平王连传》。

魏晋南北朝将军制与都督制论稿

"都督雍秦二州诸军事"①"都督青徐兖三州诸军事"②"都督冀青徐济四州诸军事"③"都督五州诸军事"④。可见，都督诸州军事统辖的州，从一州至五州多少不等。而且一些都督诸州军事的统辖区，是以州与零郡组成的。如尉眷的统辖区为"豫洛二州及河内"⑤。太武帝使一些都督诸州军事能以军镇为单位作为都督区。例如，长孙观"以征西大将军、假司空、督河西七镇诸军"⑥。北魏的军镇，相当于州。《魏书·官氏志》："旧制：缘边皆置镇都大将，统兵备御，与刺史同。"因此，都督诸州军事统辖军镇与统辖州没有太大的差别。太武帝为了有效地镇戍地方，还在特定区域设置都督诸州军事。其实，在特定区域设置都督诸州军事从明元帝时，就开始实行。明元帝"假（长孙）嵩节，督山东诸军事，传诣平原，缘河北岸列军次于畔城"⑦。而至太武帝时，继续实行。例如，拓跋浑"徙凉州镇将、都督西戎诸军事、领护西域校尉"⑧。拓跋浑统辖的西戎，正是一个特定地区。由此可见，太武帝时，都督诸州军事所统辖的地区，大多数是以州为单位的都督区。只是对任职者统辖州的多少没有限定。而且，都督诸州军事统辖的都督区，还能够以州与零郡以及军镇组成。为了镇戍地方的需要，太武帝也能够使都督诸州军事将特定的区域作为都督区。也就是说，太武帝时，都督诸州军事统辖的都督区表现出多样性。不过，需要指出的是，设置的这些都督区共同的特点是具有不固定性。从都督诸州军事统辖的州来看，都督诸州军事卸任，并不如同刺史一样，有接替官员续任，所以随着都督诸州军事的离任，所管辖都督区也就不存在了。由此看来，太武帝时，设置的都督诸州军事统辖地区是不固定的。也就是说，北魏国家根据镇戍地方的需要规定都督区。

---

① 《魏书》卷一六《道武七王·阳平王熙传》。
② 《魏书》卷三七《司马天助传》。
③ 《魏书》卷二九《叔孙建传》。
④ 《魏书》卷一七《明元六王·乐安王范传》。
⑤ 《魏书》卷二六《尉古真传》。
⑥ 《魏书》卷二五《长孙嵩传》。
⑦ 《魏书》卷二五《长孙嵩传》。
⑧ 《魏书》卷一六《道武七王·广平王连传》。

（三）孝文帝官制改革后，都督诸州军事设置的制度化

太和十五年，孝文帝开始"大定官品"①。在孝文帝制定的前《职员令》中，为都督诸州军事规定了品级。据前《职员令》的规定：都督府州诸军事为从一品上；都督三州诸军事为二品上；都督一州诸军事为从二品下。② 也就是孝文帝将都督诸州军事的设置纳入国家职官的品级序列中。由于孝文帝依据统辖州的数量来确定都督诸州军事的品级，实际上，也就取代了魏晋以来将都督诸州军事分为"都督""监""督"三等级的规定。因此，在《魏书》、墓志铭中，也就见不到按"都督""监""督"三等级设置都督诸州军事的记载。

实际上，孝文帝官制改革后，北魏国家基本实行按品级设置都督诸州军事的做法。例如，尔朱世隆"假骠骑大将军、行台右仆射、都督相州诸军事、相州刺史"③，元绪"为假节督洛州诸军事"④，都为都督一州诸军事。都督三州诸军事，则设置得较多。例如，元澄"又以氐羌反叛，除都督梁益荆三州诸军事、征南大将军、梁州刺史"⑤。王肃"除持节、都督豫、东豫、东郢三州诸军事、本将军、豫州刺史、扬州大中正"⑥。元彬"出莅为使持节征西大将军、都督东秦邠三州诸军事、领护西戎校尉、统万突镇都大将、夏州刺史"⑦。统计《魏书》、墓志铭记载，从孝文帝官制改革后，到北魏末年，北魏国家除授的都督三州诸军事者有：萧赞、元显恭、梁景睿、元罗、元澄、元英、元彬、元干、元雍、元亮、于忠、陆睿、源子恭、郑先护、杨椿、萧宝夤、萧赞、王肃、郭祚、李崇、傅竖眼、樊子鹄、贺拔岳等人。很明显，北魏国家主要除授的是都督三州诸军事。

当然，北魏国家设置都督诸州军事，并不是完全按品级规定的标准来设

---

① 《魏书》卷七下《孝文帝纪下》。
② 《魏书》卷一一三《官氏志》。
③ 《魏书》卷七五《尔朱彦伯传》。
④ 赵超：《汉魏南北朝墓志汇编》，天津古籍出版社，1992年，第52页。
⑤ 《魏书》卷一九中《景穆十二王中·任城王云传》。
⑥ 《魏书》卷六三《王肃传》。
⑦ 赵超：《汉魏南北朝墓志汇编》，天津古籍出版社，1992年，第39页。

魏晋南北朝将军制与都督制论稿

置。例如，穆绍"寻除使持节、都督冀瀛二州诸军事、本将军、冀州刺史"①。这类都督二州诸军事的品级，似应参照都督一州诸军事的规定。

北魏国家设置超过都督三州诸军事的情况，也是存在的。例如，王肃"以破萧鸾将裴叔业功，进号镇南将军，加都督豫、南兖、东荆、东豫四州诸军事"②。李崇"又授右光禄大夫，出为使持节、侍中、都督定幽燕瀛四州诸军事、本将军、定州刺史，仪同如故"③。除此之外，还有都督五州诸军事、都督六州诸军事的设置。例如，裴叔业"使持节、散骑常侍、都督豫雍兖徐司五州诸军事、征南将军、豫州刺史"④。元禧"都督冀、相、兖、东兖、南豫、东荆六州诸军事"⑤。北魏末年，甚至出现"都督冀定幽瀛营安平七州诸军事"⑥。北魏国家采取这种超品级规定的做法，显然是要体现这些出任都督诸州军事者的特殊地位。

不过，还要指出的是，孝文帝官制改革后，在特定地区设置都督诸州军事的情况，也是存在的。例如，任城王元云"迁使持节、都督陕西诸军事、征南大将军、长安镇都大将、雍州刺史"⑦。元鸷"又出为持节、都督河西诸军事、征西大将军、领护西戎校尉、凉州镇都大将"⑧。而且，北魏国家还设置都督军镇诸军事。例如，宇文福"出除散骑常侍，都督怀朔、沃野、武川三镇诸军事，征北将军，怀朔镇将"⑨。

尽管北魏国家设置都督诸州军事存在特殊的情况，但是主要设置的却是都督一、三州诸军事。但是，都督三州诸军事只是号称，实际统辖州只有二州。例如，高阳王元雍"世宗初，迁使持节、都督冀相瀛三州诸军事、征北

---

① 《魏书》卷二七《穆崇传》。
② 《魏书》卷六三《王肃传》。
③ 《魏书》卷六六《李冲传》。
④ 《魏书》卷七一《裴叔业传》。
⑤ 《魏书》卷二一上《献文六王上·咸阳王禧传》。
⑥ 《魏书》卷二一下《献文六王下·彭城王勰传》。
⑦ 《魏书》卷一九中《景穆十二王中·任城王云传》。
⑧ 《魏书》卷一九下《景穆十二王下·城阳王长寿传》。
⑨ 《魏书》卷四四《宇文福传》。

大将军、开府、冀州刺史，常侍如故。雍在二州，微有声称"①。也就是说，都督诸州军事的主要统辖一州，或者二州之地。正因如此，也就有了比较稳定的都督区。严耕望先生考证，北魏都督区有：关右都督区、统万夏州都督区、河南凉州都督区、豫州都督区、青齐都督区、徐州都督区、荆州都督区、淮南都督区、冀定都督区、恒州都督区、北边诸镇都督区。②严耕望确定的这些都督区，应该是孝文帝官制改革后出现的情况。因为孝文帝官制改革后，都督诸州军事的设置已经比较规范，所以才使都督区的设置逐渐趋于稳定。

孝文帝官制改革后，由于都督州军事与军号将军的品级都明确化，因而也就能够更清楚地把握都督诸州军事与军号将军的结合的特点。可以说，虽然都督诸州军事与军号将军的品级是各自独立的，可是由于二者结合在一起，自然要有一些联系。从都督一州诸军事所领军号将军来看，尔朱世隆原领有车骑将军，任都督相州诸军事后，又领有"假骠骑大将军"③。元绪都督洛州，领有龙骧将军号。④后《职员令》规定，龙骧将军为从三品。从都督三州诸军事领有军号将军看，差别也是比较明显的。例如，丹阳王萧赞"为使持节、都督齐济兖三州诸军事、骠骑大将军、开府仪同三司、齐州刺史"⑤。后《职员令》规定，骠骑大将军为二品。⑥又如，萧宝夤"除使持节、都督东扬南徐兖三州诸军事、镇军将军、扬州刺史"⑦。后《职员令》规定，镇军将军为从二品⑧。元显恭"为使持节、都督晋、建、南汾三州诸军事、镇西将军、晋州刺史"⑨。后《职员令》规定，镇西将军为从二品。统计《魏书》、墓志铭记载，孝文帝官制改革后，为都督三州诸军事所加的军号将

---

① 《魏书》卷二一上《献文六王上·高阳王雍传》。
② 严耕望：《中国地方行政制度史（乙部）——魏晋南北朝地方行政制度（上册）》，第439—447页。
③ 《魏书》卷七五《尔朱仲远传》。
④ 赵超：《汉魏南北朝墓志汇编》，天津古籍出版社，1992年，第52页。
⑤ 《魏书》卷一《庄帝纪》。
⑥ 《魏书》卷一一三《官氏志》。
⑦ 《魏书》卷五九《萧宝夤传》。
⑧ 《魏书》卷一一三《官氏志》。
⑨ 《魏书》卷一《庄帝纪》。

军有：骠骑大将军、骠骑将军、车骑大将军、卫大将军、卫将军、征南大将军、征东大将军、征北大将军、征北将军、征东将军、征西将军、中军将军、镇西大将军、镇西将军、镇军将军、抚军将军、安南将军、平南将军等。后《职员令》规定，平南将军为三品。很显然，都督三州诸军事所领的军号将军，最低品级为三品。因此可以说，都督一州军事、都督三州军事所领军号将军的最低品级是以从三品为下限规定。换言之，军号将军与都督诸州军事结合，必须为高品级的将军号，并且都督诸州军事的品级并不影响所授军号将军的品级。

  总之，北魏建国后不久，道武帝开始设置都督诸州军事。至太武帝时，随着北魏国家疆域的扩大，设置都督诸州军事的规定也逐渐完善。应该说，太武帝使都督诸州军事有了等级区分；使都督诸州军事与军号将军结合在一起；使都督州军事的设置要根据国家镇戍地方的需要，因而，统辖的都督区也就表现出多样性。太武帝采取的这些做法，应该是完善设置都督诸州军事规定的重要举措。在孝文帝进行官制改革后，保证了都督诸州军事设置规定的进一步完善。可以说，从孝文帝官制改革开始，直至北魏末年，北魏国家以规定的都督诸州军事的品级，取代了原来的"都督""监""督"的等级规定，并依据其品级设置都督诸州军事。北魏国家设置都督州军事，虽然依然使其与军号将军结合，但是，只规定所领军号将军的下限品级为从三品，因而都督诸州军事与所领军号将军的独立性就更明显。并且由于北魏国家按品级设置都督诸州军事，也就使都督区更趋于稳定。

二、都督诸州军事的权力

  北魏国家设置都督诸州军事的目的是要有效地镇戍地方，所以都督诸州军事具有的权力，主要表现在军事上。然而，北魏国家一般都使都督诸州军事兼任州刺史，因此都督诸州军事也就具有管理地方的行政权力。

（一）都督诸州军事的军事权力

  可以说，北魏都督诸州军事的军事权力主要表现在三方面：

  一是都督诸州军事对地方军队的统领权。由于北魏设置的都督诸州军事逐渐地方化，所以统领的军队主要是地方军。实际上，由于北魏国家征战需要，军队可以分为中央禁军与地方州兵。而都督诸州军事所统领的多为州兵。《魏书·景穆十二王下·章武王太洛传》："（元彬）出为使持节、都督东秦豳夏三州诸军事、镇西大将军、西戎校尉、统万镇都大将、朔州刺史。以贪婪削封。是时，吐京胡反，诏彬持节，假平北将军，行汾州事，率并、肆之众往讨之。"元彬统领的"并、肆之众"，实际是并州、肆州的州兵。

从州兵的设置情况来看，在北魏前期，州兵就是重要的武装力量。《魏书·太武帝纪下》："（太平真君六年）选六州兵勇猛者二万人，使永昌王仁、高凉王那分领，为二道，各一万骑，南略淮泗以北。"又《魏书·太武帝纪下》："（太平真君七年）发定、冀、相三州兵二万人屯长安南山诸谷，以防越逸。"献武帝时，"洛州民田智度聚党谋逆。诏（尉）拨乘传发豫州兵与洛州刺史丘顿击之，获智度，送京师"①。孝文帝改革后，州兵依然是作战的重要武装。例如，孝文帝"别诏安南大将军元英、平南将军刘藻讨汉中，召雍、泾、岐三州兵六千人拟戍南郑，克城则遣"②。又如，张普惠"以本官为持节、西道行台。给秦、岐、泾、华、雍、豳、东秦七州兵武三万人，任其召发，送南秦、东益二州兵租，分付诸戍"③。这说明，北魏地方州兵有很强的作战能力。而且，北魏国家使各州都有镇戍之兵。《魏书·薛野睹传》："州镇戍兵，资绢自随，不入公库，任其私用，常苦饥寒。"又同传："在州戍兵，每岁交代，虎子必亲自劳送。丧者给其敛帛。"显然，这些驻戍地方的士兵，是定期驻防的。但是，在各州的军队却是常设的。应该说，常驻在各州的这些军队，主要是为了保证地方的安定。

北魏国家设置都督诸州军事后，为防卫地方，当然就要有效地统领州军。皮豹子出任都督秦雍荆梁四州诸军事，上表太武帝称："其统万、安定二镇之众，从戎以来，经三四岁，长安之兵，役过期月，未有代期。衣粮俱尽，形颜枯悴，窘切恋家，逃亡不已，既临寇难，不任攻战。"④皮豹子提到的"长安之兵"，实际就是雍州的州兵。他对这些州兵的服役情况如此关切，说明这些士兵都为他统领。可以说，都督诸州军事正是依靠这些地方军来镇戍都督区的。例如，拓跋他任使持节、都督雍秦二州诸军事、镇西大将军，

---

① 《魏书》卷三〇《尉拨传》。
② 《魏书》卷五三《李冲传》。
③ 《魏书》卷七八《张普惠传》。
④ 《魏书》卷五一《皮豹子传》。

魏晋南北朝将军制与都督制论稿

"绥抚秦土,得民夷之心"①。元英"除使持节、假征东将军、都督冀州诸军事。英未发,而冀州已平"②。这些事例说明,北魏国家使都督诸州军事出镇地方,主要就是要保证都督区社会秩序的稳定。如果都督区内出现叛乱,主要由都督诸州军事负责平定。例如,贼帅宿勤明达、叱千骐骤等寇乱幽华诸州,"(元颢)以本将军加使持节、假征西将军、都督华豳东秦诸军事、兼左仆射、西道行台,以讨明达。颢转战而前,频破贼众,解豳华之围"③。显然,都督诸州军事镇戍地方起到了很重要的作用。而都督诸州军事具有对都督区内州兵的统领权,则是镇戍地方取得成效的保证。

当然,北魏的一些都督区是由军镇组成的。例如,元继"高祖时,除使持节、安北将军、抚冥镇都大将。转都督柔玄、抚冥、怀荒三镇诸军事,镇北将军、柔玄镇大将"④。北魏国家将军镇作为都督区,就有利于统一指挥各军镇的军队,进而有效地防卫各军镇。

二是都督诸军事可以受"节",具有军事惩罚的权力。北魏国家任命都督诸军事,要为其授节。但北魏国家延续魏、晋制度,依然将节分为等次。正如《晋书·职官志》称:"使持节为上,持节次之,假节为下。使持节得杀二千石以下;持节杀无官位人,若军事,得与使持节同;假节唯军事得杀犯军令者。"太武帝设置的都督州军事,开始都授予任职者不同的"节"。例如,于栗䃶"寻迁使持节、都督兖相二州诸军事、镇南将军、枋头都将"⑤。杜超"假节都督冀、定、相三州诸军事、行征南大将军"⑥。可以说,太武帝也将授都督诸州军事的"节"分为三等。可是,为都督诸州军事者所授的"节",大多数为"使持节",少数为"假节",却很少授予"持节"。太武帝使大多数都督诸州军事可以获得"使持节",显然要使任职者具有最高的执行军法的权力。

孝文帝官制改革后,依然为都督诸州军事授"节"。诸如,赵郡王元干

---

① 《魏书》卷一六《道武七王·阳平王熙传》。
② 《魏书》卷一九下《景穆十二王下·南安王桢传》。
③ 《魏书》卷二一上《献文六王上·北海王详传》。
④ 《魏书》卷一六《道武七王·京兆王黎传》。
⑤ 《魏书》卷三一《于栗䃶传》。
⑥ 《魏书》卷四上《太武帝纪上》。

"拜使持节、都督南豫郢东荆三州诸军事、征南大将军、开府、豫州刺史"①。穆绍"寻除使持节、都督冀瀛二州诸军事、本将军、冀州刺史"②。也有授予"持节"和"假节"的。例如,陈伯之"为持节、都督江郢二州诸军事、平南将军、江州刺史"③。樊子鹄"以为假节、假平南将军、都督河东正平军事、行唐州事"④。可是,据《魏书》记载,孝文帝官制改革后,为都督诸州军事授"持节"和"假节"的,仅此二例。这说明,北魏国家为都督诸州军事所授,基本都是"使持节"。这种做法,与太武帝时授都督诸州军事"节"的情况有明显改变。由此可以看出,孝文帝改革后,国家一般授予都督诸州军事"使持节",以此象征具有最高军事惩罚权。

(二) 都督诸州军事的行政权力

北魏国家设置都督诸州军事,是为了镇戍地方,所以权力的行使主要体现在军事活动中。然而,北魏国家设置都督诸州军事,还使其兼任刺史和都大将。《魏书·刁雍传》:"真君二年复授使持节、侍中、都督扬豫兖徐四州诸军事、征南将军、徐豫二州刺史。"《魏书·明元六王·乐安王范传》:"世祖以长安形胜之地,非范莫可任者,乃拜范都督五州诸军事、卫大将军、开府仪同三司、长安镇都大将。"也就是说,从太武帝开始出现都督诸州军事兼任刺史和都大将的情况。但是当时这种情况还不普遍,而且主要兼任的是都大将和都将。例如,李顺"拜使持节、都督秦雍梁益四州诸军事、宁西将军、开府、长安镇都大将"⑤。于栗䃅"寻迁使持节、都督兖相二州诸军事、镇南将军、枋头都将"⑥。很显然,太武帝使都督诸州军事兼任都大将与都将,主要因为与兼职职官在军事活动上,有一致之处。然而,至文成帝、献文帝时,都督诸州军事兼任刺史的情况开始增多。例如,皇兴二年,李惠"为征南大将军、仪同三司、都督关右诸军事、雍州刺史"⑦。尉元"都督徐、

---

① 《魏书》卷二一上《献文六王上·赵郡王干传》。
② 《魏书》卷二七《穆崇传》。
③ 《魏书》卷六一《田益宗传》。
④ 《魏书》卷八〇《樊子鹄传》。
⑤ 《魏书》卷三六《李顺传》。
⑥ 《魏书》卷三一《于栗䃅传》。
⑦ 《魏书》卷六《献文帝纪》。

南、北兖州诸军事，镇东大将军，开府，徐州刺史"①。不过，由于孝文帝官制改革前，北魏国家在地方州实行的是三刺史制，自然会影响都督诸州军事把握行政权力。尽管如此，因为都督诸州军事是都督区的最高军事长官，所以，还可以干预所辖州的行政事务。例如，任城王拓跋云任都督徐兖二州缘淮诸军事监徐州刺史，"性善抚绥，得徐方之心，为百姓所追恋。送遗钱货，一无所受。显祖闻而嘉之"②。窦瑾任使持节、散骑常侍、都督秦雍二州诸军事、宁西将军、长安镇将。"在镇八年，甚著威惠"③。这些事例说明，北魏前期都督诸州军事不限于军事活动，实际上也参与行政事务，因此，才能为辖区的居民所拥戴。而且，一些都督诸州军事兼任刺史后，很注意所辖地区居民生活的安定。例如，拓跋平原出任都督齐兖二州诸军事、镇南将军、齐州刺史，"善于怀抚，边民归附者千有余家"④。游明根任都督兖州诸军事，拜东兖州刺史，"为政清平，新民乐附"⑤。

孝文帝官制改革后，除授都督诸州军事，一般都要兼任刺史。例如，太和十九年，源怀"转都督雍岐东秦诸军事、征西大将军、雍州刺史"⑥。元澄"除都督梁益荆三州诸军事、征南大将军、梁州刺史"⑦。而且，孝文帝对刺史的设置也进行了改革，将北魏前期的一州三刺史制，改为一州只设一刺史。由于对刺史设置的这种改革，就使都督诸州军事在兼任刺史州，也就能够更明确把握行政权力的行使。例如，王肃任都督豫、东豫、东郢三州诸军事兼豫州刺史，"善于抚接，治有声称"⑧。萧宝夤出任都督徐南兖二州诸军事、徐州刺史，"乃起学馆于清东，朔望引见土姓子弟，接以恩颜，与论经义，勤于政治，史民爱之。凡在三州，皆著名称"⑨。可以说，孝文帝官制改

---

① 《魏书》卷五〇《尉元传》。
② 《魏书》卷一九中《景穆十二王中·任城王云传》。
③ 《魏书》卷四六《窦瑾传》。
④ 《魏书》卷一六《道武七王·河南王曜传》。
⑤ 《魏书》卷五五《游明根传》。
⑥ 《魏书》卷四一《源贺传附源怀传》。
⑦ 《魏书》卷一九中《景穆十二王中·任城王云传》。
⑧ 《魏书》卷六三《王肃传》。
⑨ 《魏书》卷五九《萧宝夤传》。

革后，都督诸州军事地方化特征更明显，因而与兼职州的刺史的结合就更为紧密，所以其军事权力与行政权力相联系的趋势也越明显。然而，这只是都督诸州军事权力变化的趋势，其实只有在都督诸州军事兼任刺史的州中，其权力才完全实现了军政合一。

三、都督诸州军事与军府和僚佐官

北魏国家除授都督诸州军事，为其设置了都督府，也称为军府。太武帝时，对都督诸州军事的军府规定得很明确。例如，都督诸州军事拓跋他"镇长安"①。尉眷"都督豫洛二州及河内诸军事、安南将军、开府，镇虎牢"②。可以说，长安、虎牢都是都督府所在地。可是，由于都督诸州军事都领有军号将军，所以军号将军府与都督府是合一的。

孝文帝官制改革后，由于对军号将军的品级规定明确，所以都督诸州军事府的设置也就更规范。如前所述，北魏国家以从三品将军作为都督诸州军事所领军号将军的下限。实际上，这种规定是都督诸州军事能够设置军府的保证。应该说，后《职员令》规定，能够开府的军号将军下限为五品，而北魏国家却规定都督诸州军事所领军号将军的下限为从三品。这说明，由于都督诸州军事有很高地位，所以就要使其军府具有较大规模。

实际上，都督州军事军府的规模，是通过设置僚佐官的类别与人数多少体现出来的。孝文帝官制改革后，军号将军僚佐官是按品级规定设置的。后《职员令》规定，从一品将军能够设置的僚佐官有：开府长史（四品）、开府司马（四品）、开府咨议参军事（从四品下阶）、开府录事参军（六品上阶）、开府功曹（六品下阶）、记室（六品下阶）、仓曹（六品下阶）、户曹（六品下阶）、中兵参军事（六品下阶）、功曹史（六品下阶）、开府主簿（从六品下阶）、列曹参军事（从六品下阶）、开府列曹行参军（七品下阶）、开府行参军（从七品上阶）、开府长兼行参军（从八品下阶）、开府参军督护（九品上阶）。二品将军可以设置的僚佐官有：长史（从四品上阶）、司马（从四品

---

① 《魏书》卷一六《道武七王·阳平王熙传》。
② 《魏书》卷二六《尉古真传》。

上阶）、咨议参军事（五品下阶）、录事参军（从六品上阶）、功曹（从六品下阶）、记室（从六品下阶）、户曹（从六品下阶）、仓曹（从六品下阶）、中兵参军事（从六品下阶）、功曹史（从六品下阶）、主簿（七品下阶）、列曹参军事（七品下阶）、列曹行参军（从七品上阶）、行参军（八品上阶）、长兼行参军（九品下阶）参军督护（从九品下阶）。从二品将军可以设置的僚佐官有：长史（五品上阶）、司马（五品上阶）、咨议参军事（从五品下阶）、录事参军（从六品下阶）、功曹（从六品下阶）、记室（从六品下阶）、户曹（从六品下阶）、仓曹（从六品下阶）、中兵参军事（从六品下阶）、功曹史（从六品下阶）、主簿（七品下阶）、列曹参军事（七品下阶）、参军事（从七品下阶）、列曹行参军（从七品下阶）、行参军（八品下阶）、长兼行参军（从九品下阶）。三品将军可以设置的僚佐官有：长史（从五品上阶）、司马（从五品上阶）、咨议参军事（六品下阶）、录事参军（七品上阶）、主簿（从七品上阶）、列曹参军事（从七品下阶）、参军事（八品上阶）、列曹行参军（八品上阶）。从三品将军能够设置的僚佐官有：长史（六品上阶）、司马（六品上阶）、录事参军（七品下阶）、功曹（七品下阶）、户曹（七品下阶）、仓曹（七品下阶）、中兵参军事（七品下阶）、主簿（从七品下阶）、列曹参军事（从七品下阶）、参军事（八品下阶）、列曹行参军（八品下阶）。

从一品将军号至从三品将军号所设僚佐官的情况来看，可以说僚佐官的类别和品级是和军号将军的品级密切联系在一起的。军号将军的品级越高，设置僚佐官的类别越多，而且僚佐官的品级也越高。可见，品级不同的军号将军组成的军府是不同的。不只如此，由于军号将军的僚佐官被纳入国家职官品级序列，所以这些僚佐官是北魏国家直接授予的，因而军府也就受到国家直接控制。

北魏国家使都督诸州军事任职都要加领从三品以上的军号将军，所以军号将军能够设置的僚佐官，也就成为都督府的僚佐官。例如，崔敬邕"景明初，母忧去职。后中山王英南讨，引为都督府长史，加左中郎将"[①]。尔朱荣"以（斛斯）椿兼其都督府铠曹参军"[②]。

[①] 《魏书》卷五七《崔挺传》。
[②] 《魏书》卷八〇《斛斯椿传》。

因为都督诸州军事的僚佐官是与所领军号将军的僚佐官合一的，所以为其设置的僚佐官的类别和品级，就需要依据所领军号将军的品级来设置。换言之，都督诸州军事僚佐官的类别和品级是由所领军号将军的品级决定的。正因如此，如果都督诸州军事所领军号将军出现变化，都督府的僚佐官也就要随之变动。北魏军号将军府僚佐官的变动，当时称为"府解"。例如，李韶"寻除司徒司马。彭城王勰为定州，请为司马，带巨鹿太守。勰徙镇扬州，仍请为司马。府解，除征房将军、太中大夫"①。韩务"后除镇北府司马。初，试守常山。府解，复为平北长史"②。由于北魏国家实行这种"府解"制度，所以因军号将军品级变化，也就要组成新军府。而军府僚佐官的频繁变动，当然就要对军事活动产生影响。

然而，北魏国家为了有效地使都督诸州军事镇戍地方，也就需要使都督府有稳定的设置。但保证都督府的不变动，只有使都督诸州军事所领军号将军不改变。实际上，孝文帝官制改革后，北魏国家使都督诸州军事所领军号将军制定了必要的规定。统计《魏书》、墓志铭记载，孝文帝官制改革后至北魏末年，出任都督诸州军事者有：胡国珍、杨津、源子恭、梁景睿、元世遵、元继、元罗、元澄、元云、元英、元肃、元显恭、元禧、元干、元羽、元雍、元勰、元彬、穆罴、穆亮、穆绍、于忠、陆睿、源思礼、宇文福、赵遐、郑先护、崔孝芬、杨椿、萧宝夤、陈伯之、王肃、郭祚、李崇、傅竖眼、裴叔业、尔朱荣、尔朱仲远、尔朱世隆、尔朱天光、叱列延庆、樊子鹄、贺拔岳、侯莫陈悦等人。这些都督诸州军事任职期间，他们所领有的军号将军，几乎都没有变化。只是他们改任其他官职后，所领军号将军才有变动。《魏书·穆崇传附穆绍传》："（穆绍）又迁卫将军、太常卿。寻除使持节、都督冀瀛二州诸军事、本将军、冀州刺史。……普泰元年，除都督青齐兖光四州诸军事、骠骑大将军、开府、青州刺史。"据后《职员令》规定：卫将军为二品；骠骑大将军，则为从一品。这就是说，穆绍由都督冀瀛二州诸军事改任除都督青齐兖光四州诸军事后，都督府僚佐官组成一定要改变，可是，僚佐官的组成却是随着任职的改变而变化的。而且，北魏国家使一些

---

① 《魏书》卷三九《李宝传附李韶传》。
② 《魏书》卷四二《韩秀传》。

都督诸州军事任职所领有的军号将军却是"本将军"。例如,杨椿"寻加卫将军,出除都督雍南豳二州诸军事、本将军、雍州刺史"①。李崇"为都督梁秦二州诸军事、本将军、梁州刺史"②。所谓"本将军",是原来领有的军号将军。在受任都督诸州军事职后,依然领有这一军号将军。这些情况说明,北魏国家使都督诸州军事任职后,一般不改变所领有的军号将军。实行这种做法的主要目的就在于,保证都督府僚佐官组成的稳定,进而有利于都督区军事事务的展开。然而,北魏国家对刺史采取的做法,却不同于都督诸州军事。《魏书·邓渊传》:"(邓灵奇)立忠将军、齐州刺史。进号冠军将军。"《魏书·王宪传》"(王云)出为冠军将军、尚书、兖州刺史,寻进号征虏将军。"可以说,这些事例并不少见。也就是说,一些刺史因为将军号的晋升,改变其军府僚佐官的组成也就具有经常性。北魏国家对都督诸州军事与刺史采取这种不同的做法,显然更注意都督区的军府的稳定,从而有益于都督区的军事防卫。

此外还要提及的是,北魏国家还为一些都督诸州军事假授军号将军。《魏书·长孙嵩传》:"(长孙稚)出为抚军大将军,领扬州刺史,假镇南大将军,都督淮南诸军事。"《魏书·源贺传附源子恭传》:"(源子恭)前废帝初,除骠骑将军、左光禄大夫,侍中如故。寻授散骑侍郎、都督三州诸军事、本将军、假车骑大将军、行台仆射、荆州刺史。"长孙稚所领的假镇南大将军,源子恭所领的假车骑大将军,都是摄代的军号将军。当然,假军号将军也能设置僚佐官。不过,北魏国家使都督诸州军事领有假军号将军,可以使其能够设置更多的僚佐官,但主要的是使其可以设置临时军府,进而适应讨伐作战的需要。也就是说,为都督诸州军事"假"授军号将军,是都督诸州军事参与征讨作战的重要条件。

四、余 论

北魏建国不久,也就是在皇始年间,道武帝开始设置都督诸州军事镇戍

---

① 《魏书》卷五八《杨播传附杨椿传》。
② 《魏书》卷六六《李崇传》。

地方。至太武帝时，随着北魏统治区域的扩大，北魏国家设置都督诸州军事的数量不断增加，而且，对都督诸州军事设置的规定也逐渐完善。太武帝开始确定将都督诸州军事分为"都督""监""督"三等级；使都督诸州军事的设置与军号将军相结合，并且，根据镇戍的需要，使都督诸州军事可以统辖州、军镇和特定的区域，因而使都督区表现出多样性和不固定性。孝文帝实行官制改革后，将都督诸州军事纳入国家职官品级规定中。在前《职员令》中规定：都督三州诸军事为二品上，都督一州诸军事为从二品级下。实际上，以都督诸州军事的品级区分取代了原来的"都督""监""督"的等级区别，并且依据品级设置都督诸州军事。并且还对都督诸州军事与军号将军的结合做了明确的规定，使都督诸州军事所领军号将军的最低品级以从三品为限。也就是说，孝文帝使都督诸州军事的设置基本制度化。随着都督诸州军事设置制度的推行，北魏国家基本形成了关右都督区、统万夏州都督区、河南凉州都督区、豫州都督区、青齐都督区、徐州都督区、荆州都督区、淮南都督区、冀定都督区、恒州都督区、北边诸镇都督区。

北魏国家设置都督诸州军事，主要是为了镇戍地方，保证地方社会秩序的稳定。为此，北魏国家使都督诸州军事具有统领地方军队的权力，尤其是对都督区内的州兵能够协调指挥。而且，北魏国家可以授予都督诸州军事"使持节""持节""假节"三等不同的行使军法的权力。由于都督诸州军事是地方最高军事长官，所以主要授予他们"使持节"，因而使其具有最高的军事处罚权。北魏国家还使都督诸州军事能够兼任州刺史，因而，在地方也就具有行政权。特别是，孝文帝官制改革后，将三刺史制改为一刺史制，都督诸州军事在兼职刺史州，基本实现了军政合一。

北魏国家设置都督州军事，也为其设置了都督府。都督诸州军事的都督府是与所领军号将军府合而为一的，所以，所领军号将军的僚佐官也就是都督府的僚佐官。孝文帝官职改革后，是依据军号将军的品级规定所设僚佐官的类别与品级，因此，都督诸州军事所领军号将军的品级越高，所设的僚佐官的类别也越多，僚佐官的品级也越高。由于军号将军的品级影响僚佐官的设置，所以北魏国家实行了"府解"规定，也就是随着军号将军的品级改变，军府僚佐官就要变动。由于这一规定的实行，实际造成了军府的不稳定，为了避免"府解"的出现，北魏国家在都督诸州军事任职期间，基本不改变所领有的军号将军的品级，以便使都督府僚佐官设置不出现变化，进而更有利于镇戍都督区。因此可以说，北魏国家为使都督府具有较大规模，并保证都督府的稳定，所实行的与领有军号将军品级不变的措施有很大关系。

（原载《社会科学战线》2001年第6期，收入论文集，做了较大修改）

北周总管的权力及与国家军事征讨
关系问题考略

西魏、北周国家为保证有效地对地方实行军事防卫,继续承袭北魏实行的都督诸州军事制度。但是,自北周明帝武成元年,开始将都督诸州军事改为总管。北周国家将都督诸州军事改为总管,不仅是名称的改变,实际上在总管的设置、总管的权力以及与国家征讨制度的关系上都出现与都督诸州军事设置时期不同的情况。关于北周总管的设置问题,前辈学者严耕望先生做了细致的考证,① 本文对此不做讨论,仅对北周总管的军事、行政权力以及与国家征讨制度关系诸问题做一些探讨,希望对总管制下的北周镇戍体制以及地方行政制度的认识有所裨益。

一、总管的军事权力

自北周武成元年始,国家在统治的各地方普遍设置总管府,总管统辖下的总管区成为军事镇戍区。北周国家设置的总管区,大小不尽相同。严耕望先生考证,总管所领州数无定制,然以管三州为多,管七州次之,有至十余州、二十余州、三十余州者。②《周书·李弼传》:"孝闵帝践祚,(李弼)进位大将军。武成初,又从豆卢宇征稽胡,大获而还。进爵汝南郡公。出为总管延绥丹三州诸军事、延州刺史。"这是总管统辖三州之例。又《隋书·梁

---

① 严耕望:《中国地方行政制度史(乙部)》下册,台北"中央研究院"历史语言研究所专刊之四十五B,第450—503页。
② 严耕望:《中国地方行政制度史(乙部)》下册,第529页。

士彦传》："宣帝即位，除东南道行台、使持节、徐州总管、三十二州诸军事、徐州刺史。"这是总管统辖三十二州之例。尽管北周总管所辖州差别很大，但是在军事权力的行使上，却并不存在差别。这是北周总管制的重要特点之一。当时总管具有的军事权力主要表现在以下诸方面。

(一) 总管对属州刺史有严格的军事号令权

也就是说，总管出于军事行动的需要可以召集总管区的刺史参与军事行动。这是对北周国家设置都督诸州军事时期情况的承袭。实际上，早在北周国家实行都督诸州军事制时，都督诸州军事对都督区中的刺史就具有军事号令权。《周书·于翼传》："孝闵帝践祚，（于翼）出为渭州刺史。翼兄实先莅此州颇有惠政。翼又推诚布信，事存宽简，夷夏感悦，比之大小冯君焉。时吐谷浑入寇河右，凉鄯河三州咸被攻围，使来告急。秦州都督遣翼赴援，不从。寮属咸以为言。"按，渭州在北周初属秦州都督区。由此可知，北周初国家设置的都督诸州军事可以在军事上号令都督区中的刺史。不过，都督诸州军事的号令权还没有十分强化，因而都督区中的刺史可以服从其号令，也可以不服从其号令。但是，在实行总管制后，总管对刺史的军事号令，就明显强化了。《周书·裴宽传》："保定元年，（裴宽）出为汾州刺史。寻转鲁山防主。四年，加骠骑大将军、开府仪同三司。天和二年，行复州事。三年，除温州刺史。……于是复以宽为汾州刺史。而州城埤狭，器械又少，宽知其难守，深以为忧。又恐秋水暴长，陈人得乘其便。即白襄州总管，请戍兵，并请移城于羊蹄山，权以避水。总管府许增兵守御，不许迁移城，宽乃量度年常水至之处，竖大木于岸，以备舡行。"这一记载说明，在军事行动时，总管对属州刺史的兵力调动、增减以及军事防卫的部署都有支配的权力。也就是说，属州刺史的军事行动受到总管的严格管辖。这正是总管在总管区中，具有最高军事号令权的体现。

关于这一情况还可以从反面说明。《北史·于栗䃳传》："（于颛）身长八尺，美须眉。周大冢宰宇文护见而器之，以女妻之。……历左右宫伯、郢州刺史。大象中，以水军总管从韦孝宽经略淮南。尉迟迥之反，时总管赵文表与颛素不协，颛将图之，因卧阁内，诈疾。文表独至，颛杀之。因言文表与迥通谋，其麾下无敢动者。"可见，总管区内的刺史即使与总管不和睦，也不敢举兵反抗，只能以欺骗的手段除掉总管。这事例说明，北周国家不仅赋予总管在军事上对属州刺史的号令权,并且也能够使总管在军事上给予属州的刺史极为严格的约束。

总管对属州刺史军事指挥权的强化,还表现为总管可以根据战争的需要随时征调属州刺史所率的军队。例如,元景山"治亳州总管。……陈人张景遵以淮南内属,为陈将任蛮奴所攻,破其数栅。景山发谯、颍兵援之,蛮奴引军而退"①。由于总管对属州刺史号令的强化,因此在军事行动中,属州刺史都必须严格地服从总管的军事指挥。《周书·尉迟迥传》:"(尉迟迥)乃自称大总管。承制署置官司。于时赵王招已入朝,留少子在国,迥又奉以号令。迥弟子勤,时为青州总管,亦从迥,迥令管相、卫、黎、毛、名、贝、赵、冀、瀛、沧,勤所统青、胶、光、莒诸州,皆从之。众数十万。荥州刺史邵公宇文胄、申州刺史李惠、东楚州刺史费也利进、东潼州刺史曹孝远,各据州以应迥。"又《周书·王谦传》:"(王)谦令司录贺若昂奉表诣阙。昂还,具陈京师事势。谦以世受国恩,将图匡复,遂举兵,署官司。所管益、潼、新、始、龙、邛、青、泸、戎、宁、汶、陵、遂、合、楚、资、眉、普十八州及嘉、渝、临、渠、蓬、隆、通、兴、武、庸十州之人,多从之。总管长史乙弗虔、益州刺史达奚恭劝廉据险观变。"又《周书·司马消难传》:"隋文帝辅政,消难既闻蜀公迥不受代,遂欲与迥合势,亦举兵应之。以开府田广等为腹心,杀总管长史侯莫陈杲、邵州刺史蔡泽等四十余人。所管邵、随、温、应、土、顺、沔、环、岳九州,鲁山、甑山、沌阳、应城、平靖、武阳、上明、须水八镇,并从之。使其子冰质于陈以求援。隋文帝命襄州总管王谊为元帅,发荆襄兵以讨之。"这些记载提到尉迟迥、王谦、司马消难的军事活动,都是北周末年出现的规模很大的反对杨坚篡权的军事反抗行动。尽管尉迟迥、王谦和司马消难的军事行动有悖杨坚的意志,可是,却能够使他们控制的总管区中的全部州刺史参与他们的军事行动。固然,这与当时的人心向背有关,然而这三个总管区的刺史都毫无例外地参与他们的军事反抗行动,正说明在北周国家实行总管制度后,总管对属州刺史的军事号令权是很强的。很明显,总管在军事上是属州各刺史的最高主宰。正因为如此,在总管采取军事行动时,属州各刺史必须遵从总管的意志,不能够有丝

---

① 《隋书》卷三九《元景山传》。

毫的违背行动。

（二）总管对进犯总管区的敌军有自主出兵迎击的权力

关于这方面的事例多见。例如，建德四年，齐将尉相贵寇大宁，"延州总管王庆击走之"①。又如，陈又遣其司空章昭达来寇。"江陵总管陆腾及岿之将士击走之"②。显然，负责对陈防卫的总管对于陈朝军队的进犯，可以立即出兵迎击。

对北方少数民族的进犯也是如此。例如，源雄"进位上大将军，拜徐州总管。后数岁，转怀州刺史，寻迁朔州总管。突厥有来寇掠，雄辄捕斩之，深为北夷所惮"③。总管率军迎击犯境之地，一般都是军情紧急，因此很难立即奏报朝廷，总管都要根据情况率兵迎敌。当然在作战之后，则要将战况奏报。《周书·高琳传》："保定初，授梁州总管、十州诸军事。天和二年，徙丹州刺史。三年，迁江陵总管。时陈将吴明彻来寇，总管田弘与梁主萧岿出保纪南城，唯琳与梁仆射王操固守江陵三城以抗之。昼夜拒战，凡经十旬，明彻退去。岿表言其状，帝乃优诏追琳入朝，亲加劳问。"地方总管能够采取这种方式奏报战况，表明对总管区的军事防卫具有相对自主权，是很明显的。

（三）总管在总管区中，有布兵设防的权力

《周书·于翼传》："大象初，征拜大司徒。诏翼巡长城，立亭鄣。西自雁门，东至碣石，创新改旧，咸得其要害云。仍除幽定七州六镇诸军事、幽州总管。先是，突厥屡为寇掠，居民失业。翼素有威武，兼明斥候，自是不敢犯塞，百姓安之。"这里提到的"亭鄣""斥候"都是军队屯驻设防的军事工事。总管可以在总管区中，根据军事防卫的需要，来设置这些工事。在当时，这些防卫体系合理的设置，被视为总管实行有效进行军事防御的功绩。而国家对总管的这些行动是不加干涉的。

不仅如此，总管在总管区中出于屯戍的需要，还有实行军事屯田的权力。《周书·李贤传》："（保定）四年，王师东讨，朝议以西道空虚，卢羌、

---

① 《周书》卷六《武帝纪》。
② 《周书》卷四八《萧詧传》。
③ 《隋书》卷三九《源雄传》。

浑侵扰,乃授贤使持节、河州总管、三州七防诸军事、河州刺史。河州旧非总管,至是创置焉。贤乃大营屯田,以省运漕;多设斥候,以备寇戎。于是羌、浑敛迹,不敢向东。"可见,总管在西北边州进行的军事屯田,不仅可以减轻军粮转运的困难,而且这种屯兵驻防可以有效地对西北少数民族进行控制。

由此可见,总管在总管区中,可以完全按着其军事意图修建军事防卫工事,可以分配驻防的军队以及实行军事屯田来保障驻防军队的军粮供给。这都是总管在总管区中有自主军事防卫权的体现。

(四) 总管对总管区中出现的军事叛乱有出兵平定的权力

《周书·李贤传》:"遂废河州总管,改授贤洮州总管、七防诸军事,洮州刺史。属羌寇石门戍,撤破桥道,以绝援军,贤率千骑御之,前后斩获数百人,贼乃退走。羌复引吐谷浑数千骑,将入西疆。贤密知之,又遣兵伏其隘路,复大败之。虏遂震慑,不敢犯塞。俄废洮州总管,迁于河州置总管府,复以贤为之。"又《周书·达奚武传》:"孝闵帝践阼,授鄀州刺史,改封沃野县公,增邑一千户。寻转陇右总管府长史。武成元年,迁都督利沙文三州诸军事、利州刺史。时文州蛮叛,永恩率兵击破之。"又《隋书·王长述传》"(王长述)授信州总管,部内夷、獠犹有未宾,长述讨平之,进位上大将军。"这说明,总管对边州少数民族的反叛,可以根据军事形势的需要,出兵加以平定。对总管区中其他势力的反叛也都可以出兵镇压。如陆腾"保定元年,迁隆州总管,领刺史。二年,资州磐石民反,杀郡守,据险自守,州功军不能制。腾率军讨击,尽破斩之……腾乃进军讨之。欲至铁山,乃伪还师。贼不以为虞,遂不守备。腾出其不意击之,应时奔溃"①。又如贺若谊"拜亳州总管,驰驿之部。西遏司马消难,东拒尉迥。申州刺史李慧反,谊讨之,进爵范阳郡公,授上大将军"②。不仅总管可以率兵平叛,就是总管的僚佐,也可以统军镇压。例如,天和三年,赵文表"除梁州总管府长史。所管地名恒陵者,方数百里,并生獠所居,恃其险固,常怀不轨。文表率众讨

---

① 《周书》卷二八《陆腾传》。
② 《隋书》卷三九《贺若谊传》。

平之"①。

  北周总管对总管区中出现的反叛进行的军事镇压，不见有奏请国家方可出兵的记载。这说明，总管在总管区内的军事讨伐，显然是由总管根据军事形势的需要，由总管自行决定的。

  可是，总管在总管区内与总管区外进行军事讨伐情况，则不相同。《周书·赵刚传》："（赵刚）出为利州总管、利沙方渠四州诸军事。沙州氐恃险逆命，刚再讨服之。方州生獠自此始从赋役。刚以伪信州滨江负阻，远连殊俗，蛮左强犷，历世不宾，乃表请讨之。诏刚率利沙等十四州兵，兼督仪同十人、马步一万往经略焉。仍加授渠州刺史。刚初至，渠帅惮其军威，相次降款。"这一记载说明，赵刚作为利沙方渠四州总管，对沙州氐族的反叛可以自行决定征讨的措施。而对于总管区外的反叛势力的征讨，就必须上表奏请，在国家批准后，才可以出兵征讨。很明显，总管的军事征讨权分为两种情况：一是在总管区内，总管可以自行决定军事征讨；二是在总管区外的军事征讨，则由国家控制，只有在国家的诏令下，方可以出兵。因此可以说，北周国家只赋予总管在总管区内，具有随机实行军事征讨的决定权。

  （五）在紧急需要时，北周国家可以授予总管特别的军事指挥权

  《周书·于翼传》："（建德）五年，转陕熊等七州十六防诸军事、宜阳总管。翼以宜阳地非襟带，请移镇于陕。诏从之，仍除陕州刺史，总管如旧。其年，大军复东讨，翼自陕入九曲，攻拔造润等诸城，径到洛阳。齐洛州刺史独孤永业开门出降，河南九州三十镇，一时俱下。襄城民庶等喜复见翼，并壶浆塞道。寻即除洛怀等九州诸军事、河阳总管。寻徙豫州总管，给兵五千人、马千匹以之镇，并配开府及仪同等二十人。仍敕河阳、襄州、安州、荆州、泗州总管内有武干者，任翼征樵，不限多少。仪同以下官爵，承制先授后闻。陈将鲁天念久围光州，闻翼到汝南，望风退散。霍州蛮首田元显，负险不宾，于是，送质请附。"这就是说，北周国家可以在战争需要的情况下，授予总管对军队特别的征调权以及对"仪同以下官爵"先录用、后上奏国家批准的权力。这种特殊军事指挥权力的授予，当然是为了使总管在战争中更有效地克敌制胜。

---

① 《周书》卷三三《赵文表传》。

总之，北周国家是出于军事目的，而在全国各地方设置总管，因此，国家赋予了总管在总管区中全面的军事指挥权。这种权力表现为对属州刺史具有严格的军事号令权、对总管区军事防卫具有相对自主权以及对总管区中军事叛乱具有随机处置权。由于总管在总管区中具有多方面的军事权力，因而，总管的设置，实际上成为北周国家维持地方稳定的重要保证。

二、总管的行政权力

北周总管是国家出于军事目的而设置的，但是设置总管后，在权力的行使上就并不完全表现在军事上。其实，总管在其所辖的总管区中也具有行政的权力。一般来说，西魏、北周前期，都督诸州军事对行政权力的行使，主要表现在它可以兼任州刺史。例如，大统三年，念贤"转太师、都督河凉瓜鄯滑洮沙七州诸军事、大将军、河州刺史"①。又如，大统六年，独孤信"寻除陇右十大都督、秦州刺史"②。又如，是云宝"初并拜车骑大将军、仪同三司。宝后累迁至大将军、都督凉甘瓜州诸军、凉州刺史，赐爵洞城郡公"③。可是，在北周国家设置总管后，以总管兼任刺史的情况明显减少。这可以从北周国家设置的秦州、益州两个总管区的情况看出。据《周书》《隋书》的记载可以知道，北周在秦州设置了九任总管，兼任一州刺史职的只有两位。这就是邵惠公宇文颢，"（保定）二年，除秦州总管、十三州诸军事、秦州刺史"④。另一位是尉迟运，"（大象元年）寻而得出为秦州总管，秦渭等六州诸军事、秦州刺史"⑤。北周国家在益州设置了十一位总管，兼任一州刺史的只有一位，就是齐炀王宇文宪。史载"世宗即位，（宇文宪）授大将军。武成初，除益州总管、益宁巴泸等二十四州诸军事、益州刺史"⑥。其他总管区的情况，与秦州、益州相比，虽然在兼职数上存在差异，但是兼任刺史职的总

---

① 《周书》卷一四《念贤传》。
② 《周书》卷一六《独孤信传》。
③ 《周书》卷一九《宇文贵传》。
④ 《周书》卷一〇《邵惠公颢传》。
⑤ 《周书》卷四〇《尉迟运传》。
⑥ 《周书》卷一二《齐炀王宪传》。

管明显减少。这种情况的出现，只是说明总管行使的行政权力已经与其兼任刺史的联系并不密切。这并不是北周国家使总管的行政职能削弱的表现，反之，这却是总管的行政职能强化的反映。换言之，就是北周国家开始将总管的军事权和行政权结合起来，因而才会出现这种情况。严耕望先生认为，在行政上，总管俨然为属州刺史之上级长官，于属州行政有监督之责，于属州刺史有黜陟之权。① 严氏所论，很有道理。确实，北周总管不仅在军事上，就是在行政上，对总管区中的刺史也有很大的控制权。《周书·文闵明武宣诸子·代奭王达传》："（宇文达）建德初，进位柱国，出为荆淮等十四州十防诸军事、荆州刺史。在州有政绩，高祖手敕褒美之。所管沣州刺史蔡泽黩货被讼，赃状分明。以其世著勋庸，不可加戮；若曲法贷之，又非奉上之体。乃令所司，精加按劾，密表奏之。事竟得释，终亦不言。其处事周慎如此。"由此可以看出，总管具有对属州刺史考核、决定升降和废黜的重要权力。

实际上，总管对于属州刺史的行政活动也有干预的权力。《周书·薛瑞传》："孝闵帝践祚，（薛瑞）除工部中大夫，转民部中大夫。……晋公护将废帝，召群官议之，端颇有同异。护不悦，出为蔡州刺史。为政宽惠，民吏爱之。寻转基州刺史。基州地接梁、陈，事藉镇抚，总管史宁遣司马梁荣催令赴任，蔡州父老诉荣，请留端者千余人。"这就是说，总管对于属州的刺史的赴任，可以行使督促之权。在国家指令下总管府的僚属可以兼任刺史的治中、别驾来行使行政职权。《周书·柳庆传》："时谯王俭为益州总管，汉王赞为益州刺史。高祖乃以带韦为益州总管府长史，领益州别驾，辅弼二王，总知军民事。"显然，益州刺史的僚佐是由总管府的僚佐兼任，这样就通过使总管僚佐兼任州僚佐，实际控制了州刺史的行政权。不仅如此，国家也可以使总管区中的刺史兼任总管府中的僚属。《周书·薛善传》："（宇文）护乃杀轨，以善忠于己，引为中外府司马。迁司会中大夫，副总六府事。加授京兆尹，仍治司会。出为隆州刺史，兼治益州总管府长史。"国家使总管区中的刺史兼任总管府中的僚佐，实际上是使总管的军事权力与总管区中刺史的行政权力能够相互联系起来。

---

① 严耕望：《中国地方行政制度史（乙部）》下册，第531页。

北周国家还使属州刺史可以迁转总管僚佐。这主要表现在总管属州刺史与总管府长史可以相互迁任上。诸如，赵文表"天和三年，除梁州总管府长史。所管地名恒陵者，方数百里，并生獠所居，恃其险固，常怀不轨。文表率众讨平之。迁蓬州刺史，政尚仁恕，夷獠怀之"①。按，蓬州刺史属梁州总管辖。元伟"孝闵帝践祚，除晋公护府司录。世宗初，拜师氏中大夫。受诏于麟趾殿刊正经籍。寻除陇右总管府长史，加骠骑大将军、开府仪同三司。保定二年，迁成州刺史"②。按，成州刺史，属陇右总管辖。这都是总管府长史迁任总管属州刺史的事例。同样，总管属州刺史也可以迁转总管府长史。例如，裴鸿"少恭谨，干略，历官内外。孝闵帝践祚，拜辅城公司马，加仪同三司。为晋公护雍州治中。累迁御正中大夫，进位开府仪同三司，转民部中大夫。……天和初。拜郢州刺史，转襄州总管府长史，赐爵高邑县侯"③。按，郢州刺史，属襄州总管辖。又如王长述"从于谨平江陵有功，增邑五百户。周受禅，……拜宾部大夫，出为晋州刺史，转玉壁总管长史"④。按，晋州刺史，属玉壁总管辖。这些记载说明，北周国家使总管区中的州刺史与总管府长史相互迁转是一项重要措施。北周国家采取这样的措施，应当与国家使属州刺史兼任总管长史的意义是相同的。也就是说，总管不仅可以在军事上号令属州刺史，也可以在行政上控制属州刺史。因此，可以说北周国家使总管属州刺史与总管府长史的相互迁转措施，实际上，也是使总管在行政上能够制约属州刺史的重要做法。

上述情况说明，总管不仅是属州的军事长官，实际上，也能够有效地控制属州的行政事务。正因为如此，总管可以参与总管区中各种民事活动，并且，在这些活动中具有处置和决定权。据《周书》《隋书》记载，北周总管对民事活动的处置主要表现在以下诸方面：

首先，总管可以决定总管区中的民事活动的施政方略。《周书·李穆传》："（建德）六年，进位上柱国，除并州总管。时东夏再平，人情尚扰，穆镇之以静，百姓怀之。大象元年，迁大左辅，总管如旧。"又《周书·邵

---

① 《周书》卷三三《赵文表传》。
② 《周书》卷三八《元伟传》。
③ 《周书》卷三四《裴宽传》。
④ 《周书》卷五四《王长述传》。

魏晋南北朝将军制与都督制论稿

公颢传》:"武成初,进位大将军,迁梁州总管,进封蔡国公,增邑万户。保定初,入为小司寇。寻以本官镇蒲州,兼知潼关等六防诸军事。二年,除秦州总管、十三州诸军事、秦州刺史。广性明察,善绥抚,民庶畏而悦之。"又《周书·李弼传》:"天和六年,(李辉)进位柱国。建德元年,出为总管梁洋等十州诸军事、梁州刺史。时渠、蓬二州生獠,积年侵暴,辉至州绥抚,并来归附。玺书劳之。"这些记载中提到的"镇之以静""善绥抚",都是对总管区中各族居民,采取有效的安抚措施。这说明,在对总管区的各阶层民众实行统治时,施政决定权是由总管决定的。

其次,总管可以对总管区中的民政事务实行法律裁决。《周书·齐炀王宪传》:"世宗即位,授大将军。武成初,除益州总管、益宁巴泸等二十四州诸军事、益州刺史,进封齐国公,邑万户。初,平蜀之后,太祖以其形胜之地,不欲使宿将居之。诸子之中,欲有推择。遍问高祖已下,谁能此行。并未及对,而宪先请。……宪时年十六,善于抚绥,留心政术,辞讼辐凑,听受不疲。"又《隋书·元景山传》:"(元景山)治亳州总管。先是,州民王回洛、张季真等聚结亡命,每为劫盗。前后牧守不能制。景山下车,逐捕之,回洛、季真挺身奔江南。擒其党与数百人,皆斩之。法令明肃,盗贼屏迹,称为大治。"这些都表明,总管可以对总管区中的各种民政事务实行法律裁决。这种法律裁决,包括总管对刑法的实施。《周书·赫连达传》:"保定初,(赫连达)迁大将军、夏州总管、三州五防诸军事。达虽非文吏,然性质直,遵奉法度,轻于鞭挞,而重慎死罪。性又廉俭,边境胡民或馈达以羊者,达欲招纳异类,报以赠帛。"这就是说,总管可以把握一定的量刑标准。其实在当时,司法权和行政权是联系在一起的。因此,总管对总管区中司法权的控制,正是有效实行行政权的表现。

再次,总管可以参与总管区与民生相关的祭祀活动。《周书·于翼传》:"(于翼)建德二年,出为安随等六州五防诸军事、安州总管。时属大旱,涢水绝流。旧俗,每逢亢阳,祷白兆山祈雨。高祖先禁群祀,山庙已除。翼遣主簿祭之,即日澍雨沾洽,岁遂有年,民庶感之,聚会歌舞,颂翼之德。"总管派其僚属主簿主持祭祀活动,这是总管对民事活动的一种参与。其实,这也是总管对总管区中的民事活动实行的行政干预。由此可见,虽然北周国家没有明确地规定总管的具体行政权。但是,总管对总管区中民事活动干预的表现，却是多方面的。可以说，总管对总管区中诸种民事活动的都有参与和干预权，甚至具有决定的权力。这些情况表明，北周总管的行政权力并没有被削弱，如果与北魏时期都督诸州军事的权力相比，其实是明显加强了。从这方面来看，北周国家已经初步使总管实现了军政权力的合一。

三、总管与国家的军事征讨

如前所述，北周国家设置总管，使其在总管区中具有明确的军事征讨权。但是在总管区外，总管就不具有军事征讨权。可是，总管却可以参与军事征讨。实际上，总管的这种参与，正是在总管区中所具有的军事征讨权，在国家认可下的一种权力的拓展。这样，就使总管与国家的军事征讨行动联系起来。

自东晋以来，无论在南朝，还是在北魏，国家都规定了严格的军事征讨制度。在国家实行军事征讨时，征讨都督是国家征讨军的最高军事统帅。西魏、北周在建国后，并没有承袭北魏的军事征讨制度。在国家实行军事征讨时，只是根据作战的需要，临时设置军事统帅。这些征讨军的统帅并没有固定的称号。但是在北周保定三年，国家开始设置行军元帅。《周书·杨忠传》："（保定）三年，乃以忠为元帅，大将军杨纂、李穆、王杰、尔朱敏及开府元寿、田弘、慕容延等十余人皆隶焉。"这里提到的元帅，就是为军事征讨而设置的。这应当是行军元帅设置之始。在北周国家设置行军元帅时，还设置了行军总管。《北史·辛威传》："（保定）三年，与达奚武攻阳关，拔之。明年，从尉迟迥围洛阳。还，拜小司马。天和初，进位柱国。复为行军总管，讨绥、银等诸州叛胡，并平之。"这就是说，在周武帝天和初年，国家就开始设置行军总管。在北周国家进行征讨作战时，国家可以设置行军元帅作为最高军事统帅。《周书·宣帝纪》："（宣政元年）诏上柱国、越王盛为行军元帅，率众讨平之。"并且，国家也可以设置行军总管作为最高军事统帅。《周书·王轨传》："及陈将吴明彻入寇吕梁，徐州总管梁士彦频与战不利，乃退保州城，不敢复出。明彻遂堰清水以灌之，列船舰于城下，以图攻取。诏以轨为行军总管，率诸军赴救。"国家也可以同时设置行军元帅和行军总管。正如《周书·异域传上》称："（建德六年）乃以（齐王）宪为行军元帅，督行军总管赵王招、谯王俭、滕王逌等讨之。"不过，在二者同时设置时，行军总管一般隶属于行军元帅。因此可以说，行军元帅与行军总管的设置，就使北周国家形成了比较完备的军事征讨体系。

北周国家在选任行军元帅和行军总管时，地方总管是重要的对象。从行军元帅的情况来看，以北周灭亡为限，北周国家共设置八位行军元帅。下面将北周行军元帅的设置情况列表说明：

表1　北周行军元帅设置情况

年代	行军元帅	原任职官	史料出处
保定三年	杨忠	大司空	《周书》卷一九《杨忠传》
建德六年	宇文宪	大冢宰	《周书》卷一二《齐炀王宪传》
宣政元年	宇文盛	大冢宰	《周书》卷一三《文闵武宣诸子传》
宣政元年	宇文逌	河阳总管	《周书》卷一三《文闵武宣诸子传》
大象二年	韦孝宽	徐州总管	《周书》卷三一《韦孝宽传》
大象二年	王谊	郑州总管	《隋书》卷四〇《王谊传》
大象二年	梁睿	益州总管	《隋书》卷三七《梁睿传》
大象元年	韦孝宽	徐州总管	《周书》卷三一《韦孝宽传》

由表1所示，在北周国家所任的八位行军元帅中（韦孝宽两次担任行军元帅），有五位是出自地方总管。可见，北周国家选任行军元帅，地方总管是主要担任者。行军总管的选任情况也与地方总管有密切的关系。下面将行军总管担任者的任职情况列表说明：

表2　行军总管担任者任职情况

行军总管	任行军总管前职官	任行军总管前勋官	史料出处
宇文招	雍州牧	上柱国	《周书》卷一三《文闵明武宣诸子传》
宇文俭	大冢宰	柱国	《北史》卷一三《文闵明武宣诸子传》

续　表

行军总管	任行军总管前职官	任行军总管前勋官	史料出处
梁士彦	亳州总管	上柱国	《周书》卷三一《梁士彦传》
崔彦穆	小司徒	大将军	《周书》卷三六《崔彦穆传》
宇文忻	豫州总管	柱国	《隋书》卷四〇《宇文忻传》
王长述	信州总管	上大将军	《周书》卷五四《王长述传》
宇文述	英果中大夫	开府	《北史》卷七九《宇文述传》
宇文迪	不详	柱国	《北史》卷一三《文闵明武宣诸子传》
韦孝宽	郧州刺史	不详	《周书》卷三一《韦孝宽传》
于义	邵州刺史	开府	《隋书》卷三九《于义传》
韩擒虎	永州刺史	上仪同	《隋书》卷五二《韩擒虎传》
李衍	廓州刺史	大将军	《周书》卷五四《李衍传》
宇文孝伯	小冢宰	不详	《周书》卷四〇《宇文孝伯传》
宇文庆	不详	大将军	《隋书》卷五〇《宇文庆传》
达奚长儒	不详	大将军	《隋书》卷五三《达奚长儒传》
张威	京兆尹	柱国	《隋书》卷五五《张威传》
卫玄	太府中大夫	不详	《隋书》卷六三《卫玄传》
崔弘度	左将军勇猛中大夫	上大将军	《隋书》卷七四《崔弘度传》《北史》卷七三《达奚长儒传》
王轨	内史中大夫	上开府仪同大将军	《周书》卷四〇《王轨传》
是云晖	不详	不详	《隋书》卷六二《赵绰传》
达奚震	不详	不详	《隋书》卷六〇《段文振传》

由表2可见，北周国家任命的二十一位行军总管中，由地方总管担任的有三位。显然，地方总管担任行军总管的比例要远远小于行军元帅。这是由于行军总管的地位低于行军元帅。尽管如此，地方总管也能担任行军总管，

说明北周国家没有采取严格的限定措施。

地方总管成为行军元帅和行军总管受到国家控制。《周书·邵惠公颢传》："并州平，（宇文亮）进位上柱国。仍从平邺，迁大司徒。宣帝即位，出为安州总管。大象初，诏以亮为行军总管，与元帅、郧国公韦孝宽等伐陈。"又如《周书·梁御传》："天和中，（梁御）拜开府仪同三司。以御佐命有功，进蒋国公。大象末，除益州总管，加授柱国。睿将之任，而王谦举兵拒不受代，仍诏睿为行军元帅，讨谦，破之，进位上柱国。"可见，担任行军元帅与行军总管，是国家通过诏令的方式实现的。

北周地方总管被选任为行军总管，一般是以原任总管职兼任的。《周书·谯孝王俭传》："武成初，（谯孝王俭）封谯国公，邑万户。天和中，拜大将军，寻迁柱国，出为益州总管。建德三年，进爵为王。五年，东伐，以本官为左一军总管，攻永固城，拔之。"又《周书·侯莫陈崇传》："建德二年，（侯莫陈崇）拜大宗伯，出为秦州总管。四年，从高祖东伐，为后二军总管。"很显然，这些行军总管原来都担任过地方总管。

在征讨作战结束后，行军总管和行军元帅一般要再任原地方总管职，但是，有一些行军元帅和行军总管却要改换新的职务。《隋书·王谊传》："及高祖为丞相，转为郑州总管。司马消难举兵反，高祖以谊为行军元帅，率四总管讨之。谊率行军总管李威、冯晖、李远等分讨之，旬月皆平。高祖以谊前代旧臣，甚加礼敬，遣使劳问，冠盖不绝。……寻拜大司徒。"又《周书·谯孝王俭传》："天和中，（谯孝王俭）拜大将军，寻迁柱国，出为益州总管。建德三年，进爵为王。五年，东伐，以本官为左一军总管，攻永固城，拔之。进平并、邺，拜大冢宰。"又《周书·邵公颢传》："天和末，（宇文亮）拜宗师中大夫，进位大将军。幽国公亮，以亮为秦州总管，广之所部，悉以配焉。建德中，高祖东伐，以亮为右第二军总管。并州平，进位上柱国。仍从平邺，迁大司徒。"这些事例说明，国家对征讨作战立功的行军元帅和行军总管，不使其再任原地方总管职，而是提升其官职。这正是对他们参与征讨作战的褒奖。

当然，北周国家对个别行军总管采取了贬低官职的做法。《周书·梁士彦传》："宣帝即位，（梁士彦）除徐州总管。与乌丸轨禽陈将吴明彻、裴忌于吕梁，略定淮南地。隋文帝作相，转亳州总管。尉迟迥反，为行军总管，及韦孝宽击之。令家僮梁默等为前锋，士彦继之，所当皆破。及迥平，除相州刺史。深见忌，乃代还京师。"很显然，在征讨作战后，梁士彦由总管降为州刺史。这是由统治阶层内部斗争造成的，因而这只是一种特殊的情况。

北周国家对担任行军元帅和行军总管的地方总管，在征讨作战结束后，多以提高勋官职来加以奖励。《周书·梁御传》："天和中，拜开府仪同三司。以御佐命有功，进蒋国公。大象末，除益州总管，加授柱国。睿将之任，而王谦举兵拒不受代，仍诏容为行军元帅，讨谦，破之。进位上柱国。"《隋书·宇文庆传》："（宇文庆）于是进位大将军。……寻以行军总管击延安反胡，平之，拜延州总管。俄转宁州总管。高祖为丞相，复以行军总管南征江表。师次白帝，征还，以劳进位上大将军。"很显然，北周国家以提高勋官职来褒奖担任行军元帅和行军总管的地方总管的做法，是北周国家的固定制度。这种做法就将地方总管同行军元帅和行军总管以及勋官制度密切地结合起来，进而充分体现了勋官彰显功劳的作用。

综上所述，北周国家多以地方总管担任行军元帅，也不限制地方总管担任行军总管。这就扩大了地方总管所具有的军事征讨权力，因而国家可以充分利用地方总管统率地方的军权力来保证征讨作战的胜利。同时，北周国家在征讨作战之后，又可以提升地方总管的品级以及他们的勋官等次，并将这种职务等次的提高与军事征讨行动结合起来，实际上，就使地方总管担任行军元帅和行军总管具有了激励机制。可以说，地方总管与国家征讨体制以及勋官制度地有机结合，就使地方总管不仅在总管区的军事防卫中，而且在大规模的征讨作战中，能够发挥积极的作用。

（吉林大学古籍研究所编：《1—6世纪中国北方社会·民族·边疆国际学术研讨会论文集》，科学出版社，2008年）

东晋征讨都督探讨

两晋的征讨都督是一种专门掌管征伐的都督。这类都督不同于都督诸州军事,也不同于都督中外诸军事。并且,征讨都督与前两类都督也不是同时出现的,实际上它是在西晋末年才开始设置的。当时国家设置这类都督,是为了适应西晋末年国内战乱频仍、外族势力进逼中原形势的需要,而且也是当时国家为了能够更好地使各地方的都督诸州军事相互配合的需要。在西晋末年战乱形势下产生的征讨都督,在东晋时期,国家开始在征讨战争中比较广泛地使用,并成为国家设置都督的一个重要类别。因此,探讨东晋征讨都督设置和任用的状况,对认识东晋国家都督体制以及当时国家征讨作战的特点都是必要的。对于东晋征讨都督的问题,日本学者小尾孟夫教授做了一些研究。[①] 不过,小尾孟夫的考察只限于对东晋征讨都督史料的排比以及对一些史料的个案分析,这样也就不能全面把握东晋征讨都督设置的特征以及在军事行动中的作用。因此,对东晋征讨都督的诸问题仍然需要深入探讨。本文拟在前人研究的基础上,对东晋征讨都督的设置特点、征讨都督的权力以及征讨都督与军号将军及都督诸州军事的关系做一些考察,不当之处,请方家指正。

一、征讨都督设置的特点

征讨都督始设于西晋末年。《晋书·王戎传附王衍传》:"及石勒、王弥寇京师,以衍都督征讨诸军事、持节、假黄钺以距之。衍使前将军曹武、左卫将军王景等击贼,退之,获其辎重。"这是在文献中关于国家设置征讨都

---

① 小尾孟夫:《六朝都督制研究》,溪水社,2001年,第175—212页。

督的最早记载。《通鉴》将此事定在永嘉二年,因此,更确切地说,征讨都督应当是在西晋永嘉年间才出现的。这种都督的出现,主要是为了应付当时战乱频频发生的需要。不过,在西晋末年,应该说征讨都督的设置还是比较零星的。尽管如此,当时国家和地方的军事势力都很重视征讨都督的设置。

至东晋时期,当时国家对征讨都督的设置就更重视了,因此,在国家的军事行动中,征讨都督的设置是很普遍的,这就使征讨都督设置制度化方面的特点有了比较明显的体现。这些特点主要表现在以下诸方面:

(一)东晋国家严格控制设置征讨都督的权力

当时国家对这种权力的控制主要表现在,征讨都督的任命一般是通过诏令的形式来实现的。《晋书·庾亮传》:"既而(苏)峻将韩晃寇宣城,亮遣距之,不能制,峻乘胜至于京都。诏假亮节、都督征讨诸军事,战于建阳门外。"又《晋书·庾亮传附庾翼传》:"(庾)翼时有众四万,诏加都督征讨军事。师次襄阳,大会僚佐,陈旌甲,亲授弧矢。"这些记载说明,东晋国家重要的征讨都督庾亮、庾翼的任职都是以国家诏令的形式实现的。因此可以说,当时国家发布诏令是任命征讨都督的一般方式。不过,东晋国家在任命征讨都督时,也有不下诏令的。如《晋书·庾亮传》:"王敦既有异志,内深忌亮,而外崇重之。亮忧惧,以疾去官。复代王导为中书监。及王敦举兵,加亮左卫将军,与诸将距钱凤。及沈充之走吴兴也,又假亮节、都督东征诸军事,追充。"又如《晋书·康帝纪》:"(建元元年)以辅国将军、琅邪内史桓温为前锋小督、假节,帅众入临淮,安西将军庾翼为征讨大都督,迁镇襄阳。"在这些记载中,国家对征讨都督的任命,显然都没有通过下诏来实现。尽管如此,由此仍然可以看出,征讨都督的任命权还是为国家所控制,只是没有采取诏令的形式而已。

东晋国家对征讨都督设置的这种严格控制,实际上,是要将征讨权力掌握在手中。这已经与西晋末年的情况明显不同。因为当时不仅是国家,就连地方军事势力都可以任命征讨都督。《晋书·王敦传》:"元帝召为安东军咨祭酒。会扬州刺史刘陶卒,帝复以敦为扬州刺史,加广武将军。寻进左将军、都督征讨诸军事、假节。"在这个时期,司马睿正是拥有一定军事势力的军事集团的代表。因此,这是地方军事势力不通过皇帝就可以设置征讨都督的明显事例。所以会出现这种情况,正是由西晋末年的动荡局面决定的。

魏晋南北朝将军制与都督制论稿

在东晋国家于江东立足稳定后，就立即改变了这种情况。因此，在《晋书》的记载中，尚找不到不通过东晋国家就可以任命征讨都督的事例。东晋国家对征讨都督的设置，不仅控制任命权，而且，对国家官员举荐征讨都督有检查措施。例如，司徒王导为平息徐龛反叛，便举荐羊鉴"请遣北讨。鉴深辞才非将帅。太尉郗鉴亦表谓鉴非才，不宜妄使。导不纳，强启授以征讨都督，果败绩。导以举鉴非才，请自贬，帝不从"[①]。可见，国家官员举荐征讨都督，对国家是负有责任的。司徒王导没有受到处罚，这是由王导在东晋国家政权中具有特殊地位所决定的。

由此可见，东晋国家不仅重视征讨都督的设置，并且，还严格控制征讨都督的任命权，已经将国家官员和地方势力对征讨都督的任命权排除在外。为保证这种权力的实施，国家还采取了一些必要的维护措施。

（二）东晋国家设置的征讨都督一般都为兼领职

也就是说，国家设置的征讨都督并不是本官。《晋书·庾亮传》："（庾）亮乃求外镇自效，出为持节、都督豫州扬州之江西宣城诸军事、平西将军、假节、豫州刺史，领宣城内史。……于是以本官加征讨都督，率将军路永、毛宝、赵胤、匡术、刘仕等步骑二万，会陶侃俱讨破之。"又《晋书·桓彝传附桓秘传》："久之，（桓秘）为辅国将军、宣城内史。时梁州刺史司马勋叛入蜀，秘以本官监梁益二州征讨诸军事、假节。"在这些记载中，都是将"本官"与征讨都督并提，很明显，当时国家都是将征讨都督作为本官的兼领职来加以任命的。

在东晋，可以兼领征讨都督的官员有中央职官。从这些中央职官来看，主要是各种不同名号的将军。统计《晋书》中的记载，这些将军主要有：左将军[②]、龙骧将军[③]、平西将军[④]、安西将军[⑤]、辅国将军[⑥]、卫将军开府仪

---

① 《晋书》卷八一《羊鉴传》。
② 《晋书》卷九八《王敦传》。
③ 《晋书》卷五八《周访传》。
④ 《晋书》卷七三《庾亮传》。
⑤ 《晋书》卷七《康帝纪》。
⑥ 《晋书》卷七四《桓彝传附桓秘传》。

同三司①、冠军将军②、骠骑大将军③等。当然，有时"八公"也可以兼任征讨都督。《晋书·成帝纪》："（咸和元年）石勒将石聪攻寿阳，不克，遂侵逡遒、阜陵。加司徒王导大司马、假黄钺、都督中外征讨诸军事以御之。"就是证明。

东晋时期，当时国家还使一些地方官员能够兼任征讨都督。使地方官员兼任征讨都督的情况，从西晋末年就开始出现了。《晋书·周访传》："帝（愍帝）又进访龙骧将军。王敦表为豫章太守。加征讨都督，赐爵寻阳县侯。"这就是说，晋愍帝是让周访以豫章太守的身份兼任征讨都督的。至东晋时期，这种情况仍在延续。这种事例在文献中是不少见的。例如，桓秘就以宣城内史的身份"为持节、监梁益二州征讨诸军事"④。又如，刘敬宣也以襄城太守的身份"督征蜀诸军事、假节"⑤。只不过这些地方官员兼任的征讨都督的地位都比较低，大多数都是处于"监""督"的等次。东晋国家以地方官员来兼任征讨都督，成为当时征讨都督设置的重要的特点。

（三）**东晋国家设置的征讨都督有明确的等级划分**

当时征讨都督的等级划分，一般是通过称号来体现的。在称号上，主要表现在两个方面：

一是征讨都督有大都督和都督的区别。《晋书·庾亮传》："既而（苏）峻将韩晃寇宣城，亮遣距之，不能制，峻乘胜至于京都。诏假亮节、都督征讨诸军事。"就是征讨都督称都督的事例。《晋书·穆帝纪》："（永和十二年）三月，姚襄入于许昌，以太尉桓温为征讨大都督以讨之。"则是征讨都督称大都督的事例。东晋国家使征讨都督在称号上划分为大都督和都督，其主要目的是要显示地位的不同。

在西晋时期，国家为官员加大都督称号，一般是要显示其受荣宠地位。《晋书·武帝纪》：太康九年，晋武帝任命汝南王亮为"大司马、大都督、假黄钺"正说明了这一点。东晋时期，当时国家为征讨都督加大都督的称号也

---

① 《晋书》卷七四《桓彝传附桓秘传》。
② 《晋书》卷一《安帝纪》。
③ 《晋书》卷一《安帝纪》。
④ 《晋书》卷八《海西公纪》。
⑤ 《晋书》卷八四《刘牢之传附刘敬之传》。

具有这种意义。关于征讨都督称大都督的事例有：

1. 《晋书·康帝纪》："（建元元年）安西将军庾翼为征讨大都督，迁镇襄阳。"
2. 《晋书·穆帝纪》："（永和十二年）三月，姚襄入于许昌，以太尉桓温为征讨大都督以讨之。"
3. 《晋书·谢安传》："（谢）安遣弟石及兄子玄等应机征讨，所在克捷。拜卫将军开府仪同三司，封建昌县公。坚后率众，号百万，次于淮肥，京师震恐。加安征讨大都督。"
4. 《晋书·安帝纪》："元兴元年春正月庚午朔，大赦，改元。以后将军元显为骠骑大将军、征讨大都督。"

这些记载说明，东晋国家所任命这些征讨大都督的本官地位都很高。庾翼任安西将军，桓温任太尉，谢安任卫将军、开府仪同三司，司马元显任骠骑大将军。从将军职来看，都在二品以上；从行政职来看，太尉则属于"八公"，谢安任卫将军、开府仪同三司，为"武官公"，无疑为一品。因此，可以说，东晋国家任命征讨大都督，显然是考虑到其本官不能低于二品，也就是说，要充分体现这些官员的重要地位。

东晋国家区分征讨都督的等级，还采用了都督诸州军事区分等级的方式。也就是说，采用了"都督""监""督"的方式。关于征讨都督称"都督"的事例，在前面的征引中，已多见。而关于征讨都督称"监"的事例，在文献中也有记载。如《晋书·钟雅传》："北中郎将刘遐卒，遐部曲作乱，诏郭默讨之，以雅监征讨军事、假节。"在东晋国家设置的征讨都督中，还有称"督"的。如《晋书·刘牢之传附刘敬之传》："安帝反政，征拜冠军将军、宣城内史，领襄城太守。谯从反，以敬宣督征蜀诸军事、假节，与宁朔将军臧喜西伐。"由于征讨都督以"都督""监""督"的方式来区分其等次，这样不仅使征讨都督的等次划分与都督诸州军事的等次取得了一致，而且，使东晋国家的征讨都督的等级地位更加明确。

（四）东晋国家任命征讨都督都使其持节

《晋书·庾亮传》："及王敦举兵，加亮左卫将军，与诸将距钱凤。及沈充之走吴兴也,又假亮节、都督东征诸军事,追充。"又《晋书·成帝纪》:"(咸和二年)十二月辛亥,……假护军将军庾亮节为征讨都督。"这些记载说明,在东晋国家任命征讨都督时,一般就使其持节。不过,在国家使征讨都督持节的方式上,却有一些不同。

一是在任命征讨都督时,使其有持节的权力。如《晋书·庾亮传》:"诏假(庾)亮节、都督征讨诸军事,战于建阳门外。"

二是在国家任命征讨都督时,继续保留原来的持节等次。《晋书·庾亮传附庾翼传》:"及(庾)亮卒,授都督江荆司雍梁益六州诸军事、安西将军、荆州刺史、假节,代亮镇武昌。翼以帝舅,年少超居大任,遐迩属目,虑其不称。翼每竭志能,劳谦匪懈,戎政严明,经略深远,数年之中,公私充实,人情翕然,称其才干。……翼时有众四万,诏加都督征讨军事。"这里没有提到为征讨都督庾翼授节,显然,庾翼是继续保持他任都督诸州军事时的持节等次。东晋国家使征讨都督持节,是按节的等次,分别向不同等级的征讨都督授节。从都督征讨诸军事的情况看,《晋书·索靖传附索綝传》:"及刘曜侵逼王城,以为都督征东大将军,持节讨之。"又《晋书·谢安传附谢石传》:"(谢)石字石奴。……淮肥之役,诏石解仆射,以将军假节征讨大都督,与兄子玄、琰破苻坚。"可见,当时国家在对征讨都督的"都督"的等次授节,就有"持节"和"假节"的区别。

从"监征讨诸军事"的情况来看,《晋书·海西公纪》:"(太和元年)以宣城内史桓秘为持节、监梁益二州征讨诸军事。"又《晋书·桓彝传附桓秘传》:"久之,(桓秘)为辅国将军、宣城内史。时梁州刺史司马勋叛入蜀,秘以本官监梁益二州征讨诸军事、假节。"这说明,处于"监"等级的征讨都督,国家一般也授予"持节"和"假节"。

至于处于"督"等次的征讨都督,一般也要受节。例如,刘敬宣便"督征蜀诸军事、假节"[①]。不过,在文献中,尚没有见到"督"等次的征讨都督有"持节"等次的记载。

综上可见,在东晋征讨都督的"都督""监"的等级中,他们既可以"持节",也可以"假节";在征讨都督的"督"的等级中,可以"假节"。这

---

① 《晋书》卷八四《刘牢之传附刘敬之传》。

表明，东晋国家使征讨都督持节，一般是不考虑他们的等级的。也就是说，征讨都督的等级与他们持节的等次，是两个并行的系统，相互之间是不影响的。

东晋国家除了使征讨都督持节外，还为一些征讨都督授"黄钺"。如《晋书·成帝纪》："(咸康元年)夏四月癸卯，石季龙寇历阳，加司徒王导大司马、假黄钺、都督征讨诸军事，以御之。"东晋国家使征讨都督王导"假黄钺"，这主要是由他的特殊地位决定的，因而，这不能看作东晋国家的常制。

(五) 东晋设置征讨都督，一般使其有比较明确的称号

当时国家为征讨都督所加的称号大多数称作"都督征讨诸军事"。这种称号在西晋末年就开始使用。前引《晋书·王戎传附王衍传》："及石勒、王弥寇京师，以衍都督征讨诸军事、持节、假黄钺以距之。"就是明证。至东晋时，这种称号继续沿用。前引《晋书·庾亮传》："既而峻将韩晃寇宣城，亮遣距之，不能制，峻乘胜至于京都。诏假亮节、都督征讨诸军事。"就是一例。

当然，东晋征讨都督的称号也并不是完全整齐划一的。当时国家在确定称号时，有时也要依据征讨都督军事行动的方位。《晋书·庾亮传》："及王敦举兵，加亮左卫将军，与诸将距钱凤。及沈充之走吴兴也，又假亮节、都督东征诸军事，追充。"这是以征讨的方位作为征讨都督称号明显的事例。东晋国家有时还以其统率的州来作为征讨都督的称号。例如，褚裒上表北伐，"于是除征讨大都督青、扬、徐、兖、豫五州诸军事"[①]。为征讨都督所加称号的事例尚不限于此。实际上，还有为征讨都督加大都督称号的。并且，还沿用了都督诸州军事区分等级的做法，也就是说，用"都督""监""督"的称号来反映征讨都督的不同等次差别。

总之，东晋的征讨都督的称号已经明确化。在这些称号中，既有显示东晋国家征讨意图的，也有表现一些征讨都督特殊地位和特殊作用的。这样，也就使征讨都督的称号表现出一定的复杂性。尽管如此，东晋国家为征讨都督所加的这些称号，无疑使征讨都督在讨伐战争中所处的重要位置能够得到充分的体现。

---

① 《晋书》卷九三《外戚·褚裒传》。

二、征讨都督的权力

东晋国家设置征讨都督的目的，就是使其率领征伐军作战。为了能够克敌制胜，国家要使征讨都督具有重要的权力。东晋征讨都督的这些军事权力，正是其实施征讨作战的重要保证。这些权力具体体现在以下诸方面：

首先，东晋征讨都督在国家指令下，对各类军队有指挥权。东晋时期，当时国家军队依然分为中军、外军和州郡兵。东晋国家使征讨都督在对敌作战中，一般能够指挥这些种类的军队。当然，在征伐战争中，征讨都督统率军队的种类并不完全相同。征讨都督统率的军队的种类，要视战争规模的大小和作战的地区来确定。东晋征讨都督统率中军、外军的事例，在《晋书》中有明确的记载。前引《晋书·成帝纪》："（咸和元年）石勒将石聪攻寿阳，不克，遂侵逡遒、阜阳，加司徒王导大司马、假黄钺、都督中外征讨诸军事以御之。"这里提到王导可以都督中、外军来进行征讨，实际上，正是要征讨都督统率中、外军来协同作战。

征讨都督不仅可以在国家指令下，使中、外军协同作战，而且可以使外军、州军一起作战。《晋书·庾亮传附庾翼传》："及亮卒，授都督江荆司雍梁益六州诸军事、安西将军、荆州刺史、假节，代亮镇武昌。……翼时有众四万，诏加都督征讨军事。"征讨都督庾翼本官为都督江荆司雍梁益六州诸军事、又兼荆州刺史，因此，他的军队应该包括外军和州军。

东晋的一些征讨都督还可以单独统率州军。《晋书·桓温传》："进温征讨大都督、督司冀二州诸军事，委以专征之任。"征讨大都督桓温能够统率的司、冀二州的军队，主要应该是二州的州军。当然，东晋的一些征讨都督不仅可以单独统率州兵，而且能够单独统率郡兵。《晋书·望舒传》："会陶侃等至京都，舒、潭等并以屡战失利，移书盟府，自贬去节。……及侃立行台，上舒临浙江东五郡军事，允之督护吴郡、义兴、晋陵三郡征讨军事。既而晃等南走，允之追蹑于长塘湖，复大破之。"这里提到的征讨都督统率的吴郡、义兴、晋陵三郡的军队，实际上，都应该是郡兵。

由此可见，东晋国家任命征讨都督，一般要根据战争的需要以及根据本官所处的地位而使其统率不同种类的军队。有些征讨都督可以统率多种类型的军队，另外一些征讨都督则只能统率单一类别的军队。因此可以说，由于征讨都督的地位以及作战的目的和区域的不同，他们统率军队类别的差别也是很明显的。

其次，东晋征讨都督具有军事惩罚权。东晋国家在设置征讨都督时，一般都使征讨都督持节。对地位特殊的征讨都督，甚至可以授黄钺。并且，东晋国家在向征讨都督授节时，并不考虑他们的地位，而是根据军事行动的需要。这说明，东晋国家是将"节"作为一种军事惩罚权力的象征授给征讨都督的。这种权力正如《晋书·职官志》称："使持节得杀二千石以下；持节杀无官位人，若军事，得与使持节同；假节唯军事得杀犯军令者。"

不过，需要指出的是，东晋国家在授予征讨都督军事惩罚权力时，是有一定限度的。在《晋书》中，征讨都督多有"持节"的记载。例如，庾亮便"持节""以本官加征讨都督"①。又如晋废帝"以宣城内史桓秘为持节、监梁益二州征讨诸军事"②。在《晋书》的记载中，尚没有见到不同等级的征讨都督被授予"使持节"的情况。因此，可以说东晋征讨都督持节的最高标准，当为"持节"。东晋国家使征讨都督以"持节"作为最高标准，应该说其目的性是很明显的。这就是说，当时国家要使其惩罚权保持在军事范围内。因为具有"使持节"权力的官员，可以"杀二千石以下"，他实行惩罚权力已经超出了军事范围。因此，东晋国家限制征讨都督持节的等次，正是由征讨都督专门掌管征伐的特殊地位决定的。

东晋国家赋予征讨都督军事惩罚权力，并不限于授节，还有授黄钺的。前引《晋书·成帝纪》："（咸康元年）夏四月癸卯，石季龙寇历阳，加司徒王导大司马、假黄钺、都督征讨诸军事，以御之。"这里提到的"假黄钺"，实际上，是东晋国家为担任征讨都督的重臣，授予极高的军事惩罚权。《宋书·职官志》："假黄钺，则专戮节将，非人臣常器矣。"正说明了这一点。不过，东晋国家使征讨都督"假节钺"的事例，在《晋书》的记载中很少。因此，这应该是当时国家授予征讨都督军事惩罚权的特殊事例，而不是当时国家的常制。

东晋国家以持节作为征讨都督行使军事惩罚权的象征，所以，如果征讨

---

① 《晋书》卷七三《庾亮传》。
② 《晋书》卷七四《桓彝传附桓秘传》。

都督不称职，国家一般都要给予夺节的处分。《晋书·卞壶传》："（苏）峻至东陵口，诏以壶都督大桁东诸军事、假节，复加领军将军、给事中。壶率郭默、赵胤等与峻大战于西陵，为峻所破。壶与钟雅皆退还，死伤者以千数。壶、雅并还节，诣阙谢罪。"又《晋书·王舒传》："会陶侃等至京都，舒、潭等并以屡战失利，移书盟府，自贬去节。"都反映了这种情况。因此，东晋征讨都督的军事惩罚权，实际上，是由国家严格控制的。国家是授予，还是剥夺征讨都督的这种权力，完全要看他们统军作战时的情况。

再次，东晋征讨都督可以在国家指令下，统领出征作战的将军。也就是说，征讨都督对参与作战的将军有全面节制的权力。前引《晋书·桓温传》提到，"进（桓）温征讨大都督、督司冀二州诸军事，委以专征之任。"这里所说征讨大都督桓温具有"专征之任"，就是对征讨作战负有全面统率的责任。这种统率责任的明显表现，就是可以有效地统领参战的各地方的将军。《晋书·成帝纪》："（咸和二年）十二月辛亥，苏峻使其将韩晃入姑孰，屠于湖。壬子，彭成王雄、章武王休叛，奔峻。庚申，京师戒严。假护军将军庾亮节为征讨都督，以右卫将军赵胤为冠军将军、历阳太守，使与左将军司马流帅师距峻，战于慈湖，流败，死之。"很明显，在与苏峻叛军作战时，冠军将军赵胤、左将军司马流都在征讨都督庾亮统率之下。

在关系国家命运的重大的军事事务中，征讨都督具有的这种权力就更重大。例如，在淝水之战时，征讨大都督，可以征调全部参加作战的将军。《通鉴·晋纪二七》太元八年："诏以尚书仆射谢石为征虏将军、征讨大都督，以徐、兖二州刺史谢玄为前锋都督，与辅国将军谢琰、西中郎将桓伊等众共八万拒之；使龙骧将军胡彬以水军五千援寿阳。"这就是说，徐、兖二州刺史谢玄、辅国将军谢琰、西中郎将桓伊等都受征讨都督谢石的节制。

东晋国家为使征讨都督有效地指挥参战的将军，还为这些将军加前锋、后部的称号，以明确其职责和统属关系。《晋书·安帝纪》："（元兴元年）以后将军元显为骠骑大将军、征讨大都督，镇北将军刘牢之为元显前锋，前将军、谯王尚之为后部，以讨桓玄。"《晋书·会稽文孝王道子传》："道子寻拜侍中、太傅，置左右长史、司马、从事中郎四人，崇异之仪，备尽盛典。其骠骑将军僚佐文武，即配太傅府。加元显侍中、骠骑大将军、开府、征伐大都督、十八州诸军事、仪同三司，加黄钺，班剑二十人，以伐桓玄，竟以牢之为前锋。"都是这方面的事例。

总而言之，东晋征讨都督主要拥有三方面的权力，即在参战期间，可以统率中军、外军和州郡兵；具有实施军事惩罚的权力；能够统率参战的将军。当然，需要明确的是，东晋征讨都督的这些军事权力都是国家授予的，是为了适应战争的需要。一旦讨伐战争结束，征讨都督自然也就丧失了这些权力。因此，东晋征讨都督的军事权力表现出很明显的临时性。

三、征讨都督与军号将军及都督诸州军事的关系

（一）征讨都督与各种称号将军的关系

可以说，东晋国家已经规定了比较严格的将军制度。东晋的将军制度与征讨都督有密切的关系。因为东晋时期，大多数征讨都督都是不同称号将军的兼领职。《晋书·王敦传》："（王敦）寻进左将军、都督征讨诸军事、假节。"又《晋书·安帝纪》："冠军将军刘敬宣持节监征蜀诸军事。"又《晋书·刘牢之传附刘敬之传》："安帝反政，征拜冠军将军、宣城内史，领襄城太守。谯从反，以敬宣督征蜀诸军事、假节，与宁朔将军臧喜西伐。"这些事例说明，处于"都督""监""督"不同等次的征讨都督，显然都领有军号将军职衔。

东晋征讨都督领有的将军职衔主要有：骠骑大将军、卫将军、左将军、龙骧将军、平西将军、安西将军、冠军将军等。据《晋书·职官志》的记载，骠骑大将军、卫将军，其官秩级为二品；龙骧将军、平西将军、安西将军的秩级为三品。《宋书·百官志下》载，冠军将军官秩为三品。当然，在东晋，以将军兼任都督的，尚有将军加开府仪同三司称号的。《晋书·谢安传》："（谢安）拜卫将军开府仪同三司，……加安征讨大都督。"这样，卫将军的秩级就不是二品。正如《晋书·职官志》称："骠骑、车骑、卫将军、伏波、抚军、都护、镇军、中军、四征、四镇、龙骧、典军、上军、辅国、等大将军，……开府者皆位从公。"所谓"位从公"，就是这些将军的秩级为一品。因此可以说，东晋国家任用军号将军兼任征讨都督，其秩级都是比较高的，而且对军号将军的称号也没有严格的限制。东晋国家在使军号将军兼任征讨都督时，注意到将军的地位与征讨都督的地位的一致性。当时加大都督称号的征讨都督，一般都是地位显赫的军号将军。例如，谢安"拜卫将军开府仪同三司，封建昌县公。……

加安征讨大都督"①。又如，"以后将军元显为骠骑大将军、征讨大都督"②。谢安任卫将军开府仪同三司，在当时地位很重。《通典·职官十一》："晋以陆晔为卫将军，兼仪同三司，加千兵百骑。东晋以后，尤为重要。"司马元显所任的骠骑大将军，也是地位很高的军号将军。因此，东晋的征讨大都督的称号，都是与这些地位显赫的军号将军联系在一起的。在东晋，一般秩级为三品的军号将军，大多数都加征讨都督的称号。《晋书·周访传》载，周访任"龙骧将军。……加征讨都督"。这是三品将军任征讨都督的事例。

东晋时期，征讨都督不仅与军号将军秩级有一定的对应性，而且，军号将军兼任征讨都督对其秩级也会产生比较明显的影响。《晋书·职官志》："骠骑已下及诸大将军不开府非持节都督者，品秩第二，其禄与特进同。……四征、镇、安、平加大将军不开府、持节都督者，品秩第二。"据此可见，军号将军兼任持节都督与不兼任持节都督，秩级是有差别的。当然，《晋书·职官志》提到的持节都督是应该包括征讨都督在内的。因此，可以说东晋军号将军兼任征讨都督，无疑要影响和制约其地位。对东晋征讨都督与军号将军职衔的这种关系，是不应该忽视的。

（二）征讨都督与都督诸州军事的关系

实际上，东晋征讨都督与都督诸州军事具有比较密切的关系。当时，有一些征讨都督就是由都督诸州军事兼任的。不过，在东晋都督诸州军事兼任征讨都督的情况并不相同。

一是都督诸州军事以本官兼领征讨都督。例如，庾亮"出为持节、都督豫州扬州之江西宣城诸军事、平西将军、假节、豫州刺史，领宣城内史。……于是以本官加征讨都督"③。庾亮的本官，显然，主要是都督豫州扬州之江西宣城诸军事。

二是统军者先任征讨都督，再任都督诸州军事。前引《晋书·桓温传》："（桓）温葬毕视事，欲修复陵园，移都洛阳，表疏十余上，不许。进温征讨大都督、督司冀二州诸军事，委以专征之任。"很明显，桓温是先任征讨大都督，

---

① 《晋书》卷七九《谢安传》。
② 《晋书》卷一《安帝纪》。
③ 《晋书》卷七三《庾亮传》。

后任督司冀二州诸军事的。不过，需要指出的是，桓温任督司冀二州诸军事的主要职责，是"委以专征之任"。也就是说，它与一般的都督诸州军事不同，并不是以负责军事防卫为主，而是具有统率都督区中的军队实施征讨的责任。

三是征讨都督与都督诸州军事的混合型。《晋书·外戚·褚裒传》："（褚裒）除征讨大都督青、扬、徐、兖、豫五州诸军事。"就属于这种情况。东晋一朝，国家以这种方式使都督诸州军事与征讨都督结合并不是特殊的事例，在文献中多有记载。如《晋书·海西公纪》"（太和元年），以宣城内史桓秘为持节、监梁益二州征讨诸军事。"这就是说，在"监"等次的都督中，也存在这种情况。

从都督诸州军事与征讨都督的关系来看，应该说二者是既有差别，也有联系的。东晋国家设置都督诸州军事的目的，是负责地方都督区的防卫，而设置征讨都督则是要使其总领军队掌管征伐。然而，东晋国家使都督诸州军事兼任征讨都督的目的，并不只是为了在都督区内进行防卫和征讨作战，更重要的是，还要使其统率军队到都督区之外的地方作战。前引《晋书·庾亮传》："（庾）亮乃求外镇自效，出为持节、都督豫州扬州之江西宣城诸军事、平西将军、假节、豫州刺史，领宣城内史。亮遂受命，镇芜湖。顷之，后将军郭默据湓口以叛，亮表求亲征，于是以本官加征讨都督，率将军路永、毛宝、赵胤、匡术、刘仕等步骑二万，会陶侃俱讨破之。"也就是说，都督豫州扬州之江西宣城诸军事庾亮兼任征讨都督后，是要与陶侃联合在一起，共同讨伐反叛的郭默。而郭默是在湓口举兵反叛的。《晋书·地理志下》载，晋惠帝时，分桂阳、武昌、安成三郡为江州。东晋时，武昌郡无疑属于江州。其郡中有湓口，又称湓口关。因此，郭默反叛的地区，显然在江州范围内。可是，江州并不在庾亮所辖的都督区内。东晋国家使庾亮出兵江州讨伐，就必须让他兼任征讨都督。由此来看，都督诸州军事兼任征讨都督正是他们可以到所辖都督区外作战的必要条件。

东晋国家使都督诸州军事兼任征讨都督后，还能够扩大统军的范围。从当时情况来看，都督诸州军事一般只能统率所辖都督区内的军队。可是，使其兼领征讨都督后，情况就出现了变化。前引《晋书·庾亮传》提道：庾亮以都督豫州扬州之江西宣城诸军事的身份兼任征讨都督后，就可以"率将军路永、毛宝、赵胤、匡术、刘仕等步骑二万"，讨伐郭默。日本学者小尾孟夫考证：毛宝为江夏相、督随、义阳二郡事。① 江夏属荆州。② 毛宝所统率的军队，显然不是都督诸州军事庾亮所辖的军队。庾亮能够统率毛宝的军队平定叛乱，正是他兼任征讨都督的缘故。因此，可以说在都督诸州军事兼任征讨都督后，在国家指令下，为适应战争的需要，一般能够统率都督区以外的州、郡的武装力量。东晋国家使都督诸州军事兼任征讨都督，在特定情况下，可以扩大都督区的范围。例如，褚裒"改授都督徐兖青扬州之晋陵吴国诸军事、卫将军、徐兖二州刺史、假节，镇京口"③。在他被任命为征讨都督，要兴师北伐后，其都督区的范围就出现变化。《晋书·外戚·褚裒传》："（褚）裒重陈前所遣前锋都护王颐之等径造彭城，示以威信，后遣都护糜嶷进军下邳，贼即奔溃，嶷率所领据其城池，今宜速发，以成声势，于是除征讨大都督青、扬、徐、兖、豫五州诸军事。裒帅众三万径进彭城，河朔士庶归降者日以千计，裒抚纳之，甚得欢心。"由此可知，征讨大都督褚裒所辖的都督区与原来相比，增加了豫州以及扬州的全部地区。东晋国家增加都督诸州军事所辖都督区的范围，显然正是要使都督区更适应征讨作战的需要。不过，这种情况只是在特定的条件下出现的，并不一定是东晋国家的常制。

此外，还需要指出的是，征讨都督与国家重臣"八公"也有一定的关系。在晋代，所谓"八公"是指太宰、太傅、太保、太尉、司徒、司空、大司马和大将军。在当时，这些职官品级最高，处于受荣宠的极高的地位。在东晋，当时国家曾"加司徒王导大司马、假黄钺、都督中外征讨诸军事"④。又"以太尉桓温为征讨大都督"⑤。不过，在东晋，国家使"八公"任征讨都督仅此两事例，因而属于特殊的情况。尽管如此，由于国家可以使司徒、大司马、太尉兼任征讨大都督，因而这就使征讨都督在当时国家都督体制中占有重要的地位，由此得到了明显的体现。因此，在考察东晋征讨都督与其他职官的关系时，对这一问题也是不应该忽视的。

（原载《史学集刊》2003年第1期）

---

① 小尾孟夫：《六朝都督制研究》，溪水社，2001年，第184页。
② 《晋书》卷一五《地理志下》。
③ 《晋书》卷九三《褚裒传》。
④ 《晋书》卷七《成帝纪》。
⑤ 《晋书》卷八《穆帝纪》。

南朝征讨都督探讨

南朝时期,国家为了适应征伐战争的需要,一般都设置征讨都督来统率出征的军队。这种征讨都督在当时国家的都督体制中占有重要的位置。考察南朝的征讨都督的诸问题,对认识南朝军事统帅的设置以及南朝军事制度都是有益的。日本学者小尾孟夫教授对宋、齐、梁、陈朝征讨都督的问题,已经做了一些研究。[①] 他的研究对认识南朝征讨都督的问题是有启发性的。然而,小尾孟夫的考察只限于对征讨都督的个案探讨,并没有从整体上来把握南朝征讨都督的特征,因而对南朝征讨都督的问题仍然有再探讨的必要。本文拟从南朝征讨都督的设置特点、南朝征讨都督的权力以及南朝征讨都督与将军职衔、都督诸州军事的关系等方面,对征讨都督的问题做一些探讨,进而能够对这一问题的研究有所裨益。

一、征讨都督设置的特点

宋、齐、梁、陈各朝为了对外作战和平息国内动乱,都设置征讨都督来统率征讨军队。南朝征讨都督的设置,实际上是在东晋朝的基础上发展起来的,因此,有承袭东晋制度的方面。可是,由于战争的不断发生、朝代更迭频繁以及军事制度的诸方面,较之东晋时期出现了一些变化,因此,对当时国家在征讨都督的设置上,产生了较大的影响,这样,南朝征讨都督的设置也就具有比较明显的时代特点:

(一)南朝国家以多种方式设置征讨都督

宋、齐、梁、陈各朝在征讨都督的设置上的主要方式,是通过皇帝下诏

---

① 小尾孟夫:《六朝都督制研究》,溪水社,2001年,第213—316页。

的方式实现的。《南史·临川靖惠王宏传》：''天监元年，封临川郡王，位扬州刺史，加都督。四年，武帝诏宏都督诸军侵魏。"《通鉴·宋纪一三》泰始二年：''薛索儿将马步万徐人自睢陵渡淮，进逼青、冀二州刺史张永营。丙申，诏南徐州刺史桂阳王休范统北讨诸军事，进据广陵。"这些记载提到的"诏"，都是由当时国家下达诏令来任命征讨都督。南朝国家以这种方式来加以任命，一方面体现了国家对任命征讨都督的重视；另一方面，则使征讨都督的任命，表现出必要的规范性。在南朝，除了皇帝下诏任命征讨都督的做法外，还采取了其他的一些方式。这些方式主要有：

一是由皇帝直接任命和派遣。《陈书·周迪传》："（周迪）复越东兴岭，东兴、南城、永成县民，皆迪故人，复共应之。世祖遣都督章昭达征迪，迪又散于山谷。"这就是说，南朝皇帝对征讨都督的任命，有时不必以诏令的方式来实现，而是按照其意志直接委任。

二是国家以"假"的方式任命征讨都督。《梁书·邓元起传》："（天监四年）高祖亦假元起都督征讨诸军，将救汉中，比是，魏已攻陷两晋寿。"这里提到的"假"的任命方式，实际上，是要应付紧急军情而采取的临时任命措施，并不是一种正式任命。

三是国家采取"征"的方式任命征讨都督。《南齐书·李安民传》："苍梧废，太祖征安民为使持节督北讨军事、冠军将军、南充州刺史。"这一记载中提到的"征"，就是征召。

四是以加授职官的方式任命征讨都督。《南史·齐本纪·高帝纪》："元徽二年五月，江州刺史桂阳王休范举兵于寻阳，朝廷惶骇，帝与褚彦回等集中书省计议，莫有言者。……乃单车白服出新亭。加帝使持节、都督征讨诸军事、平南将军。"《南史·张裕传》："明帝即位，为青、冀二州刺史，监四州诸军事，统诸将讨徐州刺史薛安都，累战克捷。破薛索儿。又迁镇军将军，寻为南充州刺史，加都督。时薛安都据彭城请降，而诚心不款。明帝遣永与沈攸之重兵迎之，加都督前锋诸军事，进军彭城。"这些记载中所说的"加"，就是当时国家可以在任官者原职的基础上，为他们加授征讨都督职。

当然，还要指出的是，在南朝，除了国家外，还出现了一些国家重臣任命征讨都督的情况。《通鉴·陈纪一》永定元年："王琳既不就征，大治舟舰，将攻陈霸先；六月，戊寅，霸先以开府仪同三司侯安都为西道都督，周文育为南道都督,将舟师二万会武昌以击之。"这里提到的"西道都督""南道都督",实际上,都是征讨都督。《陈书·高祖帝纪下》将此事定于永定元年八月。此时陈霸先尚未禅代梁,他只不过是控制梁朝统治权力的重臣。这说明,在南朝,一些控制国家权力的重臣,无疑可以任命征讨都督。然而,可以行使这种权力的重臣已行将登上帝位,并不是所有的国家重臣都可以任命征讨都督。因此这种情况的出现,只是一种特例。

(二)南朝国家设置的征讨都督作为兼领职官的特征逐渐削弱

征讨都督表现为兼领职官,主要是在它的初设时期。《晋书·庾亮传》:"于是以本官加征讨都督。"又《晋书·桓彝传附桓秘传》:"(桓)秘以本官兼梁益二州征讨诸军事。"显然,在东晋时期,国家设置的征讨都督一般都被视为兼领职。但是,在宋、齐、梁、陈各朝,征讨都督作为兼领职官的特征已经不明显。在南朝,国家使地方官员担任征讨都督的情况也是如此。《宋书·明帝纪》:"镇北将军、南徐州刺史桂阳王休范总统北讨诸军事。"又《南齐书·张岱传》:"(张岱)寻徙为冠军将军、北徐州刺史,都督北讨诸军事。"由此可知,南朝地方刺史所任的征讨都督,很明显,在当时都没有被看作刺史的兼领职。对于有些刺史担任的征讨都督甚至被视为"本官"。《南齐书·李安民传》:"太祖征安民为使持节督北讨军事、冠军将军、南兖州刺史。沈攸之反,太祖召安民以本官镇白下,治城隍。"就是明证。因此可以说,在南朝,刺史担任征讨都督时,与他所任的刺史职,一般具有等同的意义。

当然,南朝国家任命一些官员为征讨都督时,在当时文献中有时称为"加"。例如,《宋书·檀道济传》:"元嘉八年,到彦之伐索虏,已平河南,寻复失之,金墉、虎牢并没,虏逼滑台。加道济都督征讨诸军事,率众北讨。"从南朝国家任命官员时的情况来看,使用"加",一般有三种意义:一是加侍中、散骑常侍、开府仪同三司。这使官员具有"加官"之职,或者加重其地位。二是为官员加将军职衔。如《南齐书·高帝纪上》:"王子房及东诸郡皆起兵,明帝加太祖辅国将军,率众东讨。"三是为官员加授重要官职。《宋书·文帝纪》:"卫将军王弘进位太保,加中书监。""加"的这种任官方式,又称作"加领"。《南齐书·明帝纪》:"(萧鸾)七年,为尚书右仆射。八年,加领卫尉。"就是一例。这种"加领",包含的意思就是加授所任官职,与前两种意义是不同的。因此,可以说,在南朝,所谓"加征讨都督",正是国家使官员加任征讨都督职,这与"兼"和"兼领"的意义明显不同。

综上可见,南朝国家设置的征讨都督作为兼领职的特征已经很不明显,它被任命时,一般是被看作加授的官职。因此可以说,这正是南朝征讨都督的独立性在逐渐增强的表现。

(三) 南朝国家设置的征讨都督有比较明确的等级

当时国家区分这些征讨都督的等级,基本上是采用都督诸州军事划分等级的方式。从南朝都督诸州军事区分等级的方式来看,依然承袭两晋制度。正如《宋书·百官志上》称:"晋世则都督诸军为上,监诸军次之,督诸军为下。"在都督诸州军事的这种等级区分的影响下,南朝征讨都督也有"都督""监""督"的等级区分。《宋书·明帝纪》:"司徒建安王休仁都督征讨诸军事,统众军南讨。"《陈书·宣帝纪》:"(宣帝)分命众军北伐,以镇前将军、开府仪同三司吴明彻都督征讨诸军事。"都是征讨都督称"都督"的事例。

南朝征讨都督称"监"的事例,在文献中也多见。如《宋书·檀道济传》:"景平元年,虏围青州刺史竺夔于东阳城,夔告急。加道济使持节、监征讨诸军事。"不过,南朝征讨都督处于"督"等次的情况比较少见。也就是说,当时国家已经很少任命这一等次的征讨都督。

南朝征讨都督的等级区分,当然是承袭东晋的制度而来的,可是,与东晋比较,却出现了一些变化。在东晋,征讨都督的等级区分不仅采用都督诸州军事分别等级的方式,而且,还实行了以称"都督"和"大都督"的方式来分别其等级。

当然,在南朝,国家在任命征讨都督时,对一些征讨都督依然加"大都督"的称号。《梁书·高祖五王·庐陵威王续传》:"中大同元年,出为镇东将军、南徐州刺史。太清二年,进位中卫将军、开府仪同三司。侯景构逆,加征讨大都督,率众讨景。"又《陈书·淳于量传》:"华皎构逆,以量为使持节、征南大将军、西讨大都督,总率大舰自郢州樊浦拒之。"这些记载说明,南朝国家为一些征讨都督加"大都督"称号,并不是要区分等级,而是要加重征讨都督的地位。由此来看,在南朝,显然已经不将大都督作为划分征讨都督的标准。正因为如此,这也就使征讨都督等级划分趋向单一化,而与东晋国家在区分征讨都督的等级上呈现出多样性的标准明显不同。这种变化正是南朝国家区分征讨都督等级的标准日益规范化的反映。

（四）南朝征讨都督的称号表现出比较明显的多样性

从宋、齐、梁、陈各朝设置征讨都督的情况来看，已经基本上形成了固定的称号。《宋书·明帝纪》："司徒建安王休仁都督征讨诸军事，统众军南讨。"又《梁书·武帝纪上》："南康王即帝位于江陵，改永元三年为中兴元年，遥废东昏为涪陵王。以高祖为尚书左仆射，加征东大将军、都督征讨诸军事，假黄钺。"又《陈书·宣帝纪》："（宣帝）分命众军北伐，以镇前将军、开府仪同三司吴明彻都督征讨诸军事。"这些事例说明，"都督征讨诸军事"应当是南朝征讨都督的主要称号。当时征讨都督的主要称号尚不限于此，还有直接称"征讨都督"的。如《宋书·王玄谟传》："遣（王玄谟）代守碻磝。江夏王义恭为征讨都督。"不过，由于南朝征讨都督负责征讨的军事事务复杂、统率的军队的种类不同、进军路线和征讨的区域也存在差别，因而国家除了为征讨都督加主要的称号外，还要对一些征讨都督加适应其出征情况的称号。这些称号主要有：

一是表现征讨都督进军方位的称号。诸如："都督北讨诸军事"[1]"都督西北征讨诸军事"[2]"都督西讨诸军事"[3]"都督西讨诸军事"[4]"北讨都督"[5]"西讨都督"[6]"都督东讨诸军事"[7]。

二是表现征讨都督征讨对象的称号。例如，"都督讨蜀军事"[8]。

三是表现征讨都督负责征讨的区域，或统率地方兵的称号。诸如，"督司州征讨"[9]"督徐州征讨军事"[10]"都督青冀二州北讨诸军事"[11] 总督"汉

---

[1]《宋书》卷七二《文九王·始安王休仁传》。
[2]《南齐书》卷六《明帝纪》。
[3]《梁书》卷一〇《萧颖达传》。
[4]《陈书》卷九《侯瑱传》。
[5]《梁书》卷二三《长沙嗣王业传》。
[6]《陈书》卷二《高祖纪下》。
[7]《陈书》卷二《高祖纪下》。
[8]《陈书》卷三五《陈宝应传》。
[9]《南齐书》卷二九《王广之传》。
[10]《南齐书》卷四二《萧坦之传》。
[11]《南齐书》卷四九《张冲传》。

北征讨诸军事"①"都督南北兖北徐青冀豫司霍八州北讨诸军事"②"都督衡州五郡征讨诸军事"③"总督汉北征讨诸军事"④。

四是专门表现统率的军种称号。例如,"都督征讨水陆诸军事"⑤。

五是表现征讨都督进军路线的称号。诸如,"西道都督""南道都督"⑥"江北道大都督"⑦。

由此可见,南朝国家为总统全军的征讨都督所加的称号,并没有受固定称号的限制,有时常常要根据情况的需要来命名。在南朝国家任命的征讨都督中,还有一些都督并不能总统全军,只是统领前锋军队,或者隶属最高军事统帅。《南史·齐本纪·和帝纪》:"以雍州刺史萧衍为使持节、都督前锋诸军事。"这里提到的"都督前锋诸军事",就是指负责前锋军事事务的征讨都督。这种征讨都督也有多种称号。在这些称号中,有的是要表明征讨的方位。诸如:"督西讨前锋诸军事"⑧"都督北讨前锋诸军事"⑨。有的是要表明所处的等次。例如,"督前锋军事"⑩。另外,在文献中还有"北讨前军事"⑪"都督北讨前军事"⑫这类称号。不过,这种称号是在陈朝才出现的,大概是都督前锋诸军事的省称。

由此可见,虽然南朝征讨都督的称号已经基本上固定化,但是,当时国家为了表现征讨都督所处的特殊地位和不同的类别,并没有使其称号单一化,而是使其呈现出多样化的特征,以便更好地体现征讨都督所处的地位。

此外,南朝国家设置征讨都督时,在特殊情况下,还为它设置副职。

---

① 《梁书》卷三《武帝纪下》。
② 《梁书》卷二二《太祖五王·临川静惠王宏传》。
③ 《梁书》卷三《武帝纪下》。
④ 《梁书》卷二二《太祖武王·鄱阳忠烈王恢传》。
⑤ 《梁书》卷二三《长沙嗣王业传》。
⑥ 《陈书》卷八《周文育传》。
⑦ 《陈书》卷一三《周炅传》。
⑧ 《宋书》卷八六《殷孝祖传》。
⑨ 《南齐书》卷一《高帝纪上》。
⑩ 《南齐书》卷一《高帝纪上》。
⑪ 《陈书》卷三一《萧摩诃传》。
⑫ 《陈书》卷三一《萧摩诃传》。

《陈书·裴忌传》:"吴明彻督众军北伐,诏忌以本官监明彻军。"这里提到的"监",就是监军。这种监军,实际上就是征讨都督统率的军队中的副职。

二、征讨都督的军事权力

南朝征讨都督是由国家任命,并由它统率征讨军队进行作战的。当时国家在任命征讨都督时,当然,也就授予其重要的军事权力。在当时国家任命的征讨都督中,大多数是总统全军的。因此,本节讨论的征讨都督权力的问题,主要是指这类都督的军事权力。

首先,南朝征讨都督具有对征讨军队的军事指挥权。当时国家一旦任命了征讨都督,实际上,便授予了他指挥参与作战的各类军队的权力。例如,司徒建安王刘休仁担任征讨都督,便可以"统众军南讨"①。檀道济加都督征讨诸军事称号后,就能够"率众北讨"②。又如,周炅为江北道大都督后,他可以"总统众军,以讨龙升"③。对征讨军队的统帅,不仅限于"都督"等次的征讨都督,而且,处于"监"和"督"等次的征讨都督也都具有这种权力。

南朝征讨都督统率军队的种类也不是单一的。众所周知,从曹魏至两晋,国家的军队主要可以分为中军、外军和州郡兵。南朝时期,从中央的军队来看,还有中军和外军的区分。《通典·职官一六》:"宋护军将军一人,掌外军。领、护资重者为领军将军、护军将军,资轻者为中领军、中护军。"据此,在刘宋时期,国家的军队存在中军和外军的区别是很明显的。尽管中军和外军有区别,但二者都是国家的中央军。实际上,在规模较大的征讨作战中,中央军是南朝征讨都督统率的主要军事力量。《陈书·吴明彻传》:"会朝议北伐,公卿互有异同,明彻决策请行。五年,诏加侍中、都督征讨诸军事,仍赐女乐一部。明彻总统众军十余万,发自京师,缘江城镇,相续降款。"正说明了这一点。南朝征讨都督对军队的指挥尚不限于此。《梁书·长沙嗣王业传》:"大通元年,迁侍中、中护军。时涡阳始降,乃以藻为使持

---

① 《宋书》卷八《明帝纪》。
② 《宋书》卷四三《檀道济传》。
③ 《陈书》卷一三《周炅传》。

节、北讨都督、征北大将军，镇于涡阳。"又《陈书·宣帝纪》："周遣柱国梁士彦率众至肥口。戊戌，周军进围寿阳。辛丑，以车骑将军、开府仪同三司、南兖州刺史淳于量为上流水军都督；中领军樊毅都督北讨诸军事，加安北将军。"这些记载中提到的萧业、樊毅是以中护军、中领军的身份加领征讨都督的。由此来看，征讨都督不仅可以统率中军和外军进行大规模的征讨作战，就是在小规模的战争中，也能够统率中军和外军。

从地方军队的情况来看，大体与东晋时期相同，也就是说，州兵是重要的地方武装。《南齐书·吕安国传》："（永明）四年，湘川蛮动，安国督州兵讨之。"《通鉴·宋纪》元嘉二十九年："西阳五水群蛮反。……诏太尉中兵参军沈庆之督江、豫、荆、雍四州兵讨之。"这说明，在南朝，州兵不仅可以由刺史和都督诸州军事统领，而且也可以由中央官员指挥，进行讨伐战争。当时国家设置的征讨都督，一般都可以统率州兵作战。

其次，南朝征讨都督在国家的指令下，可以统率参战的将军。在当时，领有不同将军衔的将领统率军队参战，是国家经常采取的行动。当时将军参战大多数是在征讨都督统率之下。《宋书·檀道济传》："（元嘉八年）加道济都督征讨诸军事，率众北讨。军至东平寿张县，值虏安平公乙旃眷。道济率宁朔将军王仲德、骁骑将军段宏奋击，大破之。"《南史·梁本纪·武帝纪上》："南康王即帝位于江陵，遥废东昏为涪陵王，以帝为尚书左仆射，加征东将军、都督征讨诸军，假黄钺。西台又遣冠军将军萧颖达领兵来会。四月，帝出河，命王茂、萧颖达等逼邹城。"很明显，当时国家任命的征讨都督是可以指挥不同称号的将军的。也就是说，参与征讨军事行动的将军必须接受征讨都督的节制。

再次，南朝国家授予征讨都督可以执行军法的权力。当时征讨都督具有军事惩罚权，主要表现在可以持"节"和持"黄钺"上。从征讨都督持节的情况来看，它可以持三种不同等次的节。《南齐书·高帝纪上》："加太祖使持节、都督征讨诸军、平南将军，加鼓吹一部。"可见，征讨都督可以受"使持节"。《南齐书·王广之传》："建武二年，虏围司州，遣广之持节督司州征讨，解围。"这就是说，征讨都督是可以受"持节"。当然，征讨都督也可以受"假节"。《南齐书·李安民传》："三巴扰乱，太守张澹弃涪城走，以安民假节、都督讨蜀军事、辅师将军。"就是一例。南朝征讨都督可以持三种不同等次的"节",其意义与都督诸州军事持节的情况相同,都是执行军法的象征。正如《宋书·百官志上》称:"使持节为上,持节次之,假节为下。使持节得杀二千石以下;持节杀无官位人,若军事得与使持节同,假节唯军事得杀犯军令者。"不过,需要指出的是,南朝征讨都督持"节"的等次要比东晋时期提高。在东晋,征讨都督很少有受"使持节"的。而在南朝则与东晋的情况明显不同。统计《宋书》《南齐书》《梁书》《陈书》《南史》中关于征讨都督受"节"情况的记载,其中受"使持节"的有十三例,受"持节"的有五例,受"假节"的五例。这就是说,受"使持节"的征讨都督的事例,多于受"持节"和"假节"的征讨都督的总和。这说明,南朝征讨都督受节主要是"使持节"。这种情况表明,南朝国家征讨都督的军事惩罚权,较之东晋时期明显地提高了。

南朝国家提高征讨都督的军事惩罚权不仅表现在提高受"节"的等次上,而且,还使一些重要的征讨都督受"黄钺"。征讨都督"假黄钺",实际上,就具有了最高的军事惩罚权。《宋书·百官志上》称:"假黄钺,则专戮节将,非人臣常器矣。"这里提到的"节将",就是指持节将军。由此来看,征讨都督的这种军事惩罚权是非常之高的。

不过,需要指出的是,南朝征讨都督是为了征讨作战而设置的,因而,一般在征讨作战结束后,国家自然也就撤销对征讨都督的任命。正因为如此,征讨都督所具有的这些权力就不是长期的,它表现出的暂时性是很明显的。

三、征讨都督与军号将军以及都督诸州军事的关系

在南朝,可以担任征讨都督的职官很多。根据《宋书》《南齐书》《梁书》《陈书》《南史》和《通鉴》的记载,这些职官主要有:司徒、太尉、司空、尚书令、尚书左仆射、大匠卿、中护军、中领军、太子左率、各种称号的将军、刺史、都督诸州军事等。尽管如此,当时担任征讨都督的,主要是各种称号的将军和都督诸州军事。因此,在考察征讨都督与其他职官关系时,主要应该探讨它与各种称号的将军及都督诸州军事的关系。

(一) 征讨都督与军号将军职衔的关系

在南朝,征讨都督的任命与军号将军衔有密切的关系。也就是说,南朝

的征讨都督,一般都要有军号将军衔。不过,南朝征讨都督与军号将军衔有不同的结合方式。这些结合方式主要有:一是不同称号的将军直接被任命为征讨都督。二是地方刺史领有军号将军衔而被任命为征讨都督。三是中央职官领有军号将军衔而被任命为征讨都督。下面对这三种情况分别说明:

在南朝,当时国家多使一些领有军号将军衔的官员直接担任征讨都督。这些领有军号将军衔的官员,并没有其他的官职。《宋书·孔凯传》:"太宗遣建威将军沈怀明东讨,尚书张永系进,镇东将军巴陵王休若董统东讨诸军事。"又《梁书·武帝纪下》:"(武帝)以前雍州刺史鄱阳王范为征北将军,总督汉北征讨诸军事。"说的都是这种情况。据文献记载,从刘宋至陈朝,征讨都督领有的军号将军职衔主要有:征南大将军、征东将军、征北将军、镇东将军、镇南将军、后将军、安前将军、镇前将军等。在这些军号将军职衔中,其秩级并不相同。根据《宋书·百官志》的记载,征北大将军的秩级最高,为二品。征北将军、镇东将军、镇南将军、后将军为三品。安前将军、镇前将军为梁、陈朝所增加的杂号将军,其秩级不详。由此可见,在南朝,国家任命征讨都督,对所领军号将军职衔高低,限制得不很严格。

南朝地方刺史被任命为征讨都督,是以领有军号将军职衔为先决条件的。也就是说,地方刺史要担任征讨都督就必须有军号将军衔。没有军号将军职衔的单车刺史,一般是不能担任征讨都督的。《宋书·明帝纪》:"镇北将军、南徐州刺史桂阳王休范总统北讨诸军事。"《梁书·武帝纪中》:"(武帝)以中军将军、扬州刺史临川王宏都督北讨诸军事。"都说明了这种情况。地方刺史领有的将军职衔,不仅是他们担任征讨都督的先决条件,而且,军号将军职衔的变动也影响其地位。《南齐书·李安民传》:"太祖征安民为使持节督北讨军事、冠军将军、南充州刺史。沈攸之反,太祖召安民以本官镇白下,治城隍。加征虏将军。进军西讨,又进前将军。"《陈书·世祖纪》:"(世祖)以安右将军吴明彻为安南将军、江州刺史,督众军南讨。"这些记载说明,当时国家在任命征讨都督时,要变动一些刺史的军号将军职衔,一般是要提升其军号将军的秩级。南朝国家这样做的目的,自然是要通过对征讨都督军号将军职衔的提升,来加重其地位及军府的规模。这样,就能够使担任征讨都督的刺史在征讨作战中更有效地发挥指挥作用。

南朝中央职官被任命为征讨都督,一般也与军号将军职衔有密切的关

魏晋南北朝将军制与都督制论稿

系。如前所述，与东晋时期比较，南朝中央职官担任征讨都督的情况明显增多。在这些中央职官担任征讨都督时，大多数都要加领军号将军职衔。在南朝，领有各种不同称号的将军，一般都可以被任命为征讨都督。其他的中央职官和地方的刺史担任征讨都督时，加领军号将军职衔是他们担任征讨都督的必要条件。正因为如此，可以说南朝征讨都督与军号将军职衔不仅有着密不可分的关系，而且，它还是南朝国家任命征讨都督的必要依据。

（二）征讨都督与都督诸州军事的关系

可以说，南朝都督诸州军事和征讨都督都是国家任命的都督。但是，这两种都督既有区别，又有联系。它们的区别在于，都督诸州军事主要是为了地方的镇戍而设置的，其职责主要是为了地方的防卫；而征讨都督则是国家为了实现征讨的目的而设置的。它们的联系主要表现为：在征讨作战时，一些都督诸州军事可以担任征讨都督。在南朝，以都督诸州军事身份担任征讨都督的情况，应该说是很常见的。南朝国家使都督诸州军事担任征讨都督，一般使二者的等次保持一致。《宋书·檀道济传》："（檀道济）出监南徐兖之江北淮南诸郡军事、镇北将军、南兖州刺史。景平元年，虏围青州刺史竺夔于东阳城，夔告急。加道济使持节、监征讨诸军事，与王仲德救东阳。"这就是说，处于"监"等次的都督诸州军事，在担任征讨都督时，依然保持"监"等次的地位。当然，处于"都督"等次的都督诸州军事担任征讨都督的情况就更是如此了。《陈书·侯瑱传》："（侯）瑱之九江，因卫晋安王还都，承制以瑱为侍中、使持节、都督江晋吴齐四州诸军事、江州刺史，改封康乐县公，邑五千户，进号车骑将军。司徒陆法和据郢州，引齐兵来寇，乃使瑱都督众军西讨。"就是明显的事例。南朝都督诸州军事担任征讨都督后，他统率的军队的范围扩大了。

从南朝的都督诸州军事实施的情况来看，这些都督一般主要统率都督区内的军队。而都督诸州军事担任征讨都督后，他统率的军队就不限于都督区内。日本学者小尾孟夫认为，担任征讨都督的都督诸州军事统率的军队还包括都督区外的军队。[①] 小尾孟夫的说法是正确的。前引《梁书·太祖五王·临川景惠王宏传》："天监元年，封临川郡王，邑二千户。寻为使持节、散骑

---

① 小尾孟夫：《六朝都督制研究》，溪水社，2001年，第213-316页。

常侍、都督扬南徐州诸军事、后将军、扬州刺史,又给鼓吹一部。三年,加侍中,进号中军将军。四年,高祖诏北伐,以宏为都督南北兖北徐青冀豫司霍八州北讨诸军事。"很明显,都督扬南徐州诸军事临川景惠王萧宏担任八州征讨都督后,他统率的军队就不限于扬南兖徐州的军队,他在国家的指令下,可以统率南、北兖、北徐、青、冀、豫、霍八州的军队。因此可以说,在都督诸州军事担任征讨都督后,一般都能够统率都督区外的军队作战。当然,他们统率都督区外的军队要有国家的指令。由此可见,在南朝,都督诸州军事担任征讨都督,无论参与大规模的,还是参与小规模的征讨作战,他们统率的军队都不受都督区规定范围的限制。

此外,都督诸州军事担任征讨都督后,他的主要职责是负责征讨作战,因此,他们可以在国家指令下到都督区外作战。《宋书·檀道济传》:"(檀道济)出监南徐兖之江北淮南诸郡军事、镇北将军、南兖州刺史。景平元年,虏围青州刺史竺夔于东阳城,夔告急。加道济使持节、监征讨诸军事,与王仲德救东阳。"按,东阳在刘宋时属于青州。《宋书·州郡志》:"青州刺史,治临淄。江左侨立,治广陵。安帝义熙五年,平广固,北青州刺史治东阳城,而侨立南青州如故。"就是明证。由此可知,都督诸州军事被任命为征讨都督后,就可以到都督区外进行征讨作战。这种做法一直到陈朝依然实行。在南朝,都督诸州军事到所辖的都督区外作战,不是担任都督诸州军事所具有的权力,应该说,是都督诸州军事担任征讨都督后所具有的权力。因此,可以说,担任征讨都督,实际是都督诸州军事到其所辖都督区外进行作战的前提。由于都督诸州军事与征讨都督任职之间具有这种关系,自然就使南朝国家的地区镇戍和征讨作战有机地联系起来。

(原载《社会科学战线》2003年第5期)

魏晋南北朝将军制与都督制论稿

北魏征讨都督考略

北魏时期，战争频繁。这些战争是北魏国家为了拓展疆土、抵御南朝和其他少数民族的入侵以及平息国内叛乱而引起的。为保证战争胜利，北魏国家非常注意加强军事力量的建设，并且不断改进和完善军事制度。其中，在军事行动中，设置征讨都督便是北魏国家所实行的重要措施之一。① 因而，考察北魏设置征讨都督的具体情况，对深入认识当时军事制度的特征是必要的。当然，这也是全面探讨北魏都督制度的重要内容。所以本文拟对北魏征讨都督的始设时间、征讨都督设置的特点、征讨都督的权力以及征讨都督与将军制度的关系等问题做一些初步探讨。

一、征讨都督的始设时间

探讨北魏征讨都督的始设时间，需要与北魏建国联系起来。众所周知，北魏道武帝拓跋珪是在塞北建立起北魏王朝的。北魏王朝建立后，拓展其疆土成为当时国家的大事，不断向其周边邻国和其他少数民族用兵，成为这一时期的特色。据《魏书·道武帝纪》载，从道武帝登国元年开始至道武帝天赐六年，共24年时间，进行大小战争51次之多。在道武帝进行的战争中，大部分为他本人亲征，但他也选派重要将领率军征伐。这种情况至道武帝统治后期，便开始增多。例如，皇始元年，道武帝"遣将军王建等三军讨宝广

---

① 在北魏文献中，征讨都督被称为"都督诸军事""都督北讨诸军事""都督北征诸军事""都督征南诸军事""北征都督""北讨大都督"等，它的称号并不固定。而在南朝，征讨都督一般被称为"都督征讨诸军事"。这是北魏征讨都督称号与南朝不同之处。尽管如此，在征讨都督的职能上，北魏与南朝大体上是一致的。

宁太守刘亢泥,斩之,徙其部落"①。又如,天兴四年,道武帝"诏征西大将军、常山王遵等率众五万讨破多兰部帅木易子,材官将军和突率骑六千袭黜弗、素古延等部"②。尽管道武帝注意选派不同称号的将军掌管征讨事务,但是,他所任命的将军都没有加都督称号。这说明,征讨都督在当时的讨伐战争中还不是急需的,因此道武帝自然也就不设置这种都督了。然而道武帝对其他种类的都督的设置却很重视。至迟道武帝在他统治后期,已经开始设置都督中外诸军事③、都督诸州军事,这就是说,道武帝已经在模仿晋制,试图建立都督制度。但是,道武帝在他统治时期却为什么不急于设置征讨都督呢？应该说,这与当时部落兵制尚占主导地位有很密切的联系。因为这些部落兵的构成还不十分复杂,自然在进行征伐战争时,全部军队只要由重要将领来统率就可以了,还不需要设置都督来进行全面节制。这应当是道武帝不急于设置征讨都督的重要理由。

至明元帝拓跋嗣时,虽然北魏的军队依然以部落兵为主,但是在军队的构成上,开始与道武帝时的情况有所不同了。这种不同主要表现在,明元帝除了有以部落兵为主的中军外,已开始设置镇戍兵和地方兵。《魏书·明元帝纪》:"(永兴五年)遣元城侯元屈等率众三千镇并州。乙卯,诏会稽公刘洁、永安侯魏勤等率众三千镇西河。"元屈和刘洁、魏勤所率的军队,显然是从中军中分出来防卫地方的镇戍兵。《魏书·明元帝纪》:"(神瑞元年)河内人司马顺宰自号晋王。太守讨捕不获。"河内太守能够进讨自称晋王的反叛者,他是要掌握一定数量的军队的,这些军队自然属于郡兵,也就是一种地方兵。

在明元帝时,不仅军队的构成开始复杂起来,而且由于北魏国家控制的疆域不断扩大,它所面临的敌人已经不是一些少数民族部落,而是拥有比较强大军事势力的诸如北燕、南燕、后秦、夏国、刘宋等国家。因而,北魏国家在对军队的统率和节制上,就应该有所调整,以此来应付比较复杂的战争局面,并有效地指挥各种不同种类的军队。明元帝正是在这种形势下,开始

---

① 《魏书》卷二《道武帝纪》。
② 《魏书》卷二《道武帝纪》。
③ 《魏书》卷二《道武帝纪》:"(皇始二年)甲寅,以东平公元仪为骠骑大将军都督中外诸军事、兖豫雍荆徐扬六州牧、左丞相,封魏王。"

魏晋南北朝将军制与都督制论稿

调整对都督的设置。《魏书·明元帝纪》：

> （泰常七年）秋九月，诏假司空奚斤节，都督前锋诸军事，为晋兵大将军行扬州刺史，交趾侯周几为宋兵将军、交州刺史，安固子公孙表为吴兵将军、广州刺史，前锋伐刘义符。

又《魏书·叔孙建传》：

> 久之，除（叔孙建）使持节、都督前锋诸军事、楚兵将军、徐州刺史，率众自平原济河，徇下青兖诸郡。

明元帝任命奚斤和叔孙建所担任的都督前锋诸军事，实际上，正是一种征讨都督。从任命方式上来看，明元帝以诏令的形式，为奚斤和叔孙建加节，授都督称号，并且使其领有军号将军职衔，因此可以说，这种任命的程式是比较完备的。然而，明元帝却只让奚斤和叔孙建都督前锋军事，并没有让他们都督全部的南征军队，这说明，北魏征讨都督开始设置时，还不具备节制全部征讨军的职能。因此，北魏泰常七年设置的征讨都督只是其早期的形态，在对征讨军队的统领上，尚需要在制度上健全起来。

如果说明元帝时，北魏国家开始设置征讨都督，那么，至太武帝拓跋焘时，征讨都督的设置及其职掌都比较完备了。《魏书·太武纪》：

> （太延二年）赫连定之西也，杨难当窃据上邽。秋七月庚戌，诏骠骑大将军、乐平王丕等督河西、高平诸军讨之。
>
> （太平真君三年）秋七月丙寅，诏安西将军、建兴公古弼督陇右诸军及殿中虎贲与武都王杨保宗等从祁山南入，征西将军、淮阳公皮豹子与琅邪王司马楚之等，督关中诸军从散关西入，俱会仇池；郁林公司马文思为征西大将军，进爵谯王，督洛豫诸军南趣襄阳；征南将军、东安公刁雍东趣广陵，邀方明归路。

在这些记载中提到的北魏将领所督军队，实际上，都是以征讨都督的身份节制各种不同种类的军队出征作战。其中以奚斤所率军队的构成最为复杂,既有中军、镇戍兵,还有其他的少数民族兵。不仅如此,关于太武帝对征讨都督的任命情况,在文献中已有比较详细的记载。《魏书·道武七王·阳平王熙传》:

> (拓跋他)从世祖讨山胡白龙于西河,……寻改封淮南王,除使持节、都督豫雒河南诸军事、镇南大将军、开府仪同三司,镇虎牢。威名甚著。后与武昌王提率并州诸军讨吐京叛胡曹仆浑于河西,平之。拜使持节、都督诸军事,北讨蠕蠕,破之,运军储于比干城。

据此可知,太武帝任命拓跋他为北讨蠕蠕的征讨都督仍然使其拥有镇南大将军职衔,而且要为其加"使持节"和"都督诸军事"的称号。由此看来,在太武帝时,征讨都督的设置已经基本制度化。也就是说,从征讨都督的任命、统领的军队、军号将军的职衔、受节状况以及都督的称号等方面都已经很完备了。

总之,北魏国家在明元帝泰常年间,开始设置征讨都督。但是,这一时期的征讨都督在其设置和职能方面还不是很完善的。直至太武帝时,才出现能节制各种不同军队和任命方式上比较健全的征讨都督。从这个意义上来说,应该在太武帝太延年间,北魏国家才将征讨都督的设置作为一项重要的军事措施来加以实施。

二、征讨都督设置的特点

北魏国家设置的征讨都督从太武帝后,在制度上开始完善起来。因而,征讨都督在设置上的特点已经有很明显的体现。这些特点主要表现在以下诸方面:

(一)征讨都督是北魏皇帝以诏令的形式加以任命的

征讨都督设置的目的主要是进行征伐战争,而战争能否胜利,又直接关系到国家的根本利益。因此,北魏国家在选择将军担任征讨都督时,不仅注意到任职将军的军事才能,而且注意到任命的方式。这种方式主要表现为,当时国家一般是通过诏令来对征讨都督加以确认的。《魏书·献文帝纪》:

魏晋南北朝将军制与都督制论稿

"（天安元年）诏北部尚书尉元为镇南大将军、都督诸军事，镇东将军、城阳公孔伯恭为副，出东道救彭城；殿中尚书、镇西大将军、西河公元石都督荆、豫、南雍州诸军事、给事中、京兆侯张穷奇为副，出西道救悬瓠。"又《魏书·孝文帝纪》："（太和二十二年）敕勒树者相率反叛。诏平北将军、江阳王继都督北讨诸军事以讨之。"都是这方面的事例。北魏国家以诏令的方式来对征讨都督的职位加以确认，一方面是要表明国家对任命征讨都督的重视，更重要的是，要表明国家对任命征讨都督是严格控制的。这就是说，没有皇帝的诏令，任何将军都不能作为征讨都督实行军事讨伐行动。因此，北魏国家以诏令的方式来设置征讨都督，也正是它对军事讨伐权严格控制的一种体现。

（二）征讨都督一般都是由拥有将军号的官员担任

在北魏国家初设征讨都督时，对征讨都督是否拥有将军号，还不是很重视的。例如，"（延和二年）遣永昌王健、尚书左仆射安原督诸军讨和龙。"[①]这就是说，太武帝任用的征讨都督中有一些没有将军号的官员。但是，这种情况在征讨都督制度完善后，便基本改变了。统计文成帝至孝庄帝时的文献记载，征讨都督几乎都是由领有各种不同名号的将军担任的。例如，《魏书·文成帝纪》："（和平元年）六月甲午，诏征西大将军、阳平王新成等督统万、高平诸军出南道，南郡公李惠等督凉州诸军出北道，讨吐谷浑什寅。"实际上，将军号对征讨都督的设置有重要的影响。《魏书·郑羲传》："先护闻庄帝即位于河北，遂开门纳荣。……寻除前将军、广州刺史、假平南将军、当州都督。时妖贼刘举于濮阳起逆，诏先护以本官为东道都督讨举平之。"这说明，北魏国家设置征讨都督时，刺史及所领将军号当属于本官范围，而征讨都督则为兼领职。由于将军号与征讨都督职密切结合在一起，因此，就使征讨都督在统领军队作战时，可以依据将军号的品级来节制征讨作战的将领和各类军队，同时，这也能够比较清楚地表现出征讨都督的地位。

（三）征讨都督一般都持节

如前所述，在征讨都督初设时，明元帝便"诏假司空奚斤节，都督前锋

---

① 《北史》卷二《魏本纪·太武帝纪》。

诸军事"①。在征讨都督制度逐步完善的过程中，北魏国家对征讨都督授节就成为定制。例如，太武帝时，就任命拓跋他"使持节、都督诸军事，北讨蠕蠕"②。献文帝时，朝廷"诏使持节、都督诸军事、征南大将军慕容白曜督骑五万次于碻磝，为东道后援"③。至孝文帝时，北魏国家为征讨都督授节的事例就更多了。如《魏书·景穆十二王·任城王云传》："高祖时，蠕蠕犯塞，加澄使持节、都督北讨诸军事以讨之。"又如《魏书·景穆十二王·章武王传》："是时吐京胡反，诏彬持节，假平北将军，行汾州事，率并肆之众往讨之。"不过，这种情况到北魏末年便出现了一些变化。尽管北魏国家对一些征讨都督仍然授节，可是，已经出现了不持节的征讨都督。如《魏书·源贺传》："以葛容久逼信都，诏假子雍征北将军，为北讨都督。"又如《魏书·郑义传》："时妖贼刘举于濮阳起逆，诏先护以本官为东道都督讨举平之。"当然，这些事例都是国家采取的特殊措施，并不是常制。实际上，北魏末年，国家在采取重大的军事行动时，对征讨都督都要采取授节的措施。例如，孝明帝"（孝昌二年）五原降户鲜于修礼反于定州，号鲁兴元年。诏左光禄大夫长孙稚为使持节、假骠骑将军、大都督、北讨诸军事，与都督河间王琛率将讨之"④。又如孝明帝"（正光五年）时莫折念生兄天生下陇东寇，征西将军元志为天生所擒，贼众甚盛，进屯黑水。诏延伯为使持节、征西将军、西道都督、与行台萧宝夤讨之"⑤。因此，北魏国家在任命征讨都督时，向他们授节，应该是比较普遍的情况。

(四) 征讨都督在北魏没有统一的称号

在北魏的都督体制中，统率全国中军和镇戍兵的，被称为都督中外诸军事；掌管地方镇戍的，则称为都督诸州军事。但是，征讨都督在称号上，却非常复杂，不同于前面的两类都督。不过，细缕文献记载，征讨都督在称号上，还可以区分出几种不同情况：

征讨都督有以统率军队的类别和状况为称号的。在《魏书》中有：都督

---

① 《魏书》卷三《明元帝纪》。

② 《魏书》卷一六《道武七王·阳平王传》。

③ 《魏书》卷六《献文帝纪》。

④ 《魏书》卷九《孝明帝纪》。

⑤ 《魏书》卷七三《崔延伯传》。

魏晋南北朝将军制与都督制论稿

诸军事、前军都督、都督义阳诸军事、都督扬徐二道诸军事、都督征梁汉诸军事等。另外，在这类征讨都督中尚有直接以州来命名的。《魏书·景穆十二王·南安王桢传》："后京兆王愉反，英复王封，邑一千户，除使持节，假征东将军、都督冀州诸军事。英未发而冀州已平。"又《魏书·贾显度传》："普泰初，……时赵修延起逆荆州，萧衍遣兵接援，世隆欲令智以功自效，遣智讨之，除使持节、散骑常侍、车骑大将军、左光禄大夫、假骠骑大将军、荆州大都督，进爵为公。"在这些记载中提到的拓跋英、贾智所任的冀州、荆州都督，都不是都督诸州军事，而是统率冀州、荆州诸军的征讨都督。

征讨都督有以征伐军队进讨方位来加称号的。《魏书》中有：都督北讨诸军事、都督北征诸军事、东道大都督、大都督东北道诸军事、西征都督、北道大都督、大都督南讨诸军事、北讨大都督、都督征南诸军事、西道都督、北征三道诸军事、东道都督、都督东讨诸军事、西讨大都督等。

征讨都督还有以征伐对象来加称号的。这些称号有：征蛮都督、讨蜀都督、平蜀大都督、都督平氐诸军事、都督征蛮诸军事、征蛮大都督、征建兴都督等。

除了这些情况外，还有一些征讨都督只被称作"都督"或"大都督"。《魏书·宣武帝纪》："（永平）二年春正月，萧衍遣王神念寇南兖。诏辅国将军长孙稚假平南将军为都督。"又《魏书·孝明帝纪》："（正光五年）三月，沃野镇人破落汗拔陵聚众反，杀镇将，号真王元年。……壬申，诏尚书令李崇为大都督率广阳王渊等北讨。"又《魏书·孝明帝纪》："（孝昌二年）以丞相、高阳王雍为大司马；吏部尚书、广阳王渊骠骑大将军、仪同三司，寻为大都督，率都督章武王融北讨修礼。"都是这方面的事例。不过，这些只是北魏后期的情况。由于在这一时期，国内战乱频频发生，所以对一些征讨都督已无法加上明确的称号。即使如此，当时国家还保留着传统的为征讨都督加称号的方式。如《魏书·费于传》："萧衍遣将军曹义宗逼荆州，（庄帝）诏穆为使持节、南征将军、都督南征诸军事、大都督以下援之。"因此，可以说对征讨都督只称"都督"或"大都督"，这只是北魏后期的特殊情况。

由此可见，尽管北魏国家为征讨都督所加称号没有一致性，但是，国家为他们加称号的目的还是很明显的，也就是要通过这些称号来表现征讨都督统率征伐军的类别和状况、进军征讨的方位以及征伐要实现的目的，以此体现出征讨都督所处的特殊地位。

三、征讨都督的军事权力

北魏国家设置征讨都督的目的，就是对外进行征伐战争，对内平息各种叛乱。为了保证征讨战争的胜利，北魏国家赋予这些征讨都督重要的军事权力。这些军事权力，大体说来，包括统率征讨军的权力、执行军法的权力、统率和节制参与作战的将军和都督的权力以及灵活处理征讨战争中军事行动的权力。

北魏征讨都督为征伐战争的需要，对国家各种军队都有统率权力。他们的这种权力，是北魏皇帝以诏令的方式赋予的。《魏书·献文帝纪》："（皇兴元年）刘玉东平太守申纂戍无盐，遏绝王使，诏征南大将军慕容白曜督诸军以讨之。"又《魏书·宣武帝纪》："（延昌三年）辛亥诏司徒高肇为大将军、平蜀大都督，步骑十万西伐。"都说明了这一点。然而，北魏国家根据征讨战争的不同，赋予征讨都督统率军队的权力也不同。也就是说，征讨都督统率军队的种类很不相同。众所周知，在北魏国家摆脱部落兵制后，国家军队便分为中军、外兵和州兵。可是，当时国家进行征伐战争并不是将这些军队都投入到战场，而是根据战争的需要。《魏书·太武帝纪》："（太平真君三年）秋七月丙寅，诏安西将军、建兴公古弼督陇右诸军及殿中虎贲与武都王杨保宗等从祁山南入。"古弼所统率的殿中虎贲便是中军的一种，而陇右诸军则是防卫陇右的镇戍兵。征讨都督尚有率领中军单独作战的。如《魏书·神元平文诸子·高凉王孤传》："庄帝践阼，天穆以荣之眷昵，特除太尉，封上党王，征赴京师。荣之讨葛荣，诏天穆为前军都督，率京师之众以赴之。"当然，征讨都督统率镇戍兵作战的行动就更多了。如《魏书·长孙道生传》载，献文帝"以（长孙抗）征西大将军、假司空督河西七镇诸军讨吐谷浑"。长孙抗所率河西七军镇的讨伐军，显然都是军镇的镇戍兵。不仅如此，一些征讨都督还能够统率州兵。《魏书·景穆十二王·济阴王传》："（庄帝）时秦州屠各王法智推州主簿吕苟儿为主，号建明元年，置立百官，攻逼州郡。泾州人陈瞻亦聚众自称王，号圣明元年。诏以丽为使持节、都督、秦州刺史，与别驾杨椿讨之。"北魏国家任命元丽为征讨都督，并且兼任秦州刺史，他统率的征讨军当然为州兵。由此来看，北魏征讨都督能够在国家的指派下，具有统率中军、镇戍兵和州兵的权力。这就使北

魏晋南北朝将军制与都督制论稿

魏国家的征伐战争拥有比较广泛的兵员，并能够很好地适应战争形势的需要。

北魏征讨都督对一些参与征伐作战的将军、都督具有统率或节制的权力。由于北魏时期战争形势复杂，当时军队经常是多路进发或多支军队进行征讨作战。《魏书·文成帝纪》："（和平元年）六月甲午，诏征西大将军、阳平王新成等督统万、高平诸军出南道，南郡公李惠等督凉州诸军出北道，讨吐谷浑什寅。"就是一例。为了保证战争的胜利，北魏国家经常任命一些征讨都督统一指挥或节制这些军队和将领。《魏书·宣武帝纪》："（永平）二年春正月，萧衍遣王神念寇南兖。诏辅国将军长孙稚假平南将军为都督，率统军邢虬等五军以讨之。"很明显，征讨都督长孙稚可以指挥统军邢虬等人以及他们所率领的军队。《魏书·源贺传》："时武兴氐王杨绍先叔集起反叛，诏怀使持节、侍中、都督平氐诸军事以讨之，须有兴废，任从权计。其邢峦、李焕并禀节度。"征讨都督贺怀能够节制的邢峦和李焕都是统率重兵的将军。征讨都督对这些重要将军的节制权，当然都是由皇帝授予的。《魏书·李崇传》："（明帝）于是诏崇以本官加使持节、开府、北讨大都督，抚军将军崔显，镇军将军、广阳王渊皆受崇节度。"便是明证。

至北魏后期，由于战争发生得更加频繁，因此征讨都督的设置已经呈现比较混乱的情况。在这种情况下，一些征讨都督已经不限于对统军将军的节制。《魏书·明帝纪》："（孝昌二年）以丞相、高阳王雍为大司马；吏部尚书、广阳王渊骠骑大将军、仪同三司，寻为大都督，率都督章武王融北讨修礼。"又《魏书·庄帝纪》："（武泰元年）太尉公、上党王天穆为大都督、东北道诸军事，率都督宗正珍孙、奚毅、贺拔胜、尔朱阳都等讨任褒。"又《魏书·太武五王·广阳王传》："后河间王琛等为鲜于修礼所败，乃除深仪同三司、大都督，章武王融为左都督，裴衍为右都督，并受深节度。"这些情况都发生在北魏后期。由此可见，当时一些征讨都督可以统率或节制一位或数位都督。这些受到统率或节制的都督，实际上，也都是征讨都督，但是他们的地位要低于其统率或节制者。当然，这种情况的出现，一方面反映当时都督设置的混乱；另一方面，也反映掌握战争全局的征讨都督的军事指挥权已经扩大了，这样，便能够比较有效地调动其他统军都督来获得战争的主动权。

北魏征讨都督在军事行动中具有明确的执行军法的权力。北魏国家在设置征讨都督时，一般都使他们持节。但是，这些征讨都督的持节情况却有比较大的差别。《魏书·尉元传》："以元威名夙振，征为使持节、侍中、都督南征诸军事、征西大将军、大都将，余官如故，总率诸军以讨之。"又《魏书·明帝纪》："（孝昌二年）五原降户鲜于修礼反于定州，号鲁兴元年。诏左光禄大夫长孙稚为使持节、假骠骑将军、大都督、北讨诸军事，与都督河间王琛率将讨之。"这说明，在北魏征讨都督中，被国家授予"使持节"者为多。可是，在征讨都督中，仍然有被授予"持节"者。如《魏书·源贺传》："秦益氐反，诏子恭持节为都督、河间王琛军司以讨之。……俄而建兴蜀复反，相与连势，进子恭为持节、散骑常侍、假平北将军、征建兴都督，仍兼尚书行台，与正平都督长孙稚合势进讨，大破之。"当然，北魏国家授予征讨都督"假节"的情况也存在。如《魏书·奚斤传》："刘义符立，其大臣不附，国内离阻。乃遣斤收刘裕前侵河南地，假斤节，都督前锋诸军事、司空公、晋兵大将军、行扬州刺史，率吴兵将军公孙表等南征。"但这只是北魏前期的情况。在太武帝以后，便很少有为征讨都督授予"假节"称号的事例。因此，可以说北魏国家为征讨都督加"节"，一般以"使持节"为主，其次则为"持节"。

北魏国家为征讨都督授予不同称号的"节"，实际上，是承袭晋制，以此作为在军事行动中执行军法的象征。《晋书·职官志》："及晋受禅，都督诸军为上，监诸军次之，督诸军为下；使持节为上，持节次之，假节为下。使持节得杀二千石以下；持节杀无官位人，若军事，得与使持节同；假节唯军事得杀犯军令者。"正说明了这一点。不过，需要指出的是，北魏国家主要授予征讨都督"使持节""持节"两种称号的"节"，正是要表明征讨都督在军事行动中，具有很高的执行军法的权力。

征讨都督在军事行动中，具有执行军法的权力不仅表现在"持节"上，而且，北魏国家还为一些征讨都督临时授予执行军法的特殊权力。《魏书·李平传》："冀州刺史、京兆王愉反于信都，以平为使持节、都督北讨诸军事、镇北将军，行冀州事以讨之。……诏平以本官使持节、镇军大将军、兼尚书右仆射为行台，节度诸军，东西诸将一以禀之，如有乖异，以军法从事。"可见北魏国家可以授予一些征讨都督特殊的军事惩罚权。这样，也就更加重了这些征讨都督的执法权力。

北魏一些征讨都督在征伐作战中，还可以获得灵活安排军事行动的权力。北魏国家为保证其统治的稳定，对于军队的控制是严格的。自然对征讨都督统军作战也要严格地加以约束,并且,设置"军司"来进行监督。然而,由于战争形势复杂多变,就使国家不能不赋予一些征讨都督灵活安排军事行动的权力。如《魏书·景穆十二王·南安王桢传》:"萧衍遣将军寇肥梁,诏英使持节,加散骑常侍,征南将军、都督扬徐二道诸军事,率众十万讨之,所在皆以便宜从事。"又如《魏书·邢峦传》:"萧衍梁秦二州行事夏侯道迁以汉中内附,诏加峦使持节、都督征梁汉诸军事、假镇西将军,进退征摄,得以便宜从事。"又如《魏书·源贺传》:"时武兴氏王杨绍先叔集起反叛,诏怀使持节、侍中、都督平氏诸军事以讨之,须有兴废,任从权计。"当然,北魏国家能够使一些征讨都督"便宜从事",是由于这些都督多为皇帝的亲信将领,因而,他们能够获得这种权力,并不是全部征讨都督都具有这种权力。

不过,到北魏末年,由于战争形势很复杂,为适应这种情况,当时国家就不能不使征讨都督安排军事行动的权力有所扩大。这主要表现在,国家使一些征讨都督兼任行台职。《魏书·萧宝夤传》:"初,秦州城人薛珍、刘庆、杜迁等反执刺史李彦,……朝廷甚忧之,乃除宝夤开府、西道行台,率所部东行将统,为大都督西征。"又《魏书·杨深传》:"正光末,……高平贼宿勤明达寇豳夏诸州。北海王颢为都督、行台讨之,以深为持节、通直散骑常侍、行台左丞、军司。颢败,还京。"都明确地反映了这种情况。北魏的行台,实际上是尚书台的派出机构。它在军事行动中,可以根据各地方的形势,"随机召发"[1],"随机处分"[2],"随机裁处"[3],无疑在军事指挥上,具有很大的灵活性。因而,北魏国家使征讨都督兼任行台职,正是要扩大他们在作战指挥上的机动和灵活性。正因为如此,在平息北魏末年的动乱中,征讨都督发挥的作用应该说还是比较明显和有效的。

四、征讨都督与军号将军的关系

北魏征讨都督的设置,与当时国家的将军制度有很密切的关系。实际

---

[1] 《魏书》卷一〇《孝庄帝纪》。
[2] 《魏书》卷一一《后废帝纪》。
[3] 《魏书》卷一一《出帝纪》。

上，征讨都督是国家为了征伐战争的需要，而选派的重要将军的兼领职。这样，北魏征讨都督领有军号将军职衔，对其地位影响很大。因而北魏国家对征讨都督领有的军号将军职衔便十分重视。统计《魏书》中的记载，兼任征讨都督的将军有：大将军、骠骑大将军、车骑大将军、骠骑将军、卫将军、征南大将军、征东大将军、征西大将军、镇南大将军、镇西大将军、镇北大将军、征南将军、征北将军、征东将军、征西将军、镇北将军、镇南将军、镇东将军、镇西将军、镇军将军、抚军将军、安南将军、安西将军、前将军、平南将军、平北将军、征虏将军、辅国将军、南征将军等。在这些将军中，只有南征将军的地位不详，其他将军都在三品以上。由此来看，征讨都督并不是所有的将军都能够兼任的，而只能由品级很高的军号将军来兼任。这样，也就表明北魏国家设置的征讨都督是地位很高的军事官员。

北魏国家为了加重征讨都督的地位，还经常以"假"将军职的方式来实现这一点。《魏书·长孙道生传》："会鲜于修礼反于中山，以稚为大都督北讨。寻以本使达邺城。诏稚解行台，罢大使，遣河间王琛为大都督，郦道远为行台。……寻而正平郡反，复假稚征西将军讨蜀都督。频战有功，除平东将军，复本爵。"这里提到"假"长孙稚征西将军，实际上，是让他在任征讨都督期间，暂时领有征西将军。而在他立军功后，国家实际只任命他为平东将军。据《魏书·官氏志》载：征西将军为二品，而平东将军则为三品。在官阶的品级上，两者相差二级。可见，国家为征讨都督"假"将军职要比他实际任职高出很多。不仅如此，北魏国家有时还对一些将军职较低的征讨都督，通过"假"的方式来提高其将军的品级。前引《魏书·宣武帝纪》："(永平)二年春正月，萧衍遣王神念寇南兖。诏辅国将军长孙稚假平南将军为都督，率统军邸虬等五军以讨之。"即其一例。这些事例表明，北魏国家为一些征讨都督"假"将军号，正是要加重他们在统军作战时的地位。

至北魏后期，为了保证战争的胜利，就更需要加重征讨都督的地位，因而，国家就更多地采取了这种办法。例如，《魏书·源贺传》："还洛，以葛容久逼信都，诏假子雍征北将军，为北讨都督。"又同传："俄而建兴蜀复反，相与连势，进子恭为持节、散骑常侍、假平北将军、征建兴都督，仍兼尚书行台，与正平都督长孙稚合势进讨，大破之。"又《魏书·萧宝夤传》："(孝昌三年)四月，除(萧宝夤)使持节、都督雍泾岐南豳四州诸军事、征西将军、雍州刺史、假车骑大将军、开府、西讨大都督,自关以西,皆受节度。"北魏后期,国家通过这种办法,当然就使征讨都督在节制军队作战方面处于更有利的位置。

北魏征讨都督所领有的军号将军职不仅表现其地位,而且对统领和节制其他将军作战也有比较大的影响。因为征讨都督能够统率和节制这些将军,不仅要有皇帝的诏令,并且在他的将军的品级上,一般都要高于他统领和节制的将军。《魏书·陆俟传》"(陆俟)寻为使持节、镇北大将军,与阳平王颐并为都督,督领军将军斛律桓等北征三道诸军事,步骑十万以讨蠕蠕。"又《魏书·李崇传》:"(肃宗)于是诏崇以本官加使持节、开府、北讨大都督,抚军将军崔显,镇军将军、广阳王渊皆受崇节度。"按,据本传载,李崇所领的将军号为骠骑大将军。可见,陆俟、李崇的将军号的品级要比他们统领和节制的将军高出很多。从这方面来看,征讨都督具有重要的将军衔,是他们能够有效地统率和节制其他将军作战的保证。

不过,需要指出的是,到北魏后期,已经出现一些征讨都督不由将军来兼职的情况。《魏书·明帝纪》:"(孝昌二年)戊辰,诏将回驾北讨,诏金紫光禄大夫源子邕为大都督,讨葛荣。"又《魏书·高祐传》:"(元颢)出为冀州别驾,未之任,属刺史元愉据州反,世宗遣尚书李平为都督,率众讨之。"在这里提到的源子邕、李平都担任都督,但都没有将军号。尽管如此,从北魏后期征讨都督任命情况来看,应该说,这种情况的出现,都是当时国家为了应对紧急战事,而采取的措施。因而,这也就不能从根本上改变北魏国家长期以来形成的以领有高品级将军号的官员兼任征讨都督的定制。

(原载《社会科学战线》2002 年第 2 期)

北魏末年的大都督

自北魏建国以来，国家在军事活动中，就非常重视都督制度的完善。北魏国家陆续设置了都督中外诸军事、都督诸州军事和征讨都督。这些都督在军事行动中，都起到了重要的作用。至北魏末年，由于国内变乱频仍，政治局势动荡，这使北魏国家在都督的设置上，也出现了变化。其中最明显的表现，就是开始设置大都督。大都督与北魏国家以往设置的各种都督有一些不同，因此，需要对大都督的设置做比较全面的考察，进而深入认识这一都督的职能与作用。

一、大都督的设置

北魏国家设置大都督的最早记载，见之于《资治通鉴》。《通鉴·宋纪十五》元徽元年："吐谷浑王拾寅寇魏浇河。夏，四月，戊申，魏以司空长孙观为大都督，发兵讨之。"宋废帝元徽元年，应为北魏孝文帝延兴三年。也就是说，北魏国家开始设置大都督，并不是从北魏末年开始的，实际在孝文帝统治时期就已经出现。尽管北魏国家已经开始设置大都督，可是这类都督的设置，在当时并不多见。这说明，大都督的设置对北魏国家来说，还不具有紧迫性，也不具有普遍性。

然而，至北魏末年，大都督的设置，就明显增多起来。例如，正光五年，孝明帝"诏尚书令李崇为大都督，率广阴王渊等北讨"[1]。同年"诏复征东将军章武王融封爵，为大都督，率众讨之"[2]。建义元年，孝庄帝"诏大都

---

[1] 《魏书》卷九《孝明帝纪》。
[2] 《魏书》卷九《孝明帝纪》。

魏晋南北朝将军制与都督制论稿

督宗正珍孙率南广州刺史、都督郑先护讨刘举于濮阳,破平之"①。据《魏书》《北史》《通鉴》记载,北魏末年,由国家任命的大都督有:李崇、萧宝夤、元融、长孙稚、元渊、源子邕、尔朱荣、元天穆、宗正珍孙、费穆、刁宣、侯渊、贺拔岳、李叔仁、郑先护、源子恭、库狄干、蔡俊、万俟普拨、元黎、元深、元鉴、杜德、元琛、刁整、李叔仁、柴集、元英、尔朱天光、崔延伯、元修义、高津、李神轨、杨津、崔庆孙、侯莫陈悦、高世隆、叱列延庆、樊子鹄、贺拔胜、元延明、崔灵珍、耿翔、元斌之、斛斯椿、侯几绍、尉长命、薛循义、裴衍、骆超、念贤、王思政、宋隐、薛崇礼、长孙观、元略、元修义等人。这些大都督都是北魏孝明帝正光年间至孝武帝永熙年间设置的。从正光元年到永熙三年只有二十二年,可是,当时国家设置的大都督却将近六十人。这说明,大都督在北魏都督体制中,已经占有重要的地位。不仅如此,北魏国家在大都督的设置的方式上也表现出比较明显的特点:

一是北魏国家设置大都督,一般要由皇帝下诏认定。《魏书·明帝纪》:"(正光五年)五月临淮王彧败于五原,削除官爵。壬申,诏尚书令李崇为大都督,率广阳王渊等北讨。"《魏书·孝庄帝纪》:"(建义三年)徐州刺史尔朱仲远反,率众向京师。十有一月癸酉朔,诏车骑将军、左卫将军郑先护为使持节、大将军、大都督,与都督李侃希赴行台杨昱以讨之。"北魏国家以诏令的形式任命大都督,是要表明皇帝对大都督有直接的任命权和对大都督有绝对的控制权。而要免除大都督的职务,也需要皇帝的诏令。《通鉴·梁纪七》普通七年:"长孙稚行至邺,诏解大都督,以河间王琛代之。"就是明证。

不过,在北魏末年,由于皇权的衰微,地方军事势力的强大以及一些强臣能够控制国家权力,因而,就使对大都督的任命权很难完全由皇帝来掌握。《魏书·侯莫陈悦传》:"(侯莫陈悦)父婆罗门,为驼牛都尉,故悦长于河西。好田猎,便骑射。会牧子逆乱,遂归尔朱荣,荣引为都督府长流参军,稍迁大都督。"这正是强臣控制大都督任命权的事例。一些地方军事集团的首领,也可以不通过国家就可以任命大都督。《北齐书·王怀传》:"高

---

① 《魏书》卷一〇《孝庄帝纪》。

祖东出，（王）怀率其部人三千余家，随高祖于冀州，义旗建，高祖以为大都督，从讨尔朱兆于广阿，破之，除安北将军，蔚州刺史。"很明显，王怀担任大都督，就是由地方军事集团的首领高欢任命的。

不仅如此，因为当时军事斗争的复杂，为了应付复杂的军事局面，北魏的一些重要将领也可以不通过国家，就能够设置大都督。《北史·高祐传》：

> （高）乾与昂潜勒壮士，夜袭州城，执刺史元巘，射白鸡杀之。于葛荣殿为庄帝举哀，素服，乾升坛誓众，词气激扬，涕泗交集，将士莫不感愤。欲奉次同为主。次同曰："和乡里，我不及封皮。"乃推隆之为大都督，行州事。隆之欲逃，昂勃然作色，拔刀将斫隆之，隆之惧，乃受命。

据此可见，封隆之被推举为大都督，显然是由将领高昂决定的，并没有由皇帝下诏任命。

当然，这些事例都属于特殊的情况，并不能改变大都督的设置权由国家控制的规定。不过，这种情况出现说明，由于大都督的设置在当时军事行动中的处于重要地位，因此，才使一些强臣和地方军事集团开始觊觎大都督的授予权，一有机会就要攫取这种权力。

二是北魏国家可以将大都督作为独立的职官任命，也能够与其他职官同时任命。可以说，北魏国家将大都督作为独立的职官任命的事例多见。《魏书·孝明帝纪》："（正光五年）诏复征东将军章武王融封爵，为大都督，率众讨之。"《魏书·孝明帝纪》："（孝昌三年）诏将西讨，中外戒严。虏贼走，复潼关。戊辰，诏将回驾北讨，诏金紫光禄大夫源子邕为大都督，讨葛荣。"这些记载提到的章武王元融、金紫光禄大夫源子邕都是由孝明帝任命为大都督的。很明显，他们担任的大都督，都是独立的职官。

除了这种情况之外，一些重要官员被任命为大都督后，尚要兼任其他的重要官职。《魏书·孝庄帝纪》："（建义三年）又以左卫将军、大都督郑先护兼尚书左仆射，为行台，与胜并讨仲远。"《魏书·高崇传》："及尔朱世隆等率其部类战于大夏门北，（高）道穆受诏督战，又赞成太府卿李苗断桥之计，世隆等于是北遁。加卫将军、假车骑将军、大都督、兼尚书右仆射、南道大行台。"可见北魏国家任命的大都督,也能使其兼领其他的官职。

北魏末年,国家还经常将大都督与其他的职官一起任命。这些职官有中央职官,也有地方职官。《魏书·道武七王·京兆王黎传》:"又诏令乘步挽至殿庭,两人扶侍,礼秩与丞相高阳王相埒。后除使持节、侍中、太师、大将军、录尚书事、大都督,节度西道诸军。"这里提到的侍中、太师、大将军,无疑都是中央职官。《魏书·侯渊传》:"寻诏渊以本将军为平州刺史、大都督,仍镇范阳。"

可见,大都督与地方刺史是可以同时任命的。统计《魏书》《北史》《北齐书》《周书》墓志铭记载,除了各种称号的将军外,与大都督同时任命的中央职官主要有:太师、侍中、金紫光禄大夫、开府仪同三司、开府、东道大行台、大行台、西道行台;地方职官主要有:都督冀州诸军事、都督恒云燕朔四州诸军事、都督雍、华、北华、东雍、二歧、幽、四梁、二益、巴、夏、蔚、宁、南益、泾二十州诸军事、沧冀瀛三州刺史、平州刺史。这就是说,北魏国家在设置大都督的时候,可以根据需要,将不同性质的中央职官以及都督诸州军事、州刺史一并加授。从北魏末年的情况来看,在同时授予大都督与其他职官之时,一般是将中央职官与地方职官加以区分。但是,在特殊情况下,也能将两种性质不同的职官同时授予。不过,在北魏末年,这种情况还是比较少见的。

三是北魏国家设置大都督,对其持节没有严格的要求。从北魏国家的都督制度的实施情况来看,当时国家设置的都督诸州军事、征讨都督,一般都持有不同等次的"节",以此象征这些都督可以实行不同的军事惩罚权。然而,北魏国家设置的大都督与持节的结合,是不严格的。例如,孝明帝下诏"复征东将军章武王融封爵,为大都督,率众讨之"[1]。孝明帝"以丞相、高阳王雍为大司马,吏部尚书、广阳王渊为骠骑大将军、仪同三司,寻为大都督"[2]。孝明帝又"诏金紫光禄大夫源子邕为大都督,讨葛荣"[3]。建义三年,孝庄帝"诏大都督、兼尚书仆射、行台源子恭率步骑一万出自西道,行台杨

---

[1] 《魏书》卷九《孝明帝纪》。
[2] 《魏书》卷九《孝明帝纪》。
[3] 《魏书》卷九《孝明帝纪》。

昱领都督李侃希等部募勇士八千往从东路，防讨之"①。这些情况说明，北魏国家任命一些官员为大都督，并没有使他们全部持节，也就是说，并没有使这些大都督与持节密切地结合起来。不过，北魏国家也并不是使所有的大都督都不持节。《魏书·前废帝纪》："（普泰元年）诏以齐献武王为使持节、侍中、都督冀州诸事、骠骑大将军、开府仪同三司、大都督、东道大行台、冀州刺史。"可见，北魏国家任命的一些大都督也有持节的。不仅如此，北魏国家使大都督持节，十分注意他们所持节的等次。在《魏书》《北史》《北齐书》《周书》《通鉴》中，关于北魏末年大都督持节的记载，有十例。如《魏书·孝庄帝纪》："（建义三年）诏车骑将军、左卫将军郑先护为使持节、大将军、大都督，与都督李侃希赴行台杨昱以讨之。"这说明，北魏国家，一般都使大都督持最高等次的节，也就是"使持节"。北魏国家使大都督持最高等次的节，显然正是注意到所设大都督的特殊地位。由此可见，尽管北魏国家设置的大都督与持节的联系并不密切，可是，国家一旦使其持节，必然是节的最高等次。然而，在北魏末年，这种情况并没有形成固定的制度，所以，使大都督的持节也就是依据需要，才采取的做法。

四是北魏国家对一些大都督，一般根据其军事活动的特点而加必要的称号。这些大都督的称号是，要依据征讨的对象、征讨的方位、进军的道路、负责的军事区来决定的。《魏书·扬播传》："（正光五年）诏复除椿都督雍岐南豳三州诸军事、本将军、开府仪同三司、雍州刺史、讨蜀大都督。"说的正是征讨的对象。《魏书·萧宝夤传》："（孝昌三年）四月，除使持节、都督雍泾岐南豳四州诸军事、征西将军、雍州刺史、假车骑大将军、开府，西讨大都督，自关以西，皆受节度。"《魏书·李崇传》："于是诏崇以本官加使持节、开府、北讨大都督。"《北史·安乐王长乐传》："（元鉴）后除相州刺史、北讨大都督，讨葛荣。"则是要明确大都督的征讨方位。《魏书·景穆十二王下·安定王休传》："（元贵平）至定州东北，为幽州大都督侯渊所执，送于晋阳，后还洛。"《魏书·侯莫陈悦传》："（侯莫陈悦）庄帝初，除征西将军、金紫光禄大夫，封柏人县开国侯，邑五百户。尔朱天光之讨关西，荣以悦为天光右厢大都督，本官如故。"这里提到的幽州、右厢，都是大都督的军事

---

① 《魏书》卷一〇《孝庄帝纪》。

活动区域。《魏书·孝明帝纪》："（正光五年）诏镇军将军、临淮王彧，尚书李宪为都督，卫将军、国子祭酒、安丰王延明为东道行台，复仪同三司李崇官爵，为东道大都督。"《魏书·孝庄帝纪》："（建义元年）太尉公、上党王天穆为大都督、东北道诸军事。"《魏书·孝庄帝纪》："（建义二年）以抚军将军、前徐州刺史杨昱为使持节、镇东将军、东南道大都督，率众镇荥阳。"《魏书·出帝纪》："（中兴三年）以卫大将军、河南尹元子思为使持节、行台仆射，使持节、骠骑大将军、开府仪同三司、领军将军娄昭为西道大都督，并率左右侍官西迎车驾。"《魏书·太武五王·广建王建间传》："及沃野镇人破六韩拔陵反叛，临淮王彧讨之，失利。诏深为北道大都督，受尚书令李崇节度。"《魏书》卷五八《扬播传》："（孝昌初）后贼围幽州，诏昱兼侍中，持节催西北道大都督、北海王颢，仍随军监察。"《魏书·扬播传》："（孝昌初）除昱征东将军、右光禄大夫，加散骑常侍、使持节，假车骑将军，为南道大都督，镇荥阳。"这些记载中提到的"东道""西道""北道""南道""东北道""东南道""西北道"，都是指大都督进军的区域。虽然北魏后期的"道"，已经成为区域的称谓，但是，这些军事活动区域，却是不固定的。由此可见，北魏末年，国家为大都督附加的称号具有多样性。可以说，北魏国家为大都督加授这些不同的称号，正是要更明确表现大都督军事活动所受到的限定。

另外，北魏末年，国家在一些行政州特别设置都督。正如《魏书·官氏志》称："永安已后，远近多事，置京畿大都督，复立州都督，俱总军人。"而在这些设置的都督中，由于所处地位重要，所以也称为大都督。关于在州中设置的大都督，见于文献记载的就有：建州大都督、徐州大都督、淮南大都督、荆州大都督、平州大都督。当然，这类大都督只是负责一州军事活动，与国家任命的具有征讨和镇戍职责的大都督，还是有所不同的。这种情况的出现，表明大都督的称号开始具有泛化的趋向，因而，也就使大都督的设置表现出复杂性。

二、设置大都督的军事作用

北魏末年，国家统治出现动荡不安局面。因此为应付这种形势，北魏国家除了继续发挥原来军事职官的作用外,还增设一些军事职官来维持其统治。在这些职官中主要有：行台、京畿大都督、大都督等。应该说，这些职官在当时都发挥了重要的作用。当然，对大都督起到的作用就更不能忽视。应该说，大都督的作用主要表现在以下诸方面：

一是北魏国家使大都督负有军事征伐的重要职责。《魏书·孝庄帝纪》："（建义元年）诏大都督宗正珍孙率南广州刺史、都督郑先护讨刘举于濮阳，破平之。"《魏书·孝庄帝纪》："（建义二年）大都督侯渊讨韩楼于苏，破斩之，幽州平。"《魏书·孝庄帝纪》："（建义三年）丑奴大行台尉迟菩萨寇岐州，大都督贺拔岳、可朱浑道元大破之。"《魏书·孝庄帝纪》："（建义三年）复通直散骑常侍、琅邪县开国公。李叔仁官爵，仍为使持节、大都督，以讨世隆。"《魏书·后废帝纪》："（中兴二年）齐献武王率众入自滏口，大都督库狄干入自井陉，讨尔朱兆。"这些记载说明，北魏末年，国家重要的征伐作战大多数都以大都督作为军队统帅。也就是说，大都督已经负有征讨大都督的职责。因为在这些负有征讨职责的大都督中，有一些就是北魏国家任命的征讨都督。《通鉴·梁纪六》普通五年："加（李）崇使持节、开府仪同三司、北讨大都督，命抚军将军崔暹、镇军将军广阳王深皆受崇节度。"《通鉴·梁纪七》普通七年："五原降户鲜于修礼等帅北镇流民反于定州之左城，改元鲁兴，引兵向州城，州兵御之不利。……魏以扬州刺史长孙稚为大都督北讨诸军事，与河间王琛共讨修礼。"都反映了这种情况。然而，尽管一些大都督具有征讨职责，并与征讨都督有联系，可是，国家并不能将大多数大都督，都与征讨都督结合在一起，因而，只是便于统帅征讨军而采取的特别做法。

北魏国家使大都督能够在征讨作战中发挥重要作用，很重要的是，授予其最高军事指挥权。《北史·萧宝夤传》："孝昌二年，除宝夤侍中、骠骑大将军、仪同三司、假大将军、尚书令，给前后部鼓吹。……三年正月，除司空公。出师既久，兵将疲弊，是月大败，还雍州。有司处宝夤死罪，诏恕为编户。四月，除征西将军、雍州刺史、开府、西讨大都督，自关以西，皆受节度。"《魏书·道武七王·京兆王黎传》："（孝明帝）又诏令乘步挽至殿庭，两人扶侍，礼秩与丞相高阳王相垺。后除使持节、侍中、太师、大将军、录尚书事、大都督，节度西道诸军。"这些记载都显示，大都督具有能够全面节制军队的重要权力。

北魏国家不仅使大都督可以有效地统帅军队,而且,还可以依据战争形势,统帅所属的将领。《魏书·孝明帝纪》:"(孝昌二年)以丞相、高阳王雍为大司马,吏部尚书、广阳王渊为骠骑大将军、仪同三司,寻为大都督,率都督、章武王融北讨修礼。"《魏书·孝庄帝纪》:"(建义元年)太山太守羊侃据郡引萧衍将军王僧辩攻兖州。甲辰,诏大都督宗正珍孙率南广州刺史、都督郑先护讨刘举于濮阳,破平之。"《魏书·大武五王·广建王建闾传》:"后河间王琛等为鲜于修礼所败,乃除深仪同三司、大都督,章武王融为左都督,裴衍为右都督。并受深节度。"《魏书·李崇传》:"于是诏崇以本官加使持节、开府、北讨大都督,抚军将军崔遥,镇军将军、广陵王洲皆受崇节度。"这些记载表明,大都督在征讨作战中可以统帅征讨都督及不同称号的将军。由于大都督在征讨作战中具有这些军事指挥权,因而,在北魏末年的征讨作战中,当然也就能发挥积极的作用。

二是大都督可以担任京城和地方的防卫。北魏末年,国家更加重视对京城和地方的镇戍。《魏书·官氏志》:"永安已后,远近多事,置京畿大都督,复立州都督,俱总军人。"可见,自永安年以后,北魏国家的京畿大都督和州都督都是为了加强镇戍而设置的。尽管北魏国家在京城设置京畿大都督,在地方设置州都督,以巩固进行防卫,可是,由于当时军事形势复杂,因此,京城和地方的守卫,还需要设置大都督以增强守卫的力量。《周书·王思政传》:"时魏孝武在藩,素闻其名,颢军还,乃引为宾客,遇之甚厚。及登大位,委以心膂,迁安东将军。预定策功,封祁县侯。俄而齐神武潜有异图,帝以思政可任大事,拜中军大将军、大都督,总宿卫兵。"《北史·杨敷传》:"孝庄反正,除太府卿、华州大中正,封澄城县伯。尔朱荣被诛,其从弟世澄等出据河桥,还逼京师,进宽使持节、大都督,随机捍御。"这些记载中提到的大都督,显然都是北魏国家为保证京城洛阳的安全而临时设置的。

北魏末年,地方州的镇戍,北魏国家主要依靠州都督,但是在特殊的情况下,北魏国家也设置大都督负责镇戍。不过,北魏国家设置的大都督所负责的镇戍范围,已经不以州为限。《魏书·高湖传》:"孝昌初,北州大乱,诏发众军,广开募赏,以树生有威略,授以大都督,令率劲勇,镇捍旧蕃。"

《魏书·源贺传》："寻而太府卿李苗夜烧河桥，世隆退走，仍以子恭兼尚书仆射，为大行台、大都督。寻迁卫将军，假车骑将军，率诸将于太行筑垒以防之。"《魏书·尔朱荣传》："于是遂勒所将统赴京师。灵太后甚惧，诏以李神轨为大都督，将于大行杜防。"《魏书·樊子鹄传》："恒州陷，归尔朱荣，转积射将军，为别将，又兼都督。及荣入洛，以预义之勋，封易阳县开国伯，邑四百户。除直阁将军，寻加通直散骑常侍、平南将军、光禄大夫，进号安南将军。寻除抚军将军，为大都督，出井陉，镇中山。"《魏书·侯渊传》："寻诏渊以本将军为平州刺史、大都督，仍镇范阳。"这些记载说明，大都督镇戍的目的，主要是防御作战的需要。可是，这种防御，有益于保证镇戍地方的稳定。因此，可以说北魏末年，国家设置大都督镇戍京城和地方，实际上，起到增强京畿大都督和州都督防卫力量的作用。

三是大都督可以起到加重与其结合职官的地位。可以说，北魏末年，大都督的这种职能是通过与都督诸州军事、征讨都督结合而体现出来的。从都督诸州军事的情况来看，经常有加大都督号的。《魏书·尔朱荣传》："鲜于修礼之反也，荣表东讨，复进号征东将军、右卫将军、假车骑将军、都督并肆汾广恒云六州诸军事，进为大都督，加金紫光禄大夫。"《魏书·贺拔胜传》："（贺拔岳）永熙初，仍开府、兼仆射、大行台、雍州刺史，增邑千户。二年，诏岳都督雍、华、北华、东雍、二岐、豳、四梁、二益、巴、二夏、蔚、宁、南益、泾二十州诸军事大都督。"北魏国家为都督诸州军事加大都督称号，显然并不是为了授予其征讨和镇戍的职责，因为都督诸州军事已经具有这种职掌。这就是说，北魏国家为都督诸州军事加大都督称号，还有另外的意义。应该说，这种意义能够从都督诸州军事的任职情况看出。《魏书·前废帝纪》："（建义元年）诏以齐献武王为使持节、侍中都督冀州诸事、骠骑大将军、开府仪同三司、大都督、东道大行台、冀州刺史。"在齐献武王的任职中，只有都督冀州诸军事、东道大行台和冀州刺史是实职，而侍中、骠骑大将军、开府仪同三司都是象征其地位的荣誉职。很明显，北魏国家授予齐献武王高欢大都督的称号，正是要加重其地位。正因为大都督具有这种职能，因此，在《魏书》中，都督诸州军事与大都督常常是并列的。《魏书·叱列延庆传》："（叱列延庆）正光末，除直后，隶大都督李崇北伐。……寻除都督恒云燕朔四州诸军事、大都督、兼尚书左射、山东行台、北海郡开国公、邑五百户。"就是明证。

北魏末年，大都督加重征讨都督地位的作用表现得统更明显。《魏书·费于传》："萧衍遣将军曹义宗逼荆州，诏穆为使持节、南征将军、都督南征诸军事、大都督以援之。"《魏书·孝明帝纪》："（孝昌二年）诏左光禄大夫长孙稚为使持节、假骠骑将军、大都督、北讨诸军事，与都督河间王琛率将讨之。"《魏书·文成五王·安乐王长乐传》："（元鉴）后除相州刺史、北讨大都督，讨葛荣。仍兼尚书右仆射、北道行台、尚书令，与都督裴衍共救信都。"《魏书·景穆十二王中·任成王云传》："萧衍于浮山断淮为堰，以灌寿春。乃除使持节、大将军、大都督、南讨诸军事，勒众十万，将出彭、宋，寻淮堰自坏，不行。"《通鉴·齐纪一》建元元年："魏遣假梁那王嘉督二将出淮阴，陇西公琛督三将出广陵，河东公薛虎子督三将出寿阳，奉丹杨王刘昶入寇；许昶以克复旧业，世胙江南，称藩于魏。蛮酋桓诞请为前驱，以诞为南征西道大都督。"这些事例说明，北魏末年，国家为征讨都督加大都督称号是经常采取的做法。因而。这种做法具有重要的意义。因为北魏国家设置大都督的主要目的是征讨作战，而北魏国家设置的征讨都督也有同样的目的，因此，可以说为征讨都督加大都督称号，无疑起到加重其地位的作用。

由此可见，北魏末年，国家设置的大都督除了具有征讨和镇戍的职能外，还能够起到加重都督诸州军事和征讨都督地位的作用。而大都督的这种作用，不过是沿用了西晋以来的传统做法，但是，由于只为都督诸军事和征讨都督所加，因而，也就显示了大都督与都督州军事和征讨都督的结合具有更重要的意义。也就是说，使都督诸州军事与征讨都督统帅军队作战权力得到了进一步的强化。

三、大都督的设置与将军号及行台职

北魏末年，国家设置的大都督，使其与将军号、行台职有密切的关系，因而使大都督与将军号和行台职的结合，成为统军作战的重要的特点。所以，有必要考察大都督与将军号和行台职的关系。

（一）大都督与将军号

北魏国家任命都督诸州军事和征讨都督，以领有将军号作为他们任职的

先决条件。北魏末年,国家任命大都督对这一条件的约束有所松弛。也就是说,受任大都督者并不一定都要领有将军号。《魏书·孝明帝纪》:"(孝昌三年)诏将西讨,中外戒严。房贼走,复潼关。戊辰,诏将回驾北讨,诏金紫光禄大夫源子邕为大都督,讨葛荣。"这些里提到的源子邕,被任命为大都督,就没有领有将军号。这就是说,在大都督中,开始出现了一些没有领有将军号的情况。可是,这种情况在北魏末年并不常见,应该是北魏国家为了应付紧急情况而采取的措施。

从北魏末年的主流趋势上看,国家设置的大都督与将军号联系得还是比较密切的。《魏书·孝明帝纪》:"(正光四年)诏复征东将军章武王融封爵,为大都督,率众讨之。"《魏书·孝明帝纪》:"(孝昌二年)以丞相、高阳王雍为大司马,吏部尚书、广阳王渊为骠骑大将军、仪同三司,寻为大都督,率都督、章武王融北讨修礼。"也就是说,北魏国家设置的大都督,大多数都领有将军号。

北魏末年,大多数大都督不仅领有将军号,并且,北魏国家使大都督领有将军号的方式也不尽相同。

一是保持原将军号不变而被任命为大都督。《魏书·孝明帝纪》:"(孝昌二年)以丞相、高阳王雍为大司马,吏部尚书、广阳王渊为骠骑大将军、仪同三司,寻为大都督,率都督、章武王随北讨修礼。"就是明证。

二是在任命大都督时,提高官员原来领有将军号的品级。《魏书·孝庄帝纪》:"(建义三年)徐州刺史尔朱仲远反,率众向京师。十有一月癸酉朔,诏车骑将军、左卫将军郑先护为使持节、大将军、大都督,与都督李侃希赴行台杨昱以讨之。"这就是说,郑先护被任命为大都督后,其将军号由原来的车骑将军提升为大将军。后《职员令》规定,车骑将军为二品;大将军则为一品。① 显然,前、后两个将军号相差两品级。这种在任命大都督后,提升将军号品级的事例,在文献记载中多见。《魏书·孝庄帝纪》:"(建义二年)元颢克梁国。丁巳,以抚将军、前徐州刺史杨昱为使持节、镇东将军、东南道大都督,率众镇荥阳。"《魏书·出帝纪》:"(永熙二年)秋七月辛卯,以使持节、镇北将军、大都督、泰州刺史万俟普拨为骠骑大将军、仪同三

---

① 《魏书》卷一一三《官氏志》。

司。"《魏书·刁雍传》："（刁）整以母老，河北丧乱，时整族弟双为西兖州刺史，整遂携家依焉。永安初，拜金紫光禄大夫。二年，兼黄门。元颢入洛，用为沧州刺史。庄帝还朝，坐免官。后归乡里。及庄帝杀尔朱荣，就除镇东将军、行沧州事。普泰初，假征东大将军、沧冀瀛三州刺史、大都督，将军如前。寻加车骑将军、右光禄大夫。"很显然，这些受任大都督者的将军号都被提升了。

三是以假将军号提高大都督任职所领将军号的品级和序位。《魏书·源贺传》："尔朱荣之死也，世隆、度律据断河桥。诏子恭为都督以讨之，出顿于大夏门北。寻而太府卿李苗夜烧河桥，世隆退走，仍以子恭兼尚书仆射，为大行台、大都督。寻迁卫将军，假车骑将军，率诸将于太行筑垒以防之。"《魏书·郑羲传》："乃诏先护，以本官假骠骑将军，大都督，领所部与行合杨昱同讨之。"《魏书·扬播传》："未几，属元频侵逼大梁，除昱征东将军、右光禄大夫，加散骑常侍、使持节，假车骑将军，为南道大都督，镇荥阳。"这些记载中提到的假将军号，就是在任大都督时，被授予的非正式的临时将军号。但假将军号的品级要高于原来正式将军号的品级，或现任正式将军号的品级。《魏书·李神传》："孝昌中，行相州事，寻正，加抚军将军假镇东将军、大都督。建义初，除卫将军。"由此可知，李神原将军号为抚军将军，所授假将军号为镇东将军。后《后职员令》规定，抚军将军为从二品；镇东将军也为从二品。① 但镇东将军位序却在抚军将军之前。可见，北魏国家正是通过授予假将军号的做法，使担任大都督者的将军号的品级和位序得到提高。

四是在任命大都督时，同时加授将军号。《魏书·高崇传》："及尔朱世隆等率其部类战于大夏门北，（高）道穆受诏督战，又赞成太府卿李苗断桥之计，世隆等于是北遁。加卫将军、假车骑将军、大都督、兼尚书右仆射、南道大行台。"《通鉴·梁纪四》天监十五年："康绚既还，张豹子不复修淮堰。九月，丁丑，淮水暴涨，堰坏，其声如雷，闻三百里，缘淮城戍村落十余万口皆漂入海。初，魏人患淮堰，以任城王澄为大将军、大都督南讨诸军事，勒众十万，将出徐州来攻堰。"这些事例说明，当时国家对没有将军号

---

① 《魏书》卷一一三《官氏志》。

的官员，在任命大都督时，一般要为他们加将军号。可以说，北魏国家在任命大都督时，采取多种方式为其加将军号。也就是说，大都督与将军号的结合，是很密切的。

北魏末年，大都督的任职不仅与将军号结合得密切，而且，大都督的将军号对大都督的地位也产生重要的影响。《魏书·出帝纪》："（永熙二年）秋七月辛卯，以使持节、镇北将军、大都督、泰州刺史万俟普拨为骠骑大将军、仪同三司。"这里提到将大都督万俟普拨的将军号，由镇北将军提升到骠骑大将军，应该说他所领将军号的品级得到提升。后《职员令》规定，镇北将军为从二品，骠骑大将军为二品。[①] 显然，这两个将军号相差一品级。很明显，北魏国家提高大都督的将军号品级，正是与加重其地位联系在一起的。

当然，北魏国家提高大都督将军号品级的方式并非一种。如前所述，北魏国家不仅采取直接提升的方法，还采取授予假将军号的方式。北魏国家在大都督任职期间采取多种形式提高大都督的将军号，其重要的目的就是使大都督处于重要的地位，因而，也就能够更有效地节制参战的将领和军队。《魏书·孝明帝纪》："（孝昌二年）以丞相、高阳王雍为大司马，吏部尚书、广阳王渊为骠骑大将军、仪同三司，寻为大都督，率都督、章武王融北讨修礼。"章武王元融所领将军号为征东将军。[②] 据此可见，广阳王元渊能够统帅章武王元融，不仅与他的大都督的任职有关，也与他所领骠骑大将军号加重了他的地位，有很重要的关系。这说明，大都督所领的将军号，实际也是能够保证使其有效地统帅军队作战的不可忽视的因素。

（二）大都督与行台职

北魏末年，国家设置的大都督与行台的任职有密切关系。所谓行台是尚书台的派出机构。这一职官在北魏末年，具有很重要的地位。在北魏国家设置大都督统军作战的同时，也任命行台统帅军队作战。这成为北魏末年军事征讨和征戍的重要特点。在大都督和行台都在战争中起到重要作用之时，北魏国家还经常将二者结合起来。可以说，大都督与行台结合的方式，一般有

---

① 《魏书》卷一一三《官氏志》。
② 《魏书》卷九《孝明帝纪》。

魏晋南北朝将军制与都督制论稿

三种：

一是使军事统帅既担任大都督又兼任行台，或者以行台的身份兼任大都督。应该说，以大都督兼任行台的事例，在北魏末年多见。《魏书·孝庄帝纪》："（建义三年）诏大都督、兼尚书仆射、行台源子恭率步骑一万出自西道，行台杨昱领都督李侃晞等部募勇士八千往从东路，防讨之。"《魏书·孝庄帝纪》："（建义三年）又以左卫将军、大都督郑先护兼尚书左仆射，为行台，与胜并讨仲远。"《魏书·高崇传》："及尔朱世隆等率其部类战于大夏门北，道穆受诏督战，又赞成太府卿李苗断桥之计，世隆等于是北遁，加卫将军、假车骑将军、大都督、兼尚书右仆射、南道大行台。"显然，参战的军队统帅，既担任大都督职，也兼任行台职。

在北魏末年，还有一些军事统帅，却以行台的任职为主，大都督的任职则次于行台。《魏书·源贺传》："尔朱荣之死也，世隆、度律据断河桥。诏子恭为都督以讨之，出顿于大夏门北。寻而太府卿李苗夜烧河桥，世隆退走，仍以子恭兼尚书仆射，为大行台、大都督。"《北史·孝明帝纪》："（正光五年）诏尚书左仆射、齐王萧宝夤为西道行台、大都督；复抚军、北海王颢官爵，为都督。并率诸将西讨。"这些记载，都将行台任职置于大都督之前。《魏书》采取这种记载，不是要表明行台任职与大都督任职是并列的，而是要显示行台是主要的任职，而大都督则次于行台。《魏书·萧宝夤传》与《北史·孝明帝纪》记载同一事例。《萧宝夤传》称："遣天生率众出陇东，攻没泺城，仍陷岐州，执元志、裴芬之等，遂寇雍州，屯于黑水。朝廷甚忧之，乃除宝夤开府、西道行台，率所部东行将统，为大都督西征，肃宗幸明堂，因以饯之。"很明显，萧宝夤是以行台的身份兼任大都督的。而《北史·孝明帝纪》则提及萧宝夤"为西道行台、大都督"。由此可以看出，这种记载方式，正是以行台兼任大都督的略写。尽管北魏国家使军事统帅担任大都督和行台的方式存在差异，可是，使军事统帅将两种职官兼而一身，却有益于加强对军队的指挥。

二是使大都督与行台统帅军队协同作战。北魏末年，大都督与行台统帅军队共同作战的事例多见。《魏书·孝庄帝纪》："（建义二年）行台崔孝芬、大都督刁宣破元颢后军都督侯暄于梁国，斩之，擒其卒三千人。"《魏书·郑羲传》："乃诏先护，以本官假骠骑将军，大都督，领所部与行合杨显同讨之。"《魏书·崔休传》:"时汾州吐京群胡薛羽等作逆,以良兼尚书左丞,为西北道行台。值别将李德龙为羽所破,良入汾州,与刺史、汝阴王景和及德龙率兵数千,凭城自守。贼并力攻逼,诏遣行台裴延俊、大都督、章武王融,都督宗正珍孙等赴援。"《魏书·崔休传》:"肃宗末,遂立邵郡,因以庆孙为太守、假节、辅国将军、当郡都督。民经贼乱之后,率多逃窜,庆孙务安缉之,咸来归业。永安中,还朝,除太中大夫。尔朱荣之死也,世隆拥众北渡,诏庆孙为大都督,与行台源子恭率众追击。"《魏书·李苗传》:"孝昌中,还朝。除镇远将军、步兵校尉。俄兼尚书右丞,为西北道行台。与大都督宗正珍孙讨汾、绛蜀贼,平之。"这些事例说明,大都督所率军队与行台所率军队,没有相互统属的关系,但他们之间,却是相互协同的。北魏国家这样调配参与征讨的军队,正是要使行台、大都督能够充分发挥各自的优势。北魏末年,大都督与行台的这种特殊的结合方式,实际成为征讨作战的一个重要特点。

三是在特殊的情况下,行台可以指挥大都督所率的军队。应该说,北魏末年,大都督和行台之间,不具有统属关系。可是,在必要的情况下,北魏国家却使行台能够统帅大都督。《魏书·献文六王上·咸阳王禧传》:"出帝初,诏御史中尉樊子鹄为行台,率徐州刺史、大都督杜德以讨之。"《魏书·卢同传》:"灵太后反政,以同叉党,除名。孝昌三年,除左将军、太中大夫、兼左丞,为齐兖二州行台,节度大都督李叔仁。"都是这方面的事例。不过,这种情况在北魏末年并不常见,因此,可以说这还不是固定的制度,只是为了应付特殊情况而采取的一种临时措施。

综上可见,在北魏末年,国家使大都督任职与行台任职有很密切的联系。北魏国家为了在征讨作战中处于优势的地位,一般使大都督兼任行台,或者使行台兼任大都督,而且,还经常使大都督所率军队与行台统领的军队协同作战。在特殊情况下,也使行台可以节制大都督。北魏国家这样做的目的,是要保证在战争中,能够争取更多的优势。由于北魏国家直接任命的大都督,实际成为指挥征讨军队的重要统帅,可以有效地节制其所属军队;而行台也广泛地被任命为军事统帅,并且,在战争中,可以"随机处分"①,还

---

① 《魏书》卷一一《后废帝纪》。

能够掌握一些军事后勤事务,因而,大都督与行台的结合,自然有利于掌控征讨战争的局面。因此,这也正是北魏国家使任大都督者与任行台者在参战时,需要密切结合的重要原因所在。

(原载《吉林大学古籍研究所建所二十周年纪念文集》,吉林文史出版社,2003年)

论北魏后期的征讨行台

北魏后期的行台,由于设置目的的不同,可以分为三类:征讨行台、镇戍行台和巡视出使行台,其中征讨行台是主要的,多是在北魏后期国家为进行频繁的讨伐战争而设置的。征讨行台既有长官,也有僚佐官,是统领讨伐军队的指挥机构。应该说,前人对北魏后期的行台做了一些研究,[①] 但并没有对其进行分类探讨,因而缺乏对征讨行台进行专门考察,所以,需要加深对这一问题的阐释。鉴于此,本文拟对北魏后期的征讨行台的特点、行台长官与所任本官的关系及其军事权力等问题做一些考证,进而认识这类行台在战争中的作用及其对行台制度形成的影响,使北魏军事制度史的研究能够进一步深化。

一、征讨行台的设置及其特点

北魏建国之初,便开始设置行台。北魏天兴元年(398年),道武帝"虑还后山东有变,乃置行台于中山,诏左丞相、守尚书令、卫王仪镇中山"[②]。道武帝使拓跋仪担任行台长官,目的是要他镇戍中山郡,加强该处的军事防御能力。这是关于北魏设置行台的最早记载。但细缕相关记载,北魏前期设置行台的做法,仅此一例。这说明,当时北魏国家并没有将道武帝设置行台

[①] 古贺昭岑:《北朝の行台についてその一》,《九州大学东洋史论丛》1974年第3辑;《北朝の行台地方官化についての考察》,《九州大学东洋史论丛》1997年第25辑。蔡学海:《北朝行台制度》,《台湾师范大学历史学报》1977年第5期。牟发松:《北朝行台地方官化考略》,《文史》第33辑,北京:中华书局,1990年。

[②] 《魏书》卷二《道武帝纪》。

魏晋南北朝将军制与都督制论稿

的做法继续推广，行台也并非其军事行动的急需，这主要是因为北魏前期军事征讨和镇戍指挥的相关制度已较为完善。北魏前期已经设置征讨都督作为军事征讨的指挥长官。如延和三年（434年），拓跋他"拜使持节、前锋大将军、都督诸军事，北讨蠕蠕，破之"①。又如，献文帝"天安元年，薛安都以徐州内附，请师救援。显祖以（尉）元为使持节、都督东道诸军事、镇南大将军、博陵公，与城阳公孔伯恭赴之"②。这里提到的"都督诸军事""都督东道诸军事"，尽管名称不同，但都是为征战而设置，属于征讨都督，即军队征战时的统帅。可以说，北魏前期设置征讨都督统领军队征战是常见的做法。地方的军事镇戍则由都督诸军事负责，这是沿袭两晋的做法，而这些都督诸军事已经成为其防御之地的军事长官。如神䴥三年（430年），"世祖以（叔孙）建威名南震，为义隆所惮，除平原镇大将，封丹阳王，加征南大将军、都督冀青徐济四州诸军事"③。始光元年（424年），王度"后出镇长安，假节，都督秦、泾、梁、益、雍五州诸军事，开府"④。叔孙建、王度都是以所任都督诸军事来镇戍地方，只是他们负责镇戍的行政州数量不同而已。

当然，都督诸军事还可以兼任州刺史或镇都大将。如泰常八年（423年），司马天助"拜侍中、都督青徐兖三州诸军事、征东将军、青兖二州刺史"⑤。延和二年（433年），太武帝"以长安形胜之地，非范莫可任者，乃拜范都督五州诸军事、卫大将军、开府仪同三司、长安镇都大将"⑥。而州刺史和镇都大将也是镇戍行政州、军镇的军事长官。如《魏书·楼伏连传》："太祖时，（楼伏连）为晋兵将军、并州刺史。"《魏书·王宪传》载，始光元年（424），王宪"进爵剧县侯，加龙骧将军。出为并州刺史，加安南将军"。这些领有将军号的刺史可以统领州兵、镇戍地方。镇都大将也是如此，正如《魏书·官氏志》所言："旧制：缘边皆置镇都大将，统兵备御，与刺史同。"此外，北魏还设置有镇将，其地位虽低于镇都大将，但也可以担任镇戍军镇

---

① 《魏书》卷一六《道武七王·阳平王熙传》。
② 《魏书》卷五〇《尉元传》。
③ 《魏书》卷二九《叔孙建传》。
④ 《魏书》卷三〇《王建传》。
⑤ 《魏书》卷三七《司马天助传》。
⑥ 《魏书》卷一七《明元六王·乐安王范传》。

的长官。例如始光元年（424年），许洛阳"进爵北地公，加镇南将军。出为明垒镇将"①。延兴初，长孙浑"初为中散，久之，为彭城镇将"②。由此可见，北魏前期已建立起适应军事需要的征讨和镇戍指挥体制。

然而，太和十六年（492年）孝义帝改革后，北魏除了延续前期的军事指挥制度外，又设置了新的军事职官。《魏书·裴延儁传》：太和十七年（493年）"高祖南伐，（裴夙）为行台吏部郎，仍除征北大将军穆亮从事中郎"。可见，到此时北魏又开始设置为军事征讨服务的行台。不过，这种征讨行台的增多，则是在宣武帝以后。因为在这一历史时期，北魏与境内反叛势力、境外敌国的战争频繁发生，而且规模越来越大，前线军队的作战与后勤补给都需要得到有力的协调、保障，所以征讨行台在北魏的军事活动中也越来越重要。《魏书·孝明帝纪》："（正光五年）诏吏部尚书元修义兼尚书仆射，为西道行台，率诸将西讨。"开始出现以征讨行台统领军队出征作战的情况。这种情况并非特例。例如，永平四年（511年），宣武帝诏："（薛）和兼尚书左丞，为西道行台，节度都督傅竖眼诸军，大破齐军。"③ 熙平元年（516年），孝明帝"以吏部尚书李平为镇军大将军、兼尚书右仆射，为行台，节度讨硖石诸军"④。统计文献记载，北魏后期，担任征讨行台长官的就有57人。⑤ 这说明，自宣武帝之后，征讨行台已经成为统率讨伐军进行征战的重要指挥机构。当然，北魏后期国家设置行台并不只是用于征讨作战，还有其他目的。《魏书·源贺传》："（源贺）为使持节，加侍中、行台，巡行北边六镇、恒、燕、朔三州，赈给贫乏，兼采风俗，考论殿最，事之得失，皆先

---

① 《魏书》卷二四《许谦传》。
② 《魏书》卷二六《长孙肥传》。
③ 《魏书》卷四二《薛辩传》。
④ 《魏书》卷九《孝明帝纪》。
⑤ 依据《魏书》《北史》《北齐书》《周书》及相关墓志铭记载，担任征讨行台长官的有：薛和、源子恭、元延明、房景先、元徽、薛祖朽、毕众敬、元琛、李晔、费穆、萧宝夤、元修义、裴延儁、裴良、郦恽、李浑、元颢、元纂、元渊、郦道元、张普惠、卢同、长孙承业、高谅、崔楷、常景、元彧、羊深、杨播、崔孝芬、元晏、李苗、于晖、薛昙尚、高道穆、杨机、杨津、樊子鹄、杨椿、杨播、曹世表、长孙稚、贺拔岳、宋纪、尔朱荣、念贤、杨昱、元鉴、元晖业、元显恭、郑先护、邸珍、杜杲、泉企、元海、元天穆、刘懿，共57人。

决后闻。"源贺担任行台长官，是要更有效地监察、巡视州镇，因而这种行台即为巡视出使行台。《魏书·高祐传》："正光中，（高谅）加骁骑将军，为徐州行台。至彭城，属元法僧反叛，逼谅同之，谅不许，为法僧所害。"《魏书·孝明帝纪》载正光五年（524年）"山南行台东益州刺史魏子建招降南秦氏民，复六郡十二戍，又斩贼王韩祖香"。高谅、魏子建出任徐州行台、山南行台，是为了镇戍徐州、山南，所以这种行台即为镇戍行台。由此可见，按照行台设置目的及其功能，这一时期北魏的行台可以划分为三类：征讨行台、镇戍行台和巡视出使行台。而征讨行台只是北魏国家所设行台之一种，实际是与其他类型行台共同存在的，因而既有其他类型行台所具有的共性，也有适应征讨作战的特殊性。考察征讨行台设置的情况，可以归纳出以下特点：

一是征讨行台是北魏国家为征讨作战而由皇帝下诏设置的。《魏书·李平传》载，熙平元年，孝明帝"诏平以本官使持节、镇军大将军、兼尚书右仆射，为行台，节度诸军"。可见，征讨行台的设置必须由皇帝下诏决定，这表明征讨行台的军事讨伐权是皇帝亲自授予的。此外，征讨行台只负责讨伐作战，并不参与其他活动，因此这一机构的存在也是临时性的。《魏书·献文六王上·北海王祥传》载，正光五年（524年），元颢"以本将军加使持节、假征西将军、都督华豳东秦诸军事、兼左仆射、西道行台，以讨明达。颢转战而前，频破贼众，解豳华之围，以功增封八百户，进号征西将军。又除尚书右仆射，持节、行台、都督如故。寻迁车骑大将军、仪同三司，余如故"。《魏书·李苗传》载，孝昌二年，李苗"俄兼尚书右丞，为西北道行台。与大都督宗正珍孙讨汾、绛蜀贼，平之。还，除司徒司马，转太府少卿，加龙骧将军"。这些事例说明，在讨伐战争结束后，征讨行台长官都转任其他职官。正因如此，北魏国家也就将官员出任征讨行台长官前所任职官视为其"本官"。《魏书·贾显度传》："（贾显度）以本官行徐州刺史、东道大行台。永熙三年五月，转雍州刺史、西道大行台。"《魏故使持节侍中司空公都督冀瀛沧三州诸军事领冀州刺史元公墓志铭》："（元寿安）改授使持节、开府、假骠骑大将军、兼尚书右仆射、行秦州事，本官如故，为西道行台。即除使持节、散骑常侍、都督雍州诸军事、卫大将军、开府、雍州刺史。"① 可见，

---

① 《魏故使持节侍中司空公都督冀瀛沧三州诸军事领冀州刺史元公墓志铭》，赵超：《汉魏南北朝墓志汇编》，天津：天津古籍出版社，2008年，第191页。

官员出任征讨行台长官与其任职的"本官"以及卸任后的职官升迁都没有关系。征讨行台只是为讨伐作战而临时设置的,其长官常被视为"本官"的兼领职。如《魏故司徒范阳王墓铭》:"(元诲)乃假抚军将军、平西将军,为潼关都督,仍兼尚书,为行台。"①《魏故使持节侍中骠骑大将军太保太尉公录尚书事都督冀定瀛殷并凉汾晋建郑肆十一州诸军事冀州刺史郑肆二州大中正第一酋长敷城县开国公刘君墓志铭》:"(刘懿)又为征南将军、金紫光禄大夫,兼尚书右仆射、西南大行台。"②

二是征讨行台是尚书省的外设机构。前引《魏书·孝明帝纪》载正光四年(523年)"诏吏部尚书元修义兼尚书仆射,为西道行台,率诸将西讨"。《魏书·李顺传》:"正光二年,南荆州刺史桓叔兴驱掠城民,叛入萧衍。衍资以兵粮,令筑谷陂城以立洛州,逼土山戍。诏晔持节、兼尚书左丞为行台,督诸军讨叔兴,大破之。"在这些记载中,尚书仆射、尚书左丞都是征讨行台长官。而尚书仆射、尚书左丞又都属于中央尚书省的职官,这表明征讨行台的职官设置是与尚书省有密切联系的。然而,征讨行台又是北魏国家为讨伐作战专门设置的,所以,这类行台实际只是尚书省的外设机构,以便适应征讨作战之需要。受这种任职特点所决定,北魏后期的征讨行台长官与僚佐官都不是正式的固定职官。所以,太和二十三年(499年)制定并在宣武帝时开始实行的后《职员令》并没有将行台列入国家的职官序列。《隋书·百官志中》载北齐官制:"行台,在令无文、其官置令、仆射、其尚书丞郎,皆随权制而置员焉。"这就是说,北齐的行台区已经成为地方最高军事区后,国家对行台长官和僚佐官做了明确的规定,但依然没有将行台长官与僚佐官纳入职官的品级序列中。可见,在行台设置固定化后,国家还没有完全割断行台职官与尚书省职官的联系。

三是为征讨行台临时设置僚佐官,建立起服务于征战的幕府机构。北魏后期行台僚佐官的设置是与行台长官的设置相联系的。如前所述,北魏后期行台长官的任职是临时的。《魏书·孝庄帝纪》载,永安三年(530年)"以

---

① 《魏故司徒范阳王墓铭》,赵超:《汉魏南北朝墓志汇编》,第274页。
② 《魏故使持节侍中骠骑大将军太保太尉公录尚书事都督冀定瀛殷并凉汾晋建郑肆十一州诸军事冀州刺史郑肆二州大中正第一酋长敷城县开国公刘君墓志铭》,赵超:《汉魏南北朝墓志汇编》,第336页。

魏晋南北朝将军制与都督制论稿

使持节、兼尚书令、西道大行台、司徒公长孙稚为太尉公"。《魏书·太武五王·汝阴王天赐传》载，正光五年（524年），"二秦反，假（元）修义兼尚书右仆射、西道行台、行秦州事，为诸军节度"。《魏书·献文六王上·北海王祥传》载，正光四年（523年），元颢"以本将军加使持节、假征西将军、都督华豳东秦诸军事、兼左仆射、西道行台，以讨明达"。可见，行台长官包括尚书令和尚书左、右仆射。但是，征讨行台的长官并不限于此。《北史·李灵传》载，孝昌三年（527年），李浑"乃与长吏崔光韶具陈祸福，由是歃血而盟，上下还睦。普泰中，崔社客反于海岱，攻围青州，诏浑为都官尚书、东北道行台，赴援"。《魏书·毕众敬传》："（毕祖朽）除前将军、太尉长史、兼尚书北道行台。孝昌初，除持节、本将军、南兖州刺史，寻授度支尚书。"这里提到的尚书，实际是出任行台长官的列曹尚书的略称，可见一些征讨行台长官可以是列曹尚书。当然，北魏国家还能够以尚书丞做征讨行台长官。例如，裴良曾"兼尚书左丞，为西北道行台"①。元荣曾"位兼尚书右丞，为西道行台"②。这说明，北魏国家任命征讨行台长官，没有固定的规定，一般根据征讨作战的需要来确定其职位与品级。然而，确定征讨行台长官的职位与品级，还是有下限标准的。据《魏书》记载，可以明确，北魏征讨行台长官一般最低职位为尚书左、右丞，而按照后《职员令》规定，尚书左、右丞为从四品。③ 征讨行台的僚佐官则要依据征讨行台长官的职位与品级来确定。《周书·苏亮传》载，永安三年（530年），"贺拔岳为关西行台，引亮为左丞，典机密"。《周书·杨宽传》："（杨宽）魏孝庄时为侍中，与宽有旧，藏之宇宅，遇赦得免。除宗正丞。北海王颢少相器重，时为大行台，北征葛荣，欲启宽为左右丞，与参谋议。"可见，征讨行台长官能够要求设行台左、右丞作为僚佐官。当然，以左、右丞作为行台的僚佐官，其行台长官大都是尚书令，或是尚书左、右仆射，并且其"本官"的职位与品级也是很高的。《周书·辛庆之传》："属尔朱氏作乱，魏孝庄帝令司空杨津为北道行台，节度山东诸军以讨之。津启庆之为行台左丞，典参谋议。"《魏书·杨

---

① 《魏书》卷六九《裴延儁传》。
② 《魏书》卷八九《酷吏·高遵传》。
③ 《魏书》卷一一三《官氏志》。

播传》:"后雍州刺史萧宝夤据州反,尚书仆射长孙稚讨之,除(杨)侃镇达将军、谏议大夫,为稚行台左丞。"这里提到杨津的本官为司空、长孙稚的本官则为尚书仆射。在后《职员令》中,司空为一品;尚书仆射为从二品。显然,这些行台长官的本官品级都高于尚书左、右丞。因此,以行台左、右丞作为僚佐官,是要受到征讨行台长官的职位及其"本官"的职位与品级的制约的。但在一般情况下,征讨行台的僚佐官,多数为尚书郎。如《魏书·阳尼传》:"肃宗即位,(阳尼)除尚书考功郎,奏诸秀孝中第者听叙,自固始。大军征硖石,敕为仆射李平行台七兵郎。"《周书·裴果传附刘志传》:"(刘)志少好学,博涉群书,植性方重,兼有武略。魏正光中,以明经征拜国子助教,除行台郎中。"《魏书·郦范传》:"(郦恽)举秀才,射策高第,为奉朝请。后延儁为讨胡行台尚书,引为行台郎。"这些行台郎,即是征讨行台指挥机构的主要僚佐官。

此外,征讨行台的僚佐官多由征讨行台长官举荐。例如,"正光中,京兆王西征,引(封肃)为大行台郎中,委以书记。"① "正光末,尚书仆射萧宝夤为关西行台,引(封伟伯)为行台郎。"② 僚佐官大多数为行台长官的亲信,所以,"甚见亲任"③,"深见委任"④,"军中大事,悉与谋之"⑤,"军机之事,多以委之"⑥。他们既可以为行台长官出谋划策、辅助其制定军事策略,如起草"军国文翰";也能够负责具体的军事活动,如"募众而征",因而成为征讨幕府机构中担负重要职责的职官。不过,这些僚佐官只是为征战服务,一旦征讨作战结束,随着征讨行台幕府机构的撤销,他们一般都改任其他职务。如孝昌元年,"安丰王延明之征徐州也,引(郑伯猷)为行台郎中。事宁还都,迁尚书外兵郎中,典起居注"⑦。这应是征讨行台的设置不可忽视的特点。

---

① 《魏书》卷八二《文苑·封肃传》。
② 《北史》卷二四《封懿传》。
③ 《北史》卷四九《朱瑞传》。
④ 《周书》卷三八《苏亮传》。
⑤ 《北史》卷四七《阳尼传》。
⑥ 《魏书》卷七七《高崇传》。
⑦ 《魏书》卷五六《郑羲传》。

二、征讨行台长官与所任本官的关系

北魏国家选任征讨行台长官是有条件的。其中最重要的一点就是，征讨行台长官必须为现任的职官。《魏书·孝明帝纪》载，正光五年（524年）"诏吏部尚书元修义兼尚书仆射，为西道行台，率诸将西讨。"可见，元修义是以吏部尚书身份被选任为征讨行台长官的。因此，《魏书》《北史》记载中，对于国家所任命的征讨行台长官，多要提到他们的本官。又如，元彧"累迁侍中、卫将军、左光禄大夫，兼尚书左仆射，摄选。后以本官为东道行台"①。杨椿"后累迁为雍州刺史，进号车骑大将军，仪同三司。寻以本官加侍中，兼尚书右仆射，为行台，节度关西诸将"②。因为征讨行台是中央尚书省的外设机构，所以其长官的本官也就存在尚书省职官和非尚书省职官的区别。北魏国家使尚书省职官出任征讨行台长官，可以选派不同品级职位的尚书省职官出任征讨行台长官。统计《魏书》《北史》《北齐书》《周书》和相关墓志铭记载，能够出任征讨行台长官的尚书省职官有：尚书令、尚书左仆射、尚书右仆射、吏部尚书、都官尚书、七兵尚书、尚书左丞、尚书右丞、尚书考功郎中、尚书北主客郎中。而后《职员令》规定，北魏后期尚书省的职官构成为：尚书令（二品）、尚书左、右仆射（从二品）、吏部尚书、列曹尚书（三品）、尚书吏部侍郎（四品）、尚书左、右丞（从四品）、尚书郎中（六品下阶）、尚书都令史（从八品上阶）。③ 由此来看，北魏国家选任尚书省职官出任征讨行台长官，是以正六品的尚书郎中为下限品级的，并不是所有的尚书省职官都可以兼任征讨行台长官。然而，征讨行台长官的品级与所任尚书省的本官职位及其品级并不相同。《魏书·樊子鹄传》载，建义元年（528年），樊子鹄"寻征授都官尚书、西荆州大中正。后兼右仆射，为行台，督贾智等讨吕文欣于东徐州，平之"。《魏书·薛辩传》载，孝昌元年（525年），薛庆之"转尚书郎、兼尚书左丞。为并、肆行台"。樊子鹄所任征

---

① 《北史》卷一六《太武五王·临淮王谭传》。
② 《北史》卷四一《杨播传》。
③ 《魏书》卷一一三《官氏志》。

讨行台的长官为尚书右仆射（从二品），本官为都官尚书（三品）；辛庆志所任征讨行台长官则为尚书左丞（从四品），本官为尚书郎（六品）。显然，征讨行台长官的职位与品级，明显要高于其本官的职位与品级。换言之，北魏国家使尚书省职官出任征讨行台长官，必须提高他们所任官职的职位与品级。

北魏国家也经常使非尚书省官员出任征讨行台长官。《魏书·毕众敬传》载，神龟三年（520年），毕祖朽"除前将军、太尉长史、兼尚书北道行台"。《魏书·文成五王·河间王若传》载，正始二年（505年），元琛"出为秦州刺史。……属东益、南秦二州氐反，诏琛为行台"。这说明，尚书省之外的中央职事官、地方州刺史都能出任征讨行台长官。据《魏书》《北史》《周书》《北齐书》和相关墓志铭记载并依据后《职员令》规定，可以明确，出任征讨行台长官的中央职事官有：司徒（一品）、司空（一品）、太尉（一品）、左光禄大夫（二品）、金紫光禄大夫（从二品）、侍中（三品）、光禄大夫（三品）、廷尉（三品）、太仆（三品）、中书令（三品）、太常（三品）、河南尹（三品）、左卫将军（三品）、散骑常侍（从三品）、太中大夫（从三品）、御史中尉（从三品）、太尉长史（四品）、中散大夫（四品）、通直散骑常侍（从四品）、员外散骑常侍（五品）、步兵校尉（五品）、司州别驾（五品）。由此可见，北魏国家对中央职事官出任征讨行台长官，并不限制其上限品级，只将下限品级规定为五品。而出任征讨行台长官的地方职事官可以分为两类：一是都督诸军事；二是州刺史。据《魏书》记载，出任征讨行台长官的都督诸军事有：都督并肆燕恒云朔显汾蔚九州军事、都督恒云燕朔四州诸军事、都督二豫郢三州诸军事、都督东道诸军事。出任征讨行台长官的州刺史有：秦州刺史、梁州刺史、青州刺史、东益州刺史、幽州刺史、定州刺史、荆州刺史、徐州刺史、晋州刺史、冀州刺史、雍州刺史、南幽州刺史、并州刺史、相州刺史、梁州刺史、殷州刺史、豫州刺史。北魏的都督诸军事已经成为镇戍都督区的重要地方长官。孝文帝官制改革后，前《职员令》规定都督诸军事为二品上。① 而后《职员令》没有确定都督诸军事的品级，似是沿用前《职员令》的品级规定，或者略有变通。因此，可以确定，出任征

---

① 《魏书》卷一一三《官氏志》。

讨行台长官的都督诸军事,其品级不会低于从二品。

孝文帝改革后,北魏的行政州被划分为上、中、下州,上州刺史为三品,中州刺史为从三品,下州刺史为四品。① 因此,出任征讨行台长官的州刺史,其品级不会低于四品。可见,北魏国家使地方职事官出任征讨行台长官,对其职官品级也是有限定标准的。由于中央、地方职事官品级不同,其所任征讨行台长官的职位与品级自然也有差异。

如前所述,北魏国家尚书省职官出任征讨行台长官,这些行台长官的品级一般都高于本官的品级。然而,对非尚书省官员出任征讨行台长官的品级则没有严格的规定。《魏书·尔朱度律传》:"前废帝时,(尔朱度律)为使持节、侍中、大将军、太尉、兼尚书令、东北道大行台。"《魏书·长孙道生传》载,建义元年(528年),长孙稚"迁司徒公,加侍中、兼尚书令、大行台"。《北史·杨播传》载,永安二年(529年),杨津"为司空,加侍中。尔朱荣死,使津以本官为兼尚书令、北道大行台"。很显然,北魏最高品级的"三师、二大、三公"出任征讨行台长官,一般都为行台尚书令。也就是说,尽管"三师、二大、三公"的品级高于正三品的尚书令,但出任的征讨行台的品级,也只能低于本官的品级。由于征讨行台尚书令,一般只能由"三师、二大、三公"任职,所以,其品级也就要低于本官的品级。

征讨行台尚书左、右仆射的任职情况,则不同于行台尚书令。《北史·太武五王·临淮王谭传》:"(元彧)累迁侍中、卫将军、左光禄大夫,兼尚书左仆射,摄选。"《北史·鹿悆传》:"(鹿悆)拜金紫光禄大夫,兼尚书右仆射、东南道三徐行台。"《魏书·外戚下·于劲传》:"(于晖)历侍中、河南尹,后兼尚书仆射、东南道行台。"《魏书·出帝纪》载,永熙二年(533年),"诏前御史中尉樊子鹄起复本官,兼尚书左仆射、东南道大行台"。据此,出任征讨行台尚书仆射的中央职事官有:左光禄大夫、金紫光禄大夫、河南尹、御史中尉。后《职员令》规定:左光禄大夫为二品、金紫光禄大夫为从二品、河南尹为三品、御史中尉为从三品。② 这说明,中央职事官出任行台尚书仆射,在本官的品级上没有固定的规定,但却有上限和下限品级的

---

① 《魏书》卷一一三《官氏志》。
② 《魏书》卷一一三《官氏志》。

限制，本官最高品级只能为二品，要低于"三师、二大、三公"；最低品级则为从三品。

地方州刺史也可以出任征讨行台尚书仆射。例如，李琰之"出为卫将军、荆州刺史。顷之，兼尚书左仆射、三荆二郢大行台"①。尔朱仲远"转使持节、本将军、徐州刺史、兼尚书左仆射、三徐州大行台"②。据《魏书》《北史》记载，出任征讨行台尚书仆射的刺史还有：杨椿、长孙稚、元鉴、元显恭、郑先护、贺拔胜、樊子鹄、邸珍等人。这说明，地方刺史出任征讨行台长官，大多数都任职为行台尚书仆射。后《职员令》规定，上州刺史为三品，中州刺史为从三品，下州刺史为四品；而尚书仆射为从二品。除了下州刺史外，州刺史与中央职事官的品级大体相同。很显然，州刺史出任的征讨行台尚书仆射，都高于其所任的本官品级。在北魏征讨行台长官中，还有列曹尚书。应该说，可以出任征讨行台尚书的本官，既有中央职事官，也有地方职事官。前引《魏书·裴延儁传》："（裴延儁）拜太常卿。时汾州山胡恃险寇窃，正平、平阳二郡尤被其害，以延儁兼尚书，为西北道行台，节度讨胡诸军。"《魏书·韦阆传》："（韦彧）拜通直散骑常侍。寻以本官兼尚书，为幽夏行台。"显然，裴延儁是以太常的身份、韦彧是以通直散骑常侍的身份出任征讨行台尚书的。后《职员令》规定：太常为三品；通直散骑常侍则为从四品。统计《魏书》《北史》记载并参考后《职员令》可知，出任行台尚书的职事官及品级情况为：光禄大夫（三品）、散骑常侍（从三品）、通直散骑常侍（从四品）、太尉长史（四品）。然而，列曹尚书却为三品。由此可见，征讨行台尚书的品级，可以与本官品级相同，也可以高于本官品级，没有固定的规定。但是，行台尚书的本官品级的上限，却低于行台尚书仆射的本官品级的上限。地方州刺史同样能够出任征讨行台尚书。例如，常景"以本将军授徐州刺史。杜洛周反于燕州，仍以景兼尚书为行台，与幽州都督、平北将军元谭以御之"③。据《魏书》《北史》记载，以刺史身份出任征讨行台尚书的有崔孝芬、元匡、薛昙尚等人。出任征讨行台尚书的刺史，明显少

---

① 《魏书》卷八二《李琰之传》。
② 《魏书》卷七五《尔朱兆传》。
③ 《魏书》卷八二《常景传》。

魏晋南北朝将军制与都督制论稿

于出任征讨行台尚书仆射的人数。因此，这种任职的方式，应该是为适应征讨作战而采取的特殊做法。

北魏征讨行台长官还有行台尚书左、右丞。可是，征讨行台尚书左、右丞的本官，大都是中央职事官。例如，薛和"除通直散骑常侍。萧衍遣将张齐寇晋寿，诏和兼尚书左丞，为西道行台"①。统计《魏书》《北史》记载并参考后《职员令》可知，兼任行台尚书左、右丞的职事官及品级情况为：中散大夫（四品）、通直散骑常侍（从四品）、员外散骑常侍（五品）、步兵校尉（五品）。由此可见，征讨行台尚书左、右丞的本官品级是不固定的，但上限品级为四品，下限品级为五品。但后《职员令》规定：尚书左、右丞的品级为从四品。②这说明，征讨行台左、右丞的本官品级可以高于、也可以低于行台长官的品级。

由上述可见，北魏国家还可以从非尚书省的中央职事官和地方都督诸军事、刺史中选任征讨行台长官。但对其本官有品级限定，一般本官要在五品以上。而且，征讨行台长官的品级受到其本官品级的影响。可以说，北魏国家为出任征讨行台尚书令，尚书仆射，列曹尚书，尚书左、右丞的本官确定了不同的品级范围。实际上，其所任职事官的品级越高，征讨行台长官的品级也就越高。这成为北魏国家在决定征讨行台长官的职位高低时需要把握的依据。

当然，还要提及的是，北魏的职事官一般都领有将军号。北魏的将军号尽管已经成为虚衔，但对设置军府的规模有很大的影响。既然北魏的职事官与将军号是结合在一起的，并且征讨行台长官只是职事官的兼领职，那么将军号与征讨行台长官是否也有关系？这自然是考察征讨行台长官与所任本官之间联系所不能忽略的问题。

细缕文献记载，北魏的将军号与征讨行台长官的关系可以分为两种情况：一是以本官所领的将军号出任征讨行台长官。《魏书·李苗传》："孝昌中，（李苗）还朝。除镇远将军、步兵校尉。俄兼尚书右丞，为西北道行台。"《魏书·孝明帝纪》载，孝昌元年（525年），"诏左将军、幽州刺史常景为行台"。可见李苗、常景正是以他们分别担任步兵校尉、幽州刺史时所

---

① 《魏书》卷四二《薛辩传》。
② 《魏书》卷一一三《官氏志》。

领的将军号出任征讨行台长官的。当然,一些职事官兼任征讨行台长官后,也有改变其原来将军号名称的情况。前引《魏书·孝明帝纪》载熙平元年(516年),"以吏部尚书李平为镇军大将军、兼尚书右仆射,为行台,节度讨硖石诸军"。按,《魏书·李平传》载,李平原来的将军号为抚军将军。后《职员令》规定:镇军大将军为从二品;抚军将军也为从二品。① 可见,征讨行台长官所领的将军号与其原来所领的将军号的品级是相同的。因此,可以看出,征讨行台长官的将军号名称的改变,显然只是要适应征讨战争的需要,并不必改变将军号的品级。

二是还可以为征讨行台长官"假授"将军号。《魏书·费于传》:"除(费)穆辅国将军、假征虏将军、兼尚书左丞、西北道行台,仍为别将,往讨之。"费穆本官的将军号为辅国将军,而征虏将军则是假授的将军号。北魏国家为征讨行台长官"假授"将军号,并不是特例。如《魏书·董绍传》载:"永安中,(董绍)代还。于是除安西将军、梁州刺史、假抚军将军、兼尚书,为山南行台,颇有清称。"《魏故使持节侍中太宰丞相柱国大将军假黄钺都督十州诸军事雍州刺史武昭王墓志》:"(元天穆)除征虏将军并州刺史。……遂假抚军将军,兼尚书行台。"② 后《职员令》规定:抚军将军为从二品;安西将军为正三品;征虏将军则为从三品。③ 很显然,"假授"征讨行台长官的将军号,其品级要高于本官所领将军号的品级。北魏国家之所以这样做,一方面是要提高征讨行台长官的地位;另一方面则是要扩大征讨军幕府(征讨行台幕府)的规模,因为将军号的品级越高,将军府的规模也就越大。北魏国家之所以要为一些征讨行台长官"假授"将军号,还与行台幕府的组建有很大关系。因为征讨行台的幕府与国家规定的所领将军号的军府是有联系的。《魏书·崔光传》:"永平初,豫州城人白早生杀刺史司马悦,据悬瓠叛。诏镇南将军邢峦讨之,以(崔)鸿为行台镇南长史。"《周书·梁昕传》:"(梁)昕少温恭,见称州里。正光五年,秦陇构乱,萧宝夤为大都督,统兵出讨,以昕为行台参军。"《魏书·李琰之传》:"(李琰之)曾游河内北山,

---

① 《魏书》卷一一三《官氏志》。

② 《魏故使持节侍中太宰丞相柱国大将军假黄钺都督十州诸军事雍州刺史武昭王墓志》,赵超:《汉魏南北朝墓志汇编》,第277页。

③ 《魏书》卷一一三《官氏志》。

便欲有隐遁意。会彭城王勰辟为行台参军，苦相敦引。"《周书·于谨传》："及破六汗拔陵首乱北境，引茹茹为援，大行台仆射元纂率众讨之。宿闻（于）谨名，辟为铠曹参军事，从军北伐。"《周书·于谨传》："正光四年，行台广阳王元深治兵北伐，引谨为长流参军，特相礼接。"这些记载中提到的长史、参军、铠曹参军事、长流参军，都是将军府的僚佐官，也被视为征讨行台长官的僚佐官。也就是说，征讨行台长官出征后，其组建的军事幕府是将行台僚佐官与将军军府僚佐官结合在一起的，并不是使军府与行台幕府同时存在。然而，征讨行台幕府的规模，却受到行台长官所领将军号品级的制约。正因如此，一些征讨行台长官出征时就需要"假授"将军号，以便高于其原来所领将军号的品级，进而也就扩大了行台幕府的规模。

综上可见，征讨行台长官为中央职事官和地方的都督诸军事、刺史的兼领职。可是，北魏国家对这些职事官出任征讨行台长官，却在职官品级上有必要的限制。不过，对尚书省官员和非尚书省官员的品级限定，却不相同。兼任征讨行台长官的尚书省官员必须以正六品为下限；而兼任征讨行台长官的非尚书省官员则要以正五品为下限。而且，征讨行台长官"本官"的品级的高低，决定征讨行台长官品级的高低。由于出任征讨行台长官的官员，其"本官"都领有将军号，尽管这些"本官"所领将军号不能直接影响征讨行台长官的品级，但却可以决定行台幕府的规模，所以，征讨行台长官的将军号也就会发生变动。当然，需要注意的是，征讨行台长官的将军号的提升，是以"假授"的方式实现的，所以，其将军号仅是为适应征讨作战的需要而临时授予的。

三、征讨行台军事指挥的优越性——以行台长官的军事权力为例

北魏时期，战争频繁，除了皇帝亲征之外，主要由国家选任的征讨都督统军征战。尽管北魏后期设置了征讨行台，但并没有废弃选任征讨都督的做法。例如，永平二年（509年），辅国将军长孙稚"假平南将军为都督，率统军邢虬等五军以讨之"[①]。正光五年（524年），临淮王元彧"为镇军将军，

[①]《魏书》卷八《宣武帝纪》。

假征北将军,都督北征诸军事以讨之"①。建义元年(528年),吏部尚书费穆"为使持节、都督南征诸军事,节度荆州刺史王罴以讨之"②。而且,在一些讨伐战争中,北魏朝廷还将征讨都督与征讨行台一并使用。例如,孝昌元年(525年),元延明"及元法僧反,诏为东道行台、徐州大都督、节度诸军事,与都督、临淮王彧,尚书李宪等讨法僧"③。宣武帝"遣河间王琛为大都督,郦道元为行台"④。这些事例说明,北魏后期,征讨都督与征讨行台都在讨伐战争中起到重要作用。不过,北魏后期,征讨行台所起到的作用越来越重要,其影响力开始超越征讨都督,尤其在应对复杂战争局面上,征讨行台的优越性更为明显。这种优越性,主要体现在国家授予征讨行台长官的权力上。

实际上,北魏征讨行台长官的军事权力,主要表现为以下方面:一是征讨行台长官可以号令讨伐军的将领。《魏书·源贺传》载,神龟元年(518年),"河州羌却铁忽反,杀害长吏。诏(源)子恭持节为行台,率诸将讨之"。可见,源子恭出任征讨行台长官讨伐却铁忽,能"率诸将",也就是征讨军队的将领都由他节制。甚至一些征讨行台长官还能够统领征讨都督。例如,永安三年(530年),元显恭"兼尚书左仆射,为征西道行台,节度都督薛善乐、薛修义、裴元儁、薛崇礼、薛憘族等"⑤。薛善乐等都督均受元显恭节度。

二是征讨行台长官可以依据战争形势的需要招募士兵。北魏朝廷依然延续魏晋以来的世兵制,兵户都是由国家征调的。而征讨行台具有使用这些被征调士兵的权力。如《魏书·孝庄帝纪》载,永安三年(530年),"以平南将军、中书令魏兰根兼尚书左仆射,为河北行台,定、相、殷三州禀兰根节度"。征讨行台长官魏兰根指挥的定、相、殷三州的军队,就是北魏国家征调的世兵。可是,由于北魏后期战事频发,只征调兵户已难以满足战争需要,所以,在作战时开始临时招募士兵。而征讨行台则获得了国家赋予的募

---

① 《魏书》卷九《孝明帝纪》。
② 《魏书》卷一〇《孝庄帝纪》。
③ 《魏书》卷二〇《文成五王·安丰王猛传》。
④ 《魏书》卷二五《长孙道生传》。
⑤ 《魏书》卷一〇《孝庄帝纪》。

魏晋南北朝将军制与都督制论稿

兵权力。《魏书·杨播传》载，永安二年（529年），"（杨昱）时为东道行台，鸠率部曲，在于梁沛，津规欲东转，更为方略"。《北史·魏兰根传》载，建义元年（528年），魏兰根"乃兼尚书右仆射、河北行台，于定州率募乡曲，欲防井陉"。这里提到的部曲、乡曲都是杨昱、魏兰根招募的军队。

三是征讨行台长官有在前线随机处置的权力。北魏的全部征战行动，都需上呈皇帝，才能最终确定。但是，北魏后期战争形势复杂多变，为了保证战争的胜利，有时前线军队的统帅需要有临机处置权，以应对复杂多变的战场形势。可是，北魏朝廷并没有使所有前线军队的统帅都有这种权力，而只将这种权力授予了征讨行台长官。征讨行台长官在征战中能够"随机召发"①，"随机处分"②，"处分军国，损益随机"③，在军事指挥上具有很大的机动性和灵活性。

四是征讨行台长官有任命规定品级范围内职官的权力。正如《北史·尔朱荣传附尔朱仲远传》所言："行台采募者，皆得权立中正，在军定第，斟酌授官。"这种做法，既可以保证征讨行台长官对将领的选拔，也能够通过加授官职以激励军队士气。而且，征讨行台长官还有安置参战官员的权力。《魏书·杨播传》载，正光五年（524年），"诏（杨）椿以本官加侍中、兼尚书右仆射为行台，节度关西诸将，其统内五品已下、郡县须有补用者，任即拟授"。可见，征讨行台长官在讨伐作战结束后，能够使参战的五品以下官员出任郡、县职官。北魏朝廷授予征讨行台长官这种权力，也就能够促使参战将领在其统领之下更加奋力作战。

五是征讨行台长官统军作战时，有协助进行后勤保障的权力。这种权力有助于实现军事后勤与征讨作战的一体化，使军用物资更有效地供应军队。北魏后期，尚书省在国家统治机构中占有重要地位，已经设有六部。《隋书·百官志中》记载，北齐官制为："尚书省，置令、仆射，吏部、殿中、祠部、五兵、都官、度支等六尚书。"北齐的六部尚书，应该是延续北魏尚书省的设置。据严耕望考证：北魏尚书省六部，曰吏部、曰殿中、曰仪曹、

---

① 《魏书》卷一〇《孝庄帝纪》。
② 《魏书》卷一一《后废帝纪》。
③ 《魏书》卷七七《羊深传》。

曰七兵、曰度官、曰度支。其中度支尚书，"统度支（掌计会、凡军国损益、事役粮廪等事）、仓部（掌诸仓账出入等事）、左户（掌天下计账、户籍等事）、右户（掌天下公私田宅租调等事）、金部（掌权衡量度，外内诸库藏文账等事）、库部（掌凡是戎仗器用所须事）"①。可见，度支尚书掌管军粮供应和军械供给，而军粮、军械是军队征战所需的重要后勤物资，也是获得战争胜利的重要保证。因此，要有效地补给军用物资，征讨行台长官就需要与度支尚书保持密切关系和便捷联系。而征讨行台因是尚书省的外设机构，就比其他机构具有优势，避免了各种机构与机构之间联系的烦琐程序，甚至度支尚书兼任征讨行台长官，这种优势就更加明显了。由此来看，征讨行台的设置，对实现征讨作战与后勤补给的一体化，可以起到积极作用。因此，在《魏书》《北史》中，多有征讨行台长官掌管军粮转运的记载。例如，正光二年（521年），张普惠"以本官为持节、西道行台。给秦、岐、泾、华、雍、豳、东秦七州兵武三万人，任其召发，送南秦、东益二州兵租，分付诸戍"②。正光五年（524年），源子邕为行台元颢的僚佐官，"九旬之中，凡数十战，乃平东夏。征税租粟，运粮统万，于是二夏渐宁"③。很显然，北魏后期的征讨行台长官，不仅可以指挥征讨军队，也能够掌管后勤补给。这种一体化措施的实行，有利于征讨战争的顺利推进。

六是征讨行台长官有执行军法及审核出征将士功劳的权力。在讨伐战争中，征讨行台长官可以严格行使军法。例如，熙平元年（516年），李平"兼尚书右仆射，为行台，节度诸军，东西州将一以禀之，如有乖异，以军法从事"④。这与征讨都督的执法权力是相同的。除此之外，征讨行台长官还能够审核出征将士所立功劳。《魏书·卢同传》："又勋簿之法，征还之日，即应申送。顷来行台、督将，至京始造，或一年二岁方上勋书。奸伪之原，实自由此。于今以后，军还之日便通勋簿，不听隔月。"这是卢同要求改进的审核措施的记载。但在这一措施中，征战将士的勋簿的审核，仍然需要行台的

---

① 严耕望：《北魏尚书制度》，《严耕望史学论文选集》（下），中华书局，2006年，第344页。
② 《魏书》卷七八《张普惠传》。
③ 《北史》卷二八《源贺传》。
④ 《魏书》卷六五《李平传》。

参与，由其认定参战将士功劳的真伪。这说明，征讨行台长官在审核出征将领和士兵所立功劳上，是负有重要责任的。

综上所述，北魏后期，国家在讨伐战争中，开始以征讨行台统军作战，并且赋予征讨行台长官招募士兵、随机处置军务及在规定范围内任命军事职官的权力。这是对军事征讨制度的重大改进。而且，通过征讨行台的设置，使作战指挥与后勤补给得到有效的协调；也可以直接检核出征将领与士兵所立功劳。这些做法都弥补了所设征讨都督的指挥权限之不足，更有利于征讨作战的进行。可以说，这也正是北魏后期大量选任征讨行台长官与僚佐官进行征战的重要原因。

四、余 论

北魏末年，国家所设行台的目的性逐渐减弱，行台的征讨、镇戍和巡视出使职能的区分开始淡化，并且行台设置的长期化、地方化的倾向也越来越明显，以致在高欢军事集团控制北魏朝政时，就要"罢诸行台"①。而且，由于北魏末年战事频繁发生，加之地方豪强酋帅相继把控北魏朝政，也促使行台的设置出现变化。特别是，北魏朝廷设置了东道、南道、西道、北道、东南道、东北道、西南道、西北道行台。北魏后期的"道"，主要是军事征伐区和军事镇戍区。北魏朝廷已经将设置行台及统辖的"道"的结合作为重要举措，而且还采取出任行台长官与担任刺史并行的措施，并使其成为经常的做法，这就促使行台表现出更为浓厚的地方化趋势。

北魏行台设置上的这些变化，直接造成专门为征讨而设置的行台逐渐减少，取而代之的是负有多种职能并与地方的"道"相联系的行台。当然，这些行台依然还要进行军事征讨，并不能改变这一职官在讨伐战争中的作用。正因如此，这种变化也就开始显现出在行台设置长期化、地方化过程中，征讨行台的独立设置逐渐消失的轨迹。

（原载《军事历史研究》，2019 年第 2 期）

---

① 《北史》卷五《魏本纪·孝庄帝纪》。

北魏后期行台僚佐考略

北魏后期，也就是从宣武帝开始，到孝武帝西迁为止。在这一历史时期，北魏国家在军事行动中大量地设置了行台。这些行台负有征讨、驻戍和出使等不同的职责，至北魏末年又出现了体现军事集团统帅特征的大行台。尽管这些不同的行台在国家的军事行动中起到的作用不同，但是，这些行台却有一致之处，即它们都是尚书台，也就是中台的派出机构，所以，行台的机构设置是模仿中台的，只是机构的大小存在差别。并且，行台既有长官，也有僚佐。这也是各类行台具有的共同特点。实际上，行台僚佐是行台长官从事各种活动的辅佐，在行台的军事行动中也起到重要的作用，因此，对北魏行台僚佐设置的考察是探讨北魏后期行台活动特点不能忽视的问题。因而，本文拟对行台僚佐的设置、选任以及僚佐与行台长官的关系诸问题做一些探讨，希望有助于对北魏后期行台诸问题研究的深入。

一、行台长官和僚佐的设置

北魏国家设置的行台是国家尚书台的派出机构，因此，要说明行台僚佐的设置状况，需要涉及北魏国家尚书台的设置。实际上，早在北魏建国后，就设置了尚书台，但是，尚书台地位的提升和职官设置的规范化却经过了一个历史发展的过程。直到孝文帝太和末年官制改革后，才最后确定了尚书省作为国家最高行政机构的地位。并且，在尚书台的机构上，也仿照南朝制度来设置官员。作为尚书台的长官有：尚书令和尚书左、右仆射，下为六部尚书，即吏部、殿中、仪曹、七兵、都官和度支尚书。六部分掌三十六曹郎中。尚书台的严密的职官构成，使尚书台在处理国家行政事务中发挥了有效的作用。并且，北魏的尚书台也就是中台的职官设置，也成为设置行台长官和僚佐的基础。

然而，北魏行台毕竟是中台的派出机构，所以行台机构的规模和行台的长官和僚佐的设置情况并不完全与中台相同。从北魏后期行台长官的设置情况来看，与中台存在差别，并不像中台那样明确以尚书令和尚书左右仆射作为长官，可以作为行台长官的职官类别要多于中台。

既然北魏行台是尚书台的外派机构，因此，在需要时，毫无疑问尚书令和尚书左、右仆射都可以担任行台的长官。

关于尚书令任行台长官的事例，在《魏书》《北史》的记载中多见。诸如城阳王元徽、杨津、长孙稚、尔朱仲远、尔朱天光、尔朱度律，都是直接以尚书令的身份担任行台长官的。《魏书·杨播传》："尔朱荣死也，以津为都督并肆燕恒云朔显汾蔚九州军事、骠骑大将军、兼尚书令、北道大行台、并州刺史，侍中、司空如故，委津以讨胡经略。"就是一例。但是还有一些行台长官是在行台任职后，被提升为行台尚书令的。《魏书·文成五王·安乐王长乐传》："（元鉴）后除相州刺史、北讨大都督，讨葛荣。仍兼尚书右仆射、北道行台、尚书令，与都督裴衍共救信都。"显然，元鉴是先任尚书仆射后，又担任行台尚书令的。

以尚书仆射担任行台长官的，为数更多。统计《魏书》《北史》《周书》《北齐书》中的记载，行台长官为尚书左、右仆射的有：李平、萧宝夤、元修义、元颢、长孙承业（长孙稚）、元纂、元延明、元彧、高晖、尔朱兆、尔朱彦伯、李琰之、高恭之、于晖、樊子鹄、杨椿、尔朱世隆、魏兰根、元子恭、朱瑞、樊子鹄、长孙承业（长孙稚、二次任行台）、尔朱天光、元显恭、贺拔胜、叱列延庆、鹿悆、侯景、邸珍、贾显度、长孙子彦、元子思，共32人。

北魏后期，出任行台左、右仆射的，既有中台官，也有中央其他的职官和地方上的刺史。当时国家可以使中台的尚书仆射直接担任行台长官。例如，正光四年"九月壬申，诏尚书左仆射、齐王萧宝夤为西道行台、大都督，率征西将军、都督崔延伯"[①]。萧宝夤正是以中台尚书左仆射身份来担任行台长官的。还有一些行台的长官是由中台的六部尚书提升为行台尚书仆射

---

① 《魏书》卷九《孝明帝纪》。

的。如《魏书·孝明帝纪》："（熙平元年）以吏部尚书李平为镇军大将军、兼尚书右仆射，为行台，节度讨硖石诸军。"又如《魏书·孝明帝纪》："（正光四年）秋七月甲寅，诏吏部尚书元修义兼尚书仆射，为西道行台，率诸将西讨。"在文献记载中，兼任行台尚书仆射的中央职官还有侍中、中书令、御史中尉、金紫光禄大夫等，并不只限于尚书省的官员。

地方的刺史任行台后，一般多授任行台仆射。例如：李琰之"孝庄初，……出为卫将军、荆州刺史。顷之，兼尚书左仆射、三荆二郢大行台"①。又如，殷州刺史邸珍，永熙二年"为徐州大都督、东道行台仆射"②。

由上述可知，无论从任职人数上，还是从行台长官任职的途径上，都表明行台尚书左、右仆射当为行台的主要长官。

北魏国家以尚书令、尚书左、右仆射作为行台的长官，这是与中台长官设置的一致之处。可是，在北魏后期，可以担任行台长官并不限于尚书令和尚书左、右仆射。在国家任命的行台长官中还有各部尚书。《魏书·崔亮传》："（萧）宝夤表士和兼度支尚书，为陇右行台，令入秦抚慰，为念生所害。"这里明确提到以度支尚书任行台长官。在文献记载有时也简称为尚书。《魏书·毕众敬传》："神龟末，除持节、东豫州刺史，将军如故。祖朽善抚边人，清平有信，务在安静，百姓称之。还，除前将军、太尉长史、兼尚书北道行台。"就是一例。

北魏后期，可以担任行台长官的还有尚书左、右丞。《魏书·薛辩传》："萧衍遣将张齐寇晋寿，诏和兼尚书左丞，为西道行台，节度都督傅竖眼诸军，大破齐军。"薛和是以尚书左丞为行台长官的。《魏书·酷吏·高遵传》："（高）元荣，学尚有文才，长于几案。位兼尚书右丞，为西道行台，至高平镇，遇城翻被害。"可见，高元荣则是以尚书右丞为行台长官。甚至尚书郎中也能够担任行台长官。《魏书·郦范传》："（郦）道元第四弟道慎，字善季。涉历史传，有干略。自奉朝请，迁尚书二千石郎中，加威远将军，为汉川行台，迎接降款。以功除员外常侍，领郎中。"不过，这种情况在北魏后期并不多见，当属于特殊情况。由此可见，北魏后期，可以担任行台长官的

---

① 《魏书》卷八二《李琰之传》。
② 《魏书》卷一一《出帝纪》。

职官种类要多于中台。行台长官的设置完全根据行台活动的需要，没有固定的规定。由这种情况所决定，行台僚佐的设置也就要依据长官的设置情况来确定，并且，行台僚佐设置也明显表现出以下几方面的特点：

(一) 行台僚佐的设置没有固定的规定

由于北魏后期可以担任行台长官的情况不同，尚书令、尚书左、右仆射、各部尚书以及仆射的佐官尚书左、右丞都可以担任行台的长官，因此，行台的僚佐设置情况自然也就不同。行台尚书令、行台左、右仆射拥有僚佐，自不待言。行台尚书也有僚佐。《魏书·郦范传》："（郦恽）好学，有文才，尤长吏干。正光中，刺史裴延俊用为主簿，令其修起学校。举秀才，射策高第，为奉朝请。后延俊为讨胡行台尚书，引为行台郎。"可见，行台尚书是以行台郎作为僚佐的。如前所述，北魏后期，行台长官可以为尚书左、右丞，薛庆之、薛和、源贺、李晔、费穆、高元荣、裴良、张普惠、崔孝芬、李苗、杨机、曹世表等人都是以行台左丞或右丞而担任行台长官的。可是，在他们任职期间，都不见有设置僚佐的记载。这说明，北魏后期，以行台左、右丞为长官，由于官位较低，因此很难设置僚佐。

行台僚佐设置不固定还表现为，同一品级的行台长官所设僚佐的数量并不相同。如前所述，行台长官多以尚书左、右仆射担任。可是，行台尚书仆射拥有僚佐的数量却有明显的差别。统计行台左仆射萧宝夤拥有的僚佐有：冯景、苏湛、于道穆、梁昕、封伟伯、韦湛、郭子恢、柳楷、李充，多达九人。其中冯景为大行台都令史，梁昕为行台参军，其余皆为郎中。可见萧宝夤拥有的僚佐很多。而其他的行台尚书仆射与萧宝夤相差很多。如，行台尚书仆射李平有刘懋、阳固二人为行台郎；行台尚书仆射元延明有郑伯猷一人为行台郎；行台仆射邸珍也只有行台丞李希宗一人为僚佐。这说明，行台僚佐设置的人数，显然是不固定的，没有明确的规定。因此，可以说行台僚佐的设置在人数的规定上不像中台机构那样，有固定的规定。并且，在以行台左、右丞为长官的行台机构中，甚至可以不设僚佐。

(二) 行台的僚佐的官职不同

为说明问题，将《魏书》《北史》《周书》等文献记载中行台僚佐设置情况列表如下：

表1 文献记载中行台僚佐设置情况

人名	职官	行台长官	史料出处
刘懋	行台郎中	李平	《北史》卷四二《刘芳传》
阳固	行台七兵郎	李平	《魏书》卷七二《阳尼传》
刘志	行台郎中	不详	《周书》卷三六《裴果传附刘志传》
冯景	大行台都令史	萧宝夤	《周书》卷二二《冯景传》
苏湛	行台郎中	萧宝夤	《周书》卷三八《苏亮传》
于道穆	行台郎中	萧宝夤	《魏书》卷七七《于谦之传》
梁昕	行台参军	萧宝夤	《周书》卷三九《梁昕传》
封伟伯	行台郎中	萧宝夤	《魏书》卷六二《高道悦传》
韦湛	行台郎中	萧宝夤	《魏书》卷四五《韦阆传》
郭子帙	行台郎中	萧宝夤	《北史》卷二七《郦范传》
柳楷	行台郎中	萧宝夤	《魏书》卷四五《柳崇传》
李充	行台郎中	萧宝夤	《北史》卷一《序传》
郦恽	行台郎中	裴延俊	《魏书》卷四二《郦范传》
于谨	铠曹参军事	元纂	《周书》卷一五《于谨传》
于谨	长流参军	元深（渊）	《周书》卷一五《于谨传》
温子升	行台郎中	元渊	《魏书》卷八五《文苑·温子升传》
封肃	大行台郎中	元继	《魏书》卷八五《文苑·封肃传》
裴伯茂	行台郎中	长孙承业	《魏书》卷八五《文苑·裴伯茂传》
李琰之	行台参军	元鷙	《魏书》卷八二《李琰之传》
杨宽	行台左右丞	元颢	《周书》卷二二《杨宽传》
辛俊	行台郎中	魏子建	《魏书》卷七七《辛雄传》
郑伯猷	行台郎中	元延明	《魏书》卷五六《郑羲传》
李广	行台郎中	元纂	《魏书》卷七七《辛雄传》
樊子鹄	行台郎中	尔朱荣	《魏书》卷八〇《樊子鹄传》

魏晋南北朝将军制与都督制论稿

续 表

人名	职官	行台长官	史料出处
朱瑞	大行台郎中	尔朱荣	《魏书》卷八〇《朱瑞传》
王绰	行台郎中	元天穆	《魏书》卷九三《恩幸·王睿传》
檀翥	行台郎中	毛遐	《北史》卷七〇《檀翥传》
苏亮	行台郎中	长孙稚、尔朱天光	《周书》卷三八《苏亮传》
冯景	行台郎中	元叔昭	《周书》卷二二《冯景传》
权景宣	行台郎中	宇文泰	《周书》卷二八《权景宣传》
薛椒	行台尚书	元天穆	《北史》卷二五《薛彪子传》
杜铨	行台郎中	元天穆	《魏书》卷四五《杜铨传》
温子升	行台郎中	元天穆	《魏书》卷八五《温子升传》
长孙子泽	行台郎中	元天穆	《魏故使持节都督雍州诸军事车骑将军雍州刺史江陵县开国男长孙使君墓志铭》
董绍	大行台从事、兼吏部尚书	尔朱天光	《魏书》卷七九《董绍传》
薛辩	行台郎中	尔朱天光	《北史》卷三六《薛辩传》
杨宽	大行台吏部尚书	尔朱仲远	《周书》卷二二《杨宽传》
辛庆之	行台吏部郎	贺拔岳	《北史》卷七〇《辛庆之传》
宇文泰	大行台左丞	贺拔岳	《周书》卷一《文帝纪上》
崔士谦	行台左丞	贺拔胜	《北史》卷三二《崔辩传》
杨愔	行台右丞	高欢	《通鉴》卷一五五《梁纪十》中大通四年
司马子如	行台尚书	高欢	《通鉴》卷一五五《梁纪十》中大通四年
李希宗	行台右丞	邸珍	《魏书》卷三六《李顺传》

如表1所示，北魏后期，可以担任行台僚佐的职官有：行台尚书、行台左、右丞、行台郎中。还有行台从事、铠曹参军事、长流参军。行台尚书、行台左、右丞、行台郎中为尚书省职官；行台从事、铠曹参军事、长流参军则为尚书省外的职官。可见，行台僚佐官包括两类性质的职官。

从尚书省职官来看，最高官职为行台尚书。担任僚佐官最多的是，则是行台郎中。在表中四十三例行台僚佐官中，有三十三例所任官职都为行台郎中。因此，北魏后期，国家任命行台僚佐官的主体是行台郎中。

行台尚书、行台左、右丞可以担任行台的僚佐，完全是由行台长官的地位决定的。如前所述，行台尚书令和行台尚书左、右仆射都可以担任行台长官，行台长官的设置与中台是完全相同的，因此，行台尚书、行台左、右丞担任行台尚书令、行台左右仆射的僚佐，与中台职官的统属关系完全一致。除了这方面的因素外，还取决于行台长官的特殊地位。一是出任行台长官前，在中央有很高的官职。《北史·辛庆之传》："（辛）庆之少以文学征诣洛阳，对策第一，除秘书郎。属尔朱氏作乱，魏孝庄帝令司空杨津为北道行台，节度山东诸军以讨之。津启庆之为行台左丞，与参谋议。"由此可知，在杨津担任行台前，官居司空，因此可以任命行台左丞担任其僚佐。二是北魏末年，由于皇权的衰微，具有特殊地位的大行台的出现。《周书·文帝纪上》："太昌元年，（贺拔）岳为关西大行台，以太祖为左丞，领岳府司马，加散骑常侍。事无巨细，皆委决焉。"又《通鉴·梁纪十》中大通四年："初，欢起兵信都，尔朱世隆知司马子如与欢有旧，自侍中、骠骑大将军出为南岐州刺史。欢入洛，召子如为大行台尚书，朝夕左右，参知军国。"这都说明，贺拔岳、高欢所任的行台，都是具有特殊地位的大行台，因此，在僚佐的任命上，自然不以尚书郎中为限。

北魏后期，在行台的僚佐中出现了行台从事、铠曹参军事、长流参军等官职。实际上，这些职官是军号将军、都督的军府属官。而在文献记载中，却将其视为行台的僚佐。《魏书·董绍传》："（董）绍至长安，时尔朱天光为关右大行台，启绍为大行台从事、兼吏部尚书，又除征西将军、金紫光禄大夫。"这是尔朱天光将从事当作行台僚佐，并称为行台从事的事例。《周书·于谨传》："及破六汗拔陵首乱北境，引茹茹为援，大行台仆射元纂率众讨之。宿闻谨名，辟为铠曹参军事，从军北伐。"可见，大行台仆射元纂可以以铠曹参军事为其僚佐。《北史·于栗䃅传》："正光四年，行台、广阳王元深北伐，引谨为长流参军。特相礼接，使其世子佛陀拜焉。"显然，行台元渊（深）能够以长流参军为其僚佐。在北魏后期，行台长官可以将军号将军、都督这些军府属官视为其僚佐，这与行台的多重任职有关。例如，大行

魏晋南北朝将军制与都督制论稿

台元纂率军北伐,以于谨为铠曹参军事,是因为元纂既任行台,又领有中军将军职。《魏书·孝明帝纪》:"(正光四年)夏四月,阿那瓌执元孚,驱掠畜牧北遁。甲申,诏骠骑大将军、尚书令李崇,中军将军、兼尚书右仆射元纂,率骑十万讨蠕蠕,出塞三千余里,不及而还。"是其例证。铠曹参军无疑是中军将军的属官,可是,元纂又具有行台身份,因此,自然可以将中军将军的属官,视作行台的僚佐。又前引《北史·于栗磾传》:"正光四年,行台、广阳王元深北伐,引谨为长流参军。特相礼接,使其世子佛陀拜焉。"按,元深即元渊,为避李渊讳改。《魏书·孝明帝纪》:"(孝昌二年)五月丁未……以丞相、高阳王雍为大司马,吏部尚书、广阳王渊为骠骑大将军、仪同三司,寻为大都督,率都督、章武王融北讨修礼。"这就是说,广阳王元渊不仅担任行台,还领有骠骑大将军职,这样,军府的属官长流参军,也就被视为其担任的行台的僚佐。因此,在行台领有军号将军职的时候,作为军府的属官,同样,也被视为行台的僚佐。

(三)一些行台的僚佐是仿照尚书台即中台的统属关系来设置的

如前所述,行台僚佐除了主要为行台郎外,还有行台左、右丞。行台左、右丞担任行台的僚佐,实际上,与中台的左、右丞担任尚书左、右仆射的僚佐有一致之处。如《魏书·杨深传》:"正光末,北地人车金雀等帅羌胡反叛,高平贼宿勤明达寇豳夏诸州。北海王颢为都督,行台讨之,以深为持节、通直散骑常侍、行台左丞、军司,仍领郎中。"北海王元颢能够以行台左丞杨深为僚佐,因为北海王元颢任"使持节、假征西将军、都督华豳东秦诸军事、兼左仆射、西道行台"[①]。又如,贺拔胜任行台左仆射,"后贺拔胜出镇荆州,以士谦为行台左丞"[②]。邸珍任东道行台仆射,李希宗"寻为东南道行台邸珍右丞"[③]。尔朱天光为关右行台仆射,"表(赵)善为行台左丞,加都督、征虏将军"[④]。这些事例说明,行台长官为左、右仆射,可以按照中台尚书仆射和尚书左、右丞的统属关系来设置僚佐,以此体现出行台作为尚书台派出机构的特点。

---

① 《魏书》卷二一上《献文六王上·北海王祥传》。
② 《北史》卷三二《崔辩传》。
③ 《魏书》卷一一《出帝纪》。
④ 《周书》卷三四《赵善传》。

综上可知，可以担任行台长官的官位高低不同，最高为尚书令，最低则有尚书郎，但以尚书左、右仆射为多。这与中台长官的设置很不相同。行台长官官位的高低影响到僚佐的设置，使僚佐官的官位和数量都不相同。行台僚佐的设置不像中台那样，没有固定的设置，担任行台长官的僚佐的官位并不相同，但是，基本上是以行台郎中为主体。行台僚佐的设置，在一定程度上，也参照了中台官的上下统属关系，但是，这并没有改变行台僚佐官设置不固定的特点。

二、行台僚佐的选任

北魏后期，行台僚佐的选任与中台僚佐的选任情况是大体相同的。也就是说，是采取由国家直接任命的方式。《魏书·阳尼传附阳固传》："肃宗即位，除尚书考功郎，奏诸秀孝中第者听叙，自固始。大军征硖石，敕为仆射李平行台七兵郎。"又《北史·羊播传附羊侃传》："后雍州刺史萧宝夤据州反，承业讨之，除侃为承业行台左丞。"都是说的这种情况。但是，国家设置行台的目的是要行台担任军事征讨、驻戍地方和进行出使活动，因此，对于僚佐选任也就有适应这些情况的特殊要求。因而，北魏后期，在僚佐的选任上，也就要使行台长官体现其意志，这样在行台僚佐的选任上，出现了行台长官举荐的情况。《魏书·郑羲传》："肃宗释奠，诏（郑）伯猷录义。安丰王延明之征徐州也，引为行台郎中。"又《魏书·辛雄传》："（辛俊）东益州征虏府外兵参军。府主魏子建为山南行台，以为郎中，有军国机断。"这些记载中提到的"引为行台郎中""以为郎中"，不是行台长官对僚佐的任命，而是举荐信任者为僚佐。行台长官对僚佐的举荐，并加以任命，是通过上奏朝廷的方式来实现的。《周书·赵善传》："永安初，尔朱天光为肆州刺史。辟为主簿，深器重之。天光讨邢杲及万俟丑奴，以善为长史。军中谋议，每参预之。天光为关右行台，表善为行台左丞，加都督、征虏将军。"又《周书·冯景传》："（萧）宝夤败后，景还洛。朝廷先闻景有谏言，故免之。除奉车都尉。汝阳王元叔昭为陇右大行台，启景为行台郎中。"尔朱天光的"表"和元叔昭的"启"奏，都是行台长官举荐僚佐，并请求朝廷任命的具体的上奏方式。因此，北魏后期，虽然行台僚佐的任命权由国家控制，但是，行台长官却可以通过举荐表示对僚佐的具体需求。从当时行台长官举荐僚佐的对象来看，表现出了多样性：

（一）行台长官可以举荐中央职官为僚佐

在中央职官中，有尚书省官员，也有其他的职官。因为行台是尚书台的派出机构，一些行台长官就在尚书台任职，因此，他们多将中台官作为举荐对象。《魏书·良吏·宋世景传》："（宋）世景明刑理，著律令，裁决疑狱，剖判如流。转尚书祠部郎。……台中疑事，右仆射高肇常以委之。世景既才长从政，加之夙勤不息，兼领数曹，深著称绩。频为左仆射源怀引为行台郎。巡察州镇十有余所，黜陟赏罚，莫不咸允。"这就是说，行台长官举荐中台官为僚佐的做法，成为选拔行台僚佐的重要方式。行台长官举荐中台官的官阶，没有固定的规定。史载，薛琡"累迁吏部郎中。……元天穆讨邢杲，以琡为行台尚书"[①]。杜铨"孝昌初，任尚书右主客郎中，太宰元天穆征邢杲，引为行台郎中"[②]。冯景"领尚书都令史。正光中，宝夤为关西大行台，又假景陵江将军，领大行台都令使，从宝夤征讨"[③]。由此可知，具有不同官位的中台官，都可以被举荐为行台的僚佐，只是由于他们在中台的官位的不同，直接使他们在行台的官阶出现差别。

中台官被举荐任命为行台僚佐后，有一些保持原官职，有的官职则有变化。前引《魏书·阳尼传附阳固传》："肃宗即位，除尚书考功郎，奏诸秀孝中第者听叙，自固始。大军征硖石，敕为仆射李平行台七兵郎。"阳固在中台为尚书考功郎，而在行台则为行台七兵郎，只是职务变化，但官位品级没有变，因此，一些僚佐在行台任职，可以继续保持在中台的官位品级。

有一些中台官任行台官职后，则官位发生变化。《北史·羊祉传》："正光末，北地人车金雀等率羌胡反叛，高平贼宿勤明达寇豳、夏诸州，北海王颢为都督、行台讨之，以深为行台右丞、军司，仍领郎中。"可见，杨深在中台为郎中，到行台任职后，则改任行台右丞，官位明显得到了提升。

除中台官之外，被举荐任命为行台僚佐的其他中央职官也占有相当的数

---

① 《北史》卷二五《薛彪子传》。
② 《魏书》卷四五《杜铨传》。
③ 《周书》卷二二《冯景传》。

量。统计《魏书》《北史》《周书》《北齐书》的记载，列表如下：

表 2　被举荐任命为行台僚佐职官情况

人名	任行台职官前官职	行台官职	史料出处
苏湛	侍御史，加员外散骑侍郎	行台郎中	《魏书》卷四五《韦阆传附苏湛传》、《周书》卷三八《苏亮传》
于道穆	太尉铠曹参军	行台郎中	《魏书》卷七七《于谦之传》
郦恽	奉朝请	行台郎中	《魏书》卷四二《郦范传》
郑伯猷	太学博士，领殿中御史	行台郎中	《魏书》卷五六《郑羲传》
王绰	员外散骑侍郎	行台郎中	《魏书》卷九三《恩幸·王睿传附王绰传》
冯景	奉车都尉	行台郎中	《周书》卷二二《冯景传》
薛辩	员外散骑侍郎	行台郎中	《北史》卷三六《薛辩传》
辛庆之	秘书郎	行台左丞	《周书》卷三九《皇甫璠传》
刘志	国子助教	行台郎中	《周书》卷三六《裴果传附刘志传》
封肃	廷尉监	大行台郎中	《魏书》卷八五《文苑·封肃传》
裴伯茂	奉朝请	行台郎中	《魏书》卷八五《文苑·裴伯茂传》
柳楷	员外散骑侍郎	行台郎中	《魏书》卷四五《柳崇传》
封伟伯	太尉参军	行台郎中	《魏书》卷三二《封懿传》

由表 2 所示，北魏后期，可以被举荐任命为行台长官僚佐的职官有：侍御史、奉朝请、殿中御史、员外散骑侍郎、奉车都尉、秘书郎、国子助教、廷尉监。另外还有太尉的属官：太尉铠曹参军。可见，能够担任行台僚佐的中央官职类别还是很多的。据《魏书·官氏志》所载太和二十三年确定的官品来看，奉车都尉，从五品；廷尉监，六品；太尉铠曹参军事，六品；员外散骑侍郎，七品；秘书郎，七品；奉朝请，从七品；国子助教，从七品；侍御史，八品；殿中御史，八品。这就是说，可以被举荐担任行台僚佐的职官的官品，最高不超过从五品，最低为八品。而在北魏孝文帝改制后，据《官氏志》载，尚书左丞为从四品、尚书郎中为六品。在中央职官所任的行台僚

魏晋南北朝将军制与都督制论稿

佐，只有一人为尚书左丞，其余都是尚书郎中，也就是说，大部分的僚佐都为尚书郎。由此可见，除了特殊情况外，被举荐担任行台僚佐的中央职官的品级相当于或者低于行台郎中的品级。因此，可以说行台长官在举荐行台僚佐时，对于中央职官的品级也是必须顾及的。

行台长官可以举荐军府属官任其僚佐。一些行台在任职前领有军号将军职，他们都有其属官。在他们担任行台后，可以将军府的属官举荐担任行台僚佐。例如，东益州刺史魏子建领征虏将军，其属官辛俊任东益州征虏府外兵参军，"府主魏子建为山南行台，以为郎中，有军国机断"①。这说明，北魏国家对行台举荐军府属官任行台僚佐是不限制的。在文献记载中，这种情况多见。例如，尔朱天光任关右行台，就将军府长史赵善举荐"为行台左丞，加都督、征虏将军"②。又如，王士良为"尔朱仲远启为府参军事"，尔朱仲远任行台便举荐他为大行台郎中③。

至北魏末年，由于皇权的衰微，一些军事集团势力的膨胀，使大行台处于特殊地位，就更需要举荐原属官担任僚佐。例如，樊子鹄被尔朱荣"引为都督府仓曹参军"。尔朱荣任大行台，"以为行台郎中，行上党郡"④。朱瑞为尔朱荣府曹参军，"又为大行台郎中，甚为荣所亲任"。显然，大行台更注意从军府属官中，举荐任命行台僚佐。

行台长官以军府属官为僚佐，还可以采取兼任的方式。《魏书·柳崇传》："（柳楷）解褐员外散骑侍郎。萧（阙）西征，引为车骑主簿，仍为行台郎中。"柳楷所任车骑主簿，是车骑将军府的属官。可见，行台长官以军府属官为行台僚佐，也可以不免去军府属吏的身份，采取兼职的方式。

除此之外，行台长官领有军号将军职，可以采取荐举的方式选拔军府属官，而被视为行台的僚佐。《北史·于栗䃅传》："及破六韩拔陵首乱北境，引蠕蠕为援，大行台元纂讨之，凤闻谨名，辟为铠曹参军事，从军北伐。"大行台元纂荐举于谨为铠曹参军事，实际上，是为军府选拔属官。因为在北魏，只有领有将军职衔的官员具有荐举权。而元纂具有中军将军职、又兼行

---

① 《魏书》卷七七《辛雄传》。
② 《周书》卷三四《赵善传》。《周书》卷三六《王士良传》。
③ 《魏书》卷八〇《樊子鹄传》。
④ 《魏书》卷八〇《朱瑞传》。

台右仆射的身份,所以,荐举于谨担任军府的属吏,才被视为行台的僚佐。这种情况,在领有将军职衔的行台长官选拔僚佐的活动中,是一种重要的方式,因此,在文献记载中多见。如《北史·于栗䃅传》:"正光四年,行台广阳王元深北伐,引谨为长流参军。"又如《周书·梁昕传》:"正光五年,秦陇构乱,萧宝夤为大都督,统兵出讨,以昕为行台参军。"按,广阳王元渊,任行台,领有骠骑大将军职;萧宝夤任大行台,兼任征讨大都督,领有骠骑大将军职。不过,这些被荐举为僚佐的实际身份,却是军府的属官。因此,荐举僚佐是行台领有将军职可以行使的权力,并不是行台长官具有的权力。

行台长官可以举荐无官位者为行台僚佐。《北史·檀翥传》:"(檀)翥十岁丧父,还京师宅,与营人杂居。虽幼孤寒,不与邻人来往。好读书,解属文,能鼓琴,早为琅邪王诵所知。年十九,以名家子为魏明帝挽郎。后客游三辅。时毛遐为行台,镇北维,表翥为行台郎中。"《周书·卢柔传》:"(卢柔)性聪敏,好学,未弱冠,解属文,但口吃不能持论。颇使酒诞节,为世所讥。司徒、临淮王彧见而器之,以女妻焉。及魏孝武与齐神武有隙,诏贺拔胜出牧荆州,柔谓因此可着功绩,遂从胜之荆州。以柔为大行台郎中,掌书记。军中机务,柔多预之。"檀翥、卢柔都是没有官职而被举荐担任行台郎的。可是,檀翥、卢柔都因为其才学在地方上很有声望,在社会上具有特殊地位。因而,檀翥以名家子任魏明帝挽郎;卢柔则成为司徒、临淮王元彧的女婿。因此,行台举荐无官位者任行台僚佐,并不是无条件的,当是地方上的大族,或大族子弟。

总之,行台长官举荐任命的僚佐,以中央职官为多,因此,中央职官是行台僚佐的主要担当者。不过,在举荐这些职官担任行台僚佐时,注意到所任行台僚佐的品级与原职官品级的大体一致。行台长官还可以举荐军府属官为僚佐,这是为了更好地使长官与僚佐保持信任的关系。行台长官对社会上有声望的无官位者也能够举荐担任僚佐。但是,这种情况并不多见,当是选拔僚佐的特殊方式。

三、行台僚佐与长官的关系

北魏后期,国家设置行台的目的主要是征讨、驻戍和出使,并且在设置的时间上,也是暂时的。因此,行台长官和僚佐,只是在实行具体的军事或出使的行动中，才产生了联系。由于行台长官和行台僚佐联系的这种特殊性，决定了行台长官不仅能够有力地支配其僚佐，并且要对僚佐保持信任的关系。加之，行台长官可以举荐僚佐，因此，大多数行台的僚佐与行台长官在一定程度上，都保持亲善的关系。

行台长官和僚佐的亲善关系表现为行台长官对待僚佐的态度上。例如，萧宝夤西征时，以苏湛"为行台郎中，深见委任"[1]。尔朱荣以朱瑞为大行台郎中，"甚为荣所亲任"[2]。又如，尔朱天光镇关右，举荐薛辩"为关西大行台郎中，深见任遇"[3]。这说明，行台长官对其僚佐的任用，是将信任作为重要的前提条件的。

由于行台长官对行台僚佐的信任，因此，行台长官在其活动中的机密事宜是由行台僚佐掌管的。《魏书·于谦之传》："（道穆）除奉朝请，俄除太尉铠曹参军。萧宝夤西征，以道穆为行台郎中，军机之事，多以委之。"《周书·苏亮传》："贺拔岳为关西行台，引亮为左丞，典机密。"《周书·皇甫璠传》："辛庆之……少以文学征诣洛阳，对策第一，除秘书郎。属尔朱氏作乱，魏孝庄帝令司空杨津为北道行台，节度山东诸军以讨之。津启庆之为行台左丞，典参谋议。"都是这方面的事例。

在军事行动中，行台僚佐不仅参与机密事宜，并且，是行台长官完成军事行动的有力辅佐。例如，行台仆射李平出征硖石，阳固为行台僚佐，"平奇固勇敢，军中大事，悉与谋之"[4]。刘懋"为李平行台郎中，城拔，懋颇有功"[5]。显然，硖石战役的胜利，与行台僚佐阳固、刘懋为行台仆射李平积极谋划和大力协助有密切关系。

一些行台的僚佐，是行台长官的文书起草者。例如，封肃"正光中，京兆王西征，引为大行台郎中，委以书记"[6]。又如，长孙稚、尔朱天光等西

---

[1] 《魏书》卷四五《韦阆传附苏湛传》。
[2] 《魏书》卷八〇《朱瑞传》。
[3] 《北史》卷三六《薛辩传》。
[4] 《北史》卷四七《阳尼传》。
[5] 《北史》卷四二《刘芳传》。
[6] 《魏书》卷八五《文苑·封肃传》。

讨，苏亮"为郎中，专典文翰"①。贺拔胜以卢柔"为大行台郎中，掌书记。军中机务，柔多预之"②。可见，行台征讨、驻戍和出使活动的各种文书，大多数都出自行台僚佐之手。

在行台长官需要时，行台僚佐可以代理行台长官主持处理日常事务。例如，在南讨绛蜀陈双炽时，裴伯茂"为行台长孙承业行台郎中。承业还京师，留伯茂仍知行台事"③。然而，行台长官以其僚佐代理主持事务的情况，在北魏后期并不多见，当属于特殊情况。

另外，一些行台僚佐可以接受行台长官的委派。《魏书·孝明帝纪》："（孝昌元年）九月辛亥，……是月，莫折天生请降，萧宝夤使行台左丞崔士和入据秦州。"又《魏书·樊子鹄传》："孝昌三年冬，（尔朱）荣使子鹄诣京师。灵太后见之，问荣兵势，子鹄应对称旨，太后嘉之。……令还赴荣。荣以为行台郎中，行上党郡。"行台仆射萧宝夤委派行台僚佐崔士和，是为了临时掌管秦州事务；大行台尔朱荣选派行台僚佐樊子鹄，则是为了让他代理上党郡守。不过，行台长官对行台僚佐的这种委派，是在军事形势需要的情况下，采取的特殊措施，他们还没有可以直接任命的权力。因此，行台长官对行台僚佐的这种委派，实际上，是国家赋予行台军事征伐权力的特殊的表现形式。

尽管行台长官对行台僚佐可以保持亲善的关系以及支配行台僚佐的诸种活动，但是，这种关系完全是在行台设置的情况下，才发生的。不过，亲善关系的发生，是由于行台可以选择僚佐的结果。事实上，国家允许行台长官举荐僚佐，也就是赋予了行台长官对僚佐的选择权；而行台长官对行台僚佐诸种活动的支配，则完全是上下统属关系的体现，因而，国家对行台的设置是行台与僚佐关系产生的基础。由这种情况所决定，行台长官与僚佐关系的发生是有条件的，在行台的任务结束后，行台与僚佐的关系也就完结了。《魏书·杨深传》："正光末，北地人车金雀等帅羌胡反叛，高平贼宿勤明达寇幽夏诸州。北海王颢为都督，行台讨之，以深为持节、通直散骑常侍、行

---

① 《周书》卷三八《苏亮传》。
② 《周书》卷三二《卢柔传》。
③ 《魏书》卷八五《文苑·裴伯茂传》。

台左丞、军司,仍领郎中。颢败,还京。顷之,迁尚书左丞,加平东将军、光禄大夫。"《魏书·郑羲传》:"(郑)伯猷,博学有文才,早知名。举司州秀才,以射策高第,除幽州平北府外兵参军,转太学博士,领殿中御史……安丰王延明之征徐州也,引为行台郎中。事宁还都,迁尚书外兵郎中,典起居注,以军功赐爵阳武子。"由此可知,在行台的设置取消后,原行台的僚佐,可以担任尚书台的不同官职。不仅如此,行台僚佐还可以担任其他的中央官和地方官。《魏书·李苗传》:"于是诏苗为统军,与别将淳于诞俱出梁、益,隶行台魏子建。子建以苗为郎中,仍领军,深见知待。孝昌中,还朝。除镇远将军、步兵校尉。"李苗所任的步兵校尉为中央职官。《魏书·杜铨传》:"(杜铨)孝昌初,释褐南司州龙骧府录事参军……素为庄帝所知识,及即位,除宣威将军、尚书右主客郎中,持节为南济、冀、济、青四州尉劳使。寻除宁朔将军、员外散骑常侍,仍领郎中。太宰元天穆征邢杲,引为行台郎中。寻除平原相。"杜铨所任平原相,则为地方职官。这些情况表明,在行台设置撤销后,行台僚佐都可以继续担任国家各种不同官职,循着各自不同的仕进途径发展,因而很难看到他们与原来的行台长官有任何的联系。

此外,应该指出,除了行台具有将军职衔可以选拔军府属官而被视为行台僚佐的情况外,行台长官不具有对行台僚佐的任命权,行台僚佐都是国家直接任命的。国家对行台僚佐的这种任命权,对于行台长官与行台僚佐的关系的影响是重大的。在国家和行台长官的意志出现对抗时,一般行台僚佐是要遵奉国家意志的,特别是在行台长官有谋反的举动时,就更是如此。例如,行台仆射萧宝夤准备反叛朝廷,行台僚佐李广德"觉宝夤有异志,挺身归阙,朝廷加爵,辞而不受"。不服从萧宝夤意志的僚佐不限于李广德一人,诸如冯景、高敬猷、封伟伯等都以不同的方式反对萧宝夤的反叛,决不追随萧宝夤反对朝廷。由此可知,尽管行台僚佐是行台长官的下属,但是,其官职是由国家任命的,因此,行台僚佐将服从国家的意志作为首位的选择。

总而言之,在行台设置后,一般行台僚佐是由行台长官举荐为下属的,因此,行台长官与行台僚佐具有上下统属和一定的亲善的关系。行台僚佐可以参与行台长官的机密事宜、协助行台长官的指挥活动、为行台长官起草文书,在特殊需要时,可以代替行台长官主持日常行动。行台僚佐的这些活动都不超越国家规定的内容,只不过行台长官将其亲善的意志渗透在与僚佐的关系中。然而，行台长官与行台僚佐的这种关系只是在行台设置的情况下，才表现出来的。当行台设置取消时，行台僚佐便由朝廷任命担任新的官职，僚佐和长官无论是在形式上，还是在道德意念上，都没有任何的联系了。就是在行台存在时，行台僚佐也是将朝廷的意志置于首位，不会追随行台长官参与反叛朝廷的行动。因此可以说，由于北魏国家控制行台僚佐任命权，因而，行台长官和僚佐长期的依从关系就很难再形成。

（原载《社会科学战线》2007年第6期）

东魏、北齐征讨都督考略

东魏、北齐时期,国家为了进行征讨作战,承袭北魏时期的都督制度,仍然设置征讨都督。不过,东魏、北齐的征讨都督虽然有承袭北魏的规定,但是为适应当时形势的需要,在征讨都督的设置上,又制定了一些新的制度。这些新的制度,使当时的征讨都督表现出明显的时代特征。因此,考察东魏、北齐征讨都督的问题,对认识当时国家的军事制度以及都督体制的特点都是必要的。所以,本文拟对东魏、北齐征讨都督的称号、征讨都督设置的特点、征讨都督与行台的关系诸问题做一初步的探讨,不当之处,请方家指正。

一、征讨都督的称号

考察东魏、北齐征讨都督的称号问题,需要提及南朝、北魏为征讨都督所加的称号。因为在南朝、北魏,当时国家不仅设置了征讨都督,而且,这些征讨都督都有比较固定的称号。在南朝,征讨都督一般被称作"征讨都督",或者"都督征讨诸军事"。在北魏,国家设置的征讨都督的称号虽然并不固定,可是,在对这些都督的称谓中,一般都有"征讨"的字样,以此表明国家设置这类都督的目的。例如,在北魏的征讨都督称号中,有以征讨的方位来命名的。《魏书·孝文帝纪》中有"都督北讨诸军事",《魏书·神元平王诸子孙传》中有"都督北征诸军事",都是这方面的事例。另外,还有以征讨的对象来命名的。如《魏书·李崇传》中有"都督征蛮诸军事",《魏书·长孙道生传》中有"讨蜀都督"。南朝、北魏国家以此来为征讨都督加称号,正是要表明征讨都督具有明显的统率征讨军出征作战的性质。可是,东魏、北齐国家设置的征讨都督在所加的称号上,却与南朝和北魏时期的情况明显不同。这种不同主要表现在，当时国家并不为这些征讨都督加具有明显征讨特征的称号。以下列举几例：

  1. 高欢起兵，高市贵参与其事。"及樊子鹄据州反，随大都督娄昭讨之。"①
  2. 兖州刺史樊子鹄反叛，高欢任命娄昭"为东道大都督讨之"②。
  3. 齐受禅，潘乐进玺绶。进封河东郡王，迁司徒。侯景起兵反叛，潘乐"又为南道大都督，讨侯景"③。
  4. 左卫将军、平泰郡公薛孤延被国家任命"为左厢大都督，与诸军将讨颍州"④。

  这些事例中提到的大都督、东道大都督、南道大都督、左厢大都督，很明显，都是为征讨作战而设置的，他们都负有统率征讨军队作战的职责。因此，毫无疑问，他们都是东魏、北齐国家任命的征讨都督。但是，当时国家对这些都督在称号上却不像北魏、南朝那样，加上明确的征讨字样。那么，东魏、北齐国家为什么不为负有征讨责任的都督加以明确的征讨都督称号，而与北魏、南朝有较大的差异呢？对这个问题需要做一些辨析。
  从历史渊源上来看，当时国家不为负有征讨职责的都督加征讨都督号的做法，并不始自东魏、北齐时代，实际上，在北魏末年就已经开始了。一如前述，北魏时期，国家在征伐作战时，一般都设有征讨都督，这些征讨都督都有比较明确的称号。北魏国家的这种加称号的方式正是沿袭了西晋末年以来的传统做法。可是，至北魏末年，由于当时国家为了要应付当时国内动乱形势的迫切需要，因而，在任命征讨都督出征作战时，就出现了一些变通的情况。这种情况的一个明显的表现就是，尽管国家为一些征讨都督仍然加原来的称号，如元鉴就任"北讨大都督，讨葛荣"⑤，但是，为征讨都督加这种

---

① 《北齐书》卷一九《高市贵传》。
② 《北齐书》卷一五《娄昭传》。
③ 《北齐书》卷一五《潘乐传》。
④ 《北齐书》卷一九《薛孤延传》。
⑤ 《魏书》卷二〇《文成五王·安乐王长乐传》。

魏晋南北朝将军制与都督制论稿

称号,在当时已经不占主流地位。北魏末年,国家设置的征讨都督大多数都没有加征讨称号。《魏书·孝明帝纪》:"(正光五年)诏尚书令李崇为大都督,率广阳王渊等北讨。"又《魏书·高湖传》:"孝昌初,北州大乱,诏发众军,广开募赏,以树生有威略,授以大都督,令率劲勇,镇捍旧蕃。"都反映了这种情况。尽管北魏末年征讨都督大多数没有征讨称号,可是,他们负有的征讨职责却没有改变。《魏书·常景传》:"(孝昌初)徐州刺史元法僧叛入萧衍,衍遣其豫章王萧综入据彭城。时安丰王延明为大都督、大行台,率临淮王彧等众军讨之。"又《北史·孝庄帝纪》:"(永安元年)太山太守羊侃据郡反。甲辰,诏大都督宗正珍孙讨刘举,平之。"很明显,在北魏末年,这些没有加征讨都督称号的都督,实际上都是国家为进行讨伐作战而设置的。由此可见,东魏、北齐国家不为征讨都督加明确的征讨称号,应该说是承袭了北魏末年国家做法。

北魏末年,虽然国家在设置征讨都督时,没有为负有征讨职责的都督加明确的征讨称号,但是国家对这种征讨都督还是加有比较固定称号的。《魏书·萧宝夤传》:"初,秦州城人薛珍、刘庆、杜迁等反,执刺史李彦,推莫折大提为首,自称秦王。大提寻死,其第四子念生窃号天子,改年曰天建,置立官僚……遂寇雍州,屯于黑水。朝廷甚忧之,乃除宝夤开府、西道行台,率所部东行将统,为大都督西征。"又《魏书·太武五王·广阳王建闾传》:为平定鲜于修礼的反叛,元深被任命为"仪同三司、大都督,章武王融为左都督,裴衍为右都督,并受深节度"。又《魏书·李崇传》:为抵御尔朱荣向洛阳的进军,当时国家便任命李神轨"为大都督,率众御之"。这些记载说明,在北魏末年,当时国家在派军队征伐时,对统率军队的都督,多将其称为"大都督"。

东魏、北齐国家在为征讨都督加称号时,实际上,也承袭了北魏末年的做法。也就是说,东魏、北齐征讨都督是有明确称号的,这就是"大都督"。关于这一点,在文献中记载很多。如《魏书·孝静帝纪》:"(武定六年)大都督高岳等于涡阳大破侯景,俘斩五万余人,其余溺死于涡水,水为之不流。景走淮南。"又如《北齐书·清河王岳传》:"(高岳)以功除侍中、太尉,余如故,别封新昌县子。又拜使持节、河南总管、大都督,统慕容绍宗、刘丰等讨王思政于长社。"又如《北齐书·斛律金传》:"侯景度江,诏平为大都督,率青州刺史敬显俊、左卫将军库狄伏连等略定寿阳、宿预三十余城。"由此来看,东魏、北齐的"大都督",应该是征讨都督的主要称号。

当然,东魏、北齐的征讨都督的称号主要是大都督,然而,这并不是其全部称号。其实,当时征讨都督尚有其他的称号。如前所述,东魏、北齐的征讨都督还有称南道大都督、东道大都督、左厢大都督的。不仅如此,在关于东魏、北齐的文献记载中,还有称东南道大都督①、南道大都督②、西南道大都督③、水军大都督④、北道大都督的⑤。在这里提到的都督称号中,显然,水军大都督是以统率的军种来命名的,征讨大都督则是以地域来称呼的。

另外,大多数的称号是以"道"与大都督结合的。东魏、北齐的"道",实际上,是一种军政合一的地区。关于这一点,后有详述。由此来看,尽管这些称号存在着差异,但是,它们的一致之处就是,都要将大都督包含在内。

东魏、北齐承袭并进一步发展北魏末年的做法,为征讨都督加了主要以大都督为主体的称号,这是有深刻历史原因的。因为大都督作为都督的一种称号的出现,便包含有统率征讨军的意义。《晋书·职官志》:"魏明帝太和四年秋,宣帝征蜀,加号大都督。"这就是说,早在曹魏明帝时,国家设置的大都督就是专门掌管征伐的。至西晋时,虽然大都督称号具有加重官员地位的作用,但是,国家为一些官员加大都督称号,主要还是为了表明他们是征讨军的最高统帅。《晋书·武帝纪》:"(咸宁五年)十一月,大举伐吴。……以太尉贾充为大都督,行冠军将军杨济为副,总统众军。"正说明了这一点。自西晋至北魏,尽管国家设置的大都督的作用稍有不同,但是,大都督称号具有象征征讨军的最高统帅的意义,却始终包含其中。

到北魏末年,国家设置大都督所具有的这种意义,就更加明显。如前所述,东魏、北齐国家设置大都督是沿袭北魏末年的做法,因而,东魏、北齐大都督的称号当然也就承袭了北魏末年的这种称号所包含的意义。因此,可以说,东魏、北齐国家不仅设置了征讨都督,并且,他们领有的大都督称号

---

① 《北齐书》卷四《文宣帝纪》。
② 《北齐书》卷一九《任延敬传》。
③ 《北齐书》卷四一《暴显传》。
④ 《北齐书》卷四一《暴显传》。
⑤ 《魏书》卷一八《太武五王·广阳王建闾传》。

就是征讨军最高统帅的象征。

综上可见，在东魏、北齐，国家主要是通过设置征讨都督来统率征讨军队的。这种征讨都督主要以大都督作为称号。但是，为了使一些大都督能够表现他们所统辖区域和统率的军种，在这些大都督称号之前一般也要加上区域和军种的名称。这样，也就构成了东魏、北齐征讨都督称号的主要的特征。

二、征讨都督设置的特点

东魏、北齐国家为了使征讨都督适应征讨作战的需要，很注意对征讨都督的设置。由于东魏、北齐承续北魏末年的动乱，并且，要不断地对西魏、北周、南朝以及北方少数民族用兵，因而，当时国家发动的征讨战争接连不断。加之，北魏末年，国家设置征讨都督出现了很大的变化，与北魏前期相比，已经有比较明显的不同。这种变化也对东魏、北齐征讨都督的设置产生了比较大的影响。正因为如此，东魏、北齐征讨都督的设置自然也就表现出很明显的特点：

（一）当时国家设置的征讨都督已经不是兼领职，而是独立的职官

北魏时期征讨都督大多数是以兼领职出现的。《魏书·孝文帝纪》："（太和二十二年）敕勒树者相率反叛。诏平北将军、江阳王继都督北讨诸军事以讨之。"又《魏书·尉元传》："以（尉）元威名夙振，征为使持节、侍中、都督南征诸军事、征西大将军、大都将，余官如故，总率诸军以讨之。"由此可知，北魏时期的征讨都督，一般都是领有各种不同名号将军的兼领职。当然，在北魏，兼任征讨都督的尚不限于将军。诸如都督诸州军事、刺史和都大将也都可以兼任。《魏书·李崇传》："除（李崇）中书监、骠骑大将军，仪同如故。又授右光禄大夫，出为使持节、侍中、都督定幽燕瀛四州诸军事、本将军、定州刺史，仪同如故……蠕蠕主阿那环率众犯塞诏崇以本官都督北讨诸军事以讨之。"就是明证。

然而，东魏、北齐国家在设置征讨都督时，却与东魏、北齐不同，一般不考虑将军号的问题。也就是说，国家在任命征讨都督时，没有将它与将军号联系起来。《北齐书·潘乐传》："齐受禅，乐进玺绶。进封河东郡王，迁司徒。周文东至崤、陕，遣其行台侯莫陈崇齐子岭趣轵关，仪同杨檦从鼓钟

道出建州，陷孤公戍。诏乐总大众御之。……又为南道大都督，讨侯景。"又《北齐书·王怀传》："天平中，除使持节、广州军事。梁遣将湛僧珍、杨㭊来寇，怀与行台元景击须城，拔之，擒㭊。又从高祖袭克西夏州。还，为大都督，镇下馆，除仪同三司。元象初，为大都督，与诸将西讨，遇疾卒于建州。"又《北齐书·任延敬传》："时范阳人卢仲延率河北流人反于杨夏，西兖州民田龙聚众应之，以延敬为大都督、东道军司，率都督元整、叱列陀等讨之。寻为行台仆射，除徐州刺史。"都说明了这种情况。固然，有些征讨都督与将军职还有联系，但是，这种联系却有特殊性。《北齐书·王怀传》："高祖东出，（王）怀率其部人三千余家，随高祖于冀州，义旗建，高祖以为大都督，从讨尔朱兆于广阿，破之，除安北将军，蔚州刺史。"可见，王怀是在任大都督之后，才被任命为安北将军的。因而，这就从另一个侧面证明，当时国家在任命大都督时，并不考虑将军职衔的问题。

东魏、北齐国家不仅在任命大都督时如此，就是任命与军事区和军种相联系的大都督也是如此。《北齐书·娄昭传》："魏孝武将贰于神武，昭以疾辞还晋阳。从神武入洛，兖州刺史樊子鹄反，以昭为东道大都督讨之。"《北齐书·清河王岳传》："武定元年，除晋州刺史、西南道大都督，得绥边之称。……及高祖崩，侯景叛，世宗征岳还并，共图取景之计。而梁武帝乘间遣其贞阳侯明率众于寒山，拥泗水灌彭城，与景为掎角声援。岳总帅诸军南讨，与行台慕容绍宗等击明，大破之。"这些记载都说明，东魏、北齐国家在任命这种大都督时，并没有使将军号与其联系起来。

总之，东魏、北齐国家在任命征讨都督时，已经使它不受将军号和其他的职官的影响。因此，当时国家，实际上，是将以征讨为特征的大都督作为独立的职官来加以任命的。

（二）当时国家设置征讨都督而向其授"节"已经不是固定的措施

在北魏时期，国家任命征讨都督时，一般都授予不同的"节"。如《魏书·景穆十二王·京兆王子推传》："诏以遥为使持节、都督北征诸军事，帅步骑十万以讨之。"又如《魏书·贺源传》："（宣武帝）时武兴氏王杨绍先叔集起反叛，诏怀使持节、侍中、都督平氐诸军事以讨之，须有兴废，任从权计。其邢峦、李焕并禀节度。"但是，至东魏、北齐时，国家任命大都督，既有授节的，也有不授节的。前引《北齐书·文宣帝纪》："（高洋）以司州牧清河王岳为使持节、南道大都督，司徒潘相乐为使持节、东南道大都督，及行台辛术率众南伐。"又《北齐书·任延敬传》："魏武帝入关，荆蛮不顺，以延敬为持节南道大都督，讨平之。"显然，东魏、北齐国家在任命征讨都督时，还保留北魏授"节"的一些做法。不过，在文献记载中，对大都督不授"节"的事例也多见。如《北齐书·斛律羌举传》："天平中，除大都督，令率步骑三千，导众军西袭夏州，克之。"又如《北齐书·高乾传》："时高祖方有事关陇，以昂为西南道大都督，径趣商洛。……遂攻克上洛，获西魏洛州刺史泉企，并将帅数十人。"统计《北齐书》中的记载，东魏、北齐国家任命大都督的事例有二十三次，而向大都督授"节"的记载，只有三次，只是国家任命大都督次数的二十分之一强。由此可见，在东魏、北齐时，国家设置征讨都督，很少向他们授"节"。这就是说，已经基本上改变了北魏时期向征讨都督授节的制度。

（三）当时国家为征讨作战的需要，设置了受征讨军统帅节制的征讨都督

东魏、北齐国家除了设置能够全面统率征讨军的大都督作为征讨都督外，还任命一些都督辅助最高军事统帅进行征伐战争。《北齐书·文宣帝纪》："萧轨等与梁师战于钟山之西，遇霖雨，失利，轨及都督李希光、王敬宝、东方老、军司裴英起并没，士卒散还者十二三。"又《北齐书·任延敬传》："时范阳人卢仲延率河北流人反于杨夏，西兖州民田龙聚众应之，以延敬为大都督、东道军司，率都督元整、叱列陀等讨之。寻为行台仆射，除徐州刺史。"又《北齐书·慕容绍宗传》："（天平）二年，宜阳民李延孙聚众反，乃以绍宗为西南道军司，率都督厍狄安盛等讨破之。"这些记载中提到的"都督"，都是属于这类征讨都督。当时国家设置这类征讨都督的目的，显然是为了征伐作战。不过，这些都督只能参与作战，并不能指挥全部征讨军。也就是说，他们只能在最高统帅的指挥下，统领其下属军队。《北齐书·贺拔允传》："天平中，为都督，随领军娄昭攻樊子鹄于兖州，又与行台元子思讨元庆和，俱平之。"又《北齐书·慕容绍宗传》："天平初，迁都邺，庶事未周，乃令绍宗与高隆之共知府库图籍诸事。二年，宜阳民李延孙聚众反，乃以绍宗为西南道军司，率都督厍狄安盛等讨破之。"由此可以看出，这些都督必须接受最高军事统帅的指挥，因此，具有明显的隶属性。正因为如此，他们在军事权力和地位上，与大都督的差距是比较明显的。

在东魏、北齐，这种隶属型的征讨都督不仅在权力和地位上与征讨大都

督有很明显的差别,就是在称号上,也有很大的不同。当时征讨都督,一般称为"大都督",或者以军事区和军种加大都督号来称呼。而这种隶属型的征讨都督,一般只称都督。例如:高乾"还,除卫尉卿。复为都督,从清河公攻王思政于颍川,拔之。以前后功加仪同三司。天保初,封乘氏县子,仍为都督,随司徒潘乐征讨江、淮之间"①。当然,这种都督的称号尚不限于此。《北齐书·神武帝纪下》:"行台侯景、司徒高昂围西魏将独孤信于金墉,西魏帝及周文并来赴救。大都督库狄干帅诸将前驱,神武总众继进。"《北齐书·金祚传》:"天光败,归高祖,除车骑大将军。邙山之战,以大都督从破西军。"这些记载中提到的"大都督",也属于隶属型的征讨都督。他们之所以能够被称为大都督,是因为当时全军的最高统帅是东魏的高欢,他是实际上的最高统治者,因而,他的隶属都督也就被称为大都督了。这种称号对隶属型的征讨都督来说,是一种特例。

尽管东魏、北齐国家设置的这种隶属型的征讨都督,并在权力、地位和称号上与大都督存在差别,但是,这类都督与大都督起到的军事作用却有一些相同之处。由于东魏、北齐国家设置了这种隶属型的征讨都督,因此,就使当时国家在征讨都督的设置上,表现出比较明显的多样性特征。

三、征讨都督与行台的关系

东魏、北齐国家设置了以大都督为称号的征讨都督,并且,辅之以隶属型的征讨都督,因而,在对敌国和北方少数民族的战争中发挥了积极的作用。不过,由于当时战争频繁以及行台在征讨战争中,开始占有重要的位置,因而,东魏、北齐国家除了设置征讨都督统军作战之外,当时也任用行台来统率征讨军队作战。

所谓行台,实际上,为尚书行台的简称,也就是尚书台的地方分支机构,代表中央指挥地方的事务。② 北魏末年,行台开始在地方上比较广泛地

---

① 《北齐书》卷二一《高乾传》。
② 严耕望《中国地方行政制度史(乙部)·魏晋南北朝地方制度》,台北"中央研究院"历史语言研究所专刊之四十五B,第80页。

设置。由于国家在各地设置的行台,可以"随机召发"①,"随机处分"②,"随机裁处"③,在指挥作战时,表现出极大的灵活性,因此,在平息当时的变乱起到了不可低估的作用。东魏、北齐依然承袭北魏末年的做法,在各地方设置行台,并且,使各地方的行台在军事上发挥重要的作用。当时国家在军事上使行台担任最高军事统帅的做法,在文献记载中多见。如《北齐书·神武帝纪下》:"行台侯景、司徒高昂围西魏将独孤信于金墉,西魏帝及周文并来赴救。大都督库狄干帅诸将前驱,神武总众继进。"又如《北齐书·清河王岳传》:"梁萧绎为周军所逼,遣使告急,且请援。冬,诏岳为西南道大行台,都统司徒潘相乐等救江陵。"很明显,这些行台都是进行征讨作战的军队的最高统帅。因此,可以说统率征讨军作战是各地方的行台的重要的军事活动。行台的这种军事活动,实际上,与当时的大都督的军事活动有一致之处。正因为如此,东魏、北齐国家就使具有征讨职能的大都督与行台发生密切的关系。这种关系主要体现在以下诸方面:

首先,东魏、北齐国家在任命征讨军队的最高统帅时,经常使他们既担任大都督,同时也担任行台。如《魏书·孝静帝纪》:"(天平二年)萧衍光州刺史郝树以州内附。丁酉,诏加齐文襄王使持节、尚书令、大行台、大都督,以鲜卑,高车酋庶皆隶之。"又如《通鉴·梁纪二二》绍泰元年:"齐以陆法和为都督荆、雍等十州诸军事、太尉、大都督、西南道大行台,又以宋莅为郢州刺史,莅弟蒨为湘州刺史。"当时国家使最高军事统帅可以将大都督和行台兼而一身,显然最重要的是,要加重这些最高军事统帅的地位,并且,也能够使大都督和行台的职能具有较大的互补性,以便使其在征讨作战时,能够更有效地指挥全部军队。

其次,东魏、北齐国家经常使大都督与行台一起协同作战。在《北齐书》《北史》中,这类记载很多。诸如:

1. 《北齐书·清河王岳传》:"武定元年,除晋州刺史、西南道大都

---

① 《魏书》卷一《庄帝纪》。
② 《魏书》卷一《庄帝纪》。
③ 《魏书》卷一一《出帝纪》。

督，得绥边之称。……岳总帅诸军南讨，与行台慕容绍宗等击明，大破之，临阵擒明及其大将胡贵孙，自余俘馘数万。"

2.《北齐书·慕容绍宗传》："侯景反叛，命绍宗为东南道行台，加开府，转封燕郡公，与韩轨等诣瑕丘，以图进趣。……仍诏绍宗为行台，节度三徐、二兖军事，与大都督高岳等出讨，大破之，擒萧明及其将帅等，俘虏甚众，乃回军讨侯景于涡阳。"

3.《北齐书·薛循义传》："俄而东西二夏、南北两华及豳州等反叛，颢进讨之。循义率所部，颇有功。绛蜀贼陈双炽等聚汾曲，诏循义为大都督，与行台长孙权共讨之。"

4.《北史·文襄帝纪》："使大行台慕容绍宗与太尉高岳、大都督刘丰讨王思政于颍川。"

这些事例说明，行台和大都督协同作战时，他们之间是相互配合的，并没有统属的关系。东魏、北齐国家所以使大都督和行台协同作战，这是注意到既要维持传统的做法，同时也要使大都督和行台所具有的优越性得到比较充分地发挥。具体说来，这主要表现为：

一是要承袭北魏末年的做法。《北史·房谟传》："（葛）荣死，其党征兵，谟不应，前后斩其三使。遣弟毓诣阙。孝庄以毓为都督，毓弟钦为行台，并持节诣谟，同为经略。"由此可知，使行台和都督共同活动，这是北魏末年国家实行的重要措施。这种措施，应该说在当时产生了比较积极的结果。

二是东魏、北齐行台的职能逐渐向地方化方向发展，因而，它统领的军队的种类就比较广泛。也就是说，行台可以统率中央军，也可以统率地方军。反之，大都督则不同，它只能在国家的规定下，统率军队作战，所以，在对军队地统率上，也就具有较大的局限性。当时国家使大都督和行台相互配合，就能够比较广泛地动员各类军队，进而使征讨军的士兵有广泛的来源。

三是大都督和行台在征讨作战时，可以使其职能互补。从大都督方面来看，一般要按照国家的指令来确定作战方略。《北齐书·斛律羌举传》："天平中，除大都督，令率步骑三千导众军西袭夏州，克之。"据此可知，东魏、北齐任命的大都督必须按照国家的指令实现作战的计划。可是，行台却与大都督不同，它可以在军事行动中"随机裁处"，具有比较大的灵活性。因此，

魏晋南北朝将军制与都督制论稿

大都督与行台在军事指挥上相互配合，就能够灵活地应付复杂的战争局面，使国家设定的作战目标可以有效地实现。

当然，东魏、北齐国家要使大都督和行台能够较好地配合，一般在征讨作战时，要设置官员协调其行动。这种官员主要是军司。例如，大都督高岳、行台慕容绍宗在抵御梁朝贞阳侯渊明等人入侵时，当时国家便"诏（杜）弼为军司，摄台左右"[①]。军司在征讨军中的地位很重要。关于这一点，可以从孝静帝对杜弼的任命上看出。史载："（杜弼）临发，世宗赐胡马一匹，语弼曰：'此厩中第二马，孤恒自乘骑，今方远别，聊以为赠'。"[②] 这足以显示出担任军司的杜弼处于极特殊的地位。另外，在有些征讨军中，军司可以指挥全军。例如，慕容绍宗"为西南道军司，率都督库狄安盛等讨破之"[③]。可见，军司在征讨军中，是有很高权力的。不仅如此，当时一些大都督可以兼任军司。例如，天平初，贺拔延敬便为"大都督、东道军司"[④]。还有一些军司可以做行台的辅佐。例如，杜弼"为军司，摄行台左丞"[⑤]。由于军司在征讨军中处于这种特殊的地位，便有可能协调大都督和行台在军事行动中的关系。因此，可以说，由于征讨军中的军司具有这种职能，这就使大都督和行台能够共同行动，在制度上有了保证，这样，在征讨作战中，大都督和行台多能很好地配合，使征讨作战向积极的方面发展。

东魏、北齐国家除了使大都督与行台在军事上保持相互配合的关系外，还使其可以统率隶属型的大都督。《通鉴·梁纪十三》大同元年："东魏大行台尚书司马子如帅大都督窦泰、太州刺史韩轨等攻潼关，魏丞相泰军于霸上。"就是明证。不过，在东魏、北齐，这种情况并不多见，当是大都督和行台在共同军事行动中的特例。这种情况并不影响当时大都督和行台在军事活动中，他们需要相互补充、相互配合的定制。

再次，东魏、北齐行台职能向地方化发展而形成了重要的行台区，这些行台区对大都督所领地区产生重大的影响。这种影响表现为，征讨大都督所

[①] 《北齐书》卷二四《杜弼传》。
[②] 《北齐书》卷二四《杜弼传》。
[③] 《北齐书》卷二〇《慕容绍宗传》。
[④] 《北齐书》卷一九《贺拔允传》。
[⑤] 《北齐书》卷一九《贺拔允传》。

领"道"已经与行台所领"道"的意义大体相同。

其一，在以方位为特征的"道"的设置上，大都督与行台所辖，基本上是相同的。如前所述，东魏、北齐的征讨大都督除了以"大都督"为称号外，尚有以统率区域加大都督称号的。这些区域一般以"道"来相称。见于《北齐书》和《魏书》的记载，这些以道相称的大都督主要有：南道大都督①、西南道大都督②、东道大都督③、东南道大都督④、北道大都督⑤。

在东魏、北齐的行台中，也有以道相称的。见于《北齐书》记载的就有：东道大行台⑥、东南道行台⑦、西南道大行台⑧、东北道大行台⑨、北道大行台⑩、南道行台⑪、西道大行台⑫、西北道大行台⑬。

如果将大都督和行台领"道"情况加以比较，可以发现大都督所领"道"，缺少西道、西北道、东北道，其他均与行台所领"道"相同。

其二，大都督所领"道"与行台所领"道"都是指区域。从行台所领道的情况来看，除了上述以方位与"道"相联系的情况外，还有以地区与"道"相联系的。在《北齐书》中有：朔州道行台⑭、豫州道行台⑮、晋州道行台⑯等，都是属于后一种情况。很明显，这种"道"，毫无疑问是行台区。

---

① 《北齐书》卷四《文宣帝纪》。
② 《北齐书》卷一三《清河王岳传》。
③ 《北齐书》卷一五《娄昭传》。
④ 《北齐书》卷一九《尉长命传》。
⑤ 《魏书》卷七一《裴叔业传》。
⑥ 《北齐书》卷一《神武帝纪上》。
⑦ 《北齐书》卷四《文宣帝纪》。
⑧ 《北齐书》卷四《文宣帝纪》。
⑨ 《北齐书》卷一《高祖十一王·冯翊王润传》。
⑩ 《北齐书》卷一八《孙腾传》。
⑪ 《北齐书》卷一八《孙腾传》。
⑫ 《北齐书》卷二《慕容绍宗传》。
⑬ 《北齐书》卷二《薛脩义传》。
⑭ 《北齐书》卷一四《上洛王思宗传》。
⑮ 《北齐书》卷一四《武兴王普传》。
⑯ 《北齐书》卷一九《张保洛传》。

既然如此，在行台所领"道"中，以方位与道相结合的意义，实际上，就与地方和"道"相结合的情况是相同的。也就是说，它们都表示一个行台区。由于行台所领的"道"都已经成为行台区，也就是说，向区域方向发展，这对大都督所领"道"的性质，自然要产生直接的影响。

其实，从都督领"道"的历史发展情况来看，早在北魏时期，一些征讨都督就领有"道"。《魏书·景穆十二王上·阳平王新成传》："（元安寿）袭爵。高祖赐名颐。累迁怀朔镇大将，都督三道诸军事，北讨。……与陆睿集三道诸将议军途所诣。于是中道出黑山，东道趋士卢河，西道向侯延河。"又《魏书·源贺传》："又诏都督三道诸军，屯于漠南。是时，每岁秋冬，遣军三道并出，以备北寇，至春中乃班师。"这些记载说明，这些都督所领的"道"，都是指道路而言的。

然而，至东魏、北齐时，大都督所领的"道"，已经出现变化。《北齐书·文宣帝纪》："（高洋）以司州牧清河王岳为使持节、南道大都督，司徒潘相乐为使持节、东南道大都督，及行台辛术率众南伐。"这里提到的行台辛术，实际上，与大都督元岳、潘相乐一样都是领有"道"的。《北齐书·文宣帝纪》："东南道行台辛术于广陵送传国玺。"又《北齐书·辛术传》："（辛术）武定八年，侯景叛，除东南道行台尚书，封江夏县男，与高岳等破侯景，擒萧明。"都说明了这一点。由此可见，当时大都督所领"道"与行台所领"道"，具有比较密切的联系。这种联系主要表现为：大都督所领"道"，已经不是指道路，开始转化为具有军事性质的区域。所以会出现这种转变，应该说正是由于行台区在东魏、北齐比较广泛出现而对大都督所领"道"产生重要影响的结果。

不过，需要指出的是，东魏、北齐行台区促使大都督所领"道"向军事区转化，虽然不是大都督与行台的直接的联系，但是这种结果从一个侧面表明大都督与行台之间产生的相互影响是不能避免的。因此，在讨论大都督与行台的关系时，对这一问题也是不能忽视的。

（原载《吉林大学社会科学报》2004 第 1 期）

西魏北周军事征讨制度试探

西魏北周时期，国家对外战事频仍，同时，也要平定国内的叛乱，为适应这种战争形势的需要，国家需要建立比较完善的军事征讨制度，以确保征讨战争的顺利进行。其实，早在北魏时期，当时国家就已经规定了比较完备的军事征讨制度。这项制度的重要内容就是由国家设置征讨都督来进行征讨作战。然而，北魏的军事征讨制度并没有为西魏北周国家所承袭。并且，在周武帝统治的前后，当时国家实行的征讨措施也并不完全相同。因此西魏北周军事征讨制度的确立和实施，就表现出比较明显的复杂性。正因如此，对这一问题尚有深入研究的必要。本文拟对西魏北周不同时期实行的军事征讨措施做一些探讨，希望能够有助于对西魏北周军事征讨制度特点的认识。

一

西魏建国之始，国家多次实行军事征讨作战。其中，多有最高执政者宇文泰亲征的举动。宇文泰的亲征，实际上与西魏建国的特点有密切关系。众所周知，西魏政权是在北魏孝武帝西迁长安后才开始建立的。虽然当时关陇军事集团首领宇文泰立元宝炬为帝，但是，实际军政权力却为宇文泰所控制。可以说，关陇军事集团是在平定北魏末年的国内变乱中发展起来的。这一集团凭借其军事实力占据关中，并且，还要通过军事实力使西魏政权稳定和扩大统治范围，因此，使用军队进行征讨战争，是西魏国家的大事。但是，要保证征讨战争的胜利，军事统帅的任命是至关重要的。武人出身的宇文泰深刻认识到这一点。为扭转西魏初年被动的军事局面，争取在对东魏北齐军队作战中获得更高的胜利概率，宇文泰就必须在征讨作战中担任最高军事统帅。在宇文泰当政期间，他亲征的次数很多。下面将宇文泰亲征的情况

魏晋南北朝将军制与都督制论稿

列表说明：

表1　宇文泰亲征情况

时间	作战情况	史料出处
大统二年	泰州刺史、建中王万俟普拨率所部叛入东魏。太祖（宇文泰）勒轻骑追之，至河北千余里	《周书》卷二《文帝纪下》
大统三年	太祖率骑六千还长安，声言欲保陇右。辛亥，谒帝而潜出军。……窦泰卒闻军至，惶惧，依山为阵，未及成列，太祖纵兵击破之，尽俘其众万余人。斩泰，传首长安	《周书》卷二《文帝纪下》
大统三年	太祖率李弼、独孤信、梁御、赵贵、于谨、若干惠、怡峰、刘亮、王德、侯莫陈崇、李远、达奚武等十二将东伐	《周书》卷二《文帝纪下》
大统三年	太祖据滑南，征诸州兵皆会……冬十月壬，至沙苑，距齐神武军六十余里甲，太祖鸣鼓，士皆奋起。于谨等六军与之合战，李弼等率铁骑横击之，绝其军为二队，大破之，斩六千余级，临阵降者二万余人。齐神武夜遁，追至河上，复大克获	《周书》卷二《文帝纪下》
大统四年	太祖至谷城，莫多娄贷文、可朱浑元来逆，临阵斩贷文，元单骑遁免，悉虏其众送弘农	《周书》卷二《文帝纪下》
大统八年	冬十月，齐神武侵汾、绛，围玉壁。太祖出军蒲坂，将击之。军至皂荚，齐神武退	《周书》卷二《文帝纪下》
大统九年	太祖率右军若干惠等大破齐神武军，悉虏其步卒。赵贵等五将军居左，战不利。齐神武军复合，太祖又不利，夜乃引还。既入关，屯渭上	《周书》卷二《文帝纪下》
大统十六年	秋七月，太祖率诸军东伐，拜章武公导为大将军，总督留守诸军事，屯泾北以镇关中	《周书》卷二《文帝纪下》

由表1可知，在宇文泰执政的22年中，亲征达八次之多。其中有小的征讨战争，也有大的征讨战争。特别是关系到西魏政权存亡的沙苑、邙山之战，宇文泰都是征讨大军的最高统帅。由此可以看出，作为实际控制西魏军政权力的宇文泰对于亲率大军进行征讨作战，是非常重视的。不过，宇文泰

的亲征，只是作为关陇军事集团首领领兵作战的延续，因而，当时亲征也就没有制度上的规定。所以，宇文泰的亲征，在对将领的选任和对军队的调动上，完全是根据战争的需要来决定的，并未执行必要的制度规定。尽管最高执政者宇文泰没有将亲征制度化，但是却为后来北周最高统治者的军事亲征行动开了端绪。

在北周禅代西魏后，周武帝多次发动对北齐政权的征讨作战。在征讨作战时，多以周武帝亲自担任最高军事统帅。在周武帝亲征的军事行动中，亲征的军事规定也开始制度化。

周武帝于建德四年（575年），开始对北齐进行亲征。《周书·武帝纪下》："以柱国陈王纯为前一军总管，荥阳公司马消难为前二军总管，郑国公达奚震为前三军总管，越王盛为后一军总管，周昌公侯莫陈琼为后二军总管，赵王招为后三军总管。"由此可知，周武帝亲征所率军队是由前一、二、三军和后一、二、三军组成，一共有六军。并且，每一军都任命一位总管统领。这种六军的设置与每一军由总管统领的规定，实际上，成为周武帝为最高军事统帅进行军事征讨的制度。周武帝以后的亲征，基本上，都贯彻这一制度。建德五年，周武帝率军伐齐，"以越王盛为右一军总管，杞国公亮为右二军总管，随国公杨坚为右三军总管，谯王俭为左一军总管，大将军窦恭为左二军总管，广化公丘崇为左三军总管，齐王宪、陈王纯为前军"[①]。周武帝这次亲征，率领的依然是六军，只是将六军的名称改为右一、二、三军，左一、二、三军。实际上，只是与前、后军的称呼不同而已。直到建德五年十二月，"帝率六军趣邺"[②]，周武帝最后灭掉北齐政权，都一直保持这种建制。可见，周武帝亲征所率的六军，是灭齐的主要军事力量。

周武帝以统率的六军作为亲征的主要军事力量，这是由两方面的因素决定的。一是模仿周代天子的六军制。关于周天子的六军制，《左传》襄公十四年："礼也。成国不过半天子之军。周为六军，诸侯之大者，三军可也。"《周礼》更将天子六军制规范化。《周礼·夏官·大司马》："凡制军，万有二千五百人为军。王六军，大国三军，次国二军，小国一军。"可见，周武帝

---

① 《周书》卷六《武帝纪下》。
② 《周书》卷六《武帝纪下》。

亲征,将军队编为六军,显然是要使他亲自统率的军队与周代的军礼相一致。

二是要适应北周国家实行的府兵制度。《后魏书》:"大统八年,宇文泰仿周典,作六军,合为百府。"① 宇文泰创立府兵制后,完全控制了对府兵的领导权。宇文泰死后,掌管府兵的权力为宇文护把持。周武帝即位后,消灭宇文护,将府兵的统领权收归皇帝掌管。建德三年,周武帝下令"改诸军军士为侍官"②。实际上,府兵成为皇帝的禁卫军。周武帝亲征的六军,自然是在府兵六军的基础上组建的。周武帝亲征,为六军中的每一军,都设置一位总管来统军。很显然,这是将天子六军制与总管制结合起来。

北周的最初设置的总管,为州总管。可以说,武成元年,"改都督诸州军事为总管"③,就是这种总管。因此,北周国家设置的州总管,主要负责对地方的镇戍。直到保定年间,北周国家才将总管与征讨作战结合起来,创立了行军总管制。实际上,行军总管是在最高统帅统领下,掌管一个方面征讨军事的将领。周武帝亲征所设的六军总管,正是由他统辖的行军总管。

由上述可知,周武帝亲征,基本确定了以六军为单位的征讨军制和由皇帝亲自指挥的六行军总管制,这就是说,确定了征讨军的组成和对征讨军指挥的职官制度。从表面上看,这是模仿周代军事制度,实际上,却是在西魏北周府兵制和行军总管制的基础上创立的。

不过,需要指出的是,周武帝确立的以六军作为他直辖的征讨军的制度,只是在大规模的征伐北齐的重大战役中才真正实行,然而,在小规模的征讨作战时,就没有完全遵照亲征的制度。例如,宣政元年,周武帝"总戎北伐。遣柱国原公姬愿、东平公宇文神举等率军,五道俱入。发关中公私驴马,悉从军"④。周武帝的这一次亲征,显然就没有全部出动六军,也没有设置行军总管。这说明,周武帝确立的亲征制度也要根据征讨作战的规模而加以变通。

总之,在周武帝时,皇帝的亲征制度已经形成。国家设置六军作为皇

---

① 《玉海》卷一三七引。
② 《周书》卷六《武帝纪下》。
③ 《周书》卷四《明帝纪》。
④ 《周书》卷六《武帝纪下》。

亲征军队的组成，同时，又分别设置六总管统领六军。最后由皇帝统一号令六位行军总管。这种亲征制度，在灭齐的征讨作战中，发挥了重要的作用。但是，在周武帝之后，由于皇权旁落，杨坚实际控制了北周的军政大权，因此，皇帝亲征的制度也就很难实行了。代北周而起的隋朝也没有沿袭这种皇帝亲征制度，因此，周武帝所实行的皇帝亲征制，只是他统治一朝的昙花一现的制度。

二

西魏北周时期，国家实行征讨作战更多的是，任命将领作为军队的最高统帅，来统领军队作战。不过，在保定三年前后，国家在对征讨将领的任命上，情况并不相同。我们首先对保定三年前，国家对统率征讨军的任命和对征讨军队的组成做必要的考察。

在这一时期，西魏北周国家对征讨军将领的任命没有固定的名称，并且，可以担任征讨军的将领也是复杂多样的。但是，从国家任命征讨军统帅的职官性质上来划分，既有中央职官，也有地方职官。

在西魏北周国家选任征讨军的将领中，中央职官占有相当数量。早在宇文泰执政时期，就常派遣中央官员出征作战。例如，大统十五年春，"太祖遣大将军赵贵帅军至穰，兼督东南诸州兵以援思政"[1]。又如，大统十五，"及（侯）景克建业，率众来寇。……冬十一月，遣开府杨忠率兵与行台仆射长孙俭讨之，攻克随郡"[2]。北周禅代西魏后，北周国家依然任命一些中央职官担任统帅统领征讨军作战。《周书·明帝纪》："吐谷浑寇边，庚戌，遣大司马、博陵公贺兰祥率众讨之。"又《周书·齐炀王宪传》："天和三年，以宪为大司马，治小冢宰，雍州牧如故。四年，齐将独孤永业来寇，盗杀孔城防主能奔达，以城应之。诏宪与柱国李穆将兵出宜阳，筑崇德等五城，绝其粮道。"这些记载中提到的贺兰详为大司马，齐王宪任大司马兼小冢宰，显然都是北周国家重要的中央职官。

---

[1] 《周书》卷二《文帝纪下》。
[2] 《周书》卷二《文帝纪下》。

魏晋南北朝将军制与都督制论稿

其实，北周国家任命征讨军统帅，并不限于大司马。《周书·陆腾传》："（保定）五年，拜（陆腾）司宪中大夫。天和初，信州蛮、番据江峡反叛，连结二千余里，自称王侯，杀刺史守令等。又诏腾率军讨之。"又《周书·王勇传》："六官建，拜稍伯中大夫……寻进位大将军。世宗初，岷山羌豪巩廉俱和叛，勇帅师讨平之。"可见，在北周国家担任司宪中大夫、稍伯中大夫的官员都可以被任命为征讨军的统帅。这说明，西魏、北周国家任命征讨军的统帅，对他们官阶的高低没有严格的限制。

西魏北周国家还多以州刺史担任征讨军的统帅。西魏、北周的刺史，是在各州具有军、政权力的地方官。在国家讨伐战争需要时，也将他们任命为征讨军的统帅。《周书·陆腾传》："魏恭帝三年，拜骠骑大将军，开府仪同三司，转江州刺史，爵上庸县公，邑二千户。……世宗初，陵、眉、戎、江、资、邛、新、遂八州夷夏及合州民张瑜兄弟并反，众数万人，攻破郡县。腾率兵讨之。转潼州刺史。"又《周书·赵昶传》："（赵昶）除大都督，行南秦州事。时氐帅盖闹等反，昶复讨擒之。进抚军将军，加通直散骑常侍。又与史宁破宕昌羌、獠二十余万。拜武州刺史、车骑大将军、仪同三司、诸州军事。魏恭帝初，加骠骑大将军、开府仪同三司。潭水羌叛，杀武陵、潭水二郡守。昶率仪同骆天义等骑步五千讨平之。"这里提到的陆腾、赵昶都是以刺史身份担任征讨军统帅的。在必要的时候，西魏北周国家也常使刺史随从征讨军作战。例如，高琳"进使持节、车骑大将军、仪同三司、散骑常侍。除鄜州刺史，加骠骑大将军、开府仪同三司、侍中。孝闵帝践祚，进爵犍为郡公，邑一千户。武成初，从贺兰祥征吐谷浑，以别路封一子许昌县公，邑一千户，除延州刺史。又从柱国豆卢宁讨稽胡郝阿保、刘桑德等，破之"[①]。

西魏北周国家为了使征讨作战更有利于达到目的，有时使中央职官和地方刺史联合作战，共同担任统帅。《周书·王杰传》："（王杰）孝闵帝践祚，进爵张掖郡公，增邑一千户，出为河州刺史。朝廷以杰勋望俱重，故授以本州。保定三年，进位大将军。三年，诏杰与随公杨忠自汉北伐齐，至并州而还。"又《周书·异域传上》："先是，羌酋傍乞铁葱等因岱定反叛之际，遂

---

① 《周书》卷二九《周琳传》。

拥众据渠林川，与渭州民郑五丑扇动诸羌，阻兵逆命。至是诏大将军宇文贵、豆卢宁、凉州刺史史宁等率兵讨獠甘等，并擒斩之，纳弥定而还。"这些记载中提到的杨忠、宇文贵、豆卢宁都是国家的重臣，而王杰、史宁则为州刺史。当时国家让他们共同组成征讨军，在担任军事统帅上，没有主次的区分。这说明，在对征讨军的指挥上，他们的地位是相同的。

西魏北周国家对征讨军统帅的任命，一般是通过诏令下达的。《周书·独孤信传》："（大统）七年，岷州刺史、赤水蕃王梁企定举兵反，诏信讨之。"《周书·达奚武传》："（大统）十七年，诏武率兵三万，经略汉川。"西魏大统年间，国家下诏令任命征讨军的将领，实际上，都是宇文泰假西魏皇帝命令发布的。北周禅代西魏后，国家仍然发布任命征讨将领的诏令。《周书·贺兰祥传》："孝闵践祚，进位柱国，迁大司马。……武成初，吐谷浑侵凉州，诏祥与宇文贵总兵讨之。"《周书·异域传上》："天和六年，蛮渠冉祖喜、冉龙骧又反，诏大将军赵誾讨平之。"《周书·武帝纪下》："（保定四年）诏柱国杨忠率师与突厥东伐，至北河而还。"显然，这些诏令，都是皇帝的意志的体现。

西魏北周时期，国家选任中央职官率军征讨要通过诏令，派遣地方刺史出征作战，也要通过诏令。例如，高琳"除延州刺史。又从柱国豆卢宁讨稽胡郝阿保、刘桑德等，破之。二年，文州氐酋反，诏琳率兵讨平之"①。又如史宁"转凉州刺史……十六年宕昌叛羌獠甘作乱，逐其王弥定而自立，并连结傍乞铁忽及郑五丑等。诏宁率军与宇文贵、豆卢宁等讨之"②。

当时国家任命重要征讨将领，则要为他授斧钺。《周书·武帝纪上》："（保定四年）诏大将军、大冢宰、晋国公护率军伐齐，帝于太庙庭授以斧钺。于是护总大军，出潼关。"由于宇文护处于宰辅的地位，因此，国家在任命他作为征讨军统帅时，向他授钺，以此象征他的特殊的地位。当时国家为征讨军统帅授斧钺，只是授予地位特殊的重要将领，因此，这种做法并不是常制。

西魏北周国家以诏令的方式任命征讨将领，体现了当时国家对于军事征

---

① 《周书》卷二九《高琳传》。
② 《北史》卷六一《史宁传》。

讨权的控制。也就是说，征讨将领的任命，完全是国家意志的体现。无论是中央官员，还是地方官员，只有国家任命，才能够统领征讨军作战。

西魏北周国家在任命征讨军统帅的同时，也规定他们必须统领的军队。不过，由于征讨作战的规模不同，征讨军统帅所率领军队的数量也不相同。现将相关记载移录如下：

1. 《周书·达奚武传》："（大统）十七年，诏武率兵三万，经略汉川。"

2. 《周书·赵昶传》："魏恭帝初，加骠骑大将军、开府仪同三司。潭水羌叛，杀武陵、潭水二郡守。昶率仪同骆天义等骑步五千讨平之。"

3. 《周书·文帝纪下》："冬十月壬戌，遣柱国于谨、中山公护、大将军杨忠、韦孝宽等步骑五万讨之。"

4. 《周书·赵刚传》："孝闵帝践祚，进爵浮阳郡公。出为利州总管、利沙方渠四州诸军事。沙州氐恃险逆命，刚再讨服之。……（赵刚）乃表请讨之。诏刚率利沙等十四州兵，兼督仪同十人、马步一万往经略焉。"

5. 《周书·晋公颢传》："是年也，突厥复率众赴期。护以齐氏初送国亲，未欲即事征讨，复虑失信蕃夷，更生边患。不得已，遂请东征。……于是征二十四军及左右厢散隶、及秦陇巴蜀之兵、诸蕃国之众二十万人。"

6. 《周书·武帝纪上》："遣太保、郑国公达奚武率骑三万出平阳以应杨忠。"

这些记载说明，西魏北周国家任命的征讨将领率领的军队，少则五千人，一般为一万、二万、三万不等，最多时，可达二十万。这说明，西魏北周国家完全是依据征伐战争的需要，来确定征讨统帅所率军队的数量。

西魏北周国家在征讨军统帅所率军队的种类上，也没有统一的规定。可以说，大统六年，宇文泰实行府兵制后，府兵成为最高执政者的禁卫军。北周建立后，府兵又是皇帝的禁卫军。虽然西魏北周时期，国家实行了府兵制，但是，在各地州郡兵仍然存在。同时地方豪帅还统领数量不少的乡兵。

由这种情况决定，西魏北周国家在组织征伐战争时，使征讨将领统帅的军队类别就比较复杂。在征讨作战时，国家有时使征讨军统帅所率的全部是府兵。前引《周书·文帝纪下》："及（侯）景克建业，仲礼还司州，率众来寇，皓以郡叛。太祖大怒。冬十一月，遣开府杨忠率兵与行台仆射长孙俭讨之，攻克随郡。"《周书·武帝纪上》："（天和六年夏四月）信州蛮渠冉祖喜、冉龙骧举兵反，遣大将军赵訚率师讨平之。"《周书·宣帝纪》："幽州人卢昌期据范阳反，诏柱国、东平公宇文神举率众讨平之。"这些将领以开府、大将军、柱国的身份领兵，显然都是统领府兵进行征伐。国家有时还使一些征讨统帅只率领州兵进行征讨作战。《周书·史宁传》："大统二年，宁自梁归阙，进爵为侯，增邑三百户。久之，迁车骑将军、行泾州事。时贼帅莫折后炽寇掠居民，宁率州兵与行原州事李贤讨破之。"这是西魏国家最早使用州兵单独进行征讨作战的记载。在府兵制实行后，西魏北周国家，有时也使征讨军的统帅单独指挥州兵。例如，《周书·宇文神举传》："并州平，即授并州刺史，加上开府仪同大将军。……俄进柱国大将军，改封东平郡公，增邑通前六千九百户。所部东寿阳县土人，相聚为盗，率其党五千人，来袭州城。神举以州兵讨平之。"《周书·赵贵传》："东魏将高岳、慕容绍宗等围王思政于颍川，贵率军援之，东南诸州兵亦受贵节度。"而且，在需要的时，当时国家也使郡兵组成征讨军。《周书·魏玄传》："（大统）十四年，授帅都督、东平郡守，转河南郡守，加大都督。十六年，洛安民雍方隽据郡外叛，率步骑一千，自号行台，攻破郡县，囚执守令。玄率弘农、九曲、孔城、伏流四城士马讨平之。"魏玄所率的四城军，有一部分就应当为郡兵。当然，国家有时也可以使乡兵组成为征讨军。例如，李贤"迁原州长史，寻行原州事。四年，莫折后炽连结贼党，所在寇掠。贤率乡兵与行泾州事史宁讨之"①。

在征讨作战时，为了增加军队的数量，提高作战能力，西魏北周国家也以府兵和州兵共同组成征讨军。《周书·文帝纪下》："（大统）十五年春，太祖遣大将军赵贵帅军至穰，兼督东南诸州兵以援思政。"这就是说，赵贵为府兵的大将军，他出征所率兵，自然为他所属的府兵，而东南诸州军则为他兼领的军队。前引《周书·赵刚传》："孝闵帝践阼，进爵浮阳郡公。出为利

---

① 《周书》卷二十五《李贤传》。

州总管、利沙方渠四州诸军事。……（赵刚）乃表请讨之。诏刚率利沙等十四州兵，兼督仪同十人、马步万往经略焉。仍加授渠州刺史。"可见，以利州总管赵刚为统帅的军队，其中不但有州兵，也有仪同将军所率的府兵。当然，在进行大规模作战时，北周征讨军的军队组成的种类就更多了。《周书·晋公颢传》："突厥复率众赴期。护以齐氏初送国亲，未欲即事征讨，复虑失信蕃夷，更生边患。不得已，遂请东征。……于是征二十四军及左右厢散隶、及秦陇巴蜀之兵、诸蕃国之众二十万人。"据此可见，宇文护统率的征讨军包括府兵的二十四军、秦陇巴蜀州兵、各藩国的军队和左右厢的散隶。这些情况说明，西魏北周国家在任命统军将领后，国家可以征调府兵、州兵、郡兵、乡兵组成征讨军队。当然，在这些军队中，府兵和州兵是国家征调的主要军队。由此可以看出，西魏北周国家不仅对征讨军统帅的选任非常重视，并且对征讨军队的组成也是十分重视的。

综上可见，在西魏北周没有实行行军元帅和行军总管制之前，当时国家主要通过选派中央职官和州刺史担任征讨军的统帅。当时国家对这些统帅没有统一的称号。并且，国家对征讨军统帅的选任，也没严格的制度规定。西魏北周国家对征讨军将领统领的军队，多根据战争的需要来确定士兵的数量。而且，为保证士兵的来源，国家可以征调府兵、州兵、郡兵以及乡兵，组成征讨军。西魏北周国家的这些措施，成为这一时期军事征讨行动的重要特点。

三

周武帝统治初年，至迟从保定年间开始，当时国家开始制定了比较严格的军事征讨制度。这项制度主要内容，就是国家开始确立行军元帅和行军总管的设置制度。

（一）行军元帅的设置、选任及其权力

北周国家开始设置行军元帅，有关文献记载的情况并不一致。《周书·异域传上》："（建德）六年，高祖定东夏，将讨之，议欲穷其巢穴。齐王宪以为种类既多，又山谷阻绝，王师一举，未可尽除。且当剪其魁首，余加慰抚。高祖然之，乃以宪为行军元帅，督行军总管赵王招、谯王俭、滕王逌等讨之。"《通鉴·陈纪七》载同一事，其中提道："（太建九年）周人既克关

东，将讨稽胡，议欲穷其巢穴。齐王宪曰：'步落稽种类既多，又山谷险绝，王师一举，未可尽除。且当剪其魁首，余加慰抚。'周主从之，以宪为行军元帅，督诸军讨之。"太建九年相当于北周建德六年。胡三省注："行军元帅始此。"可是，在《周书·杨忠传》中却载："（保定）三年，乃以忠为元帅，大将军杨纂、李穆、王杰、尔朱敏及开府元寿、田弘、慕容延等十余人皆隶焉。"这就是说，在周武帝即位后的保定三年，就已经开始使杨忠担任元帅。这种元帅是为征讨而设的，因而，具有行军元帅的特征。所以，保定三年，应当为北周国家设置行军元帅之始。由此来看，胡三省的说法是错误的。然而，尽管北周国家在保定三年设置行军元帅，可是，这种设置还不是很完善的。因为北周国家设置行军元帅后，其下属的将领并没有被任命为行军总管。这与建德年间，国家设置行军元帅后，又为其设置行军总管的制度还不完全一致。所以，可以说，北周保定三年设置的行军元帅，只是国家实施新的征讨军统帅制度的开始，因而，尚需要进一步的完善。

北周国家所设的行军元帅，实际上是征讨军的最高统帅。在北周国家需要征讨作战时，多设置行军元帅统领全部征讨军。从建德六年开始，到北周灭亡，当时国家在八次征讨战争中都设置了行军元帅。史载，杨忠、宇文宪、宇文盛、宇文迥、韦孝宽、王谊、梁睿在征讨作战中，分别被任命为行军元帅。可以说，北周国家是为了对外进行较大规模的征讨作战以及平定国内较大规模的叛乱才设置行军元帅的。可是，规模较小的征讨作战，北周国家则有另一种统军将领的设置。

北周国家对行军元帅的任命有严格的制度，一般是通过诏令确定的。《周书·宣帝纪》："汾州稽胡帅刘受逻千举兵反，诏上柱国、越王盛为行军元帅，率众讨平之。"又《周书·静帝纪》："（大象元年）甲子，相州总管尉迟迥举兵不受代。诏发关中兵，即以孝宽为行军元帅，率军讨之。"显然，北周国家对征讨元帅的任命是很严格的。

然而，在处于宰辅地位的杨坚实际控制了北周的军政大权之后，对行军元帅的任命都是由他的意志来决定的。所以，在文献中，多有杨坚直接任命行军元帅的记载。《隋书·梁睿传》："高祖总百揆，代王谦为益州总管行至汉川而谦反，遣兵攻始州，睿不得进。高祖命睿为行军元帅，率行军总管于义、张威达奚长儒、梁升、石老义步骑一十万讨之。"又《周书·王谦传》：

魏晋南北朝将军制与都督制论稿

"梁睿未至大剑，谦遣兵镇始州。隋文即以睿为行军元帅，便发利、凤、文、泰、成诸州兵讨之。"这些事例说明，杨坚已经掌控了行军元帅的任命权。

应该说，北周国家对行军元帅的选任是非常重视的。在北周国家选任的八位行军元帅中，有的是出自中央的重要官员，有的则出自地方的州总管。诸如：

1. 杨忠，"保定二年，迁大司空。三年，乃以忠为元帅"①。

2. 宇文宪，建德六年"为行军元帅，督行军总管赵王招、谯王俭、滕王逌等讨之"②。按：天和三年，宇文宪"为大司马"③。

3. 宇文盛，"宣政元年，入为大冢宰。汾州稽胡帅刘受逻干反，诏盛率诸军讨平之"④。

4. 宇文逌，"除河阳总管。宣政元年，进位上柱国。其年，伐陈，诏逌为元帅，节度诸军事"⑤。

5. 韦孝宽，"大象元年，除徐兖等十一州十五镇诸军事、徐州总管。又为行军元帅，徇地淮南"⑥。

6. 韦孝宽，大象元年，"诏发关中兵，以孝宽为元帅东伐"⑦。

7. 王谊，"及高祖为丞相，转为郑州总管。司马消难举兵反，高祖以谊为行军元帅，率四总管讨之"⑧。

8. 梁睿，"高祖总百揆，代王谦为益州总管。高祖命睿为行军元帅，率行军总管于义、张威、达奚长儒、梁升、石孝义步骑二十万讨之"⑨。

---

① 《周书》卷一九《杨忠传》。
② 《周书》卷四九《异域传上》。
③ 《周书》卷五《武帝纪上》。
④ 《周书》卷一三《文闵武宣诸子传》。
⑤ 《周书》卷一三《文闵武宣诸子传》。
⑥ 《周书》卷三一《韦孝宽传》。
⑦ 《周书》卷三一《韦孝宽传》。
⑧ 《隋书》卷四〇《王谊传》。
⑨ 《隋书》卷三七《梁睿传》。

由此可见，在国家任命的八位行军元帅中（韦孝宽两次任职），有三位为中央的大司空、大司马和大冢宰，其余则为州总管。这说明，北周国家在选任行军元帅时，既看重他们的职官地位，同时，也看重他们实际的作战能力。北周国家以四位州总管担任行军元帅就是因为他们拥有很强的作战能力。当然，在以同等官位任行军元帅时，国家更看重其威望。《隋书·于义传》："及高祖作相，王谦构逆，高祖将击之，问将于高颎。颎答曰：'于义素有经略，可为元帅。'高祖初然之。刘昉进曰：'梁睿位望素重，不可居义之下。'高祖乃止。于是以睿为元帅，以义为行军总管。"这一记载说明，州总管的威望对其担任行军元帅，也是不可忽视重要因素。

北周国家任命行军元帅作为征讨军的最高统帅，实际上，就使他具有最高军事指挥权。《周书·文闵明武宣诸子·滕闻王逌传》："（滕闻王逌）少好经史，解属文。……宣政元年，进位上柱国。其年，伐陈，诏逌为元帅，节度诸军事。"这里提到的"节度诸军事"，正是行军元帅具有最高军事指挥权的体现。行军元帅的最高军事指挥权，主要表现有三：

其一，行军元帅可以有效地统辖行军总管。为说明问题，现根据《周书》《北史》和《隋书》的记载，将行军元帅所属的行军总管情况列表如下：

表2 行军元帅所属行军总管情况

年代	行军元帅	所辖行军总管	史料出处
建德六年	宇文宪	宇文招、宇文俭、宇文迪	《周书》卷四九《异域传上》
宣政元年	宇文盛	宇文孝伯	《周书》卷四〇《宇文孝伯传》
宣政元年	宇文逌		《周书》卷七《宣帝纪》
大象二年	韦孝宽	宇文亮、梁士彦	《周书》卷七《宣帝纪》
大象二年	韦孝宽	梁士彦、元谐、宇文忻、宇文述、崔弘度、杨素、李询、于仲文、和洪	《北史》卷六十二《王思政传》、《北史》卷七十三《和洪传》
大象二年	王谊	李威、冯晖、李远、崔彦穆	《隋书》卷四〇《王谊传》、《周书》卷三十六《崔彦穆传》
大象二年	梁睿	于义、张威、达奚长儒、梁升、石孝义、李衍、王长述	《隋书》卷三七《梁睿传》、《隋书》卷五四《李衍传》、《周书》卷五四《王长述传》

由上表可知，除了行军元帅宇文迥没有统辖行军总管外，北周国家都为行军元帅设置下属行军总管。只是北周国家使行军元帅统辖行军总管的数量，完全根据战争规模的需要来确定，并没有固定的规定。实际上，行军总管是隶属于行军元帅的征讨军将领。行军元帅可以有效地统辖行军总管。《北史·周本纪·宣帝纪》："（大象元年）以鄠王贞为大冢宰。上柱国、郧公韦孝宽为行军元帅，率行军总管杞公亮、郕公梁士彦伐陈。"《隋书·王谊传》："司马消难举兵反，高祖以谊为行军元帅，率四总管讨之。"都说明这种统辖关系。

其二，行军元帅在征讨作战中，可以根据战争需要，指挥行军总管的军事行动。《周书·异域传上》："高祖然之，乃以（宇文）宪为行军元帅，督行军总管赵王招、谯王俭、滕王迥等讨之……宪命谯王俭攻天柱，滕王迥击穆支，并破之，斩首万余级。赵王招又擒没铎，余众尽降。"《周书·韦孝宽传》："及赵王招率兵出稽胡，与大军掎角，乃敕孝宽为行军总管，围守华谷以应接之。"这些记载说明，在征讨作战时，行军元帅可以根据作战的需要，指挥行军总管采取必要的军事行动。甚至可以任命他们在征讨军中担任的具体职务。《隋书·张威传》："（张威）在周，数从征伐，位至柱国、京兆尹，封长寿县公，邑千户。王谦作乱，高祖以威为行军总管，从元帅梁睿击之。军次通谷，谦守将李三王拥劲兵拒守。睿以威为先锋。"显然，行军元帅可以决定行军总管担任征讨军中先锋官一类的职务

其三，行军元帅对不服从命令，或者有反叛举动的行军总管，有镇压的权力。例如，行军总管、杞国公宇文亮"举兵反，袭行军元帅、郧国公韦孝宽于豫州。亮不胜，孝宽获而杀之"①。

（二）行军总管的设置、选任及其权力

北周国家设置行军总管的最早记载，见于《北史·辛威传》。其中提到，保定三年，"与达奚武攻阳关，拔之。明年，从尉迟迥围洛阳。还，拜小司马。天和初，进位柱国。复为行军总管，讨绥、银等诸州叛胡，并平之"。这就是说，在周武帝天和初年，国家就开始设置行军总管。

北周国家对行军总管的任命，同行军元帅一样，是通过诏令实现的。《周书·邵惠公颢传》："建德中，高祖东伐，以亮为右第二军总管。并州平，

---

① 《周书》卷七《宣帝纪》。

进位上柱国。仍从平邺,迁入司徒。宣帝即位,出为安州总管。大象初,诏以亮为行军总管,与元帅、郧国公韦孝宽等伐陈。"又《周书·王轨传》:"(吴)明彻遂堰清水以灌之,列船舰于城下以图攻取。诏以轨为行军总管,率诸军赴救。"不过,在杨坚实际控制了北周的军政大权后,行军总管的任命权也就为他所控制。因此,《周书》《隋书》中的一些记载,就直接记为行军总管为杨坚所任命。诸如,《周书·李衍传》:"及平齐,(李衍)以军功进授大将军,改封真乡郡公,拜左宫伯。后历定、郦二州刺史。及王谦作乱,高祖以衍为行军总管,从梁睿击平之。"又《隋书·宇文庆传》:"(宇文庆)寻以行军总管击延安反胡,平之,拜延州总管。俄转宁州总管。高祖为丞相,复以行军总管南征江表。"又《隋书·张威传》:"王谦作乱,高祖以威为行军总管,从元帅梁睿击之。"

北周国家对行军总管的选任也是十分重视的。可以说,同选任行军元帅一样,当时国家也从中央和地方官员中选任行军总管。不过,与选任行军元帅不同的是,对可以担任行军总管的职官的限制相对宽松。现根据《周书》《北史》《隋书》的记载,将行军总管的任职情况列表如下:

表3　行军总管任职情况

行军总管	任行军总管前职事官	任行军总管前勋官	史料出处
宇文招	雍州牧	上柱国	《周书》卷一三《文闵明武宣诸子传》
宇文俭	大冢宰	柱国	《周书》卷一三《文闵明武宣诸子传》
梁士彦	亳州总管	上柱国	《周书》卷三一《梁士彦传》
崔彦穆	小司徒	大将军	《周书》卷三六《崔彦穆传》
宇文忻	豫州总管	柱国	《隋书》卷四〇《宇文忻传》
王长述	信州总管	上大将军	《隋书》卷五四《王长述传》
宇文述	英果中大夫	开府	《北史》卷七九《宇文述传》
宇文逌		柱国	《北史》卷一三《文闵明武宣诸子传》
韦孝宽	勋州刺史	开府	《周书》卷三一《韦孝宽传》
于义	邵州刺史	开府	《隋书》卷三九《于义传》

续　表

行军总管	任行军总管前职事官	任行军总管前勋官	史料出处
韩擒虎	永州刺史	上仪同	《隋书》卷五二《韩擒虎传》
李衍	鄜州刺史	大将军	《周书》卷五四《李衍传》
宇文孝伯	小冢宰		《周书》卷四〇《宇文孝伯传》
宇文庆		大将军	《隋书》卷五〇《宇文庆传》
达奚长儒		大将军	《隋书》卷五三《达奚长儒传》
张威	京兆尹	柱国	《隋书》卷五五《张威传》
卫玄	太府中大夫		《隋书》卷六三《卫玄传》
崔弘度	左将军勇猛中大夫	上大将军	《隋书》卷七四《崔弘度传》
王轨	内史中大夫	上开府仪同大将军	《周书》卷四〇《王轨传》
是云晖	不详	不详	《隋书》卷六二《赵绰传》
达奚震	不详	不详	《隋书》卷六〇《段文振传》

由表3所示，北周国家在设置行军总管之后，文献中有记载的，共有21位行军总管。其中以大冢宰、小冢宰、小司徒、内史中大夫、左将军勇猛中大夫、太府中大夫、英果中大夫这些中央职官身份任职的各一人；以州总管身份任职的三人；以刺史身份任职的四人；以雍州牧身份任职的一人；以京兆尹身份任职的一人；以勋官柱国身份任职的一人；以勋官大将军身份任职的二人；原职官身份不详的二人。并且，这些任行军总管者的勋官多不相同。由此可见，北周国家对于担任行军总管者的职官和勋官没有严格的统一要求，实际上，这是根据征讨战争的需要和任职者的军事指挥才能来决定的。正因如此，才会出现行军总管任职前，所任的职官和勋官具有很大差别的情况。

实际上，北周国家设置行军总管的目的，就是为行军元帅配置下属的征讨将领。然而，北周国家设置行军总管的目的，尚不止如此。可以说，北周国家设置的行军总管还可以作为征讨军的最高军事统帅。《周书·王轨传》：

"及陈将吴明彻入寇吕梁，徐州总管梁士彦频与战不利，乃退保州城，不敢复出。明彻遂堰清水以灌之，列船舰于城下，以图攻取。诏以轨为行军总管，率诸军赴救。"又《隋书·宇文庆传》："（宇文庆）进位大将军，封汝南郡公，邑千六百户。寻以行军总管击延安反胡，平之，拜延州总管。俄转宁州总管。高祖为丞相，复以行军总管南征江表。"又《隋书·卫玄传》："（卫玄）宣帝时，以忤旨免官。高祖作相，检校熊州事。和州蛮反，玄以行军总管击平之。"显然，北周国家任命的这些行军总管，都是独立统率征讨军作战，并不是行军元帅的下属将领。也就是说，在进行规模较小的征讨战争时，北周国家是以行军总管作为军队最高统帅的。

北周国家任命行军总管，也可以作为临时的军事防卫统帅。《隋书·阴寿传》："（阴寿）以功进位上柱国。寻以行军总管镇幽州，即拜幽州总管，封赵国公。"这说明，北周国家在军事行动需要时，可以使行军总管担任军事防卫的职责，不过，这种军事防卫的职责不是长期的，表现出明显的临时性。

北周国家任命的一些行军总管，负有巡防职责。《隋书·达奚长儒传》："（达奚长儒）以功进位大将军。寻授行军总管，北巡沙塞，卒与虏遇，接战，大破之。"可见，北周国家任命达奚长儒担任行军总管的目的，主要是巡防边塞，保证边防的安全。由此看来，北周国家设置的一些行军总管，也要承担边境防卫的职责。

北周国家开始设置以"道"为作战区域的行军总管。《隋书·于仲文传》："高祖为丞相，尉迥作乱，……仲文自度不能支，弃妻子，将六十余骑，开城西门，溃围而遁。……高祖见之，引入卧内，为之下泣。赐彩五百段，黄金二百两，进位大将军，领河南道行军总管。"又《北史·和洪传》："尉迟迥作乱，洪以行军总管从韦孝宽击之，以功封广武郡公。……后拜泗州刺史。属突厥寇边，诏洪为北道行军总管，击走之，追虏至碛而还。"这些记载中提到的"河南道行军总管""北道行军总管"，与北周国家设置的一般行军总管不同。他们是在国家规定的以"道"为作战区域中，实行征讨作战。因此，北周国家就使这类行军总管的指挥作战范围具有了明显的区域性的特点。

行军总管在具体指挥作战时，具有执行军法和指令国家派遣协助作战将领的权力。《周书·静帝纪》："（大象元年）初令授总管、刺史及行兵者，加持节，余悉罢之。"这就是说，北周国家可以使行军总管获得"持节"的权力。实际上，西魏、北周国家仍然将持节划分为三等次，即"使持节""持节""假节"。北周国家使行军总管可以"持节"，正是规定了可以在"持节"等次内行使军法。关于行军总管按"持节"等次所实行的军法，正如《晋书·职官志》称："使持节得杀二千石以下；持节杀无官位人，若军事，得与使持节同。"

北周国家在作战时还派遣一些协助行军总管作战的将领。《北史·赵绰传》："（赵绰）府中大夫。寻出为凉州总管长史。隋文为丞相，知其清正，引为录事参军。迁掌朝大夫，从行军总管是云晖击叛蛮，以功拜仪同。"又《隋书·李雄传》："（李雄）征为本府中大夫。寻出为凉州总管长史。从滕王逌破吐谷浑于青海，以功加上仪同。宣帝嗣位，从行军总管韦孝宽略定淮南。"这说明，国家派遣协助行军总管作战的将领，必须服从行军总管的作战指令。

（三）行军元帅和行军总管的僚佐官及所领军队

北周国家为保证行军元帅和行总管能够有效地指挥征讨军作战，为他们配置了属官。据王仲荦先生考证，行军元帅的属官有：行军元帅府长史、行军元帅府司马、行军元帅府兵曹、宾曹等参军。行军总管的属官有：行军总管长史。① 正如《通典·职官十四》称："凡将帅出行，兵满万人以上，则置长史，司马，仓、兵等曹参军。若万人以下，员数递减。"这些属官在协助行军元帅和行军总管作战上，应该说发挥了重要的作用。不过，行军元帅和行军总管的属官不是由他们自行任命的，而是由国家任命的。《周书·崔谦传》："（崔谦）除陇州刺史，迁总管凉甘瓜三州诸军事、凉州刺史。（崔）说莅政强毅，百姓畏之。齐王宪东征，以说为行军长史。"《隋书·柳述传》："顷之，益州总管王谦起逆，（柳旦）拜为行军长史，从梁睿讨平之，以功授仪同三司。"《隋书·李穆传》："高祖为丞相，尉迥作乱，遣韦孝宽击之，以询为元帅长史，委以心膂。"很显然，这些行军元帅僚佐官的任命权是由国家控制的。

---

① 王仲荦：《北周六典》，中华书局，1979年，第524页。

行军总管长史的任命权也是如此。例如，梁毗"周武帝时，举明经，累迁布宪下大夫。平齐之役，以毗为行军总管长史，克并州，毗有力焉"①。北周国家掌握行军元帅和行军总管僚佐官的任命权，不仅可以按照国家意志为行军元帅和行军总管确定指挥机构，并且，也将行军元帅和行军总管严格地置于国家的控制之下。行军元帅和行军总管和他们的僚佐官既有统属关系，也有相互牵制的关系。这样，就使北周的征讨体制为国家严密控制。

北周国家确立了行军元帅和行军总管的领兵体制后，对于征讨作战军队的组成，依然还是以府兵和州郡兵作为征讨作战的主要兵力。不过，由于战争形势的复杂，行军元帅和行军总管所率领的军队还包括其他种类的士兵。在北周国家进行比较大规模的征讨作战时，征讨元帅所率领的军队大部分应该是府兵。《周书·静帝纪》："（大象元年）相州总管尉迟迥举兵不受代。诏发关中兵，即以孝宽为行军元帅，率军讨之。"行军元帅韦孝宽统率的关中兵，大多数应该是府兵。不过，行军元帅所率领的军队也有不少的州兵。《周书·王谦传》："梁睿未至大剑，谦遣兵镇始州。隋文即以睿为行军元帅，便发利、凤、文、泰、成诸州兵讨之。"《周书·司马消难传》："隋文帝辅政，消难既闻蜀公迥不受代，遂欲与迥合势，亦举兵应之。……隋文帝命襄州总管王谊为元帅，发荆襄兵以讨之。"很显然，行军元帅梁睿、王谊所率征讨军的主力，都是由州兵组成的。

对行军总管而言，征讨作战能够指挥的军队，自然有府兵。不过，由于行军总管指挥的征讨战争，在规模上要小于行军元帅指挥下的战争，因而，行军总管所率军队多以州兵为主。《周书·韦孝宽传》："保定初，以孝宽立勋玉壁，遂于玉壁置勋州，仍授勋州刺史。……（建德）五年，帝东伐，过幸玉壁。观御敌之所，深欢羡之，移时乃去。孝宽自以习练齐人虚实，请为先驱。帝以玉壁要冲，非孝宽无以镇之，乃不许。及赵王招率兵出稽胡，与大军掎角，乃敕孝宽为行军总管，围守华谷以应接之。"《隋书·韩擒虎传》："（韩擒虎）进平范阳，加上仪同，拜永州刺史。陈人逼光州，擒以行军总管击破之。"韦孝宽和韩擒虎都是以刺史身份担任行军总管的，他们所率军队自然是他所领州的州兵。

---

① 《隋书》卷六二《梁毗传》。

不过，需要指出的是，由于征讨作战的需要，行军元帅和行军总管所率领的军队，除了府兵和州兵之外，还有其他种类的士兵。《隋书·崔弘度传》："及尉迥作乱，以弘度为行军总管，从韦孝宽讨之。弘度募长安骁雄数百人为别队，所当无不披靡。"这就是说，在韦孝宽任行军元帅的军队中，应该有一些募兵参战。不仅如此，在行军元帅还"免京师见徒，并令从军"①。这些士兵，实际是刑徒兵。

总而言之，北周国家在征讨作战中确立了行军元帅和行军总管制后，就使国家的军事征讨制度趋于完善化。这种征讨制度明确规定：行军元帅和行军总管的设置、选任以及行军元帅和行军总管所行使的权力以及他们下属的僚佐和所领征讨军的组成。不过，行军元帅和行军总管都是为征讨作战所设，因此，这些职官具有临时性的特点，同时，国家规定的征讨制度也只在讨伐战争中产生重要的影响。尽管如此，北周国家确定的征讨制度，使国家进行的各种征讨作战，无疑发挥了积极的作用。不仅如此，北周的这种征讨体制也为隋和唐前期国家继承和发展，对隋与唐前期国家军事征讨制度的影响也是重大的。因此，对北周实行的行军元帅和行军总管制在由魏晋到隋唐征讨体制转型过程中产生重大的影响作用也是不能够低估的。

（原载《黎虎教授古稀纪念——中国古代史论丛》，世界知识出版社，2006年）

---

① 《北史》卷一《周本纪·宣帝纪》。

后 记

这部论文集所收文章是我近些年来陆续完成的。现在将这些论文结集出版的目的是要说明我对魏晋南北朝时期将军制与都督制中所关注问题的一些看法。应该说，我所考察的魏晋南北朝时期的将军制与都督制，实际是两个问题。可是，这两个问题又有着紧密的联系。

从魏晋南北朝史实行的将军制来看，包括军号将军与中央禁卫军诸将军。而与都督制具有不可分离关系的，正是军号将军。魏晋南北朝的军号将军是从东汉征伐将军演变而来的。可是，军号将军却不同于征伐将军。实际上，从曹魏、西晋至东晋、南朝、北朝，军号将军逐渐成为没有职事的虚职。可是，当时国家却为军号将军规定了不同的品级，而且，能依据品级使领有军号将军者享有俸禄和"开府置佐"。当然，"开府置佐"，必须达到规定的品级，一般为重号将军。由于军号将军具有这些特点，所以，一些重要职事官的设置，都要与军号将军结合。当然，都督诸军事、征讨都督的任职，都是以领有军号将军为前提的。

魏晋南北朝的都督制，包括都督中外诸军事、都督诸军事和征讨都督的设置。就都督诸军事而言，实际是从曹魏时期开始设置的。曹魏、西晋的都督诸军事只是军号将军的兼领职，而至东晋，随着都督诸军事的逐渐地方化，军号将军也就成为这一职官的加官。可以说，魏晋南北朝时期的都督诸军事，主要职责是镇戍地方。在曹魏、西晋，都督诸军事镇戍的地方，只有一州，最多也只有三州。然而，西晋末年出现了多州都督，至东晋，主要设置的为多州都督，因而镇戍的区域，多在三州以上，并出现州加零郡的区域。这种镇戍区正是都督区。实际上，这种都督区成为中央政权控制地方的重要保证。在南朝和北魏，一直实行设置都督区的做法。可是，北齐却将都督区改为行台区，也将其称为"道"，并成为地方最高的军政合一的地方政区。而北周则将都督区改为总管区，并由取代都督诸军事的地方总管管辖。应该说，北周总管区的设置，实际对隋唐地方政区的影响是重大的。

魏晋南北朝时期的征讨都督，则是从东晋开始设置的。这种都督的设置，是为了适应征讨作战的需要。从征讨都督的设置来看，一般要由皇帝特别任命，需要领有不同的将军号，并统领参战的征讨军队将领和士兵。征讨都督的设置，使军队的指挥机构更适合作战，因而这是比较完善的军事征讨制度。当然，南朝、北朝国家军事征讨制度还存在差异。南朝的征讨制度，始终以征讨都督的设置为主，而北朝则由征讨都督的设置，逐渐演变为新的军事职官对军队的统帅。应该说，东魏北齐国家，多使征讨都督与行台协同参与征讨行动；而北周，则以行军元帅、行军总管取代了征讨都督，进而形成新的征讨制度。并且，这种制度还为隋唐国家所承续。

我对将军制和都督制的探讨，正是用实证的方法，一方面要展示不同时代将军制和都督制的特点；另一方面，则要把握将军制、都督制演变轨迹。然而，受史料和史识的限制，因而这些考察仍然有诸多不尽如人意和不完善之处，所以，也就有待来日做进一步的完善。

论文集能够出版，得到长春师范大学历史文化学院姜维公院长的支持，另外，彭超、刘伟坤、姜瑞玉帮助编辑论文集，做了很多工作。所以，在此一并致以诚挚的谢意。

张鹤泉

二〇二一年六月五日